Peter Bamm, 1897 geboren, war Sachse. Als Schiffsarzt und als Kassenarzt, als Chirurg und als studierter Sinologe hat er die Welt und die Menschen kennengelernt. Mit 26 Jahren begann er, für die *Deutsche Allgemeine Zeitung* nachdenkliche und heitere Feuilletons zu schreiben, die er während der Nazizeit, obwohl ein unbequemer Autor, in zwei Bänden veröffentlichte (heute: »Die kleine Weltlaterne« und »Anarchie mit Liebe«). Nach dem Zweiten Weltkrieg, den er als Militärarzt durchlebte, wurde Peter Bamm zu einem der meistgelesenen deutschen Autoren. Sein Bericht über den Rußlandfeldzug, »Die unsichtbare Flagge«, wurde ein außergewöhnlicher Erfolg. Es folgten viele erfolgreiche Bücher wie »Frühe Stätten der Christenheit«, »Welten des Glaubens« und »Alexander oder Die Verwandlung der Welt«. 1972 veröffentlichte er seine Autobiographie »Eines Menschen Zeit«. Seit 1956 war er Mitglied der Deutschen Akademie für Sprache und Dichtung und seit 1957 des PEN-Zentrums der Bundesrepublik Deutschland. 1972 erhielt er das Große Bundesverdienstkreuz. Peter Bamm starb 1975 in der Schweiz.

Von *Peter Bamm* sind außerdem als Knaur-Taschenbücher erschienen:

»Anarchie mit Liebe« (Band 88)
»Die kleine Weltlaterne« (Band 105)
»Ex ovo« (Band 166)
»Adam und der Affe« (Band 272)
»Am Rande der Schöpfung« (Band 424)
»Ein Leben lang« (Band 596)
»Eines Menschen Einfälle« (Band 645)
»Die unsichtbare Flagge« (Band 3016)
»Frühe Stätten der Christenheit« (Band 3042)
»An den Küsten des Lichts« (Band 3195)
»Alexander oder Die Verwandlung der Welt« (Band 3223)
»Alexander der Große« (Band 3265)

und als Taschenbuch-Kassette mit 5 Bänden:

»Sämtliche Werke« (Band 451)

Vollständige Taschenbuchausgabe
Droemersche Verlagsanstalt Th. Knaur Nachf.
München/Zürich
© Droemer Knaur Verlag Schoeller & Co. 1974
Umschlaggestaltung Art & Media
Satz C. H. Beck'sche Buchdruckerei, Nördlingen
Druck und Bindung Ebner Ulm
Printed in Germany · 8 · 5 · 482
ISBN 3-426-00417-8

Gesamtauflage dieser Ausgabe: 100 000

Peter Bamm:
Eines Menschen Zeit

FÜR PENELOPE

INHALT

Weite Welt und breites Leben,
Langer Jahre redlich Streben ...
Ältestes bewahrt mit Treue,
Freundlich aufgefaßtes Neue,
Heitern Sinn und reine Zwecke:
Nun, man kommt wohl eine Strecke.

Goethe

Er stand vor dem Spiegel und betrachtete sein Gegenüber. Was er vor sich sah, hätte man noch am Abend vorher einen schmucken Leutnant genannt. Über Nacht war der graue Rock mit den bunten Ordensbändern Vergangenheit, der Akteur der Weltgeschichte Statist der Zeitgeschichte geworden. Was jetzt der Spiegel wiedergab, war nur noch eine Erinnerung, eine von Melancholie umwitterte Erinnerung an jenes 19. Jahrhundert, das just an diesem Morgen zu Ende ging. Es war der Morgen des 9. November 1918.

Der Leutnant schnallte den Säbel ab und legte ihn aufs Bett neben die Schirmmütze mit dem eleganten seitlichen Kniff im oberen Rand. Seit wann eigentlich trugen Männer eine Waffe an der Seite?

Schon die Helden Homers hatten mit Schwertern gekämpft. Das Schwert hatte die Schlachten von Marathon und Chaironeia entschieden. Die Legionen waren das Schwert Roms. Das Schwert war die Waffe der Legionäre. Zur Ehre Gottes wurden die Schwerter der Kreuzritter, zu Ehren Allahs die krummen Säbel der Türken, zu Ehren des Allerchristlichsten Königs die eleganten Degen der Kavaliere geschwungen.

Zu den Insignien des Heiligen Römischen Reiches gehörte, neben Krone und Reichsapfel, das Schwert. Durch lange Zeiten hindurch war das Schwert zugleich auch das Handwerkszeug des Henkers. Sogar die Ritter Japans, die Samurai, vollzogen Hinrichtungen an Feinden mit dem einen ihrer beiden Schwerter. Der Leutnant selbst hatte in vier Jahren Krieg keinen Gebrauch von seiner Waffe machen können. Andere Methoden des Nahkampfes waren in Mode gekommen. Nur einmal war der Säbel für ihn von Nutzen gewesen, ohne daß er ihn überhaupt hatte ziehen müssen. Das war, als er, schon Kompanieführer, mitten im Krieg sein Abitur machte. Keine noch so große Lücke in der Kenntnis der unregelmäßigen griechischen Verben, welche nicht durch den Säbel an seiner Seite kompensiert worden wäre! Dem Studienrat, der eine Frage stellte, welche der Prüfling nicht beantworten konnte, furchtlos, den Säbelgriff fester fassend, ins Auge zu blicken, war eine Situation von wunderbarer Souveränität. Der Studienrat warf keine Handgranaten.

Das Aufsatzthema des Abiturs lautete
»Ein tüchtig' Volk lebt wie ein ganzer Mann
Jahrhunderte in seinen Werken fort.«

Der Held, der seine Reife erstrebte, ließ sich nicht auf patriotische Redensarten ein. Deren hatte er genug hohl klingen gehört. Er nahm als »tüchtig' Volk« die alten Griechen, und so bestand er den Humanismus mit Eins.

Am Morgen hatte er in Uniform das Haus verlassen, um mit der Trambahn in die Kaserne auf der anderen Seite des Flusses zu fahren. Aber die Schaffnerin, ein schmuckes Ding, weigerte sich, ihn mitzunehmen. Erregt berichtete sie in feinstem Sächsisch, daß vor einer halben Stunde am Altmarkt bewaffnete Soldaten –

»Der ganze Haufen hatte die Gewehre verkehrt
herum über die Schulter gehängt ...«

einen Leutnant aus dem Wagen geholt, ihm die Achselstücke heruntergerissen und ihn verprügelt hätten.

»Und er war doch so ein hübscher Mensch!«

Während das junge Ding schmuck blieb, hörte der Leutnant in diesem Augenblick auf, es zu sein. Es hatte keinen Sinn, den Rock, den er in Ehren getragen, einer Demontage auszusetzen, gegen die es keine Abwehr gab. Es war auch kein Problem für ihn, ob er sich etwa heroisch verhalten solle. Er hatte vier Materialschlachten hinter sich. Der Leutnant kehrte um, legte die Uniform ab und fuhr in Zivil in die Kaserne. Das Zivil war sein Konfirmationsanzug.

Er betrat die Kaserne. Der Posten am Tor war verschwunden. Das Gestell vor der Wache, in dem immer die Gewehre gestanden hatten, war leer. In den Korridoren wimmelte es von Uniformen. Niemand beachtete ihn. Von den Offizieren hatten einige die Achselstücke, andere auch die Kragenspiegel mit den Silberlitzen, wie sie Garderegimentern zustanden, entfernt. So unterschieden sich die Offiziere von den Mannschaften nur noch durch den eleganteren Schnitt ihrer Uniformen. Sie alle trugen weiße, mit einem schwarzen Stempel versehene Binden um den linken Oberarm. Die Binden grüßten einander nicht.

Der Leutnant betrat das Geschäftszimmer des Bataillons, dem er nach der Entlassung aus dem Lazarett zugeteilt worden war. Dort traf er auf seinen Kommandeur, der, ebenfalls mit weißer Binde am Arm, in voller Tätigkeit war. Der Major begrüßte ihn, als ob nichts sich geändert habe, und fragte ihn nach dem Soldbuch. Dann schickte er ihn ins Zimmer nebenan. Dort saß an seinem Schreibtisch ein Gefreiter, der den Leutnant kannte. Der Gefreite machte einen Ansatz, aufzuspringen. Dann fiel ihm die Revolution ein. Er ließ sich auf seinen Sitz zurückfallen und bot, ein wenig verlegen, dem Eingetretenen einen Stuhl an. Der Leutnant legte sein Soldbuch vor. Von einem Stoß von Formularen, die auf seinem Schreibtisch lagen, nahm der Gefreite das oberste, rückte es vor sich zurecht, füllte es aus und unterschrieb es auf der rechten Seite. Dann wies er den Besucher an, das Dokument vom Kommandeur gegenzeichnen zu lassen. Ohne weitere Erörterung setzte der Major seine Unterschrift auf das Formular links neben die des Gefreiten, stand auf und sagte: »Nun also, dann wünsch' ich Ihnen viel Glück!« Der Leutnant, ein wenig erstaunt, schüttelte die ihm entgegengestreckte Hand. Es war nur ein schlaffer Händedruck, mit dem das Gestern sich vom Heute verabschiedete. Als er ins Freie gelangt war, besah sich der Leutnant den Text seines Papiers genauer. Von einem Arbeiter- und Soldatenrat war er ohne Ansprüche aus dem Heeresdienst entlassen worden. So hatte er auf dem Kasernenhof nichts mehr zu suchen. Das 20. Jahrhundert hatte für ihn begonnen. Als Jahrgang 97 war er, immer noch ein Jüngling, gerade einundzwanzig Jahre alt. An dem Tag, an dem er mündig geworden war, hatte er ein Stück Leben hinter sich, das für viele ihre Biographie gewesen war. Den beiden Freunden, die abends am Feuer mit ihm davon geträumt hatten, die Universität gemeinsam zu beziehen, war nichts geblieben als das Schweigen der Schlachtfelder. Er konnte nicht wissen, daß niemals wieder seinem Herzen Freunde so nahestehen würden wie diese beiden, die ersten seiner jungen Jahre.

Materialschlacht! Was für ein Wort! Das war nicht mehr der Kampf von Soldaten gegen Soldaten gewesen, sondern tatsächlich der von Material gegen Material. Wer das überlebt hatte, war nur noch ein statistischer Rest. Auch er hätte, nach jeder Wahrscheinlichkeit, längst tot sein müssen. Einmal war dem in einem Loch Hockenden eine französische Feldgranate zwischen den Beinen gelandet. Blindgänger! Was noch immer vor ihm lag, die kurze Spanne eines langen Lebens, war ein Geschenk der Götter. Er brauchte damit nicht kleinlich umzugehen.

1897...

In dem Jahr, in dem der junge Mann, am siebzigsten Jahrestag der Seeschlacht von Navarino, geboren wurde, entwickelte Rutherford seine Theorie der Kernstruktur des Atoms. Ein Jahr später entdeckte Marie Curie das Radium, drei Jahre später Planck die kosmische Universalkonstante $h = 6.626 \times 10^{-27}$ erg · sec. Thomas Mann begann mit seinen »Buddenbrooks«. Präsident McKinley annektierte Hawaii, Kaiser Wilhelm II. Kiautschau, Zar Nikolaus II. Turkmenistan. Königin Victoria schickte Lord Kitchener in den Sudan.

Telegraphie wurde drahtlos. Bismarck gab »Gedanken und Erinnerungen«, Fontane seinen »Stechlin« in Druck. Ein Jahr später waren beide tot. Stefan Georges »Jahr der Seele« erschien. Galalith entstand als erster Kunststoff der Weltgeschichte. Er war aus Quark. Jacob Burckhardt starb. Fridtjof Nansen war »Aus Nacht und Eis« zurückgekehrt. Donald

Ross entdeckte, daß die Malaria von einer Mücke übertragen wird. Puccinis »La Bohème«, von Toscanini aus der Taufe gehoben, eroberte die Bühnen der Welt. Zola begann seinen Kampf um die Rehabilitierung des nach der Teufelsinsel deportierten Hauptmanns Dreyfus. In Wien war von einem völlig unbekannten Dr. Theodor Herzl in bescheidener Auflage eine Broschüre veröffentlicht worden, die den Titel trug »Der Judenstaat«.

Mit dem Fin de siècle begann der Untergang zweier Weltherrschaften. Die eine war die des europaeischen Imperialismus, die andere die der klassischen Physik. Der europaeische Imperialismus, diese eigentümliche Spätblüte des christlichen Abendlandes, führte in seiner letzten Konsequenz zur Zerstörung der weltpolitischen Position Europas. Das Ende der klassischen Physik war der Anfang einer Verwandlung der Welt, deren Dimensionen nicht einmal von denen überblickt wurden, die mit ihren Forschungen die Verwandlung in Gang setzten.

Für das Fin de siècle war die Welt noch eine sichere Sache. Jedermann war, trotz Kant, davon überzeugt, daß die klassische Physik die Wirklichkeit getreu abbilde. Es schien, als ob im Weltall jede Wirkung eine Ursache habe. Das Kausalgesetz war eine Glaubensthese der Epoche. Die moderne Physik hat sich zunächst einmal damit begnügt, die Natur mit Hilfe statistischer Wahrscheinlichkeiten zu beschreiben.

1897 glaubte die Naturwissenschaft noch immer, sich mit der Schöpfungsgeschichte der Bibel auseinandersetzen zu müssen. Zwei Generationen später fand niemand mehr etwas dabei, wenn behauptet wurde, das Universum sei aus einem Urknall entstanden und dehne sich mit der Gewalt einer Explosion stetig weiter aus. Am Ende des 19. Jahrhunderts wurde die Zeit, welche das Kambrium der Erdgeschichte zurückliegt, auf dreißig, um die Mitte des 20. Jahrhunderts auf fünfhundertundfünfzig Millionen Jahre festgesetzt. Der Mond hat es unterdessen auf ein Alter von mehr als drei Milliarden Jahren gebracht. In den neunziger Jahren war das Problem der Nilquellen, das schon die Antike beschäftigt hatte, gelöst worden. Es ergab sich, daß die Situation ziemlich genau der entsprach, welche der Geograph Eratosthenes von Alexandreia, 250 vor Christi Geburt, für wahrscheinlich gehalten hatte. Als die Nilquellen entdeckt wurden, waren die Menschen Afrikas Eingeborene. Als der Bau des Staudammes von Assuan begann, nahmen die Afrikaner im Weltbund der Völker schon so viele Sitze ein, daß sie die Herren von einst, wären sie einig, jederzeit überstimmen könnten.

Während das Charisma der Majestäten, dieser Mythos alter Herrlichkeiten, zu verblassen begann, geriet die Menschheit unter das Joch der Technokratie, deren anonyme Macht niemand zu erklären vermochte.

Dafür wurde aus denen, die bescheidene Untertanen gewesen waren, eine Großmacht in den ökonomischen Auseinandersetzungen zwischen Arbeit und Kapital.

Von all dem konnte der Leutnant im Konfirmationsanzug a.D., so sehr er beteiligt sein würde, an diesem Morgen nichts wissen. Nicht einmal davon ahnte er etwas, daß es den Akteuren der Materialschlachten bestimmt war, Mythos zu werden. Und auch das sollte nicht das Ende seiner Erfahrungen sein. Der Mythos würde noch zu seinen Lebzeiten erlöschen.

Die Welt, in der sich seine glückliche Jugend abgespielt hatte, begann zu zerfallen. Die Anstrengungen des Krieges schienen vergeblich gewesen zu sein. Die Niederlage war da. Er konnte nicht voraussehen, daß im 20. Jahrhundert, seinem Jahrhundert, zum ersten Mal in der Geschichte Zweifel am Glück des Siegens auftauchen würden. Noch war England eine Weltmacht. Noch ging Lindbergh zur Schule. Lenin schien ein verlorener Mann, China ein verlorenes Land zu sein. Schimmelpilze waren noch keinen Nobelpreis wert. Nach dem Uran 235 krähte kein Hahn.

Der Novemberwind riß die Wolkendecke auf. Ein Stück blauer Himmel stand über dem Kasernenhof. Der Jüngling legte den Kopf zur Seite und blinzelte. Dann schritt er in seine Zukunft hinein.

I SCHULE DES ZWEIFELS

Die Zukunft der Helden von gestern begann damit, daß ein Katarakt von Zweifeln über sie hereinbrach. In Niederlagen steckt mehr an Philosophie als in Siegen. Sieger kommen an. Nach Niederlagen strandet man. Wohin man verschlagen wird, hängt von Kleinigkeiten ab, deren Bedeutung man zuweilen erst nach Jahrzehnten erkennt. Ich, Miles gloriosus, strandete in Göttingen. Die Kleinigkeit bestand darin, daß ich kurz nach meiner Entlassung auf dem Platz zwischen Oper und Hofkirche zufällig einem Dandy begegnete. Er trug einen weichen Velourhut mit breiter Krempe. In der linken Hand hielt er Handschuhe und ein Malakkarohr mit goldenem Knauf. Im rechten Auge funkelte das Monokel. Zum elegant karierten Anzug hatte er unglaublich schöne hellbraune Schuhe an, wie ich sie noch nie gesehen hatte. Für mich, der ich aus einer kleinen Stadt östlich der Elbe stamme, war er eine Erscheinung wie aus einer anderen Welt. Ich war fasziniert. Meine Bewunderung verwandelte sich in Verwirrung, als der Dandy den Hut zog und, mit einer kleinen Verbeugung zu mir hin, grüßte. Vergessend, daß ich nicht mehr in Uniform war, grüßte ich militärisch zurück, was zur Folge hatte, daß mein grauer Filzhut auf das Pflaster flog. Der Dandy bückte sich, um ihn aufzuheben, und lud mich, mir über meine Verlegenheit hinwegzuhelfen, zu einer Tasse Kaffee ins »Italienische Dörfchen« ein. Wir kannten einander. Er war Truppenarzt in meinem Regiment gewesen. Mir war er in Erinnerung als ein Mann von erstaunlich weitgespanntem Wissen und souveräner Unvoreingenommenheit. Schon im Felde hatte ich von ihm gelernt, daß der damals noch fast unbekannte Expressionismus ein Durchbruch sei. Der Name »Brücke«, den sich die in Dresden lebenden Künstler der neuen Richtung gegeben hätten, sei von echter Symbolik. Der Expressionismus sei tatsächlich eine Brücke, die aus der Vergangenheit der Kunst in ihre freilich unbekannte Zukunft führe.

Mit Ironie sprach der Dandy von der Bewunderung für die klassische Periode der griechischen Kunst, wie sie mir in meiner altmodischen Lateinschule noch beigebracht worden war. Das Goldene Zeitalter hellenischer Plastik sei die vorklassische, die archaische Zeit, also das 7. und 6. Jahrhundert. Schon vor einem Dezennium seien Kandinsky, Feininger, Klee dieser Meinung gewesen. Wenige Jahre später wurde dieser Aspekt von allen Snobs und sogar von den Kennern akzeptiert.

In jener höflichen und zugleich unverbindlichen Art der Conversation, wie sie damals noch jedermann beherrschte, kam das Gespräch auf meine Pläne. Ich war meiner Sache sicher, und gerade diese Sicherheit war es, der alle Zweifel entspringen sollten.

Nach einer vierjährigen Epoche von jeweils unausweichlichen Entscheidungen und kaum je unterbrochenem Handeln waren Taten für die, die das überstanden hatten, nichts so besonders Bewundernswertes mehr. Das Talent, eine Schar von Männern in der Gefahr führen zu können, galt nicht viel. Der Respekt ging auf anderes aus. Es bestand ein natürliches Bedürfnis nach Poesie, Meditation, Aesthetik. Nach Jahren brutaler Auseinandersetzungen mit der Realität war es der große Traum, ihr gegenüberzutreten, sie zu betrachten, sie auf ihre Werte hin zu durchleuchten. Geschichte, wie wir sie gerade gemacht hatten, lockte, in ihr Begreifen einzudringen, sie zu deuten. Es lockten Literatur, Kunstgeschichte, Philosophie, Theologie. Es lockte, was ich für Bildung hielt. Die Abkehr von der Realität hatte schon begonnen, ehe der Zwang zum ununterbrochenen Handeln sein Ende nahm. In den Feldbuchhandlungen, die manchmal nur wenige Kilometer hinter der Front lagen, war am begehrtesten große Literatur. Die wilde Sehnsucht nach etwas, was jenseits von Schützengräben lag, fand hier die überraschende Möglichkeit einer kleinen Erfüllung. Man konnte erleben, daß ein vom Kreideschlamm der Champagne verkrusteter Miles mit seligem Lächeln die numerierte Luxusausgabe eines goldgeschnittenen Klassikers betrachtete, um dann entschlossen mit dem Kriegssold von drei Monaten, den er aus seinem verschwitzten Brustbeutel herausholte, Kleists »Penthesilea« zu kaufen. Die große Mode neben Kleist und Hölderlin waren die Russen von Lermontow und Puschkin bis Turgenjew. So brachte mich die höfliche Frage nach meinen Plänen nicht in Verlegenheit. »Ich gehe nach München, Kunstgeschichte studieren!«

Der Dandy sah mich, auf sein Malakkarohr gestützt, freundlich an, wedelte mit den Handschuhen eine Fliege weg, ließ das Monokel fallen und meinte: »Das ist völliger Unsinn!«

Ihm, der vor dem Krieg in so sagenhaften Städten wie Florenz und Oxford gelebt hatte, ihm, der Welt, Leben, Wissenschaften und Europas Kultur kannte, fiel es nicht schwer, mich davon zu überzeugen, daß man nicht mehr mitreden könne, wenn man nicht in den Naturwissenschaften ebensogut Bescheid wisse wie im geistigen und künstlerischen Bereich. Schon Goethe habe seine »Farbenlehre« für das wichtigste seiner Werke gehalten. Was Bildung sei, könne kein Mensch sagen. Ein Bauer, der seine Bibel und das Leben kenne, sei ein gebildeter Mann. Von einem Gelehrten, der nichts kenne als sein eigenes Fach, könne man das nicht sagen. Alles, was unter den Begriff Bildung falle, lasse sich nebenher erwerben. Bildung könne niemals Ziel, sondern immer nur Ergebnis sein. Diese verblüffenden Feststellungen schloß er mit der liebenswürdigen Aufforderung: »Kommen Sie nach Göttingen und studieren Sie Medizin!«

In Göttingen, alter Stätte der Gelehrsamkeit, gab es zu jener Zeit zwei Caféhäuser. Das eine, »Cron & Lanz«, frequentierten wir tagsüber. Am Abend saßen wir im »Café National«. Bei »Cron & Lanz« regierte Oberkellner Brüller. Im »Café National« stand ein Billard. Es waren die Marmortische in diesen beiden Caféhäusern, an denen wir die Zweifel ins Auge faßten, ihre Facetten aufblitzen ließen, sie erbittert diskutierten. Es waren die Turnierplätze eines Zynismus, der Zukunft hatte. Eine einzige Banalität, eine einzige Phrase, ein einziges Klischee, und man war für den Rest des Abends das Opfer unerbittlichen Spottes. Die Runde war getragen von Satzungen, die niemals genau definiert wurden. Man gehörte dazu, oder man gehörte nicht dazu. Skeptische Geister wurden angezogen. Corpsstudenten fanden sich nur schwer zurecht. Weltanschauungen waren dialektischen Belastungen ausgesetzt, denen ihre Vertreter gewöhnlich nicht gewachsen waren. Es ließ sich eben nicht verbindlich beweisen, daß es keine Engel gebe. Das Ambiente dieser Welt war die mathematische Aura der Georgia Augusta. Sie erlaubte nicht, sich unpräzis auszudrücken. Der imaginäre Großmeister der Loge war Georg Christoph Lichtenberg.

Göttingen war damals eine kleine Stadt voller Gelehrsamkeit, voller Klatsch, voller Behagen. Unter den Eingeborenen, die sich um die Universität scharten, gab es noch viele Bauern. Sie sprachen das feine Hochdeutsch des alten Königreichs Hannover, in dem die Großväter das Licht der Welt erblickt hatten. Es gab Straßen, in denen jedes Haus ein Fachwerkbau aus dem 18. oder sogar aus dem 17. Jahrhundert war. 1737 wurde die Universität gegründet. Daß der Gründer ein Earl of Cambridge war, mag als glückbringende Patenschaft betrachtet werden. Die Tradition der Universität Cambridge geht bis ins 13. Jahrhundert zurück. Der Earl of Cambridge war als Georg II. King of Great Britain and Ireland, als Georg August Churfürst von Hannover. Während Göttingen vergessen hat, wem es seine Universitas litterarum verdankt, rühmt die Encyclopaedia Britannica diesem Gentleman noch heute nach, daß seine Gründung das Tor geöffnet habe, durch welches nachmals englische politische Ideen in Deutschland eingedrungen seien.

Ein Jahrhundert später, anno 1837, erhoben sieben Professoren der Georgia Augusta gegen König Ernst August den Vorwurf, die Verfassung gebrochen zu haben. Der König von Hannover stieß sie von ihren Lehrstühlen. Den Historiker Dahlmann und die Brüder Grimm jagte er aus dem Lande. Andere Fürsten, unter ihnen die Könige von Sachsen und von Preußen, nahmen die Vertriebenen auf. Eine Generation später gab es kein Königreich Hannover mehr. Am zweihundertsten Geburtstag der Georgia Augusta hatte Verfassung aufgehört, ein Problem zu sein.

Zum ersten Male taucht Göttingen auf in Urkunden aus der Zeit Kaiser Otto des Großen, lange also vor dem Ersten Kreuzzug. Damals wurde das Schachspiel in Europa bekannt. Um die gleiche Zeit erschien eine gelehrte Schrift »Über den Ursprung der Wissenschaft«. Der Verfasser lebte noch nicht in Göttingen, wo es damals nur Bauernhöfe, sondern in Bagdad, wo es den Hof eines Kalifen gab. Doch müssen die Göttinger Professoren dem Autor dieser Schrift, Al Farabi, noch heute dankbar sein. Er hat Aristoteles ins Arabische übersetzt. Durch ihn wurde die griechische Philosophie den Arabern so vertraut, daß sie noch die Theologie des Islam beeinflußte. In arabischen Übersetzungen ist vieles von Aristoteles, was verloren gewesen wäre, erhalten geblieben. Als ich zu studieren anfing, erschien, tausend Jahre nach Al Farabi, die Übersetzung seiner Schrift unter dem Titel »De ortu scientiae«. Von jedem europaeischen Gelehrten durfte man annehmen, daß er Lateinisch bequem lese. In meiner Oberprima wäre der Titel uns angekreidet worden. Besser heiße es »De scientiae ortu«. Aber schließlich, nicht jedermann hat ein sächsisches Gymnasium besucht. Wir in Göttingen saßen voller Ehrerbietung zu Füßen dessen, der sich kühn unterfing, Aristoteles' Autorität für das 20. Jahrhundert wiederherzustellen. Auf ihm fußend errichtete Husserl sein Lehrgebäude der Phaenomenologie. Aus der Phaenomenologie entwickelte sich die Lehre vom Wesen der Dinge, Ontologie – Seinslehre genannt, deren sich die rasch fortschreitende mathematische Physik bei dem Versuch, ihre Entdeckungen zu deuten, sehr bald dankbar bedienen sollte.

Schon David Hilbert hatte gesagt: »Die moderne Physik ist für die Physiker viel zu schwer!«

Ich wohnte in der Unteren Karspüle Numero 13. In derselben Gasse hatte, einige Häuser weiter zum Stadtwall hin, hundert Jahre vorher ein Student namens Schopenhauer Quartier genommen. Über Göttingen und seine Hohe Schule sagte er später einmal: »Es ist die würdigste, vielleicht die erste Universität der Welt.«

Göttingens Ruhm wird so leicht nicht verblassen. Dafür haben schon die Mathematiker und Physiker in den Zwanziger Jahren unseres Jahrhunderts gesorgt. Doch niemand in der Stadt ahnte, daß am Düsteren Eichenweg Numero 18 ein Student hauste, von dem ein halbes Jahrhundert später die ganze Welt mit Respekt sprechen würde. Er gehörte einer sehr alten Familie an. Seinen Stammbaum führte er auf ein Herrscherhaus zurück, das fast achthundert Jahre lang regiert hat, und zwar von 1100 bis etwa 250 vor Christi Geburt.

Ein solcher Stammbaum mag ungewöhnlich und fast unglaubhaft erscheinen, aber das ist er nicht in dem Land, aus dem der junge Student nach Göttingen gekommen war. In Tsi-an fu am Fuße des Tai-shan, eines der fünf heiligen Berge Chinas, liegt das Grab des Konfuzius, bescheiden, ohne Mauern, nur mit einem Grabstein geschmückt, von anderen ebenso bescheidenen Gräbern umgeben. Es besteht kein Zweifel, daß es wirklich sein Grab ist. Noch bis zur Revolution lebten Nachkommen des Meisters in dieser Stadt. China ist ein Land, in dem es eine nie unterbrochene Tradition von dreitausend Jahren gibt.

Das Herrscherhaus, auf das der Student am Düsteren Eichenweg seine Abstammung zurückführen konnte, ist die Tschou-Dynastie. Der Name des Studenten war Tschou En-lai.

Neben dem Eingang zur Unteren Karspüle Numero 13 lag das Zimmer, in dem die Witwe Maaß wohnte. Durch den Flur gelangte man auf einen kleinen, mit Ziegelsteinen gepflasterten Hof, in dem eine Eule traurig in ihrem Käfig hockte. Wie gern hätten wir sie nach Athen getragen! Über Frau Maaß hatte das Haus noch zwei Stockwerke mit je zwei Räumen, in denen Studenten hausten. Schon vom ersten Stockwerk aus hatte man einen Blick auf den von einer Mauer umschlossenen Garten der Pfarrei auf der anderen Seite der Gasse. Junge Medizin und alte Frömmigkeit wohnten einander gegenüber. Am Samstag konnte ich, vom Lehrbuch der Anatomie aufblickend, den Herrn Pfarrer beobachten, wie er auf schmalen Kieswegen zwischen seinen Blumenbeeten wandelnd seine Predigt memorierte. Die Petroleumlampe, die Frau Maaß jeden Abend bei beginnender Dämmerung heraufbrachte, verbreitete ein Licht, das schöner war als alles, was danach je an Licht noch erfunden wurde. Dank des morgendlichen Fleißes von Frau Maaß, der Eurykleia der Gelehrsamkeit, blitzte die Lampe vor Sauberkeit. Niemals hat sie auch nur das kleinste bißchen nach Petroleum gerochen. Frau Maaßens Lampen sind wieder in Mode gekommen. Heute kauft man sie sich für teures Geld beim Antiquitätenhändler. Nur gibt es Frau Maaß nicht mehr, die sie zu putzen verstünde.

Zu jener Zeit waren die führenden Mathematischen Fakultäten der Welt Göttingen und Paris. Paris verdankte seinen Ruf Jules Henri Poincaré, Membre de l'Académie des Sciences. Er gewann unvergänglichen Ruhm als Meister der analytischen Mathematik. Er war der Vetter von Raymond Poincaré, Membre de l'Académie Française, der den vergänglichen Ruhm erwarb, einer der Väter des Versailler Vertrages zu sein. In Göttingen saß David Hilbert. Er stellte – mit der Denkarbeit eines ganzen Lebens – die Axiomatik der Mathematik, in der Philosophen und Mathematiker unsichere Stellen entdeckt hatten, auf festere Grundlagen. Neben ihm lehrten Felix Klein, Edmund Landau, Felix Courant – Namen, die die Wissenschaft nicht vergessen wird. Göttingen übernahm eine Tradition, die von den griechischen Philosophen und Mathematikern Thales, Pythagoras, Euklid, Archimedes begonnen, von Al Chwarizmi, Fermat, Descartes, Leibniz, Euler, Gauß fortgesetzt worden war. Neben und mit den Mathematikern lebten, forschten und lehrten die Physiker. Ihre Aufgabe war es, Newton, Huygens, Maxwell, Michelson fortzusetzen. Die Koryphaeen waren James Franck, der Quecksilberatome mit Elektronen beschoß und mit diesen Experimenten wichtige Beweise für die Richtigkeit der Planckschen Quantentheorie erbrachte, Max Born, der Entscheidendes für die Einführung der statistischen Betrachtungsweise in die moderne Physik leistete, Debije, der große Lehrer großer Männer, der mit Stolz die schönen Vornamen Petrus Josephus Wilhelmus trug. Es gab einmal einige Semester lang ein legendär gewordenes »Seminar über die Materie«, das von David Hilbert, Max Born und James Franck gemeinsam abgehalten wurde. Auch unter den Göttinger Chemikern war Weltruhm üblich. Wallach, 1847 in Ostpreußen geboren, war seit dreißig Jahren Ordinarius in Göttingen. Sein Nobelpreis stammte aus dem

Jahre 1910. Er war ein gestrenger Herr. Insbesondere die Mediziner fürchteten ihn. Er hielt nicht viel von ihrer, wie er sie nannte, kleinkarierten Chemie. Beim Physikum drückte er dem stud. med. zuweilen ein in seinen hornigen Chemikerhänden sorgfältig erhitztes Reagenzglas in die Hand. Wenn der Kandidat es mit einem Aufschrei fallen ließ, brummte er nur grimmig: »Ach was! Der alte Bunsen konnte glühende Platintiegel anfassen!« Wer hingegen, ein Mucius Scaevola, sich tapfer die Pfote verbrannte, durfte auf ein wohlwollendes Lächeln rechnen und einer leidlichen Note sicher sein.

Der Geheimrat trug noch immer einen wunderschönen altmodischen Havelock. Ältere Göttinger erzählten, daß früher der Tag am Ende des Winters, an dem Geheimrat Wallach das kurze Cape des Havelock ablegte, für die Eingeborenen das Signal war, die Doppelfenster auf den Dachboden zu stellen und mit dem Frühjahrsputz zu beginnen.

Szygmondi – Nobelpreis 1925 – war einer der Schöpfer der Kolloidchemie, eines neuen Zweiges der Chemie. Natürlich lag er mit Wallach, für den Kleister keine ehrliche chemische Substanz war, in lebenslangem Streit. Die beiden Geheimräte hatten die Gewohnheit, ehe sie sich, auf dem Heimweg von ihren Instituten, trennten, mitten auf der Weender Straße stehenzubleiben und noch ein wenig zu streiten. Respektvoll lenkten die Bauern ihre Mistkarren um die Gelehrsamkeit herum. Bei den zuweilen heftigen Auseinandersetzungen der Herren Professoren pflegte einer des anderen Mantelknopf zu fassen und daran zu drehen. Die Auseinandersetzung wurde zuweilen so erregt, daß schließlich alle beide mit einem fremden Mantelknopf in der grimmig geschlossenen Faust nach Hause kamen. Die Knöpfe wurden von den Ehefrauen ausgetauscht, bis die Damen auf den Gedanken kamen, die Mäntel ihrer Ehemänner bei demselben Schneider machen zu lassen. Von da an konnte ohne weiteres der Kolloidknopf an die Chemie und der Chemieknopf an die Kolloide angenäht werden.

Windaus – Nobelpreis 1928 – durfte sich rühmen, daß von ihm ab unter zehn schönen Mädchen mindestens eines seine geraden Beine ihm verdanke. Er hat das antirachitische Vitamin D rein dargestellt. Die Meriten aller dieser Forscher aufzuzählen, würde ein Buch füllen. Es war ein gelehrtes Establishment, zu dem respektvoll aufzublicken dem jungen Scholaren wohl anstand.

Des kleinen Städtchens Gegenwart war erfüllt von Tradition, Ruhm und Anekdoten, seine Zukunft voller Nobelpreise. Im Reigen der Nobelpreise, die den Atomkern wie Elektronen umschwirrten, wurde Göttingens gelehrtes biedermeierliches Behagen zur Wiege von Hiroshima.

Der Nobelpreise, die an Männer verliehen wurden, welche in Göttingen als Ordinarien, als Assistenten, als Studenten gelehrt und gelernt hatten, waren es schließlich ihrer neunzehn. Für die Professoren der Georgia Augusta war der Nobelpreis nicht eben viel mehr als eine Art Geheimratsschlips.

Den Zelebritäten von heute und morgen servierte Oberkellner Brüller den Kaffee mit Baumkuchen oder die Schokolade mit Kirschtorte und Schlagsahne. Er war eine Autorität, die man sowohl um Rat wie um Kredit bitten konnte. Es war ein ziemlich großes Stück Kreide, mit dem Brüller anschrieb. Das Geld, das Frau Maaß am Monatsende bekam, bestand oft genug aus Trinkgeldern, welche Brüller den Nobelpreisen abgenommen hatte. Auch verstand er sich, wenn die großen Geister sich in immer heftigere Diskussionen verstrickten, auf das feine Kunststück, Baumkuchen zwischen den Argumenten abzuservieren und mit einem unnachahmlichen Lächeln einem Studenten hinzustellen, der kein Mittagessen gehabt hatte. Brüller galt als Autorität auf dem Gebiet akademischer Ehrenfragen. Manch schwere Säbelpartie hat er verhindert. Sein Meisterstück lieferte er, als einmal ein aktiver Bursch eines feudalen Corps seinem Ordinarius, der einem ebenso feudalen Corps als Alter Herr angehörte und ein Semester lang sogar Erster Chargierter gewesen war, eine Forderung auf schwere Säbel schickte. Der Professor hatte dem Studiosus die weitere Teilnahme an seinem Seminar »wegen Faulheit« verweigert. Der Geforderte sah sich einem Dilemma gegenüber. Mit sechzig Jahren ficht man keine schweren Säbelpartien mehr. Und wiederum konnte er, als Corpsphilister und einstiger Senior eines hochwohllöblichen Corps, nicht gut kneifen. Oberkellner Brüller, Sokrates des Ehrensäbels, befand, daß der Ausdruck Faulheit in der Tat nicht ganz frei von einer beleidigenden Nuance sei und daß das Ehrengericht dem Professor vorschlagen solle, den Ausdruck zurückzunehmen. Eine Zurücknahme bei solchen Auseinandersetzungen erfolgte stets »mit dem Ausdruck des Bedauerns«. Der Herr Professor erklärte, daß er den Spruch des Ehrengerichts akzeptiere, den Ausdruck Faulheit mit Bedauern zurücknehme, nunmehr jedoch den Studiosus wegen Unfleißes aus seinem Seminar ausschließen müsse. Der »Unfleiß«, natürlich, war aus dem Duft eines Kaffees erblüht, den Brüller serviert hatte.

Solcher Geschichten gab es immer wieder neue. Viele davon gingen auf David Hilbert zurück. Eines Tages gab Maria Ivogün mit ihrer herrlichen Stimme im Göttinger Stadttheater einen Liederabend. Hilbert war, wie das oft bei Mathematikern der Fall ist, ein musikalischer Mann. Auch Einstein zum Beispiel ist ein hervorragender Geiger gewesen. Hilbert besaß eine berühmte Sammlung von Grammophonplatten. Es gab kein

Konzert, bei dem man ihn nicht in der vordersten Reihe hätte sitzen sehen. Frau Ivogün begann den Abend mit Schuberts »Frühlingstraum«. Während alles ergriffen in das Pianissimo des Anfangs hineinlauschte, hörte man plötzlich Hilbert in seinem breiten Masurisch zu seiner neben ihm sitzenden Frau sagen: »Hörst du, Liebste! Sie singt es mit der leijsen Nadel!«

Ein begabter Mathematiker, der eine Zeitlang sogar Hilberts Assistent war, gab seine Studien auf und wurde Schriftsteller. Hilbert, einige Jahre später nach dem Verbleib seines Schülers befragt, gab zur Antwort: »Ach, wissen Sie, der is' Dichter jeworden. Für die Mathematik hatte er nich' jenuch Phantasie!«

Auf einer Sitzung des Senats wurde über die Berufung einer Dame auf einen Lehrstuhl der Universität Göttingen beraten. Nun hatten damals nur Ordinarien Sitz und Stimme im Senat. Zum ersten Male in der Geschichte der Georgia Augusta wäre eine Frau Mitglied des Senats geworden. Dieses schier unerhörte Ereignis wurde stundenlang diskutiert, bis schließlich Hilbert auf den Tisch klopfte: »Aber meijne Härren, wir sind doch eijn Senaat und keijne Baadeanstalt!«

Mit dieser Bemerkung setzte Hilbert eine große Tradition fort. Göttingens Philosophische Fakultät hatte 1874 als erste Europas einer Frau den Doktortitel verliehen. Es war die russische Mathematikerin Sonja Kowalewskaja, die später auf einen Lehrstuhl nach Stockholm berufen wurde.

Die Göttinger Liebe zur Anekdote hat der Erinnerung der Menschheit den Inhalt des ersten Telegramms der Weltgeschichte bewahrt. Gauß war mit Weber, Professor der Physik und wenige Jahre später auch er einer der »Göttinger Sieben«, dabei, den elektromagnetischen Telegraphen zu erfinden – 1832! Natürlich dachten die hochgelehrten Herren bei ihrer Erfindung nicht daran, daß man derlei auch im Alltag nützen könne. Ihnen ging es darum, die Daten erdmagnetischer Messungen möglichst schnell und bequem austauschen zu können. Weber saß im Physikalischen Kabinett, mitten in der Stadt, Gauß in der Sternwarte am Hang des Hainbergs, der, schön bewaldet, über Göttingen aufsteigt. Nach diesem sanften Hügel, von Klopstock in einer Ode besungen, ist der Göttinger Hainbund benannt, eine zarte Blüte der Poesie des 18. Jahrhunderts. Bis die Drahtverbindung zwischen Gauß und Weber zustande kam, mußte Mickelmann, der Diener des Physikalischen Kabinetts, viele Male mit den auf kleinen Zettelchen geschriebenen Mitteilungen und Anweisungen den Weg hin und her von der Stadt zur Sternwarte, jedesmal mehr als einen Kilometer, zurücklegen.

Endlich klappte die Sache, und Gauß telegraphierte an Weber: »Mickelmann kömmt.«

Gauß und Weber hatten in Göttingen ein Denkmal, auf dem sie nebeneinander stehen wie Goethe und Schiller in Weimar. Der geistvolle Schöpfer des Denkmals legte den beiden einen Kupferdraht, durch den sie miteinander verbunden waren, in die Hände. Immer wieder wurde nachts der wertvolle Kupferdraht gestohlen, bis man ihn eines Tages durch einen billigen Zinkdraht ersetzte. Aber Zink leitet Elektrizität schlecht. Man gerät in Versuchung, darüber nachzudenken, warum auch Goethe und Schiller heute durch so etwas wie einen Zinkdraht miteinander verbunden erscheinen.

Die Anekdote berichtet auch noch – und hier bekommt sie metaphysischen Rang –, daß der große Gauß, unter dem Gelächter der mathematischen Fachgenossen, bei weiträumigen Landvermessungen immer wieder nachprüfte, ob die Winkelsumme im Dreieck, wie Euklid gelehrt und die Wissenschaft zweitausend Jahre lang geglaubt hatte, wirklich 180 Grad betrage. Gaußens Zweifel waren eine erste Ahnung, daß Euklids Geometrie des dreidimensionalen unendlichen Raumes nicht die einzig mögliche sei. Sein Leben lang hat Gauß sich mit diesem Problem beschäftigt, jedoch nichts darüber veröffentlicht. Er fürchtete das »Geschrei der Boiotier«. Ein Vierteljahrhundert mußte vergehen, bevor ein Mathematiker es wagen konnte, ohne Schaden für seinen Ruf über nichteuklidische Geometrie zu publizieren. Die ersten waren der Russe Lobatschewskij und der Ungar Bolyai. Erst fünfzig Jahre nach Gauß brachte Riemann, in Göttingen, mathematische Ordnung in das unterdessen schon weit gewordene Gebiet der verschiedenen Arten nichteuklidischer Geometrie. Es mag Gaußen noch im Himmel, der auf jeden Fall ein nichteuklidischer Raum ist, gefreut haben, daß Riemann sein Schüler war. Wieder ein halbes Jahrhundert später zeigte Einstein, daß die gekrümmten Räume nichteuklidischer Geometrie – grenzenlos, aber endlich – sogar hienieden echte Wirklichkeit des Kosmos sind.

Ein junger Student brachte, wofür wir ihn sehr bewunderten, in einer Berliner Zeitung ein Feuilleton unter, in dem er Erwägungen darüber anstellte, daß auch Goethe die alltäglichen Bedürfnisse seines Haushalts von seinen Honoraren bestritten habe. So seien vielleicht vom Zeilenhonorar des Osterspaziergangs im »Faust« ein Paar Schuhe besohlt worden. Dieses Feuilleton rief den scharfen Protest eines gebildeten Mannes hervor. Es gebe Dinge, über die zu spotten eine unerträgliche Respektlosigkeit sei, ja geradezu Unbildung verrate. Zu diesen Dingen gehörten Faust, Parsifal und die Neunte Symphonie. Der gebildete Leser stammte zu unserem großen Entzücken aus Göttingen. Die Runde beriet. Es wurde ein Schreiben an ihn verfaßt, das nichts weiter enthielt als die Frage: »Warum eigentlich nicht die Achte?« Mit so heiteren Albernheiten beschäftigten sich die Staatsmänner und Gelehrten von morgen.

Eine zugleich pittoreske und von Geheimnissen umwitterte Persönlichkeit war der berühmte Professor Andreas, Begründer der Iranistik, der Wissenschaft von den Kulturen des alten Persien. Zu seinen Gewohnheiten gehörte, bis weit in seine Siebzigerjahre hinein, morgens auszureiten. Sein Seminar hielt er gegen Mitternacht ab, und das in seiner Wohnung. Es galt als hohe Ehre, zu diesem Seminar zugelassen zu sein. Wenn wir abends, aus einer Kneipe heimkehrend, unter den erleuchteten Fenstern vorbeizogen, ergriff uns stets ein leiser Schauer wissenschaftlicher Ehrfurcht. Die Studenten, die an dem Seminar teilnehmen durften, wurden mit köstlichem Tee bewirtet, den des Professors Frau, Lou Andreas-Salomé, kredenzte. Als Tochter eines russischen Generals in St. Petersburg geboren, war sie Nietzsches Freundin gewesen, hatte mit Rainer Maria Rilke zwei Reisen nach Rußland gemacht, hatte Kolleg bei Freud in Wien gehört.

In dieser Welt der Altphilologie gab es herrliche Sachen. Ein besonders schöner Casus war die Bestimmung der sprachgeschichtlichen Zugehörigkeit eines bedeutenden Volkes, von dem man eine Menge weiß, von dessen Sprache aber nur ein einziges Wort überliefert ist. Es waren dies die Meder, die im 7. Jahrhundert vor Christi Geburt im Iran ein eigenes Reich gegründet hatten, aber von Kyros dem Großen besiegt wurden. Trotz ihrer Niederlage übten sie auch weiterhin im Persischen Weltreich bis zu Alexanders Zeit einen bedeutenden Einfluß aus. Das einzige Wort, das von ihrer Sprache bekannt ist, hat uns Herodot überliefert. Das Wort, in griechischer Schrift, heißt σπάκα. Es bedeutet »Hund«. An Pfote dieses Hundes konnte Professor Andreas nachweisen, daß das Medische zum nordpersischen Sprachstamm gehöre.

In dieser von Gelehrsamkeit, Gelächter und Skepsis erfüllten Atmosphäre gediehen die Zweifel aufs prächtigste. Bei den Helden begannen sie natürlich mit dem, was ihnen am nächsten lag, mit dem Heroismus. Hatte es einen Sinn gehabt, daß man als Soldat tapfer gewesen war? Was waren das für Begriffe – Nation, Vaterland, Heimat? Gab es das alles, oder waren es Fiktionen, Illusionen, Suggestionen? Waren vielleicht die Russen die Leute, die den Schlüssel zur Zukunft in der Hand hielten? Wladimir Iljitsch Uljanow war doch zweifellos ein großer Mann! Hatte es für das zaristische Rußland einen Sinn gehabt, daß es sich von der Entente verführen ließ, sich in einen Krieg mit dem kaiserlichen Deutschland einzulassen? Schon Bismarck, ein alter Göttinger Student, hatte einmal gesagt, in einen Krieg gegeneinander könnten Deutschland und Rußland nur hineingeraten durch Verhetzung oder durch den übertriebenen Ehrgeiz ihrer hohen Militärs. Hatten die Bolschewiki recht, daß sie den Muschik, den russischen Bauern, aus seinem frommen Elend befreiten? Für uns, die wir unseren Bakunin, unseren Puschkin kannten, war die Russische Revolution keine Überraschung gewesen. Schon damals wußten wir, was ein Dekabrist war. Es gab Aspekte, unter denen Krieg ganz offenbar Wahnsinn war.

Etwa 1917 hatte es im Westen etwas Neues gegeben. Einem Morgenrot gleich war am Himmel der einander bekämpfenden Soldaten, des Poilu und des Tommy auf der einen, des Landsers, Fritz geheißen, auf der anderen Seite, eine eigentümliche Solidarität aufgestiegen. Spielregeln hatten sich gebildet. Ich erinnere mich zweier Evénements.

Im Tal der Aisne war es im Herbst morgens oft neblig. Zwischen den Stacheldrahtverhauen hatte sich, da es zwar viele Leute gab, die schossen, aber keine Jäger, eine reiche Fauna von Niederwild entwickelt – Hasen, Kaninchen, Fasanen, Rebhühner, dazu Wiesel und Füchse. Unser Major, Herr eines für seinen Wildreichtum berühmten Waldgutes in der Oberlausitz, aß gerne Rebhühner. Er ließ sich seine Jagdausrüstung kommen und ging an solchen Nebelmorgen zwischen den Stacheldrahtverhauen auf die Pirsch. Statt der Offiziersmütze trug er, zum großen Vergnügen seiner Soldaten, ein Jägerhütchen, dazu einen Jagdstock. Gewehr und Jagdtasche hängte er sich um. In dieser Aufmachung war er ohne weiteres als Jäger zu erkennen.

Für uns waren seine Pirschzüge eine heikle Angelegenheit. Er war ein glänzender Offizier. Wir wollten ihn als Kommandeur nicht verlieren. So hatten wir heimlich zwei Maschinengewehre aufgebaut, ihm, falls plötzlich ein Windstoß den Nebel vertriebe, Feuerschutz zu geben, unter dem er versuchen könnte, in den eigenen Graben zurückzukriechen. Eines Morgens passierte das Malheur. Der Windstoß kam. Der Nebel verschwand in Sekunden, und ausgerechnet in diesem Augenblick stand der Major unmittelbar vor dem französischen Drahtverhau, wenige Meter nur vom feindlichen Schützengraben entfernt. Das Nächstliegende wäre gewesen, daß er sich in dem von hohem Gras bedeckten, etwas welligen Gelände zu Boden geworfen und versucht hätte, zu uns zurückzugelangen. Unser Problem war, ob wir sofort aus beiden Maschinengewehren Feuer geben sollten, damit den Franzosen drüben klar würde, daß den Kopf aus dem Graben herauszustrecken gefährlich sei. Zu unserem Erstaunen ging der Major nicht zu Boden. Wir vergaßen zu schießen.

Die Franzosen müssen noch weit mehr verblüfft gewesen sein als wir.

Vorsichtig spähten sie über ihre Brustwehr. Es schoß nicht. Einer zwar mochte sein Gewehr gehoben haben, aber der Major drohte ihm mit seinem Jagdstock, als ob er Friedrich der Große sei. Und plötzlich sprangen zehn oder zwölf Poilus aus ihrer Deckung, lachten und schrien: »Bonne chasse, Colonel! Bonne chasse!« Der Major winkte ihnen freundlich zu und schritt, mit einem Hasen über der Schulter, langsam zu unserem Graben zurück. Hätte in diesen wenigen Minuten, in denen er ein großartiges Ziel bot, ein tödlicher Schuß ihn getroffen, Franzosen und Deutsche hätten das in gleicher Weise als Mord empfunden. Weitere fünf Minuten später war einen Gegner zu töten kein Mord mehr. Was für ein Geheimnis steckte in diesem Widerspruch?

Die zweite Geschichte ist ein noch viel eindringlicheres Beispiel für den Widerspruch. Im Verlauf des Stellungskrieges wurde es eine Zeitlang Mode, jüngere Generalstabsoffiziere zur Truppe zu versetzen, damit sie ihre Fronterfahrungen auffrischten. Für uns hatte das einen kleinen Vorteil und einen großen Nachteil. Der Vorteil war, daß der erbitterte Kampf zwischen den Stäben, die die Befehle gaben, und der Truppe, die sie ausführen mußte, ein wenig gemildert wurde. Der Nachteil war, daß die Herren sich gewöhnlich bei dieser Gelegenheit darum bemühten, Orden zu erwerben, welche nur bei der fechtenden Truppe zu haben waren.

Unser erster Kommandeur aus dem Generalstab stieß im Herbst 1917 zu unserem Bataillon. Er entstammte einem alten elsässischen Hugenottengeschlecht, dessen Söhne seit Generationen in der sächsischen Armee dienten. Zum Anlaß, seinen Ruhm zu mehren, nahm er einen vom Regimentskommandeur erteilten Befehl, festzustellen, welcher Einheit die gegenüberliegende französische Truppe angehöre. Dieser Befehl kam routinemäßig. Truppenverschiebungen des Gegners ließen Rückschlüsse auf die strategischen Absichten seiner Führung zu.

In dem nie aufhörenden Kampf der Truppe gegen die Stäbe hatten wir manche List entwickelt. So gab es immer einen feindlichen Posten, der genau ausgekundschaftet war, zu dem Gassen durch den Drahtverhau geschnitten waren, dessen Ablösungszeiten bekannt waren. Zuweilen wurden von den Patrouillen sogar die Namen der Posten erlauscht. Kam dann der Befehl, die gegenüberliegende Einheit festzustellen, bedurfte es nur einer kurzen Aktion, einen so vorbereiteten Posten ohne Aufhebens auszuheben. Gewöhnlich gab es nicht einmal Widerstand. In dieser Phase des Krieges galt es nur noch als geringes Unglück, in Gefangenschaft zu geraten. Schande war es nicht. Schlimmes war nicht zu erwarten. Für den Betroffenen war der Krieg zu Ende.

Wie wir befürchtet hatten, beschloß der Major, den von oben gekommenen Befehl zu einem Patrouillenunternehmen mit Beteiligung von Artillerie, Minenwerfern und Pioniersprengkommandos auszubauen. Da bei der Aktion Tote und Verwundete zu erwarten waren, beschlossen wir, seinen Plan zu sabotieren. Wir versuchten, einen unserer Kompaniechefs im Graben dafür zu gewinnen, seinen vorbereiteten französischen Posten zur Verfügung zu stellen. Als höchst bereitwillig, sich am Komplott zu beteiligen, erwies sich Hauptmann v. Vieth, der Mann, der nachmals als Ludwig Renn literarischen Ruhm gewann. In der Nacht vor dem großen Patrouillenunternehmen gelang es seinen Leuten, einen französischen Posten zu überraschen. Durch Zufall geriet dabei der Leutnant, der gerade die Runde machte, mit in Gefangenschaft.

Wir waren nicht schlafen gegangen. Bei Kaffee und einer Flasche Cognac warteten wir im Bataillonsunterstand auf den schmalen Holzbänken unter der niedrigen Balkendecke zehn Meter unter der Erde gespannt auf den Ausgang unseres Komplotts. Nebenan schlief der Major dem erhofften Ruhm entgegen. Gegen drei Uhr morgens – draußen war es naß und kalt – brachte ein Unteroffizier den Poilu und dessen Leutnant. Der Poilu war ziemlich aufgeregt, der Leutnant gelassen. Der Korporal, der die Gefangenen brachte, bekam sogleich einen Feldbecher heißen Kaffees; aber bevor er trank, bat er die Ordonnanz: »Nu' gib doch ooch den Erbfeind mal e' Täßchen Kaffee! Siehste nich', daß der Mann friert?«

Den Leutnant baten wir, in der überlieferten Art. wie sie seit der Schlacht von Crécy in Europas Kriegen geübt worden war, auf der Bank zwischen uns Platz zu nehmen. Den Cognac akzeptierte er gern. Es war eine gute Marke. Er war ein Jüngling wie wir, Student der Geschichte an der Sorbonne, zudem ein kleiner Marquis. In der lebhaften Unterhaltung, die sich entspann, erzählte er uns von einem unglaublichen Buch, das vor kurzem in Paris bei Flammarion erschienen sei. Es schildere die Schlacht von Verdun so, wie sie wirklich gewesen sei. Wir, als Kenner, waren der Meinung, das sei ein mit den Mitteln der Sprache nicht zu erreichendes Ziel. Aber unser Lieutenant – lui-même un combattant de Verdun – meinte, das Buch sei ein literarisches Meisterwerk. Daß es in diesem Buch viele patriotische Sprüche geben könne, hielten wir im Hinblick auf die Hunderttausende von Toten, die Verdun gekostet hatte, nicht für wahrscheinlich. Wir stellten eine merkwürdige Camaraderie der Combattanten beider Seiten fest. Vor allem waren wir uns einig in der Abneigung gegen jene, die, auf welcher Seite auch immer, den Krieg »führten«.

Wir mußten noch unseren neuen Freund mit unserem alten Feind, dem Kommandeur, konfrontieren. Der Major wurde geweckt. Die beiden Gefangenen, der Leutnant und der Poilu, wurden ihm gemeldet. Es stellte sich heraus, daß wir den Major i. G. unterschätzt hatten. Er erschien erst nach geraumer Zeit, korrekt angezogen, und begrüßte den französischen Offizier mit erlesener Höflichkeit. Es mag dem alten Hugenotten eingefallen sein, daß vielleicht schon in der Schlacht von Crécy einer seiner Vorfahren neben einem Ahnherrn des Marquis gefochten hatte.

Ich schrieb aus dem Schützengraben eine offene Postkarte an den Rascher-Verlag in Zürich und bestellte das Buch, das der junge Etudiant der Sorbonne uns so begeistert empfohlen hatte. Auf der Postkarte war, da es militärische Deckadressen nicht gab, als Absender meine Truppe mit Korps, Division, Regiment, Bataillon genau angegeben. Vierzehn Tage später war das Buch in meinen Händen. Mit einer Postanweisung habe ich es bezahlt.

Es war »Le Feu« von Henri Barbusse.

Die Zweifel verwandelten sich in vollständige Verwirrung, als der Miles gloriosus das erste Mal vor dem Schwarzen Brett der Universität die Ankündigung der Vorlesungen studierte. An der Wand vor ihm breiteten sich Abendland und Morgenland aus, eine Kristallisation von Jahrhunderten. Er konnte wählen, zu hören und zu lernen, was ihm gefiele. Nur Geld genug, die große Speisekarte der Kultur, die er mit brennender Neugier studierte, sich zu kaufen, besaß er nicht.

Sollte er versuchen herauszufinden, was es mit den neuen Verrücktheiten der Physik auf sich habe, daß es keine Gleichzeitigkeit mehr gebe, daß die Natur kein Kontinuum sei, daß das Kausalgesetz nicht überall anwendbar sei? Oder war es gescheiter, zu erfahren, warum das Römische Reich untergegangen war? Und wie stand es um die französische Literatur? Freilich, der zeitgenössische Literat, den wir für den wichtigsten hielten, Marcel Proust, war damals noch nicht bis ins Kolleg vorgedrungen. Sollte man nicht ein wenig über Sanskrit Bescheid wissen oder über die Geschichte dieser wunderbaren Sprache, in der man lebte, die eine indogermanische Sprache war? Und was hatte Deutsch mit Indien zu tun? Das alles gehörte doch offenbar zur Bildung. Andrerseits – welch eine Idee, sich all das ins Gehirn zu stopfen! Wo gab es da einen Faden, mit dessen Hilfe man sich durch diese unübersehbare Menge von Wissen hindurchfinden könnte? Keine Ariadne wurde diesem Theseus am Eingang seines Labyrinths von den Göttern geschickt.

Vor dem Schwarzen Brett machte der junge Scholar eine Entdeckung. Es gab eine Rangordnung der wissenschaftlichen Disziplinen! Romanistik stand hoch im Kurs. Aber schon Anglistik war wesentlich weniger angesehen. Was war schon das Beowulf-Lied, verglichen mit Chrétien de Troyes' »Conte du Graal« oder Wolfram von Eschenbachs »Parzifal«! Für

Amerikanistik interessierte sich kein Mensch. Auch Russisch bedeutete nicht viel. Immerhin gab es wenigstens einen russischen Lektor, bei dem man den Tee in dem Zimmer trank, in dem Webers Telegraph gestanden hatte. Für die älteste noch lebende Kultur des Morgenlandes gab es noch nicht einmal einen Lektor. Es schien nicht zur Bildung zu gehören, daß man Chinesisch könne. Aber war Konfuzius, der Lehrer des größten Volkes der Erde, weniger wichtig als seine Zeitgenossen Buddha oder Pythagoras? Und diese bezaubernden chinesischen Schriftzeichen, diese erlesenen Wunderwerke des Pinsels, waren sie nicht der Schlüssel zum Tao te-king des großen Laotse, den jeder bessere Snob aus schlechten Übersetzungen kannte?

Die Anfänge großer Ereignisse haben für das menschliche Gemüt etwas Faszinierendes. Aber Anfänge sind arm an Quellen und reich an Geheimnissen. Des Menschen Neugier hilft sich damit, die Lücke in der Überlieferung mit Legenden zu füllen. Welche Mühe hat die Forschung darauf verwendet, die Anfänge des Christentums zu erhellen! Aber Pilatus ist in Saarbrücken gestorben, und ein geistreicher französischer Schriftsteller hat einmal beschrieben, wie ein hoher Legionsoffizier den früheren Generalgouverneur von Palaestina in Saarbrücken besuchte, um von ihm Genaueres über den Fall der Kreuzigung eines Königs der Juden, vollzogen in Jerusalem zur Zeit des Kaisers Tiberius, zu erfahren. Pilatus, der im Laufe seines langen Beamtenlebens Hunderte von Todesurteilen gefällt hatte, konnte sich dieses Falles nicht erinnern.

Wenn ich heute an das Schwarze Brett der Wiege des Atomzeitalters, Göttingen 1919, zurückdenke, muß ich feststellen, daß Amerika, Rußland, China, die Weltmächte von heute, in der Universitas der Wissenschaft keine Rolle spielten.

Der Dandy vom »Italienischen Dörfchen« im »Café National« mit den Zweifeln konfrontiert, sagte, mit dem Billardqueue eine brillante Carambole anvisierend, ganz einfach nur: »Machen Sie doch erst einmal Ihr Physikum!«

Im Theatrum anatomicum, an den Marmortischen der Namenlosen im Seziersaal, begannen die Zweifel des Miles gloriosus an Bedeutung zu verlieren.

II WILDER WIRBEL

Leuchtend weiße Wolkenschiffe, scharf konturiert und zu barocken Formen geballt, zogen vom Morgen bis zum Abend über den herbstblauen

Himmel von Berlin. Noch immer spendete die Sonne wunderbare Wärme. Die Luft knisterte. Aus dem Sandboden der Mark steigt das Knisternde auf wie Perlen im Champagner. Einem Berliner bleibt an solchen Tagen nichts anderes übrig, als, d'accord mit der Schöpfung, heiter zu sein. Ich schlenderte »Unter den Linden« entlang. Auch in meiner Tasche knisterte es. Das war das kostbare Papier, das ich mir soeben im Ministerium geholt hatte. In der anderen Tasche raschelte es nur. Das waren die Scheine, die ich noch besaß. Die ihnen aufgedruckten Millionen waren so gut wie nichts mehr wert. Die Inflation war im Begriff, sich in ihren eigenen Abgrund zu stürzen. Vor mir lag die Welt offen. Seit einer halben Stunde durfte ich, als soeben approbierter Arzt, meinen Doktortitel führen. Der große Augenblick gebot, Apollon zu ehren, feierliche Verschwendung.

Im »Café Kranzler« an der Ecke der Friedrichstraße war einer der Tische, die noch draußen standen, frei. Eigentlich konnte ich mir den Luxus, mich in diesem Caféhaus niederzulassen, nicht leisten. Das »Kännchen Mokka«, das die Kellnerin freundlich servierte, enthielt mein Mittagessen. Ich betrachtete die Menschen, die im Strom des Korso an mir vorüberzogen. Ich studierte ihre Gesichter. »Das menschliche Gesicht, der wohl interessanteste Teil der Erdoberfläche« – wie Lichtenberg einmal gesagt hat! Das Studium dieses Ausschnitts der Geographie habe ich ein Leben lang an vielen Plätzen der Welt mit Fleiß betrieben. Ungezählte Tassen Kaffee habe ich dabei verbraucht. Während eines ganzen Jahres makellosen Nichtstuns habe ich täglich im »Café de la Paix« gesessen. So bin ich sicher, alle Pariser zu kennen. Jeder Pariser kommt schließlich einmal im Jahr an diesem Café vorbei! Ich kann einen Japaner von einem Chinesen und einen Malayen von beiden unterscheiden. Allerdings gibt es Südchinesen mit malayischen Ahnen, die ganz wie Japaner aussehen. Das sind die feineren Schwierigkeiten der internationalen Diagnostik des Korso.

An diesem Herbsttag in Berlin waren die meisten der Passanten schäbig angezogen. Gut gekleidet waren nur Ausländer und Schieber. Die anderen trugen ausgetretene Schuhe von jenem schier verzweifelten Grau, für das Schuhwichse eine ferne Erinnerung war. Von Zeit zu Zeit warf eine dieser Figuren mit schiefen Absätzen einen Blick, einen schwer zu deutenden Blick, auf das Caféhaus mit seiner vergoldeten Façade. Es war kein schiefer Blick. Der Berliner denkt sich sein Teil. Das Teil freilich, das er sich denkt, weiß er mit blitzender Präzision zu formulieren. Der Schieber, der zur Inflation gehört wie die Blüte zum Sumpf, hatte ein sprachlicher Geniestreich, vom Berliner den Namen »Raffke« bekommen. Eines Tages veranstaltete die »Berliner Illustrirte« auf ihrem Titelblatt ein Preisausschreiben. Herr Raffke, der, was uns allen verschlossen war, mit seinen Dollars ins Ausland reisen konnte, fährt nach Rom. Er steht – von Koch-Gotha herrlich gezeichnet – auf dem Forum Romanum. Die Preisfrage lautete: »Was sagt Raffke beim Anblick dieser Ruinen?« Des Preisrätsels Lösung fand ein Gepäckträger vom Anhalter Bahnhof. Raffke sieht sich unter den Trümmern um und erklärt: »Baut nich', wenna keen Jeld habt!«

Damals war ich noch nicht sehr tief in die Geheimnisse des Berliner Gemüts eingedrungen. Nur einen Platz, an dem man dieses Gemüt gut studieren konnte, hatte ich schon entdeckt. Unter dem Wartesaal 3. Klasse des Potsdamer Bahnhofs lag eine Kantine für die Angestellten der Reichsbahn und unter dieser eine Schwemme, in der die Gepäckträger ihr Bier tranken. Hier endlich habe ich es so weit gebracht, daß ich behaupten darf, ein Skatspieler zu sein.

Vor dem Potsdamer Bahnhof, zum Potsdamer Platz hin, stand sommers und winters eine alte Blumenfrau, treue Gattin eines meiner Freunde aus der Schwemme. So wollte ich für eine Einladung den erforderlichen Blumenstrauß bei ihr kaufen. Der Berliner nennt so ein Bündel Gemüts-Chlorophyll einen Strutz. Es war im November. Das Angebot der Alten bestand aus nicht mehr als einigen Büscheln Heidekraut. Auf meine Frage, ob sie nichts anderes habe, schoß sie auf mich die Antwort ab: »Doch, junger Mann! Kalte Beene!«

Nach Berlin hatte ich mich erst vor wenigen Monaten durchgeschlagen. In dem bezaubernden Göttingen hätte ich mich nicht halten können. Der Werkstudent wurde damals erst erfunden. Ein halbes Jahr lebte ich, das Geld für das nächste Semester zu verdienen, als Hauslehrer, immer sattgegessen, in einem reichen Haus in Baden-Baden. Dieser Sommer 1919 ist sicherlich der merkwürdigste, den die alte Badestadt seit der Römerzeit erlebt hat. Noch einmal promenierte auf der Lichtentaler Allee eine Gesellschaft, die im August 1914 in alle Winde zerstoben war. Auch Deutsche konnten sich das, diese eine Saison noch, leisten. Niemand begriff, was sich seit dem Waffenstillstand mit dem Geld abspielte. Es war nicht eine Teuerung. Es war der Anfang der Inflation, eines in Europa bisher unbekannten wirtschaftlichen Phaenomens.

Baden-Baden, wie Spa und Biarritz Treffpunkt der internationalen Gesellschaft, hatte sich mit erstaunlicher Leichtigkeit das Cachet des 19. Jahrhunderts bewahrt. Heute sind die schönen alten gußeisernen Gaslaternen, die vor dem Kurhaus stehen, zum Symbol dieser Tradition geworden.

Die beiden Söhne des Hauses, die in Straßburg in die Schule gegangen waren, mußten für die Aufnahme in das für seine humanistische Vortrefflichkeit bekannte Gymnasium in Baden-Baden vorbereitet werden. Außerdem gab ich den Knaben Reitunterricht. Reiten war noch immer Bestandteil der Erziehung. Schon am Hofe des Perserkönigs Dareios' des Großen wurden die Söhne des Adels drei Dinge gelehrt – Reiten, Bogenschießen und die Wahrheit sagen.

Pferde!

Niemand hat bemerkt, daß in unserem Saekulum die Jahrtausende alte Epoche, in der jeder freie Mann ein Reiter war, zu Ende gegangen ist. Sonderbarerweise ist, was mit dem Pferd verlorenging, ein Stück Humanität. Wer gelernt hat, mit einem Pferd umzugehen, hat ein Stück Erziehung an sich selbst vollbracht. Er wird es immer leichter haben, Menschen richtig zu behandeln.

Wann der Mensch begonnen hat zu reiten, darüber streiten sich die Gelehrten. Wahrscheinlich geschah dies am Anfang des zweiten Jahrtausends vor Christi Geburt, und das sicher in den Steppen Innerasiens. Die Reiterheere aus der Welt zwischen Donau und Baikalsee haben Geschichte gemacht. Das Mittelalter hat das ritterliche Turnier gepflegt. Pferderennen in Europa sind weit jüngeren Datums. Ihre Tradition beginnt mit den drei Araberhengsten aus dem Stall des Türkensultans Mohammed IV., die nach der Befreiung Wiens im Lager der Türken erbeutet wurden. Wenige Jahre später verkaufte man sie nach England. Mit ihnen fing die englische Vollblutzucht an.

Meinen Knaben machte es Vergnügen, dergleichen zu wissen. So lehrte ich sie weitere Überflüssigkeiten. Ich erzählte ihnen von der Stute Burak, die Mohammed zum Himmel trug, wo Engel ihm den Koran diktierten, und daß man noch heute im Felsendom von Jerusalem den Hufabdruck dieser Stute bestaunen kann. Ich erzählte ihnen von Boukephalos, dem Roß, auf dessen Rücken Alexander der Große seine Schlachten gewann. Auch den Condé konnte ich nicht unerwähnt lassen, den Schimmel Friedrichs des Großen, der damals noch ausgestopft im Zeughaus zu Berlin stand.

In der gastfreundlichen Villa in Baden-Baden saß eines Tages am Tisch mir gegenüber ein Professor mit grauem Stoppelhaar. Er wirkte außerordentlich klug, und zudem war er sehr witzig. Was seine Profession war, wußte ich nicht. Seinen Namen hatte ich nie gehört. Eines Morgens ritten wir zusammen aus. In der Unterhaltung fragte ich ihn, ob er an der Technischen Hochschule Karlsruhe doziere? Ich glaubte, in seiner Aura ein mathematisches Element entdeckt zu haben. Wie sich herausstellte, enthielt diese Vermutung ein Körnchen Wahrheit. Der Professor lachte. Nein, er spiele nur ein wenig Klavier! Ich gab preis, daß ich völlig un-

musikalisch sei, worauf er mir erklärte, das gebe es nicht. Musikalität bestehe aus vielen Elementen; über eines oder auch mehrere davon verfüge
ein jeder. Über dem waren wir wieder ins Haus gekommen. Wir gingen
ins Musikzimmer, wo ein wunderschöner Steinway stand. Der Professor
veranstaltete erst einige Experimente mit mir. Aber dann, als er, wie ich
später erfuhr, nach langer Zeit, die Tasten wieder unter seinen Fingern
spürte, stürzte er sich in die Herrlichkeiten einer Beethoven-Sonate. Die
Fenster standen offen. Die Sonne schien. Es war eine kostbare halbe
Stunde.

Wie kostbar diese halbe Stunde war, erfuhr ich beim Mittagessen unter
dem heiteren Gelächter der Tafelrunde von der Herrin des Hauses. Der
Professor, der mir »nur ein wenig Klavier vorgespielt hatte«, war Artur
Schnabel, der großartigste Interpret Beethovens, den die Welt gekannt
hat. Ich durfte mir von da ab bei ihm, wann immer er ein Konzert gab,
das ich erreichen konnte, eine Freikarte holen. Die schönste Belohnung
für meine entschlossene Musikalität war eine Aufführung von Schönbergs
»Pierrot lunaire op. 21« in der Singakademie in Berlin. Das Kammer-
orchester war pretiös zusammengesetzt. Es bestand aus Klavier, Flöte,
Klarinette, Bratsche und Violincello. Der Text waren Gedichte von
Albert Giraud, von Hartleben meisterhaft übersetzt. Vorzutragen waren
sie von einer Sprechstimme, die streng an den Rhythmus der Komposition gebunden war.

> Finstre, schwarze Riesenfalter
> Töteten der Sonne Glanz.
> Ein geschloßnes Zauberbuch,
> Ruht der Horizont – verschwiegen.
>
> Aus dem Qualm verlorner Tiefen
> Steigt ein Duft, Erinnrung mordend!
> Finstre, schwarze Riesenfalter
> Töteten der Sonne Glanz.
>
> Und vom Himmel erdenwärts
> Senken sich mit schweren Schwingen
> Unsichtbar die Ungetüme
> Auf die Menschenherzen nieder...
> Finstre, schwarze Riesenfalter.

Am Flügel saß Schnabel. Die schwierige Partie der Sprechstimme hatte
Therese Schnabel-Behr, seine Frau, übernommen. Die zeitlose Harmonie

der Komposition gab den Blick frei auf die musikalische Landschaft der nächsten Dezennien.

Berichtet werden muß noch, allen Freunden dieser lustigen Verrücktheit zur Freude, der Schüttelreim, den Schnabel, selbst Meister dieser Kunst, für den schönsten hielt, der ihm je vorgekommen sei. An seinem vierzigsten Geburtstag schickten seine Freunde ihm das Telegramm:
»Vor vierzig Jahren war der Schnabel nur
das Ende einer Nabelschnur.«
So friedlich fing der wilde Wirbel an.

Mein Abschied von Baden-Baden entbehrte nicht einer tragischen Note. Der Unterprimaner, sechzehn Jahre alt, bestand seine Aufnahme in die Oberprima mit einer Eins in Griechisch. Der Kleine, neun Jahre alt, der nach Sexta kommen sollte – obwohl er doch wußte, welchen Namen Mohammeds Roß gehabt hatte –, fiel durch. Seitdem habe ich Respekt vor Volksschullehrern.

Meine erste Station nach Baden-Baden war Frankfurt am Main. Die Stadt blickte auf eine stolze Geschichte zurück. Von 1245 bis 1806 war sie Freie Reichsstadt und seit der Goldenen Bulle von 1356 die Stadt, in der die Deutschen Kaiser gewählt wurden. Das Jahrzehnt der Willkür Napoleons nahm für Frankfurt ein gutes Ende. Der Wiener Kongreß, die gescheiteste Friedensversammlung, die es je in Europa gab, erklärte Frankfurt zur Freien Stadt des Deutschen Bundes. Von dieser Freiheit machten die Bürger den allervortrefflichsten Gebrauch. In ihre Paulskirche luden sie die Nationalversammlung ein, das gescheiteste Parlament, das die Deutschen je hatten. Diese Versammlung beschloß, dem König von Preußen die Deutsche Kaiserkrone anzubieten. Er lehnte ab. Zwei Dezennien später, nach den Siegen von 1866, hat Preußen die Stadt annektiert. Damit ging eine republikanische Tradition zu Ende, die dem Feudalismus von seiner Blütezeit im frühen Mittelalter bis zu seinem Zerfall im späten 19. Jahrhundert standgehalten hatte.

Irgendeine Notwendigkeit, die alten Freiheiten Frankfurts auszulöschen, hatte nicht bestanden. So gut wie die Regierenden Bürgermeister der Hansestädte eine republikanische Note in die Gesellschaft der von Gottes Gnade berufenen Bundesfürsten einbrachten, hätte die alte Freie Stadt Frankfurt ein souveränes Mitglied des Deutschen Reiches werden können. Nirgends macht sich ein Zylinder eleganter als zwischen juwelenbesetzten Kronen. Der preußische Kronprinz, der spätere Kaiser Friedrich III., jedenfalls hat damals, unterstützt von seiner Frau, der gelassene Generosität gewohnten ältesten Tochter der Königin Victoria, gegen die Annektierung Einspruch erhoben. Ob wohl der Schuß, mit dem Frankfurts letzter Regierender Bürgermeister am Tage der Okkupation seinem Leben ein Ende setzte, in Bismarcks Gemüt ein Echo gehabt hat?

Das alles lag nun über fünfzig Jahre zurück. Doch waren in dieser Zeit aus den Bürgern keine Untertanen geworden. Sie waren Bürger geblieben. Dieser Geist der Stadt war es, der Schopenhauer, der in Danzig geboren wurde, als es noch eine Freie Stadt war, veranlaßte, nach langen Wanderjahren Frankfurt am Main zum Wohnsitz zu wählen. Eine Story, die sich allerdings erst ein paar Jahre nach der Inflation abspielte, dokumentiert den Bürgersinn. Professor Swarzenski, als Direktor des Städelschen Kunstinstituts, der großartigen Gemäldegalerie Frankfurts, zugleich Begründer der Skulpturensammlung im Liebighaus, hatte eine griechische Plastik des 6. Jahrhunderts vor Christo angeboten bekommen. 6. Jahrhundert war damals »dernier cri«. Die Echtheit der Statue war durch die Herkunft gesichert. Professor Swarzenski hatte für den Ankauf eine auf nur wenige Tage beschränkte Option. Aus Mitteln des Museums standen ihm achthunderttausend Mark zur Verfügung. Zum Ankauf fehlten dreihundertzwanzigtausend Mark. Professor Swarzenski nahm sich ein Taxi, die großen Familien der Stadt zu besuchen. Das waren die Bethmanns, die Rothschilds, die Speyer-Ellison, die Mayer-Crailsheim, die Schwarzschild-Ochs, die Loew-Bär. Man erzählte sich, daß, als Professor Swarzenski die fehlenden dreihundertzwanzigtausend Mark beisammen hatte, die Taxameteruhr gerade 38,50 Mark anzeigte. Taxis waren damals eben billig.

Auch die Universität war eine Gründung der Stadt. Sie eröffnete, wie die Universität Berlin im Jahre 1810, ihre Vorlesungen ohne Feierlichkeiten im Oktober 1914. Ihre Bausteine waren einige schon vorhandene Stiftungen von Bürgern der Stadt. Die wichtigste war die 1763 errichtete Dr. Senckenbergische Stiftung. Der Stifter, ein Frankfurter Arzt, wurde 1707 geboren. Das Stiftungsvermögen betrug 134 500 Gulden. Nach heutigem Geld sind das etwa drei Millionen Mark. Bemerkenswerter noch als der Ruhm des großen Wohltäters ist das literarische Prestige, das der generöse Doktor mit nur wenigen Menschen teilt und das sicherlich seinen Ruf als Maecen überdauern wird. Goethe beschreibt den Doktor in »Dichtung und Wahrheit«:

»... ein Arzt und ein Mann von großer Rechtschaffenheit, der aber wenig und nur in vornehmen Häusern praktizierte, behielt bis in sein höchstes Alter immer ein etwas wunderliches Äußeres. Er war immer sehr nett gekleidet, und man sah ihn nie anders auf der Straße als in Schuhen und Strümpfen und einer wohlgepuderten Lockenperücke, den Hut unterm Arm. Er ging schnell, doch mit einem seltsamen

Schwanken vor sich hin, so daß er bald auf dieser, bald auf jener Seite der Straße sich befand und im Gehen ein Zickzack bildete. Spottvögel sagten, er suche durch diesen abweichenden Schritt den abgeschiedenen Seelen aus dem Wege zu gehen, die ihn in gerader Linie wohl verfolgen möchten, und ahme diejenigen nach, die sich vor einem Krokodil fürchten. Doch aller dieser Scherz und manche lustige Nachrede verwandelte sich zuletzt in Ehrfurcht gegen ihn, als er seine ansehnliche Wohnung mit Hof, Garten und allem Zubehör auf der Eschenheimer Gasse zu einer medizinischen Stiftung widmete, wo neben der Anlage eines bloß für Frankfurter Bürger bestimmten Hospitals ein chemisches Laboratorium, eine ansehnliche Bibliothek und eine Wohnung für den Direktor eingerichtet ward, auf eine Weise, deren keine Akademie sich hätte schämen dürfen.«

Die junge Universität der alten Reichsstadt wurde, wie aus diesem amüsanten Zitat hervorgeht, auf ehrwürdigen Traditionen errichtet.

Die Medizinische Fakultät lag »dribb d'r Bach« – auf der anderen Seite des Mains. Die Universitätskliniken waren aus den Spezialabteilungen des hochberühmten Krankenhauses Sachsenhausen entstanden. Ohne sich viel um akademische Privilegien zu kümmern, hatte der Rat der Stadt bei Trott zu Solz, dem verständigen preußischen »Minister für geistliche und Unterrichts-Angelegenheiten«, durchgesetzt, daß die Chefs der Kliniken auf die Lehrstühle ihres Fachs berufen wurden. Für die Studenten hatte das den Vorteil, daß ihren Lehrern vor allem daran lag, aus ihren Schülern Ärzte zu machen. Die theoretische Forschung wurde den wissenschaftlichen Instituten überlassen.

Im Jahre 1909 hatte Paul Ehrlich, der Leiter des Frankfurter Instituts für experimentelle Therapie, das Salvarsan für die klinische Behandlung freigegeben. Es trat in der Behandlung der Syphilis die Nachfolge des Quecksilbers an. Der erste Kliniker, der das Medikament am Menschen angewandt hatte, war Herxheimer, Direktor der Dermatologischen Klinik in Sachsenhausen. Der Professor wurde der Bosheit seines Witzes wegen ebenso gefürchtet wie bewundert. Sein Kolleg war ein erlesener Genuß. Eines Tages stellte er uns einen Patienten vor, zu dem er zunächst bemerkte, daß wir einen solchen Fall in keiner anderen Klinik der Welt als in der seinen überhaupt zu sehen bekommen könnten. Der Patient war ein junger Mann von sechzehn Jahren, der einen Primäraffekt hatte, das erste klinische Symptom einer frisch erworbenen Syphilis. »Dieser junge Mann«, fuhr der Geheimrat fort, »gehört zu den ersten Säuglingen, die ich vor sechzehn Jahren hier in dieser Klinik ihrer ererbten Syphilis wegen behandelt habe, und zwar mit einem Dioxydiaminoarsenobenzolderivat, aus dem später das Salvarsan entstand. Daß die ererbte Krankheit damals ausgeheilt ist, wird in immunbiologisch überzeugender Weise durch die Tatsache erhärtet, daß der Patient sie von neuem erworben hat.« Dann hob er die Hand gegen den jungen Mann und zitierte mit Pathos: »Was du ererbt von deinen Vätern hast, erwirb es, um es zu besitzen!«

Der Ordinarius für Innere Medizin war Gustav v. Bergmann, ein Sohn des Chirurgen Ernst v. Bergmann, eines der Begründer der modernen Chirurgie. Bergmann war aus Marburg nach Frankfurt berufen worden. Sein Vortrag war seiner eleganten Eloquenz wegen berühmt. Er war ein hochgelehrter Mann voller Geist, ein Humanist alten Stils. Damals stand er auf dem Höhepunkt seiner wissenschaftlichen Laufbahn. Seine Arbeiten über das Magengeschwür hatten zu einer Revolution in der Behandlung geführt. Charakteristisch für ihn ist eine Geschichte, die wir im Examen mit ihm erlebten. Das Examen wurde in Gruppen abgelegt. Die Gruppen bestanden, gemäß einer Überlieferung unbekannten Ursprungs, aus vier Kandidaten. Wir waren drei alte Soldaten, die mehr Seelenruhe als Kenntnisse in die Gruppe einbrachten. Wir hatten alle drei das Eiserne Kreuz 1. Klasse. Je nach der politischen Haltung des Examinators schraubten wir es an oder ab. Das vierte Mitglied war eine reizende junge Kollegin. Sie war unheimlich beschlagen, aber so nervös, daß sie von ihren ausgezeichneten Kenntnissen keinen rechten Gebrauch zu machen in der Lage war. Unsere Zusammenarbeit hatte sich glänzend eingespielt. Sie half uns mit dem reichen Schatz ihres Wissens. Wir halfen ihr mit der selten versagenden klassischen Ruhe approbierter Helden. Die mündliche Prüfung fand während der großen Visite des Chefs statt. An unserem Examenstag hatte sie mit Verspätung begonnen. Die armen Examenskandidaten trabten – das Mädchen in dezentem dunklem Kleid, wir im Cutaway – hinter den weißen Mänteln der Assistenten her. Der Chef war aus irgendeinem Grunde nervös. In einem Zimmer, in dem nur zwei Patienten lagen, wandte er sich plötzlich an einen von uns: »Bitte, Herr Kandidat, untersuchen Sie dieses Herz!« Der Kandidat, der, sein medizinisches Studium zu finanzieren, eine Kurpfuscherpraxis in Sachsenhausen betrieb, bekam einen roten Kopf. Während Bergmann weiterschritt, flüsterte ein mitleidiger Assistent ihm schnell die Diagnose zu – »Mitralstenose«. Der Kandidat zog sein Stethoskop heraus. Vor Aufregung hatte er solches Ohrensausen, daß er nichts hörte. So überlegte er wenigstens, was er bei einer Mitralstenose an Herztönen hören müsse. Nach wenigen Minuten kehrte Bergmann zurück: »Nun, Herr Kollege?« Unser Freund, im sicheren Besitz der Diagnose, begann damit, weit ausholend den allgemeinen Zustand des Patienten zu beschreiben. Bergmann schnitt ihm ungeduldig das Wort ab: »Die Diagnose, Herr Kollege! Die Diagnose, bitte!« Diese Attacke wehrte der Kandidat ab, indem er sich aufrichtete, sein Stethoskop zusammenschob und mit vollendeter Arroganz sagte: »Herr Professor, ich wäre ein schlechter Bergmann-Schüler, wollte ich in drei Minuten eine Herzdiagnose stellen!« Die Assistenten erblaßten. Aber Bergmann, der wohl sah, wie leicht er hier sein Gesicht hätte verlieren können, sah den Kandidaten freundlich an: »Herr Kollege! Geistesgegenwart am Krankenbett ist eine vorzügliche ärztliche Eigenschaft. Ich gratuliere Ihnen! Sie haben mit Eins bestanden!«

Der Otologe, Professor Voss, hatte unter seinen vielen berühmten Patienten auch den König von Siam. Die fernöstliche Majestät litt an einem chronischen Schnupfen. Da der König aus politischen Gründen nicht nach Deutschland kommen mochte, wurde Professor Voss Jahr für Jahr nach Frankreich eingeladen. Mit nicht sehr viel mehr als einem kleinen Gummiballon in der Tasche fuhr er nach Paris, um dort für vier Wochen im »Ritz« zu wohnen. Über das Honorar für die Behandlung des königlich chronischen Schnupfens raunte man sich sagenhafte Zahlen zu. Auch Professor Voss war ein Mann voller Geist und Witz. Einen Doktoranden, den er zu prüfen hatte, empfing er mit der Bemerkung, er habe seine Doktorarbeit gelesen und nicht verstanden. Es war eine physiologisch-chemische Arbeit »Über das Calcium und einige seiner Antagonisten im Lactacidogen-Stoffwechsel des Froschmuskelbreis«. Sie stammte aus dem Institut von Professor Embden, dessen Forschungen die Chemie der Muskelfunktion zum Thema hatten. Professor Voss erklärte dem Doktoranden ein wenig spöttisch, ihn über Otologie und Laryngologie zu prüfen sei Zeitverschwendung; davon verstehe er ja doch nichts. Es sei gescheiter, wenn der Prüfling ihm erkläre, mit was eigentlich das Embdensche Institut sich beschäftige; das interessiere ihn schon lange. Aufmerksam hörte der Professor den Ausführungen des Kandidaten zu. Dann entließ er mich lächelnd mit einer Eins.

Im Theodor-Stern-Haus, der Stiftung eines Frankfurter Bankiers zu Ehren seines im Krieg gefallenen Sohnes, waren vier Institute vereint. Eines davon diente der Erforschung der Röntgenstrahlen. Der Direktor, Professor Dessauer, war eines der ersten Opfer der X-Strahlen. Er mußte wegen Röntgenverbrennungen im Gesicht und an den Händen, die er sich bei seinen Experimenten zugezogen hatte, klinisch behandelt werden. In seinem Institut wurden die ersten unmittelbar an der Zelle nachweisbaren, durch Röntgenstrahlen hervorgerufenen Veränderungen entdeckt. Sie waren die Grundlage der Forschungen, aus denen die Röntgenbehandlung des Carcinoms entstand.

Am Pharmakologischen Institut arbeitete Professor Adler. Er war ein reicher Junggeselle, der eine Zimmerflucht im »Frankfurter Hof« bewohnte. Oft habe ich ihn um Mitternacht, in Frack und Abendmantel, ins Institut, in dessen Souterrain ich neben den Fröschen hauste, kommen sehen. Das erste, was er tat, war, im ganzen Institut Licht zu machen. Dann arbeitete er bis fünf Uhr morgens. Die Lichtrechnung bezahlte er aus seiner Tasche. Eines Nachts machte er eine erstaunliche Entdeckung. Aus einer Kolonie von Kaulquappen, deren Ernährungsflüssigkeit er ein wenig Thyroxin, ein Hormon der Schilddrüse, zugesetzt hatte, waren ausschließlich Frösche männlichen Geschlechts entstanden. Beim damaligen Stand der Forschung war der Kausalzusammenhang völlig unverständlich. Erst Jahre später entdeckte Morgan in Pasadena in seinen berühmt gewordenen Untersuchungen an der Taufliege, Drosophila melanogaster, die Geschlechtschromosomen und die Lokalisation der Gene. Diese Arbeiten wurden der Ausgangspunkt der modernen Erblehre mit ihren unheimlichen Konsequenzen. Adlers zukunftsweisendes Experiment wurde vergessen.

Drei Professoren des Theodor-Stern-Hauses – Bethe, Ellinger und Embden – hatten eine Gemeinschaft zur Herausgabe eines neuen »Handbuchs der Physiologie« begründet. Als man zum Kapitel »Hormone« kam, fragte man bei Sir Ernest Starling in London an, ob er bereit sei, den Allgemeinen Teil zu übernehmen. Starling war nicht nur ein großer Hormonforscher, er war auch der Mann, der, zusammen mit Bayliss, das Wort Hormon erfunden hatte. Es war gebildet nach dem griechischen Verbum ὁρμάω – hormáo, ich treibe an. Sir Ernest antwortete auf die Bitte der Frankfurter Gelehrten um seine Mitarbeit: »The task you would like me to fulfill is so difficult that I do not dare to refuse. – Die Aufgabe, die Sie mir übertragen wollen, ist so schwierig, daß ich nicht wage, sie abzulehnen.«

Zu jener Zeit versetzte uns eine medizinische Entdeckung in Aufregung. Der Grund war die überraschende Einsicht, daß jeder von uns diese Entdeckung, die kurz danach mit dem Nobelpreis belohnt wurde, hätte machen können. Aber die Überlegung, die zu der Entdeckung geführt hatte, war nicht nur so schlechthin einfach gewesen. Sie war von jener Einfachkeit, die Merkmal der Genialität ist. Der Diabetes mellitus, die Zuckerkrankheit, ist in allen Ländern und unter allen Rassen der Erde weit verbreitet. Ihr Wesen ist seit langem durchschaut. Schon am Anfang der Achtziger Jahre hatte Minkowski, der große Internist in Breslau, der Vermutung Ausdruck gegeben, Ursache der Krankheit sei der Ausfall eines Körperstoffes, der von einem bestimmten Teil des Pankreas, der Bauchspeicheldrüse, produziert werde. Im Pankreas sind zwei anatomische Elemente vereint – Drüsen, die Trypsin, ein zur Verdauung notwendiges Sekret, durch einen Ausführungsgang an den Darm abgeben, und Zellinseln, die nur durch Blutgefäße mit dem Körper kommunizieren.

Diese anatomischen Gebilde werden nach ihrem Entdecker Langerhanssche Inseln genannt. In den Langerhansschen Inseln vermutete Minkowski den Stoff, dessen Ausfall die Störung im Stoffwechsel des Körpers hervorrufe.

Heute wissen wir, daß Minkowski recht hatte. Der Stoff, der ausfällt, ist ein Hormon, das wir Insulin nennen. Nur daß es zu Minkowskis Zeiten weder den Begriff Hormon gab, noch hatte man die geringste Vorstellung von ihren Funktionen. Was für ein genialer Kopf ist das gewesen, der eine Sachlage, deren Elemente unbekannt waren, richtig beurteilt hat! Nichts nun schien einfacher, als den Minkowski-Stoff zu isolieren und mit ihm die diabetische Stoffwechselstörung zu behandeln. Und es war einfach! Aber fünfzig Jahre dauerte es, bis zwei Forscher die Einfachheit entdeckten. Das waren Banting und Best, zwei kanadische Mediziner, der eine Assistent, der andere sogar noch Student. Fünfzig Jahre lang war es den Chemikern auch mit den raffiniertesten Methoden nicht gelungen, den Stoff der Langerhansschen Inseln zu isolieren. Die beiden Gelehrten sagten sich, fünfzig Jahre Mißerfolg bei ein und demselben Problem müsse eine allgemeine Ursache haben. Das, worauf jeder von uns hätte kommen können, war die Idee, die allgemeine Ursache könne nur das Pankreas selbst sein. Von da an war es nur noch ein Schritt zu der Vermutung, daß, noch bevor die Maßnahmen zur Isolierung des gesuchten Stoffes überhaupt begonnen hätten, das Trypsin die Inselsubstanz zerstöre. Der Rest war Laboratoriumsroutine. Nach einer Versuchsreihe von nur wenigen Monaten hatten die beiden Forscher das Insulin in der Hand. Ihrer glänzenden wissenschaftlichen Leistung entsprach eine bewundernswerte persönliche Noblesse. Banting und Best verzichteten auf jede kommerzielle Auswertung ihrer Entdeckung, Dies ist vielleicht das größte finanzielle Geschenk, das je ein Maecen der Menschheit gemacht hat. Die Gewinne, die das Insulin in den letzten fünfzig Jahren abgeworfen hat, dürften ihrer Größenordnung nach die Rockefeller Foundation übertreffen. Man fragt sich, wer wohl die Noblesse in seine Tasche gesteckt hat. Wenn man jung ist, neigt man zu einer Großmut, von der man im Alter einsieht, wie wenig sie der Welt bedeutet.

Einige Jahre später wurde das Germanin entdeckt. Ganze Landschaften Afrikas, von der durch die Tsetsefliege übertragenen Schlafkrankheit entvölkert, wurden wieder bewohnbar. Ein Dezennium danach schuf systematische Forschung Atebrin, das Mittel gegen die Malaria, mit der, selbst im Zeitalter des Chinins, noch immer Millionen Menschen sich herumschlagen mußten. Die Fortschritte der Wissenschaft waren faszinierend, aber je tiefer die Forschung in die Geheimnisse des Lebendigen eindrang und je dringlicher die Frage nach der Herkunft des Lebens auf

Erden sich stellte, um so wichtiger wurde es für die Naturwissenschaft, den Zusammenhang mit Philosophie und Metaphysik, den sie im 19. Jahrhundert verloren hatte, in diesem Saekulum endlich wiederzugewinnen.

Der Dandy vom »Italienischen Dörfchen« hatte mir, als ich Göttingen verließ, den Ratschlag mit auf den Weg gegeben, meine naturwissenschaftlichen Studien durch ein geisteswissenschaftliches Fach zu ergänzen. So hatte ich mich der Sinologie zugewandt. Für das Chinesische, das heute in einem Teil Deutschlands schon in der Schule erlernt werden kann, hatte auch die Universität Frankfurt damals noch keinen Dozenten. Doch gab es drei Chinesen, die Medizin studierten. Einer von ihnen, Shao Shi-tsing, wurde mein Freund. Er war der Sohn eines Mandarinen, eines Ministers der 1908 ermordeten Kaiserinwitwe Tsu-hi, der letzten Herrscherin der Mandschu-Dynastie über das Reich der Mitte. Er verschaffte mir Einblick in eine Welt, die andere Konventionen, andere Spielregeln, sogar andere Begriffe als die unseren hatte. Der Mandarinensohn, in seinem Land ein »Mann von zehntausend Zeichen«, hatte zwar nicht mehr die gefürchteten Examina machen müssen, welche 196 vor Christi Geburt von einem Kaiser der frühen Han-Dynastie eingeführt und 1911 nach Christi Geburt von Präsident Sun Yat-sen abgeschafft worden waren. Aber natürlich war er ein Kenner all der erlesenen Feinheiten der chinesischen Dichtung und Literatur. Er sah so vornehm aus, daß allein seine Erscheinung mich einmal davor bewahrt hat, mein Gesicht zu verlieren.

Im Winter 1920 betrat Mary Wigman mit der Uraufführung ihres Balletts »Die Sieben Tänze des Lebens« im Opernhaus in Frankfurt am Main den Pfad ihres Ruhmes. Ihre vier Schülerinnen, eine begabter und reizender als die andere – Yvonne Georgi, die Palukka, die Trümpy und die Bambula – hatten wir durch Hildebrand Gurlitt kennengelernt, einen Sohn des großen Cornelius Gurlitt, der den deutschen Barock wiederentdeckte und der erste Kunsthistoriker gewesen ist, der die Bauwerke Konstantinopels untersucht und beschrieben hat. Die Mappe seiner Photogravüren von der Hagia Sophia, der Kirche der Heiligen Weisheit, sind eine Kostbarkeit der Bibliothek des British Museum. Hildebrand Gurlitt vertrat in unserem Kreis das künstlerische Element. Sein Sinn für Schönheit veranlaßte ihn bald darauf, die Bambula zu heiraten. In Hellerau war es, wo Rudolf Laban v. Váralya die Grundlagen des modernen Ausdruckstanzes geschaffen hatte. Mary Wigman, die als seine Schülerin angefangen hatte, trug seine Ideen in die Welt hinaus.

Zur gleichen Zeit war Hellerau die Wiege noch einer anderen Kunst. In dieser mythischen kleinen Villenkolonie vor den Toren Dresdens schuf Jakob Hegner, den Jugendstil überwindend, neue aesthetische Normen für die graphische Gestaltung des Buches, die noch heute gültig sind.

Es war völlig unübersehbar, wie das verwöhnte Frankfurter Opernpublikum die erste Darbietung moderner Tanzkunst aufnehmen würde. Wir hatten eine Claque gebildet, die sorgfältig über das Parkett verteilt war, und einen von unserer Meute hatten wir mit einer Trillerpfeife in den dritten Rang gesetzt. Wir alle hatten natürlich Freikarten. Shao hatte auch eine bekommen. Die Aufführung wurde ebenso ihrer überraschenden künstlerischen Neuartigkeit wie ihrer vortrefflichen Choreographie wegen ein rauschender Erfolg. Den Applaus in Gang zu setzen war die Claque nützlich gewesen. Die Trillerpfeife im dritten Rang hatte vor Eintritt in die Große Pause eine Woge empörten Beifalls ausgelöst. Nach Ende der Aufführung stürzten wir zum Bühnenausgang, die reizenden Mädchen in Empfang zu nehmen und den Abend ihres jungen Ruhmes mit ihnen zu feiern. Unsere Enttäuschung war groß, als wir erfuhren, daß sie alle von dem Gastgeber eingeladen seien, bei dem Mary Wigman wohnte. Es war Adam Loew-Bär, ein großer Maecen. Die Mädchen schlugen vor, daß wir, da es ein gastfreundliches Haus sei und es sich nur um Kaltes Buffet handle, einfach alle hinkommen sollten. Wir beschlossen, den Coup zu wagen. Wir Studenten verloren uns ohne weiteres in der Schar der Gäste. Und unser Mandarinensohn sah so ungeheuer asiatisch nobel aus, daß niemand auf die Idee kam, er könne nicht eingeladen sein. Mary Wigman brachte schließlich alles in Ordnung, indem sie uns der Dame des Hauses vorstellte, die liebenswürdig lächelte. Die Sache sollte sich für sie sogar noch lohnen. Als die Gäste, ein wenig zu früh, aufzubrechen drohten, setzte sich einer von uns an den Flügel und intonierte den Tiger-Rag. Der aufreizende Rhythmus sprengte sogar die Pokerrunde, die in einem der etwas stilleren Räume den Hausherrn mit einigen seiner Gäste vereinte. So geschah es, daß in dieser wunderschönen Villa in der Forsthausstraße, an der ich alljährlich vorbeikomme, wenn ich zur Buchmesse fahre, unter dem nicht enden wollenden Beifall der Gäste Mary Wigman mit Max Pallenberg einen Shimmy tanzte.

Eines Tages saßen Shao und ich in einem Studentenlokal beim Essen. Einen Tisch weiter saß ein Chinese, den wir nicht kannten. Als der Unbekannte bezahlen wollte, merkten wir, daß er sich in den deutschen Geldscheinen nicht auskannte und der Wirt den Versuch machte, seinen Gast, der offensichtlich auch kein Deutsch konnte, um eine ganz hübsche Summe zu betrügen. Damals noch ohne Furcht vor einer Schlägerei, stand ich auf und brachte durch einen Krach mit dem Wirt die Rechnung des Chinesen in Ordnung. Nur mit China hatte ich dabei nicht gerechnet.

Unser neuer Freund, der uns von Stund an nicht mehr verließ, war ein Mitglied der Kuomintang, der Sozialistischen Partei Chinas. Er war von Sun Yat-sen nach Deutschland geschickt worden, um Deutsch zu lernen und Karl Marxens »Kapital« ins Chinesische zu übersetzen. Wir trafen ein Arrangement. Er lehrte mich die unendlichen Feinheiten der chinesischen Aussprache. Ich brachte ihm Deutsch bei. Dabei habe ich eine Menge gelernt. Vor allem habe ich erfahren, was Deutsch für eine schwierige Sprache ist, wenn man es jemandem beibringen will. Die chinesische Grammatik ist viel einfacher. Der Chinese lernte täglich zwanzig Wörter auswendig. Und er behielt sie! Als ich Frankfurt verließ, hatte er seine Übersetzung beinahe geschafft. Zum Abschied versprach er mir, mich in der Vorrede als Mitarbeiter dankend zu erwähnen. Mao Tse-tung ist einer meiner Leser. Meinen chinesischen Sozialisten habe ich nicht wiedergesehen. Shao Shi-tsing dagegen begegnete ich wenige Jahre später unter den vierhundert Millionen seiner Landsleute zufällig bei einem Spaziergang auf dem »Bund«, dem Hafenquai von Shanghai.

So hätte man in Frieden studieren können. Aber der Friede war nicht danach. Politische Ereignisse überstürzten sich. Was in Wissenschaft, Kunst und Literatur sich abspielte, war ein wilder Wirbel.

Die Epoche der Liquidation des Ersten Weltkrieges begann anno 1919 mit einer globalen Katastrophe. Wie eine Pest im Mittelalter jagte eine Epidemie über die Welt. Im Verlaufe eines Jahres raffte die Asiatische Grippe zwanzig Millionen Menschen dahin. Es stellte sich heraus, daß ein solches Ereignis auf den Lauf der Dinge keinen großen Einfluß hat. Sogar der Hochmut der Hygiene überstand die Katastrophe ohne Schaden. Drei unscheinbare Ereignisse dieses Jahres waren es, aus denen Zukunft erstehen sollte. Der Sohn eines Dorfschmiedes gründete in Mailand einen politisch-militärischen Kampfverband. Die Leute nannten sich Fascisten. Ein Mann aus Braunau verkündete den Deutschen, daß er sie aus ihrer Niederlage erretten werde. Ein Inder namens Gandhi erklärte, daß er die Kolonialherrschaft der Engländer in Indien gewaltlos zu Ende bringen werde. Wer außer einem Comte de Tocqueville hätte etwas anderes vermuten können, als daß alle drei Narren seien. Es waren aber nicht drei Narren. Es waren ein Narr, ein Verbrecher und ein Heiliger. Von dem Narren ist nicht viel geblieben. Der Verbrecher ließ Tote und Trümmer zurück. Der Heilige wird von Millionen verehrt.

Merkwürdigerweise waren es nicht so sehr die politischen und militärischen Ereignisse, welche unsere Aufmerksamkeit in Anspruch nahmen. An der Spitze einer Freischar eroberte d'Annunzio den Hafen von Fiume, der internationalisiert werden sollte, für Italien zurück. Niemand eigentlich, außer einigen italienischen Patrioten, nahm die Sache ernst. Die Kommandobrücke des Torpedobootes, von dem aus d'Annunzio das Unternehmen geleitet hatte, baute er später im Garten seiner Villa am Gardasee auf. Die Deutschen versenkten ihre von den Engländern in Scapa Flow internierte Flotte. Die Sache war für die Engländer ärgerlich, aber nicht viel mehr. Die Gefahr, die diese Schiffe für sie einmal bedeutet hatten, war durch ihre Internierung schon aus der Welt geschafft. Die Versenkung änderte nichts mehr an der seestrategischen Lage.

Pilsudski gewann an der Weichsel eine Schlacht gegen die von Trotzki, seit 1919 »Kommissar für Krieg und Marine«, aufgestellten ersten Kader der Roten Armee. Da Polen zu den Siegern gehörte, fand das »Wunder an der Weichsel« keine große Aufmerksamkeit. Die politischen Verhältnisse im Osten waren zu unübersichtlich, als daß wir, unzulänglich mit Informationen versehen, uns ein brauchbares Urteil über die Ereignisse hätten bilden können.

Die äußere Lage war also gewiß schon verwirrend genug. Aber die Fülle nichtkriegerischer Ereignisse ergab das Bild einer geradezu blühenden Anarchie. In den Vereinigten Staaten war, in Abwesenheit der Männer, die gerade in Europa einen der für ihr Land charakteristischen Siege errungen hatten, die Prohibition, das Verbot des Alkohols, Gesetz geworden. Als die Helden lorbeerumkränzt und konfettiüberschüttet nach Hause kamen, hatten sie nichts, womit sie ihren Sieg hätten feiern können, außer den Puritanerinnen, die die Prohibition eingeführt hatten. Statt des sizilianischen Weines, den die Amerikaner nicht mehr trinken durften, importierte Sizilien seine Mafia. 1933 war die Prohibition vorüber. Die Puritaner waren still. Sie hatten eine Niederlage erlitten. Die Gangster waren leise. Sie hatten gesiegt.

Es stimmt nachdenklich, daß in demselben Jahr, in dem die Prohibition eingeführt wurde, Theodore Roosevelt starb, dieser pittoreske, von seinen Landsleuten liebevoll Teddy genannte Mann, der in jener glücklichen Epoche Präsident war, als die USA noch glauben durften, »God's own Country« zu sein. Was für Möglichkeiten standen der Zukunft dieses Landes offen, damals, 1901, als Theodore Roosevelt sein Amt übernahm! Ganz ohne ein bißchen Imperialismus freilich ging es auch bei Teddy nicht ab. Während seiner Präsidentschaft wurde Panama unabhängig. Der neue kleine Staat trat sodann den Vereinigten Staaten das Gebiet ab, in dem der Kanal gebaut wurde, der seitdem den Atlantischen mit dem Pazifischen Ozean verbindet. Im Department of War dürfte es damals höchstens drei Leute gegeben haben, die an die Möglichkeit von so etwas wie Pearl Harbour gedacht haben.

Das Jahr 1919 brachte den Tod zweier alter Männer, die bei aller Verschiedenartigkeit ihres Ruhmes das eine verband – mit ihnen ging eine Epoche zu Ende. Es waren Ernst Haeckel und Auguste Renoir. Haeckel, zwei Jahre nach Goethes Tod in Potsdam zur Welt gekommen, faßte mit der souveränen Sachkenntnis und der unbekümmerten metaphysischen Ahnungslosigkeit, die für die Gelehrten seiner Zeit so charakteristisch ist, zusammen, was ein Jahrhundert naturwissenschaftlicher Forschung an Entdeckungen zusammengetragen und an Deutungen vorgeschlagen hatte. Haeckels in exzellentem Deutsch geschriebene Bücher waren für uns großartige Quellen der Information. Die Sicherheit freilich, die der Gelehrte so lange ausgestrahlt hatte, war unterdessen verlorengegangen. Renoir, ein wenig jünger als Haeckel, war der Großmeister des Impressionismus, der letzten herrlichen Blüte der alten europaeischen Malerei, als sie den Gegenstand noch nicht verlassen hatte. Auch er hatte das Zeitalter, das er repräsentierte, um eine Generation überlebt. Im Jahre seines Todes veröffentlichte Paul Fechter das erste gelehrte Werk »Über die Kunst des Expressionismus«. Vier Jahre nach Renoirs Tod wanderte Chagall aus Rußland aus, um in Paris sich niederzulassen. Fünfzig Jahre später wurde er beauftragt, für das Gotteshaus einer reformierten Gemeinde der Schweiz Kirchenfenster zu schaffen.

Was an Informationen über uns ausgeschüttet wurde, war in keiner Weise unter einen Doktorhut zu bringen. Karl Barths »Römerbrief« brachte die ganze Theologie in Unordnung. Aus Huizingas »Herbst des Mittelalters« lernten wir, daß Geschichtsschreibung etwas anderes sei als das, was wir dafür gehalten hatten. Später bei Jacob Burckhardt erfuhren wir, daß dickleibige historische Werke manchmal gerade das Wichtigste dem Leser vorenthalten. Grandiose Unsicherheit ergriff uns! Es dauerte auch nicht mehr lange, daß ein angesehener Gelehrter ein Werk publizierte mit dem Titel »Geschichte als Sinngebung des Sinnlosen«. Auch Stahlgewitter betrachteten wir mit meteorologischem Mißtrauen als einen Versuch, antiquierten Heroismus zu retten. Uns schien, Karl Kraus' »Letzte Tage der Menschheit« vermittle tiefere Einsichten in das historische Geschehen.

Es geschahen aber noch viele andere Dinge. Es gab manch guten Grund, der preußischen Monarchie nachzutrauern. Mit ihr verschwand die Gesellschaft, auf der sie beruht hatte. Nichts war für die Wandlungen der Zeit charakteristischer als die Schicksale der entlassenen Offiziere. Gardeobristen sahen sich genötigt, die Vertretung von Schnapsfabriken zu übernehmen. Die eleganten Kavallerieleutnants wurden Gigolos in den internationalen Bars. Die Generalstäbler machten Karriere in Industrie, Presse und Kommerz. Ein Phaenomen der Zeit war auch die Schizophrenie, in der unsere Sympathien zwischen der Politik und den Persönlichkeiten, die sie vertraten, aufgespalten waren. Die Konservativen mit ihren veralteten Anschauungen waren Leute mit guten Manieren. Die Intellektuellen, die die liberale Vernunft der Zukunft vertraten, waren allzuoft unrasiert. Im Lauf des nächsten Dezenniums wandelten sich die Verhältnisse. Eine neue Gesellschaft begann sich zu bilden. Nur der Herr von Oldenburg-Januschau, ein echter ostpreußischer Junker und ein großer Herr, »der Januschauer« genannt, ragte, ein antikes Monument, von allen respektiert, in diese moderne Welt hinein.

Der Wiederaufbau der Gesellschaft, wie die Franzosen das nach ihrer Revolution zustande gebracht hatten, ist den Deutschen versagt geblieben. Nach aussichtsreichen Anfängen wurde die Entwicklung 1933 unterbrochen. Das Fehlen einer Gesellschaft ist auch der Grund dafür, daß die Deutschen keine Komödien mehr haben. Komödien setzen Spielregeln voraus, die für jedermann selbstverständlich sind. Ein Franzose hat diesen Sachverhalt einmal eindrucksvoll formuliert bei dem Versuch, den Begriff »Dame« zu definieren: »Eine Dame weiß immer, wie weit sie zu weit gehen darf!«

Eine große Hoffnung wurde in ihren Anfängen zerstört; aber was die junge liberale Gesellschaft in diesen ihren Anfängen aufbaute, war erstaunlich. Gropius gründete, als Beginn einer neuen Epoche der Architektur, das Bauhaus in Weimar. An seine Schule in Dessau berief er Kandinsky und Klee. Ein neues Theater mit Brecht, Unruh, Wedekind, Zuckmayer entstand. Sein Mittelpunkt war Berlin. Die Literatur glänzte mit Alfred Döblin, Ricarda Huch, Heinrich Mann. Alle großen Ausländer, von James Joyce, O'Neill, Bernard Shaw bis Marcel Proust, Gide, Claudel fanden Eingang in Deutschland. Vor seinem Schilderhaus stand der brave Soldat Schwejk. Der Bogen der Lyrik spannte sich von August Stramm über Morgenstern, Rilke und Ringelnatz bis Gottfried Benn.

Barlach schuf seinen Moses. Hindemith tat sich mit Kokoschka zusammen und komponierte die Oper »Mörder, Hoffnung der Frauen«. Der Film machte den ehrgeizigen Versuch, Kunst zu werden. Kierkegaard wurde, siebzig Jahre nach seinem Tod, ins Deutsche übersetzt. Seine Wiederentdeckung war eine Sensation. Sie wirkt bis heute fort.

Die Fülle der Ereignisse läßt sich nur andeuten. Es gab ja nicht nur Kunst und Literatur. Hugo Stinnes gründete seinen Konzern. Der Bubikopf eroberte die Welt. Niemals ist diese merkwürdige Erscheinung richtig gedeutet worden. Vielleicht war der Bubikopf das Symptom dafür, daß das Matriarchat, Millennien alt, nun doch zu Ende war. Zusammen mit dem Bubikopf zog ein Schlager von Kontinent zu Kontinent. Die Melodie des ersten Schlagers, der den Globus ganz umkreiste, war ein verjazztes »Hallelujah« von Händel. Der Song hatte den tiefsinnigen Refrain:

>»Yes, we have no bananas,
>We have no bananas today.«

Auch das gehörte zu dieser Zeit, daß Schwachsinn Weltgeltung erlangen konnte. Der gefeiertste Mann, den es gab, war Jack Dempsey, Boxweltmeister im Schwergewicht. Gegen die neuartige Anfälligkeit der Menschheit für Schwachsinn war die Gründung des PEN-Clubs, die im Jahre des Sieges Dempseys erfolgte, kein wirksames Gegenmittel.

Schlagzeilen verkündeten, daß zum ersten Male der Ozean zwischen New Foundland und Irland von einem Flugzeug überquert worden sei. Sensationen mit mehr Zukunft waren zwei Nachrichten, die von den Gazetten freilich erst auf der dritten Seite als Notiz – Petit 8 Punkt – gebracht wurden. Lord Rutherford, der vom anderen Ende der Welt, nämlich aus Neuseeland, stammte, verwandelte ein Stickstoffatom durch radioaktive Bestrahlung in ein Sauerstoffatom. Bei einer Sonnenfinsternis konnte die Voraussage Einsteins, daß das Schwerefeld der Sonne Lichtstrahlen ablenke, experimentell bewiesen werden.

In dieser Welt, in der immer Neues in unübersehbarer Fülle auf den Zeitgenossen herabstürzte, sich zurechtzufinden war für einen jungen Mann nicht leicht. Was wohl könnte morgen sein? Sollte er eine wissenschaftliche Laufbahn einschlagen? Sollte er sich eine Assistentenstelle suchen, um Chirurg zu werden – natürlich ein berühmter! Sollte er ein internationaler Journalist werden, der in der ganzen Welt von Paris bis Shanghai und Sydney zu Hause war? Oder sollte er gar ein Schriftsteller werden? Ach, dazu würde es wohl nicht reichen ... Rief nicht der Urwald? Oder galt es, ein Lambarene in Tibet zu gründen?

Das herrliche Vergnügen an den Chancen nahm Besitz von mir. Noch wußte ich nicht, daß eine zu ergreifen Verzicht auf alle anderen bedeutete. Ich verließ meinen Tisch im »Kranzler« und schlenderte die Linden weiter hinab. Nach hundert Metern schon, vor dem Uhrengeschäft von Felsing, ertönte leise das Glöckchen des Schicksals. In einem der Schaufenster war eine kostbare Standuhr aufgestellt, im anderen eine Weltuhr. Sie hatte neun Zifferblätter, in der Mitte das mit der Zeit in Berlin, um dieses herum acht kleinere, welche anzeigten, wie spät es in dieser Minute in London, New York, San Francisco, Tokyo, Bangkok, Karachi, Teheran, Moskau sei. Ein Gedanke schoß mir durch den Kopf. Ich betrachtete ihn mit Erstaunen. Er war ebenso simpel wie phantastisch.

Seit einem halben Jahr verdiente ich mein Geld mit Zeitungsartikeln. Wie es dazu kam, wird noch zu berichten sein. Ich schrieb für das Feuilleton der »Deutschen Allgemeinen Zeitung«. Zu meiner Verwunderung fanden meine bescheidenen Beiträge Beifall. Und nun war mir vor der Weltuhr eingefallen, daß derselbe Hugo Stinnes, der die DAZ gekauft hatte, »um aus ihr eine deutsche ›Times‹ zu machen«, in Hamburg eine Reederei besaß. Eine »Times« war schließlich ein Weltblatt, das gut zu der Weltuhr Unter den Linden paßte. Mit jener aus Arroganz, Lampenfieber und Frechheit zusammengesetzten Gefühlsmischung, wie sie dem eigen ist, der nichts zu verlieren, aber alles zu gewinnen hat, machte ich mich auf den Weg.

Die Feuilletonredaktion der »Deutschen Allgemeinen Zeitung« war noch von altmodischer Vornehmheit. Arbeit galt, gemäß Genesis 3.19, als Übel. Vielleicht war die Berufung auf das verlorene Paradies eine besonders feine Form des Understatement. Jedenfalls habe ich nie herausfinden können, wann eigentlich die Herren arbeiteten. Dr. Fechter fragte mich, ob ich ein Manuskript dabei hätte. Als ich verneinte, fragte er, was das Thema meines nächsten Feuilletons sein werde. Ich sagte leise nur »Singapore«. Die Verblüffung war groß. Aber als ich meinen Plan, als Schiffsarzt auf einem Stinnes-Dampfer nach Ostasien zu fahren, auseinandergesetzt hatte, stand Dr. Fechter auf und begab sich zum Verlagsdirektor, der eine Treppe höher wohnte. Nach fünf Minuten kehrte er zurück. Der Verlagsdirektor hatte mit der Reederei in Hamburg telephoniert. Stinnes hatte eigene, nicht über die Post gehende Telephonleitungen, eine von der Ruhr nach Berlin, eine von Berlin nach Hamburg. Es war ein Dienstag. »Können Sie morgen in Hamburg sein? Am Freitag läuft Ihr Dampfer ›Hindenburg‹ nach Shanghai aus!«

III PLANKEN, DIE DIE WELT BEDEUTEN

Der Zug ratterte durch die Nacht. Ich lag auf einer der Bänke, die sich an den Wänden des großen viereckigen Abteils entlangzogen. Im Halbschlaf gingen mir Namen durch den Sinn, die mich schon in früheren Jahren durch ihren Klang fasziniert hatten. Gaurisankar – der höchste Berg der Erde! Die Flüsse – Amazonas, Kongo, Yangtsekiang! Die Häfen – Suez, Singapore, Shanghai, Sydney!

Als Konfuzius einst den heiligen Berg Tai-shan bestiegen hatte, trat er an den Rand des Hanges und schaute nach Osten, viele Stunden lang. Ehrerbietig hinter ihm standen seine Schüler. Endlich drehte er sich um und sagte: »DIE WELT IST GROSS«. Europaeer mögen diesen Ausspruch für banal halten, aber jeder der Schüler des Konfuzius schrieb einen Kommentar, in welchem die Gedankenkette erwogen wurde, deren Ende des Meisters Worte waren. Und als die Schüler selbst Meister geworden waren, schrieben wiederum deren Schüler Kommentare zu den Kommentaren. So entstand aus Konfuzius' Worten eine Wissenschaft. Die Größe dieser Welt war es, der ich voll brennender Neugier entgegenfuhr.

Wenn der Zug hielt, geschah das mit einem vom Quietschen der Bremsen angekündigten Ruck, durch den ich jedesmal erwachte. Mein verschlafener Blick fiel dann auf einen von einer Deckenlampe trüb beleuchteten Haufen von Säcken, Körben und Kisten in der Mitte des Abteils. Auf dem Haufen hockten Menschen, heimatlose, auf die Wanderschaft getriebene Armut, Strandgut des Lebens – Zwischendeck der Weltgeschichte. Da die Tarife der Eisenbahn dem galoppierenden Kurs des Geldes immer erst nach Wochen folgten, waren Reisen in der 4. Klasse so gut wie umsonst.

Durch die von Ruß und Staub fast erblindeten Fenster begann die Morgendämmerung hereinzudringen. Auch Homer hätte sie nicht rosenfingrig genannt. Einen alten Mann, der auf einem der Bündel geschlafen hatte, lud ich ein, auf meiner Bank Platz zu nehmen. Ich bot ihm eine Zigarette an. Er nahm sie entgegen, zog eine kurze Pfeife aus der Tasche und bröselte den Tabak der Zigarette in den Pfeifenkopf. Ich gab ihm Feuer. Er dankte deutsch. Aber dieses Deutsch war beinahe zweihundert Jahre alt. Geschlossene Gemeinschaften, die von dem Volk, dem sie entstammen, getrennt leben, bleiben in ihrer sprachlichen Entwicklung stehen.

In Oberitalien, bei Verona und bei Vicenza, gibt es einige Dörfer, in denen noch etwa zweitausend Bauern ein Altbairisch sprechen, das seit dem 12. Jahrhundert überliefert ist, wahrscheinlich aber auf die Völkerwanderung zurückgeht. Vicenza heißt bei ihnen Wisentein.

In Sibirien hat man nach der Revolution von 1917 in Vergessenheit geratene Dörfer wiedergefunden, in denen noch das Russisch Peters des Großen gesprochen wurde. Mein Alter dankte in dem Deutsch, das die Bauern im Hessischen zu Goethes Jugendzeit gesprochen haben. Er kam von der Wolga, wohin sein Urgroßvater, gerufen von der Zarin Katharina II., ausgewandert war. Das Bündel, auf dem er geschlafen hatte, war alles, was Mütterchen Rußland vom Fleiß so vieler Hände, vom Segen so vieler Ernten ihm gelassen hatte. Jetzt rief den Alten die Freiheit, deren Fackel eine Statue am Eingang des Hafens von New York hochhält. Sein Weib war gestorben. Seine Kinder hatte die Revolution verschlungen. Er hatte nie wieder von ihnen gehört. Vier Jahre hatte er gebraucht, um nach seinem Aufbruch von der Wolga den Hafen zu erreichen, von dem sein Schiff in die Freiheit auslaufen sollte. Noch immer blühte Hoffnung in seinem Herzen. Noch immer funkelten hell und listig seine Augen in dem von tausend Runzeln durchfurchten Gesicht. Dieses Funkeln werde ich nie vergessen.

Als die Sonne aufging, stiegen wohlgenährte Bauernfrauen mit sauberen Tragkörben ein. Sie fuhren in die große Stadt zum Markt. Mit einer Mischung von Mißtrauen und Mitleid blickten sie auf die Armut, zu der sie zugestiegen waren. Bereitwillig schoben die armen Leute ihre Bündel ein wenig zusammen, den behäbigen Kiepen Platz zu machen. Fromme Bauern neigen dazu, vom Unglück des anderen zu meinen, daß es die Strafe für seine Sünden sei. Die Bäuerin, die sich neben mich gesetzt hatte, schenkte mir, der ich offenbar von keiner besonderen Sünde heimgesucht worden war, einen Apfel. Es war ein großer duftender Alexander, ein rotbäckiges Wunder der Natur.

Wir polterten über eine lange Brücke, unter der gurgelnd gelbes Wasser dahinschoß. Kurz darauf konnte ich einen ersten Blick auf den Hafen erhaschen – Wasserbecken, Quaimauern, Dückdalben, Pontons, Maste und Schornsteine, Schuppen und Kräne, Leichter, Barkassen, Rauch und Möwen.

Auf der Reederei wurde ich mit großer Höflichkeit empfangen. Mein Vorgänger war krank geworden. Ich war willkommener Ersatz. Der Bestimmungshafen meines Schiffes war Shanghai. Welche Häfen dazwischen angelaufen würden, wollte ich nicht fragen. Von meinen Chinesen hatte ich gelernt, welch wichtige Sache es sei, sein Gesicht nicht zu verlieren.

Der Begrüßung folgte eine akademische Überraschung. Ich durfte mir drei goldene Streifen auf den linken Ärmel meines Anzugs heften. Die Christliche Seefahrt kennt Schiffsärzte erst seit dem 19. Jahrhundert. Aber von Anfang an wurden sie, was bei Armeen nicht unbedingt der Fall ist, respektvoll zu den Offizieren gerechnet. Ich bekam den Rang eines Ersten Offiziers. Das ist keine Kleinigkeit. Ein Seemann muß, diesen Rang zu erreichen, zwanzig Jahre lang die Planken treten. Und selbst dann noch braucht er, um so weit zu kommen, Glück. Die Ehre also war nicht gering. Zwar hatte der Schiffsarzt zum Rang eines Ersten Offiziers nur die Getränkekompetenzen eines Zweiten und die Heuer eines Dritten, aber die Ehre wurde dadurch nicht gemindert.

Die drei goldenen Streifen, die ich von nun an am Ärmel trug, wirkten Wunder. Die Station, von der die Barkasse, die mich zu meinem Schiff bringen sollte, ablegte, hatte den liebenswürdigen Namen »Kehrwiederspitze«. Paß- und Zollbeamte an der Baumwallbrücke grüßten nur höflich. Der Barkassenführer tippte an seine Sixpencemütze. Ein Matrose im Heck stand auf und bot mir seinen Platz an. Erst als ich den Barkassenführer fragte, an welcher Pier der »Hindenburg« liege, brach meine neue Pracht zusammen. Schon längst hatte er aus der Tatsache, daß ich zu meinen drei goldenen Streifen eine Brille trug, den Schluß gezogen, daß es sich hier um einen Schiffsarzt handeln müsse. Mit dem Lächeln des Kenners unterrichtete mich der alte Schiffer dahingehend, die »Hindenburg« liege am Schuppen 13. So erfuhr ich, daß sogar ein Generalfeldmarschall gelegentlich ein Femininum sein kann. Freilich, warum Schiffe weiblich sind, habe ich nie herausfinden können.

Ich kletterte die ziemlich schmierige eiserne Treppe zum Quai hinauf. Mit gewaltigen Trossen vertäut lag vor mir mein Schiff. Es ragte hoch aus dem Wasser. Der Hauptteil der Ladung – Eisen aus dem Ruhrgebiet – sollte erst in Rotterdam übernommen werden. Ich stieg das Fallreep hinauf. Oben an der Reeling stand ein Wachmann, der mich nach meinem Begehr fragte.

»Ich möchte, bitte, den Kapitän sprechen.«

Der Wachmann wies stumm auf eine kurze, steile Treppe, die ich hinaufstieg. Auf dem Bootsdeck stand ein Mann in Zivil, klein und gedrungen; doch fiel mir auf, wie gut er angezogen war. Er sah mich prüfend an. Ein Kapitän ist ein großer Herr. Die Verantwortung für das Schiff, seine Besatzung, seine Ladung liegt voll auf seinen Schultern. Auf hoher See ist er Gerichtsherr für Mannschaft und Passagiere. Die Schiffsbesatzung ist einer auf alter Überlieferung beruhenden strengen Disziplin unterworfen. Ich meldete mich als der neue Schiffsarzt. Die korrekte Form meiner Meldung mochte ihn vermuten lassen, daß der Umgang mit dem Neuen nicht allzu schwierig sein werde. Doch sah er mich nur ernst an und fragte kurz:

»Doktor! Spielen Sie Skat?«

»Jawohl, Herr Kapitän!«

»Gut! Alles andere wird sich finden!« Dann fügte er hinzu: »Ihr Vorgänger war Ernster Bibelforscher!«

Es gibt wenige Dinge, die so zu Herzen gehen wie der Augenblick, in dem so ein großes Stück unbeweglichen Eisens, das an der Pier vertäut ist, die Leinen loswirft und ein Schiff wird. »Muß i' denn, muß i' denn zum Städtele hinaus . . .« ist das Pflichtstück der Bordmusik. Niemals weint eine Frau mehr Tränen, als wenn sie der Schatz ist, der an der Pier zurückbleiben muß. Unendlich langsam löst sich das Schiff vom Land. Erst sind es zwischen Quaimauer und Bordwand nur ein oder zwei

Meter Wasser. Der Abstand wird allmählich größer. Die Schlepper geben ihre Signale. Die Schiffsschraube setzt ein. Der Bug dreht in den Strom. Fahrt kommt auf. Die Schlepper werfen die Leinen los. Die Reise in die Welt beginnt. Nur der Lotse ist noch an Bord. Er ist die letzte Verbindung zum Land, der Briefträger der letzten Grüße vor der Reise in die Ferne.

Das Spektakel des Abschieds hatte ich mir von der Brücke aus angesehen. Nun liefen wir mit der Tide die Elbe hinunter. In Blankenese wohnten Freunde von mir in einem schönen alten, in englischem Stil erbauten Landhaus, dessen Park bis zur Elbe herunterreichte. Als wir vorbeiliefen, dippte die Dame des Hauses die Flagge. Der Kapitän, erfreut von diesem Gruß, gab Befehl: »Dreimal lang mit beiden Flöten!« Gewaltig dröhnten die Sirenen des Schiffes durch die stille Landschaft. Dreimal senkte sich am Heck auch unsere Flagge. Mit jedem Male hob sich mein Ansehen um ein weniges.

Kurz vor Cuxhaven wurde ich zu einem jungen Matrosen gerufen. Er hatte eine akute Blinddarmentzündung. Ich meldete dem Kapitän, daß der Mann zur Operation an Land gebracht werden müsse. Das war keine leichte Forderung. Es bedeutete den Ausfall einer Arbeitskraft für die ganze, mehrere Monate während Reise. Aber diese Verantwortung hatte allein ich zu tragen. Erst als wir, via Norddeich, erfuhren, daß der Patient sofort operiert worden war, konnte ich aufatmen. Natürlich hatte ich den Kapitän in Verdacht, daß er sich funkentelegraphisch erkundigt habe. Er verriet sich auf die liebenswürdigste Weise von der Welt. Nach dem Eintreffen der Antwort aus Cuxhaven lud er mich zu einem guten irischen Whiskey ein.

In Rotterdam warf mich der Kapitän, ziemlich früh am Morgen schon, aus der Koje. »Doktor! Wir geh'n an Land!« Wir lagen im Rijnhaven vor Anker. Die Barkasse setzte uns über. Wir fuhren zum Bahnhof und bestiegen einen Zug. Ich fragte, wohin es gehe.

»Nach Den Haag!«

So nahm ich an, er wolle im »Royal«, dem berühmtesten Austernlokal der Welt, holländische Impériales essen. Aber dem war nicht so. Wir fuhren zum Mauritshuis. Der Kapitän stieg ohne Verzug die breite Treppe zum Schlößchen des Prinzen Maurits van Oranje hinauf. Zielsicher und in flottem Tempo schritt er durch die Säle, mit einer Geste auf einen Frans Hals, auf den einen oder anderen van Dyck, auf den d'Hondecoeter hinweisend. All diese Herrlichkeiten schien er zu kennen. Ich war voller Respekt.

In einem der hinteren Säle blieb er vor einem großen Gemälde stehen. Es war die Silhouette einer alten Stadt unter dem Himmel Hollands,

Johannes Vermeers »Gezicht op Delft«, das einzige Landschaftsbild, das es von diesem Meister gibt. Sollte man die zehn schönsten Bilder der abendländischen Malerei angeben, müßte man dieses wohl mit nennen. In seinem lustigen holsteinischen Platt forderte der Kapitän mich auf, mir das Bild genau anzusehen.

»Und nu', Doktor, sech' mich mol, warum dee S-chinken eene Milljon Gulden wert is'!«

Das war nun ein Seemann, der sich vom Schiffsjungen über den Vollmatrosen zum Kapitän hinaufgedient hatte – sieben Jahre »vorm Mast gefahren«, siebenmal »Kap Horn gesailt« –, ein Mann, der Welt, Menschen und Vermeer kannte. Ich war für ihn ein gelehrter Herr. Aber der gelehrte Herr konnte ihm seine Frage nicht beantworten. Seitdem habe ich diese Frage jedem Kunsthistoriker, den ich stellen konnte, vorgelegt. Keiner hatte eine Antwort zur Hand, die einem welterfahrenen Kapitän hätte einleuchten können.

Wir haben nicht im »Royal« Austern von Silbertellern gegessen, sondern auf dem Schiedamschen Deich frisch geräucherten Aal aus der Faust. Der Schiedamsche Deich in Rotterdam gehörte zu den in vielen Shanties besungenen Seemannsboulevards, wie die Sestiere di Prè in Genua, die Reeperbahn in Hamburg, das Yoshiwara in Yokohama, diese Ankerplätze der Daseinsfreude, deren fröhlicher Lärm nur in den Erinnerungen alter Fahrensleute noch lebendig ist.

Die »Hindenburg« verließ Rotterdam am Nachmittag. Die See war ruhig. Die flache Küste mit ihren gelben Dünen verschwand. Der Himmel übte seine uralten Variationen über das Thema Wolken. Er wirkte höher und weiter, als ich es je erlebt hatte. Sein feines helles Blau leuchtete in seidigem Glanz. Himmel und Wasser – der erste Tag der Schöpfung! Jahrhunderte hindurch haben flämische und holländische Maler die Weite dieses Himmels mit seinen Wolken in immer neuen Variationen auf die Leinwand gebannt.

»Eine feine achterliche Brise« hob den Fahrtwind beinahe auf. Seeleute haben ihre eigene Sprache. Schon der Eintritt in diesen unbekannten Bereich war eine köstliche Erfahrung. Die Schiffer aller Küsten der Nordsee– Schotten, Briten, Flamen, Holländer, Friesen, Holsteiner, Dänen–können sich miteinander verständigen. Die verschiedenen Formen ihres Platt haben eine gemeinsame Wurzel. Die Fachausdrücke, meistens aus dem Englischen stammend, sind dieselben. Diese Sprache der Nordsee nannte mein Kapitän Herings-Pidgin.

Wir passierten die Kalkfelsen von Dover. An dieser schmalsten Stelle des Kanals waren wir noch in Gesellschaft von einem guten Dutzend anderer Schiffe. Dann verloren wir die der Nordatlantikroute aus den Augen. Bei der Insel Ouessant, beim letzten Leuchtturm auf der französischen Seite des Kanals, verschwanden die Südamerikaschiffe, und schließlich waren wir im Golf von Biskaya allein.

Auf der Brücke der »Hindenburg« konnte ich, als Schüler des Konfuzius in der fünfundsiebzigsten Generation, feststellen: »Das Meer ist groß.« Sehr viel weiter als zwölf Meilen kann man ein auf gleichem Kurs liegendes Schiff nicht sehen. Es verschwindet hinter der Kimm, dem durch die Krümmung der Erdoberfläche entstehenden Horizont. So konnte man sich, damals noch, auf offener See sehr viel leichter verstecken als in einem dichten Wald. Für kampfentschlossene Kriegsflotten war es, bevor es eine Luftaufklärung gab, immer eine der schwierigsten Aufgaben, einander zu finden. Seeräuber hätten heute keine Chance mehr. Man darf nicht vergessen, wie lange es in alten Zeiten dauerte, bis eine Nachricht übermittelt war. Wenn die Lords der Admiralität in London auf dem Landwege erfuhren, daß Napoleons Flotte in den Hafen von Cadiz eingelaufen sei, wußte das der englische Flottenkommandant im Atlantik noch lange nicht.

Das Wetter blieb gut. Von Steuerbord, vom offenen Ozean her, rollte eine mächtige Dünung heran. Bei jedem der unter dem Schiff dahinrauschenden Wasserberge hatte die Mastspitze einen Ausschlag von acht Metern nach jeder Seite – bei schönem Wetter! Man lehrte mich den Unterschied zwischen Dünung und Seegang, und was Schlingern heißt, eine Sache, die, zum Beispiel nach »Genever zu dem Gilka mit Rum in den Sekt«, auch an Land vorkommt, und was Stampfen und Rollen bedeutet, eine Sache, die nur Schiffen zustößt. Entlang der Iberischen Halbinsel ging es nach Süden. Bei Kap San Vicente, an der Südwestecke Portugals, nahmen wir Kurs auf Gibraltar. Wir fuhren den Säulen des Herakles entgegen! So würde ich also von Westen her ins Mittelmeer einfahren. Das war eine merkwürdige Sache.

Im östlichen Becken des Mittelmeers ist Europas Kultur entstanden. Von da aus breitete sie sich nach Westen aus. So stehen die Anfänge unseres geschichtlichen Denkens unter ost-westlichen Aspekten. Die Säulen, welche Herakles an der Meerenge zwischen Europa und Afrika errichtete, wurden zur Grenze der antiken Welt. Die Griechen haben diese Grenze nie überschritten. In den großen Zeiten ihrer Kolonisation war das westliche Mittelmeer von Phoinikern beherrscht. Nur von Massilia, dem späteren Marseille, aus sind die Griechen, allerdings über Land, zum Atlantik vorgedrungen. Das war in der zweiten Hälfte des 4. Jahrhunderts vor Christi Geburt. So entdeckte Pytheas von Massilia an der Küste des

Atlantik das Phaenomen von Ebbe und Flut zur gleichen Zeit wie Alexander der Große im Mündungsdelta des Indus an der Küste des Indischen Ozeans. Auch die Römer haben sich, als das Mittelmeer längst schon ihr Mare nostrum geworden war, zur See über die Säulen des Herakles nach Westen nur selten hinausgewagt. Nach Nordeuropa sind sie über Gallien gelangt. Die ersten, die über die Säulen des Herakles nach Westen vordrangen, waren, vierhundert Jahre vor der Gründung Roms, siebenhundert Jahre vor der Gründung Karthagos, einige kühne Seefahrer aus Tyros an der Küste des Libanon. Zwei Generationen nach dem Ende des Trojanischen Krieges, als Agamemnons Palast in Mykenai schon in Flammen aufgegangen war, gründeten sie an der Atlantikküste eine Stadt, die es nach dreitausend Jahren bewegten Schicksals noch heute gibt. Diese Stadt ist Cadiz. Sie liegt an der Mündung des Guadalquivir, ungefähr achtzig Kilometer nordwestlich des Felsens von Gibraltar.

Cadiz war für die Phoiniker der Hafen für den Handel mit dem Silber Spaniens, dem Zinn aus Irland und Cornwall, dem Bernstein des Nordens. Von ihnen hat schon, wie die Bibel Hesekiel 27.12 berichtet, König Salomo sein Zinn bezogen. Das war so etwa um die Jahrtausendwende. Die Quellen ihres Monopols hielten die Phoiniker über die Zeiten hin geheim. Als einmal, später, ein römisches Schiff einem phoinikischen zu folgen versuchte, um herauszufinden, wohin es, das Zinn zu holen, fahre, und der Kapitän den Verfolger nicht abzuschütteln vermochte, setzte er, kurz entschlossen, sein Schiff auf Strand und kehrte auf dem Landweg nach dem Mittelmeer zurück. Den Wert seines Schiffes ließ er sich vom Senat der Stadt Karthago ersetzen!

Cadiz war der Waffenplatz Hannibals. Es war der Hafen, von dem aus Kolumbus zwei seiner Fahrten nach Amerika antrat. In diesem Hafen löschten die spanischen Schiffe die Schätze, die sie den Indios in der Neuen Welt geraubt hatten. Es waren eine Zeitlang alljährlich Werte von Millionen. Im 17. und 18. Jahrhundert war Cadiz die reichste Stadt Europas, reicher noch als London, reicher sogar als Venedig.

Ich kletterte auf die Brücke hinauf. Cadiz mußten wir, querab Backbord, gerade passiert haben. Wache hatte der Erste Offizier. Von Anfang an war er zu mir wie ein älterer Bruder, der mit leisen Winken meine Unerfahrenheit vor Unheil bewahrte. Während ich, neben ihm stehend, auf die See hinaussah, ahnte ich nicht, daß er im Begriff stand, mich zu lehren, was Interpretation geschichtlicher Kenntnisse sei.

Der Kompaß war die Mitte seiner Welt. So war ich neugierig, von ihm zu hören, was er über die Windrose meiner historischen Aspekte dächte. Ich überlegte, auf welche Weise ich mit meinen Fragen beginnen könnte. Mit Schiffsoffizieren muß man vorsichtig sein. Wäre ich, zum

Exempel, der Schiffsarzt der »Loch Etive« gewesen, die unter dem berühmten Clipperkapitän William Stuart of Peterhead 1880 von England nach Sydney auslief, hätte ich mich auf der Brücke zuweilen mit dem Dritten Offizier unterhalten. Korzeniowski war sein Name. Ich hätte mich gewundert, wie gut er über slawische Literatur Bescheid wußte. Auch sprach er ein exzellentes Französisch, was für einen englischen Seemann mindestens ungewöhnlich ist. Zehn Jahre später hätte ich dann erfahren, daß es Joseph Conrad war, mit dem man sich so gut unterhalten konnte.

In unserer Position hatte ich mich geirrt. Cadiz hatten wir schon hinter uns. Mit einem Lächeln, dessen Ironie ich zunächst nicht durchschaute, reichte mir der Erste sein Fernglas.

»Können Sie da, Backbord querab, am Horizont etwas ausmachen?«

Nach längerem Suchen entdeckte ich im feinen Dunst eine Kontur.

»Richtig! Wissen Sie, was das ist?«

»Keine Ahnung!«

»Wenn Sie ganz genau hinsehen, müßten Sie eine Flotte großer Kriegsschiffe unter Segel im Glas haben!« Ich nahm wieder das Glas. Doch er klopfte mir freundlich auf die Schulter.

»Den Admiral dieser Flotte können Sie in London auf einer Säule stehen sehen. Was Sie da erkennen können, ist Kap Trafalgar.«

Für einen Seemann ist es eine schwer begreifliche Tatsache, daß auch geschichtlich und geographisch wohlinformierte Leute zwar die Namen der berühmten Seeschlachten kennen, aber nicht wissen, wo sie stattgefunden haben. Wo liegt Aigospotamoi, der Ziegenfluß, an dem der Peloponnesische Krieg entschieden wurde? Wo liegt Navarino, die Bucht, in der im Kampf um die Freiheit Griechenlands die Großmächte den ersten Sieg über die Türken errangen? Ich hatte in Geographie immer eine Eins gehabt, aber ich wußte nicht, daß die Seeschlacht von Trafalgar vor den Säulen des Herakles ausgetragen worden war.

»Sicherlich kann Nelson nicht genug bewundert werden. Trafalgar war der Anfang von Napoleons Untergang.«

»Nein! – Zu diesem Zeitpunkt war sein Schicksal schon entschieden. Von der Auseinandersetzung zwischen Napoleon und England war Trafalgar nur der Abschluß. Es war gewiß ein glänzendes Finale. Aber selbst wenn Nelson diese Schlacht verloren hätte, Napoleon hatte verloren, bevor der erste Schuß gefallen war.«

»1805? Da fing doch sein Aufstieg gerade erst an!«

Nie werde ich das faszinierende Kolleg vergessen, das mir der listige Kenner maritimer Strategie hielt, während wir, in Lee die Stadt Cadiz, in deren Hafen die französische Flotte unter dem Befehl des Admirals

Villeneuve gelegen hatte, auf Kap Trafalgar zuhielten, das ihrem Untergang den Namen gab. Napoleon war militärisch ein kontinentaler Denker. So eifrig auch immer er historische Studien betrieben hat, ihm ist entgangen, daß in der Weltgeschichte noch niemals eine Landmacht eine Seemacht besiegt hat. Alexander hatte die Landmacht Persien besiegt. Persiens Seemacht waren griechische Schiffsflotten, die Alexander durch seine Landstrategie zwang, die Perser zu verlassen und sich ihm anzuschließen. Auch die Römer sind mit den Karthagern erst fertig geworden, nachdem sie selber eine Seemacht geworden waren.

»Aber Napoleon hat doch sofort den Kampf gegen England aufgenommen. Was war sein Fehler?«

Napoleon ist sich von Anfang an darüber klar gewesen, daß England eine französische Diktatur über Europa niemals dulden werde. Er hatte sogar begriffen, daß er mit der Ausschaltung Englands anfangen müsse. Daß er aber, nachdem ihm das im ersten Ansturm nicht gelungen war, glaubte, diese Auseinandersetzung verschieben zu können, das war der Fehler. Er selbst hat ihn eingesehen – bei Waterloo! Alles, was dazwischenliegt, ist eine Kette militärischer Torheiten von allerdings gigantischem Ausmaß.

»Und was bedeutet Trafalgar?«

Es war das Jahr 1805. Der Korse hatte sich seinen kontinentalen Plänen zugewandt. Die Auseinandersetzung mit Österreich stand dicht bevor. Die französische Flotte, die sich in Westindien versammelt hatte, war für den Atlantik ohne Wert. Sie wurde nach Europa zurückbeordert. Sie erreichte den Hafen von Cadiz. Nelson beschränkte sich darauf, ihre Bewegungen zu überwachen. Wenig später befahl Napoleon die in Cadiz liegenden Schiffe ins Mittelmeer. Österreich war damals noch eine Seemacht. Die Engländer hätten es sich leisten können, gelassen die ganze französische Flotte von Cadiz ins Mittelmeer segeln zu lassen, ohne sie anzugreifen. Der Krieg im Atlantik wäre zu Ende gewesen. Eine akute Gefahr für die englische Seeherrschaft hätte nicht mehr bestanden. Aber es war natürlich praktischer, die feindliche Flotte zu vernichten. Das geschah bei Trafalgar. Eine Notwendigkeit dafür bestand nicht mehr. Nach einer Weile fügte der Kombattant vom Skagerrak nachdenklich hinzu: »Heute wäre die Admiralität wahrscheinlich weise genug, auf das Spektakel von Trafalgar zu verzichten.«

Daß eine der berühmtesten Seeschlachten der Weltgeschichte überflüssig gewesen war, machte einen tiefen Eindruck auf mich. So habe ich das Palaver auf der Kommandobrücke der »Hindenburg« nie vergessen. Nur siebzehn Jahre nach diesem luciden Kolleg über die Bedingungen des maritimen Krieges faßte erneut ein Diktator den Plan,

England zu erobern. Man betrachtet es gemeinhin als ein Unglück, daß der Mensch aus der Geschichte nichts lerne. Welch ein Glück, daß wenigstens dieser Diktator aus der Geschichte nichts gelernt hatte!

Wir passierten Gibraltar. Der Name ist entstanden aus Jebel el-Tarik, Fels des Tarik. Tarik war der berberische Feldherr, der im Jahr 711 bei Gibraltar von Afrika nach Europa übersetzte. Bei Jerez de la Frontera, das unweit Cadiz liegt, besiegte er die Westgoten unter ihrem König Roderich. Siebentausend gläubige Moslimin genügten, Spanien zu erobern. Von Westen her ist der Islam bis zur Loire vorgestoßen. Im Osten haben die Türken die Grüne Fahne des Propheten bis vor die Mauern Wiens getragen. Mit ihrer Flotte sind sie bis vor Malta gelangt. Ein Wunder, daß es ein christliches Europa überhaupt noch gibt!

Die Straße von Gibraltar hat lange Zeit hindurch den Geographen ein Rätsel aufgegeben. Durch die zwischen dreizehn und zwanzig Kilometer breite Meerenge fließt ein Strom mit einer Geschwindigkeit von etwa sechzig Metern in der Minute aus dem Atlantik ins Mittelmeer. Man hat nie recht gewußt, wo dieses Wasser bleibt. Um zu verdunsten, war es zuviel. Das Rätsel löste sich, als man entdeckte, daß am Boden der bis neunhundertfünfzig Meter tiefen Meeresschlucht ein Gegenstrom aus dem Mittelmeer in den Atlantik fließt. Er gleicht den Überschuß des Oberflächenstromes wieder aus. Im Zweiten Weltkrieg haben sich deutsche U-Boote, um die Horchgeräte der Engländer unbemerkt zu passieren, mit ausgeschalteten Maschinen in beiden Richtungen durch die Straße von Gibraltar treiben lassen.

Die U-Boote haben das Mittelmeer nicht erobert. Erobert haben es ein paar Jahre später die Haifische, die es früher in diesen Gewässern nicht gab. Jedem großen Ozeandampfer folgt ein Rudel von Haifischen, die von den Abfällen des Schiffes ein wunderbares Leben führen. Früher, als man noch grausam war, wurde vor der Einfahrt in die Straße von Gibraltar den Haifischen vergiftetes Futter zugeworfen. Seitdem mitleidige Frauenherzen erreicht haben, daß die Haie nicht mehr eines so schändlichen Todes sterben müssen, schwimmen sie mit den Schiffen ins Mittelmeer ein und fressen nun von Zeit zu Zeit einen nichtvergifteten Badegast.

Seit 1704 ist Gibraltar englische Kronkolonie. Alle Versuche, den Engländern diesen Felsen wieder abzunehmen, sind gescheitert. Sogar deutsche Soldaten haben, als die Churfürsten von Hannover Könige von England waren, an der Verteidigung teilgenommen. Die Goslarer Jäger trugen als historische Erinnerung an dieses mediterrane Kommando einen Ärmelstreifen mit der Aufschrift »Gibraltar«.

Der Felsen von Gibraltar ist von Affen bevölkert. Eine Legende sagt, daß, solange sie dort leben, der Felsen englisch bleiben wird. Die Gelehrten sind hinsichtlich der Affen in zwei wissenschaftliche Schulen gespalten. Die einen sagen, die Affen von Gibraltar seien die letzten in Europa frei lebenden Primaten. Die anderen dagegen behaupten, jüngere Verwandte von ihnen bevölkerten, in Nationen geteilt, den Rest Europas. Allerdings leben sie nicht alle in Freiheit.

Während wir durch das westliche Mittelmeer auf Malta zuliefen, machten meine Bemühungen, ein vollwertiges Mitglied der Besatzung zu werden, Fortschritte. Ein Vorteil für mich war, daß mir in den verschiedenen Berufen, die ich als Werkstudent ausgeübt hatte, die Vorurteile meiner Klasse abhanden gekommen waren. Als Nachtwächter auf der Motzstraße in Berlin hatte ich gelernt, daß Straßenmädchen gutherzig sind. Vor einer russischen Bar, die zu meinem engeren Bereich gehörte, stand ein Bettler, der vor jedem, der die Bar verließ, seinen alten Schlapphut zog. Warf man einen Schein hinein, bedankte sich der bärtige Alte mit wunderbar rollendem Rrr: »Gott segne Eu'r Hochwohljeboren!« An Tagen, an denen er nichts verdiente, brachten ihm die Damen der Nacht Schokolade, Zigaretten und manchmal eine polnische Brühwurst. Diese Erfahrung hat mich für immer davor bewahrt, mir Meinungen zu bilden, die nicht auf Erfahrung beruhen.

Während wir Malta passierten, gewann ich an Bord einen zweiten Freund. Freilich, es war ein umständlicher und schwieriger Weg, ehe es dazu kam. Ich brauchte eine salzarme Diät. Wenn man erwägt, daß Schiffsbesatzungen jahrhundertelang von Pökelfleisch und Salzheringen gelebt haben, kann man sich vorstellen, was ein alter Segelschiffskoch, dessen Labskaus in allen Häfen des Fernen Ostens berühmt war, sich gedacht hat, als so ein Studierter daherkam und etwas so Unwahrscheinliches wie salzloses Essen verlangte.

Der Patient war einer der jüngeren Offiziere. Es gibt nur wenige Fälle in meiner medizinischen Erfahrung, an die ich mit so viel Vergnügen denke wie an diesen Vierten Offizier. Unsere Kabinen lagen nebeneinander. Er hatte die Wache nach der Hundswache zu gehen. Jeden Morgen eine Viertelstunde vor vier Uhr hörte ich, wie der Steward an seine Tür donnerte, ihn zum Dienst zu wecken. Diesem meinem Kabinennachbarn verdanke ich, daß ich den Jebel Mousa, den Berg, auf dem Moses die Zehn Gebote empfing, von der aufgehenden Sonne umstrahlt am Horizont habe leuchten sehen.

Mir war an diesem Manne aufgefallen, daß er nie einen Tropfen Alkohol trank. Noch mehr fiel mir auf, daß niemals jemand eine spöttische Bemerkung darüber machte. Neugierig fragte ich ihn einmal nach dieser Sache. Gelassen erklärte er, daß er ein Säufer sei, aber nur an Land trinke.

An Bord bleibe er dem Alkohol fern. Ob ihm das leichtfalle? Er sah mich an und schwieg mit einem Blick von abgrundtiefer Traurigkeit. Da steckte also noch etwas dahinter. Ich fand heraus, daß er an einer schweren Migräne litt, die immer dann einsetzte, wenn er morgens um dreiviertel vier Uhr aus seinem guten Schlaf geweckt wurde. Später einmal erzählte er mir, daß er schon den Gedanken erwogen hatte, diesem jahrelangen Elend gewaltsam ein Ende zu bereiten. Da hatte ich nun einen Beruf erlernt, zu dessen Aufgaben es gehörte, Kranken zu helfen, um dann jeden Morgen, wenn der Arme mit seiner Migräne auf die Brücke zog, weiterzuschlafen. Nun haben freundliche Götter mir eine gewisse Begabung für die Kunst des Massierens auf meinen therapeutischen Lebensweg mitgegeben. Ich stellte also den Steward ab, stand jeden Morgen um halb vier Uhr auf und schlich zu meinem Nachbarn hinüber, ihn durch eine leichte Kopfmassage ins harte Leben zu rufen. Die Methode führte zum Erfolg. Nach drei Wochen verschwand die Migräne. Zur Unterstützung der Therapie hatte ich salzarme Diät verordnet. Das war ein schwieriges Stück Arbeit gewesen. Bevor es Schiffsärzte gab, waren an Bord die Schiffsköche diejenigen, die am meisten von der Medizin verstanden. So zog ich ihn ins Vertrauen und bat ihn, diese ganze Sache mit dem Siegel ärztlichen Schweigens zu belegen. Indem ich so seine medizinische Gleichberechtigung anerkannte, gewann ich ihn. Nachdem wir Erfolg gehabt hatten, ließ er mich, wann auch immer das war, niemals mehr an seiner Kabine vorbei, ohne daß ich einen Drink mit ihm nehmen mußte. Als ich einmal morgens um fünf Uhr ihm klarzumachen versuchte, daß ein Wasserglas Genever um diese Zeit noch nicht bekömmlich sei, gab er mir in schönstem Herings-Pidgin zur Antwort: »Doctor! A little drink in the morning time is better than'n ganzen Tag gor kein'n.«

Der therapeutische Erfolg hatte ein Nachspiel. Als wir nach der Fahrt um die halbe Welt wieder in Hamburg eingelaufen waren, fuhren der Vierte und ich zufällig gemeinsam an Land. An der Kehrwiederspitze stiegen wir aus und gingen zum Baumwall über die Brücke, die unmittelbar vor der berühmten Kapitänskneipe »Old Commercial Room« endete. Der Vierte lud mich zu einem Drink ein. Dann trennten wir uns. Ich übernachtete in einem kleinen Hotel ganz in der Nähe. Als ich am nächsten Morgen wieder im »Old Commercial Room« saß, wo man einen großartigen holsteinischen Katenschinken bekam, kam ein junger Mann herein, sah sich um, kam auf mich, der ich der einzige Gast war, zu und fragte, ob ich der Schiffsarzt der »Hindenburg« sei. Ein Offizier sitze in der Herbertstraße. Sein Geld sei zu Ende, und ich möchte ihn bitte auslösen.

Der Wackere hatte seine ganze Heuer in dieser einen Nacht am Schaarmarkt und auf der Reeperbahn verjubelt. Was er noch schuldig war, übernahm ich. Die Migräne war, zu unserer beider Freude, nicht wiedergekommen. So begab er sich, gut gelaunt, zu seinen lieben Eltern nach Oevelgönne. Natürlich rechnete ich keinen Augenblick damit, mein Geld je wiederzusehen. Ein Jahr später, nachdem mein Patient unterdessen noch zweimal in Shanghai gewesen war, hatte er meine Adresse ausfindig gemacht und zahlte seine Schulden auf Heller und Pfennig zurück.

Das Brückenpalaver wurde uns zur lieben Gewohnheit. Als wir Gozo, die kleine Insel vor der Nordwestecke Maltas, passierten, gelang es mir, eine Runde für mich zu buchen. Der Erste, der diesen Törn schon viele Male gefahren war, wußte über hundert Einzelheiten der Küsten, die wir passierten, Bescheid. Eines Tages entdeckte ich die Quelle seines Wissens – das Segelhandbuch. Das ist sicherlich eines der merkwürdigsten Sammelwerke von Wissen, die es gibt, und übrigens auch eines der ältesten. Die auf die Route des Schiffs sich beziehenden Teile des vielbändigen Segelhandbuches gehören zur Ausrüstung des Navigationsraums. Wenn ein Schiff, vom Sturm getrieben, an irgendeiner unbekannten Küste strandet, kann der Kapitän im Segelhandbuch nachsehen, was ihn erwartet –
was für eine Beschaffenheit der Strand hat,
ob man auf Haie Obacht geben muß,
was an Land wächst,
ob und wo es Trinkwasser gibt,
ob in den Gewässern Krokodile schwimmen,
was für Eingeborene da leben,
ob sie Kannibalen oder gastfreundlich sind,
ob es in der Nähe einen Missionar gibt
oder einen Bahnhof...
Kurz, alles, was ein schiffbrüchiger Robinson wissen muß, findet er im Segelhandbuch.

Von Gozo wußte mein Partner, daß auf dieser Insel die Ruine der Gigantea steht, eines mächtigen Tempels aus der Steinzeit. Was er nicht wußte, war, daß eine kleine Bucht in Gozo, eingerahmt von sanft bewaldeten Hügeln, durchflossen von einem kleinen Bach, der sich zwischen Narzissen zum Strand hinunterschlängelt, schon im ältesten Segelhandbuch der Welt beschrieben ist. In dieser Bucht hauste eine schöne Dame. Ihr Gast und zugleich ihr Gefangener war ein Kapitän, der Sehnsucht nach seiner geliebten Frau hatte.

Das Segelhandbuch ist die Odyssee. Die schöne Dame ist die Nymphe Kalypso. Der Kapitän ist Odysseus. Seine Sehnsucht war Penelope auf Ithaka.

Die Odyssee war das erste jener Werke, in denen Land von See her beschrieben wurde. Das ganze Altertum hindurch gab es solche Baedeker der Küsten. Einige davon sind uns glücklicherweise erhalten geblieben. Ein Meisterwerk von ebenso hohem literarischem wie nautischem Rang war der »Periplous«, den König Alexanders Flottenadmiral Nearchos verfaßt hat als Beschreibung und Zeugnis seiner in den Jahren 326 bis 325 durchgeführten Fahrt vom Delta des Indus am Indischen Ozean zur Mündung des Euphrat in den Persischen Golf. Wenn man an die Größe der Schiffe jener Zeit denkt, die kleiner waren als ein Blauwal, und daran, daß die Expedition durch völlig unbekannte Gewässer führte, muß man der seemännischen Leistung der Flotte des Nearchos höchsten Respekt bezeigen.

Natürlich ist Gozo nicht die einzige Insel im Mittelmeer, auf die Homers Schilderung von Kalypsos Eiland Ogygia paßt. In jeder Generation einmal gibt es eine neue archaeologische oder nautische Theorie, wo die Stationen der Irrfahrt des Odysseus zu lokalisieren seien. Nachdem es sicher ist, daß der Trojanische Krieg stattgefunden hat, ist Odysseus, König von Ithaka, zu einer historischen Figur geworden. Er hat am Ende der Bronzezeit gelebt. Der Tempel aus der Steinzeit war damals schon seit langem eine Ruine und das Volk, das ihn erbaut hatte, dem Gedächtnis der Menschen entschwunden. Was mag sich Odysseus, als er auf einem seiner einsamen Spaziergänge auf Ogygia die riesigen Monolithen von Gigantea entdeckte, gedacht haben?

Malta ist die Spitze eines aus dem Meer aufragenden Gebirges, das einmal eine Landbrücke zwischen Sizilien und Afrika gebildet hat.

Die Malta-Kartoffeln! Niemals haben wir uns als Kinder überlegt, daß diese köstlichen kleinen hellgelben Erdäpfelchen, die im Mai auf den Tisch kamen und so wunderbar schmeckten, auf einer Insel gewachsen waren, die es ganz richtig gab. Und diese Insel wiederum war eine britische Kronkolonie. Sie war das zweite Glied einer Kette maritimer Stützpunkte, die sich von Gibraltar über Malta, Suez, Aden, Ceylon, Singapore bis Hongkong spannte. Zweihundert Jahre zäher Beharrlichkeit haben die Kette des Empire, dieses bewundernswerte Meisterstück globaler Seestrategie, geschmiedet. Malta, von Natur fruchtbar, in einem herrlichen Klima gelegen, von friedlichen Hirten, Bauern und Fischern bewohnt, hat das Pech, die wichtigste strategische Bastion im Mittelmeer zu sein. Es beherrscht den verhältnismäßig schmalen Durchgang von seinem östlichen zu seinem westlichen Becken. Von Malta bis Sizilien beträgt die Entfernung, in Landmaß angegeben, hundert Kilometer, bis zur

Küste Afrikas dreihundert Kilometer. Jede Macht, die im Mittelmeer hochkam, versuchte, die Insel in Besitz zu nehmen. Das fing schon im frühesten Altertum mit den Phoinikern an. Bei ihnen hat es sich allerdings noch nicht um Eroberung gehandelt, sondern um einfache Handelsniederlassungen. In alten Zeiten waren die Menschen friedlicher und zivilisierter, als wir es heute sind. Griechische Händler, Handwerker und Künstler gesellten sich zu den Phoinikern. Die Bevölkerung wurde weitgehend hellenisiert.

Der Kalender der Machtpolitik fängt 400 vor Christi Geburt mit den Karthagern an. Hannibal wurde in Malta geboren. Sein Vater war Generalgouverneur von Sizilien. Die Karthager wurden von den Römern abgelöst. Unter der Pax Romana erfreute sich Malta weltweiten Handels und großen Reichtums. Cicero, gefragt, welches Exil er wohl, wenn er in Verbannung gehen müßte, wählen würde, entschied sich für Malta. Wie sehr wäre Malta Ovid zu gönnen gewesen, der am Schwarzen Meer hockte und dort an Langerweile starb. Die Apostelgeschichte erzählt höchst pittoresk, wie Paulus, der nach seinem Schiffbruch an der Küste Maltas die Anweisung gab, für die durchnäßten Opfer des Unglücks ein Feuer anzuzünden, und selbst Holz zusammentrug, von einer Otter gebissen wurde. Das hatte die uns zunächst merkwürdig anmutende Folge, daß seine Leidensgenossen ihn für einen Mörder hielten. Aber die Logik dieser Vermutung war durchaus konsequent. Es war ein statistisches Wahrscheinlichkeitskalkül. Wenn einer, soeben vom Tode errettet, sogleich wieder in Lebensgefahr gerät, ist das so unwahrscheinlich, daß man das Wirken überirdischer Kräfte vermuten muß. In diesem Falle wären das die Erinyen, die Rachegöttinnen, gewesen. Paulus vertrieb sie ein für allemal von der Insel. Er gründete die erste christliche Gemeinde auf Malta.

Malta wurde byzantinisch, arabisch, normannisch, vorübergehend sogar türkisch und schließlich spanisch. Von den Spaniern wurden 1492 auch aus diesem kleinen Paradies die Juden vertrieben. 1530 schenkte Kaiser Karl V. die völlig verwahrloste und fast verödete Insel den von Sultan Soliman dem Prächtigen aus Rhodos vertriebenen Rittern vom Hospital des heiligen Johannes in Jerusalem. Kriege wurden damals noch leidlich human geführt. Sultan Soliman war von der Tapferkeit der Ritter von Rhodos so angetan, daß er nicht nur den Rittern selbst, sondern allen Rhodern, die mit ihnen ziehen wollten, freien Abzug gewährte.

Die Johanniter, die sich von da an Malteser nannten, verwandelten das kaiserliche Geschenk in ein stark befestigtes Bollwerk von blühender Wohlhabenheit. Wie klug Kaiser Karl gehandelt hatte, erkannte Europa, als vierzig Jahre später die Malteser unter der Führung des Großmeisters

Jean de la Vallette einen bedrohlichen Angriff der Türken auf Malta abwiesen. Dies ist eines der nützlichsten Ergebnisse, das die Kreuzzüge, dreihundert Jahre, nachdem sie zu Ende waren, gezeitigt haben. Hätten die Türken, damals auf der Höhe ihres kriegerischen Elan, Malta erobert, wäre das westliche Mittelmeer nicht zu retten gewesen. Bis 1798 blieb die Insel im Besitz der Malteser. Dann wurde sie, nach einem kurzen napoleonischen Zwischenspiel, englisch.

An der Geschichte des kleinen, zwischen Europa und Afrika liegenden Eilandes kann man die ganze bewegte Historie des Mittelmeeres ablesen. Sogar Melite, der alte griechische Name Maltas, wird, dank der humanistischen Bildung eines englischen Bakteriologen, in der Erinnerung bewahrt. Der Erreger des Maltafiebers, einer erstmals auf Malta beobachteten Infektionskrankheit, die durch Ziegenmilch übertragen wird, hat von Bruce, seinem Entdecker, den wissenschaftlichen Namen Micrococcus melitensis bekommen.

Meine Freundschaft mit dem Schiffskoch brachte mir eine Fülle neuer Erkenntnisse ein. Schon seine Kabine war eine Überraschung. Sie atmete ländliche Behaglichkeit – viele bunte Kissen, eine gestickte Tischdecke, eine Geranie, welche fachmännisch mit Drähten gegen die Unbilden der Seefahrt gesichert war. In der Ecke hing ein Käfig mit einem Kanarienvogel, der aber nicht etwa von den Kanarischen Inseln stammte. Es war ein echter Harzer Roller. Der Blick durch die offene Kabinentür auf den Silberspiegel des Meeres machte den Eindruck eines wohlgelungenen Gemäldes. Ob ein Seemann Sinn für die Schönheiten des Meeres hat, habe ich nie herausfinden können. Als gute Menschenkenner wissen Seeleute, wie Passagiere sich den Seemann vorstellen. Und genau diese Rolle spielen sie mit solcher Vollendung, daß sie zum Schluß selbst nicht mehr genau wissen, was davon nun Ernst oder Spiel ist. Der beste Darsteller des »Seemanns für Passagiere«, den es je gegeben hat, war Hans Albers. Die beste Geschichte, die es von diesem Seemann gibt, ist wohl die von dem Matrosen, der den Auftrag hatte, die Mastspitze neu zu streichen. Sitzend auf einem kleinen, an zwei Tauen befestigten Brettchen, an dem der Topf mit der Farbe hing, mit den Beinen den Mast umklammernd, schwang der Mann, die linke Hand in der Hosentasche, mit der rechten Hand den Pinsel. Ein waschechter Lord, der auf dem Bootsdeck seinen täglichen Spaziergang machte und von Zeit zu Zeit hinaufblickte, war vom Leichtsinn des Matrosen aufs äußerste beunruhigt! Als der Matrose in der Mittagspause heruntergeklettert kam, ging der Lord auf ihn zu und bat ihn, ob er nicht, ihm zuliebe, künftig mit der linken Hand sich festhalten wolle. Dabei überreichte er ihm einen Sovereign. Der Matrose betrachtete gelassen das Goldstück, machte eine höfliche Verbeugung und gab es zurück mit der großartigen Bemerkung: »Thank you, Sir! One hand for the ship, one hand for me!«

Der Schiffskoch träumte nicht von schönen braunen Mädchen auf Südseeinseln. Er zeigte mir kunstvolle Photos, die er selbst gemacht hatte. Es handelte sich nicht um Affen auf Mangrovenbäumen oder um den Palast eines Negerkönigs an der Elfenbeinküste, sondern um eine Kuh, die er zu Hause auf seiner Wiese in Holstein stehen hatte.

Wir blieben selten allein. Zahlmeister und Obersteward gesellten sich zu uns. Dann fing der Schiffskoch mit Erzählen an. Und das nun war ein kleines Wunder. Es waren ganz einfache Geschichten – von einem Abend in Antofagasta, an dem sie ohne Geld an Land gegangen waren, von einer großartigen Schlägerei in der Spuistraat in Amsterdam, von einem Passagier, der ihn nach Oberbayern eingeladen hatte. Aber immer war es spannend. Wochenlang habe ich das Geheimnis studiert, wie der Erzähler das zustande brachte. Man hatte nie genug von seinen Geschichten. Ich erinnere mich noch heute an den Bericht von einem seiner Schiffsuntergänge. Vor Singapore hatte, bei ruhiger See, ein norwegischer Kohlendampfer sein Schiff gerammt und den Bug weggeschnitten. Den Männern blieb nichts anderes übrig, als so, wie sie waren, über Schlagseite des sinkenden Schiffes von Bord zu springen. Einer nach dem anderen wurden sie von dem Norweger »aus dem Bach gefischt«. Es folgte der Bericht, wie die Crew halbnackt durch Singapore zum Norwegischen Konsulat zog. Der Konsul war, nach den Bräuchen der guten alten Zeit, verpflichtet, die Mannschaft neu einzukleiden. Die halbnackten Kerle zogen, nunmehr mit dem Konsul an der Spitze, zum Chinesen in den Bazar. Der Homer der kleinen Tatsächlichkeiten beschrieb genau, wie jeder ein Hemd, ein Paar Socken, ein Paar Schuhe, einen Rock, eine Hose und einen Strohhut bekam. Dann folgte der schöne Satz: »Alles zusammen kostete für jeden von uns fünfundsiebzig Schillinge. Und da haben die drei Schurken noch dran verdient!« Die drei Schurken waren der Konsul, der Chinese und der norwegische Kapitän.

Das Geheimnis der Spannung in einer Erzählung ist ein literarisches Problem ersten Ranges. Der Schiffskoch hatte es gelöst. Noch immer habe ich die Hoffnung nicht aufgegeben, daß auch mir das im Laufe der Zeit noch einmal gelingen wird.

Alle diese von einem harten Leben scharf profilierten Männer hatten einen bezaubernden Sinn für die Tugend der Albernheit. Und natürlich machten sie sich einen besonderen Spaß daraus, ihren Doktor aufsitzen zu lassen. In einem mit uns in Sichtweite auf gleichem Kurs laufenden Schiff war ein Brand ausgebrochen. Unser Kapitän fragte an, ob er zu

Hilfe kommen solle. So schnell ist ein SOS nicht zu erwarten. Von dem Augenblick an, in dem ein Schiff das berühmte Signal der äußersten Not SOS – Save Our Souls – gegeben hat, muß jedes Schiff, das in erreichbarer Nähe ist, zu Hilfe kommen. So wird das Signal wirklich nur in höchster Not gegeben. Unserem Nachbarn gelang es, des Feuers ohne fremde Hilfe Herr zu werden. Als ich wieder auf die Brücke kam, lud mich mein Vermeer-Kapitän zu einem Whisky ein.

»Haben Sie schon von dem neuen amerikanischen Schiff gehört, das nicht mehr brennen kann?«

»Das wäre ja eine große Sache!«

»Auf diesem Schiff gibt es einfach kein brennbares Material mehr. Nur drei Dinge an Bord sind auch weiterhin aus Holz – das Klavier in der Bar, der Hackklotz des Schiffskochs und das linke Bein des Kapitäns.«

Wir nahmen Kurs auf Port Said. Während die gebirgige Südküste Kretas an uns vorüberzog, schweifte unser Brückenpalaver noch einmal durch ferne und nahe Vergangenheiten. Zu Beginn des Jahrhunderts hatte Sir Arthur Evans den Palast des Königs Minos in Knossos ausgegraben. Es war eine große Tat der Archäologie. Die auf Kreta neu entdeckte Kultur, die Evans die minoische nannte, reichte weit über das Mykenai der Ilias Homers in die Vergangenheit zurück.

Es ist ein Merkmal unseres Jahrhunderts, daß es nach allen Seiten hin seine Horizonte erweitert hat. Die Naturwissenschaftler, die schon im 19. Jahrhundert die Mikrowelt zu erforschen begonnen hatten, sind in die Größenordnung der Elementarteilchen vorgestoßen. Die Astronomie hat begonnen, in ihr Kalkül das ganze Universum einzubeziehen. Noch Jacob Grimm war, etwa um 1840, der Meinung, daß die Erde so alt sei, wie man aus der biblischen Überlieferung errechnen könne, also etwa sechstausend Jahre. Darüber darf heutzutage jeder Sextaner lächeln. Ob er es mit diesem Lächeln dazu bringen wird, zu verstehen, wer Jacob Grimm war, ist freilich nicht ganz so sicher.

Der Erweiterung der naturwissenschaftlichen Aspekte entspricht in eigentümlicher Weise eine ihr parallel laufende Ausweitung der geisteswissenschaftlichen Horizonte. Diese Leistung haben die Archäologen im Bündnis mit Praehistorikern, Historikern und Philologen vollbracht. Das Saekulum ist stolz auf seine Erfolge. Diese keine Grenzen kennende Erweiterung hat eine Vertiefung unserer Weltkenntnis verhindert. Die Philosophie, noch im 18. Jahrhundert die Königin der Wissenschaften, ist im 19. Jahrhundert zur Dienerin, im 20. zum Aschenbrödel des Fortschritts geworden.

Durch das ganze Mittelmeer war ich nun den geschichtlichen Strömungen entgegengefahren. Sie sind hier, außer der griechischen Kolonisation im Schwarzen Meer und Alexanders Zug nach Indien, immer von Osten nach Westen verlaufen. Unendlich sind die Wohltaten, die der Orient dem Okzident durch die Jahrtausende hindurch erwiesen hat. Dem Orient verdankt Europa neben hundert anderen Dingen das Kupfer, die Olive, die Säule, das Alphabet, die Weinrebe, die Seide, die Münzprägung, den Glauben. So hat es immer wieder Epochen gegeben, in denen der Orient das Abendland zu überfluten drohte. Wiederum war es der listige Kenner maritimer Strategie, der mir eines seiner brillanten Kollegs hielt, die immer so voller Überraschungen waren. Dreimal nämlich im Laufe der Geschichte ist das Abendland, das alle drei Male in der äußersten Gefahr war, Orient zu werden, durch eine Seeschlacht gerettet worden. Das Überraschende ist, daß die östlichste und die westlichste dieser drei Seeschlachten, die über zweitausend Jahre auseinanderliegen, nur zweihundertsechzig Kilometer voneinander entfernt ausgetragen wurden. Der Ort der dritten und letzten ist in der Mitte zwischen den beiden anderen gelegen.

Es sind die Seeschlachten von Salamis, Actium, Lepanto. Salamis liegt im Saronischen Golf, Athen gegenüber, Actium in der Adria an der Westküste von Epeiros, der nordwestlichsten Landschaft von Hellas, Lepanto im Golf von Korinth. Bei Salamis wurde der Angriff des Persischen Weltreichs auf Hellas, 480 vor Christi Geburt, abgewehrt. Bei Actium wurden Antonius und Kleopatra, 31 vor Christi Geburt, von Octavian, dem späteren Kaiser Augustus, besiegt. Nach einer Niederlage des Octavian hätte es kein Westrom mehr gegeben. Das Römische Reich, das schon so stark hellenisiert war, hätte sich dem Osten zugewandt. Unter der Regierung König Philipps II. von Spanien griff sein Halbbruder Don Juan d'Austria, ein Bastard Kaiser Karls V., bei Lepanto, 1571, die Flotte der Türken an und besiegte sie. Die Gefahr des Vordringens der Türken nach Westen, die 1565 durch die Abwehr ihres Angriffs auf Malta zunächst gebannt war, bestand noch immer. Wäre bei Lepanto die spanische Flotte besiegt worden, hätte man nunmehr das Eindringen der Türken ins westliche Mittelmeer mit allen seinen Folgen auf keinen Fall verhindern können. Hier konnte ich meinen älteren Bruder durch eine Anekdote erfreuen, die die geschichtliche Bedeutung Lepantos auf eine, man möchte sagen, erhabene Weise erhellt.

Als der große Seesieg dem König, Philipp II., gemeldet wurde – fast die ganze Flotte der Türken war vernichtet worden –, verzog er keine Miene. Der Herzog von Alba, der die Nachricht überbrachte, meinte, seinen strengen Herrn doch zumindest zur Anerkennung der Leistung Don Juans bewegen zu können. Er fragte ihn: »War er nicht kühn?«

Die Majestät sah ihn streng an und sagte nur: »Zu kühn!«

Es war das Wort eines Königs, der ein Staatsmann war, großartig genug, einem der Dramen Shakespeares zu entstammen. Aber Shakespeare war damals erst sieben Jahre alt.

Über der Kimm erschien ein feiner weißer Strich. Port Said tauchte aus dem Meere auf. Es liegt nur wenige Meter über dem Wasserspiegel. Nach einigen weiteren Meilen Fahrt wurden die beiden Molen sichtbar, zwischen denen der Suezkanal beginnt. Die aus Felsbrocken – eine Viertelmillion Kubikmeter – aufgeschichteten Dämme erstrecken sich sechshundert Meter weit ins Meer hinaus. Sie halten die Strömungen davon ab, den Sand des Meeresbodens und den unendlichen Schlamm des Nils in die Kanaleinfahrt hineinzuschwemmen. An der Spitze der einen Mole stand ein Denkmal, das die Welt dem bewunderten Erbauer des Suezkanals, Ferdinand de Lesseps, errichtet hatte. 1956 wurde der Wohltäter Aegyptens von seinem Sockel gestürzt. Die See hat ihn gnädig aufgenommen. Wenn in ein paar tausend Jahren der Torso dieser Statue wieder ans Licht kommt, wird er den Archäologen eine ebenso schwierige Aufgabe stellen wie die Venus von Milo, von der man auch nicht weiß, wie sie ihren rechten Arm gehalten hat. Lesseps hielt ihn ausgestreckt, von Afrika nach Europa weisend. Der Spott der Seeleute allerdings meinte, die Geste bedeute nur: »Her mit eurem Geld!« Die Passage in der Tat war teuer, damals pro Tonne siebendreiviertel Goldfranken, und wir waren nur eines von viertausendsechshundert Schiffen, welche in diesem Jahr den Kanal passierten. Freilich, der Bau hatte vierhundert Millionen Goldfranken gekostet.

Die Eröffnung des Kanals fand am 5. November 1869 statt. Das Ereignis wurde mit ungewöhnlicher Pracht gefeiert. Ismail, der Khedive von Aegypten, hatte die Prominenz der Welt eingeladen. Die Fama sagt, seine Gastfreundschaft habe ihn zwanzig Millionen Franken gekostet. Der Khedive hatte für ein grandioses Honorar bei Verdi die Oper »Aida« in Auftrag gegeben. Aber sie wurde nicht rechtzeitig fertig. Die Uraufführung fand erst im Dezember 1871 statt. So wurde Verdis »Rigoletto« im Opernhaus von Kairo gegeben. Das brillanteste Parkett, das Europa zu bieten hatte, lauschte einer Musik, die in der vollkommensten Weise den Stil der Zeit repräsentierte. Am Morgen des 17. November 1869 fuhr eine Flotte von achtundsechzig Schiffen in den Kanal ein, an ihrer Spitze die »Aigle«.

Auf der Brücke der »Aigle« stand eine Kaiserin – Marie-Eugénie de Montijo, die Gemahlin Napoleons III.

1869 war das Jahr, in dem Tolstois »Krieg und Frieden« erschien. Rockefeller gründete die Standard Oil, Bebel die Sozialdemokratische Partei Deutschlands. Ghandi wurde geboren. Ein Jahr später war die schöne Dame von der Brücke der »Aigle« eine Emigrantin. Sechs Jahre später gelangte durch eine Transaktion von bewundernswertem Raffinement der von französischem Genie mit aegyptischem Schweiß erbaute Kanal in den Besitz Englands. Der Khedive war so tief in Schulden geraten, daß er seinen Anteil an der Kanalgesellschaft veräußern mußte. Disraeli, der englische Premierminister, kaufte, ohne das Parlament zu fragen, die hundertsechsundsiebzigtausend Shares des Khediven zu einem Preis von fast vier Millionen Pfund Sterling. Den größeren Teil dieser Summe lieh er sich bei der Londoner Rothschild-Bank.

Wir gingen an Land. Zum ersten Male in meinem Leben setzte ich meinen Fuß auf den Boden eines anderen Kontinents, und das im Land der ältesten damals bekannten Hochkultur der Geschichte. Ein Jahr vorher hatten Carter und der Earl of Carnarvon das Grab Tut ench-Amons mit seinen unglaublichen Schätzen entdeckt. Aber das Museum von Kairo war weit. Erst dreißig Jahre später sollte ich Gelegenheit haben, diese Schätze zu bewundern. Hier saßen wir erst einmal im Caféhaus einer Stadt, die noch keine hundert Jahre alt war. Immerhin, es war im Dezember heiß. Der Mokka bestand zur Hälfte aus Satz. Die Menschen hatten dunkle Haut. Die Hafenmädchen gingen ihren Geschäften mit einer Unbekümmertheit nach, die ebenso verblüffte wie amüsierte. Lustige kleine Mohren putzten, einer nach dem anderen, dem Fremdling unter dem Tisch die Schuhe. Sie lachten reizend mit blitzenden Zähnen, wenn sie jedesmal wieder Geld bekamen. Jahre später fand ich heraus, daß sie einen weißen Effendi, der des Spaßes halber für ein und dieselbe Sache zweimal zahlte, für einen Dummkopf hielten.

Der Kapitän hatte einen großartigen armenischen Freund, der uns zu einem herrlichen Essen einlud. Es war der Shipchandler, der das Schiff mit neuem Proviant versorgte. Später kam der Lotse an Bord. Im Morgengrauen wurden die Anker gelichtet. Unsere Fahrt durch den Kanal begann. Die »Aigle« hatte vier Tage gebraucht, bis sie Suez am Roten Meer erreichte. Wir schafften es in sechzehn Stunden. Es wäre noch schneller gegangen, wenn nicht das Schiff seine Geschwindigkeit auf vier Meilen in der Stunde hätte beschränken müssen. Bei schnellerem Tempo würde die Bugwelle die nur aus Sand bestehenden Wände des Kanals unterspülen. Die Fahrt hatte etwas Phantastisches. Die Ufer sind, bis auf eine kurze Strecke südlich der Bitterseen, an beiden Seiten flach. Stand man auf der Brücke, konnte man zwar die Fahrtrinne vor sich sehen, aber weder an Steuerbord noch an Backbord Wasser. Man hatte das Gefühl, in einem Zauberschiff durch die Wüste zu schweben. Da wir ein wenig schneller als Kamele waren, überholten wir eine Karawane, die den Uferpfad entlangzog. Zwischen Matrosen und Kameltreibern, diesen beiden uralten Professionen, gab es fröhliche Zurufe. Einer unserer Heizer, der bei der Fremdenlegion gewesen war, kannte ein paar Brocken Arabisch. Zum Entzücken der Kameltreiber pries er laut Allahs Güte.

Das Brückenpalaver auf der Fahrt durch den Kanal war wiederum voller Überraschungen. Mein Joseph Conrad erzählte neue erstaunliche Dinge. Das 19. Jahrhundert war sehr stolz auf seinen Suezkanal. Insbesondere die Franzosen betrachteten die neue Schiffahrtsstraße als ein großes Werk ihrer *civilisation*. Dabei hätten sie diesen Ruhm schon dreihundert Jahre früher haben können. Leibniz hatte Ludwig XIV. in einer Denkschrift den Durchstich der Landenge von Suez empfohlen. Der allererste freilich, der diesen Plan in die Tat umsetzen wollte, war kein Mann der Wissenschaft und kein Mann der Technik. Es war, achthundert Jahre früher, ein kluger Herrscher, der Zeitgenosse Karls des Großen Harun al-Rashid, Kalif von Bagdad.

Eine Wasserstraße vom Mittelmeer zum Roten Meer, die für die kleinen Fahrzeuge des frühen Altertums ausreichte, hat es schon zu Abrahams Zeiten gegeben. Amenemhet I., Pharao der 12. Dynastie, verband den Nil durch einen Kanal mit den Bitterseen, die damals den Nordrand des Golfs von Suez bildeten. Aus einer Inschrift in Karnak wissen wir, daß dieser Kanal unter Seti I. um 1380 vor Christi Geburt noch existierte. Später wurde eine neue Trasse durch das Wadi Tumilat gezogen. In unruhigen Zeiten versandete der Kanal, aber immer wieder wurde er schiffbar gemacht – vom Perserkönig Dareios, von Ptolemaios Philadelphos, dem Maecen der Künste und Wissenschaften in Alexandreia, schließlich vom römischen Kaiser Trajan. Nachdem die ständigen Winde des Indischen Ozeans, die Monsune, im 1. Jahrhundert nach Christi Geburt entdeckt worden waren, liefen alljährlich etwa hundert Schiffe aus dem Mittelmeer, nach der Fahrt durch den Nil und den Kanal von Tumilat, von einem Hafen am Roten Meer nach Indien aus. In Indochina hat man in einem Grab neben römischen Münzen chinesische gefunden. Daß damals ein Geldstück, mit dem man in Rom bezahlen konnte, auch in Siam von jedem Kaufmann gern genommen wurde, sollte uns nachdenklich stimmen.

Durch Disraelis finanzielle Transaktionen war das große Werk der Zivilisation des 19. Jahrhunderts zum Mittelstück des Seewegs von England nach Indien geworden. Mein historischer Freund lud mich ein, ein wenig darüber nachzudenken, daß Königin Victoria ein Jahr, nachdem der Suez-kanal englisch geworden war, Kaiserin von Indien wurde. Er lud mich weiterhin ein, auch noch ein wenig darüber nachzudenken, wie weit seit dem Erwerb des Suezkanals die Sorge um seine Sicherheit die Politik des Foreign Office bestimmt habe. Das Aegypten der Pharaonen rechnete in Millennien. Römer haben Jahrhunderte lang am Nil geherrscht, England nur wenige Dezennien.

Ein Menschenalter später bin ich am Suezkanal noch einmal England begegnet. Von Kairo aus hatte ich das Kloster der heiligen Katharina auf der Halbinsel Sinai aufgesucht. Vom Kloster aus hatte ich eine der Spitzen des Sinaimassivs bestiegen. Nach der Rückkehr vom Berg traf ich im Kloster einen jungen englischen Offizier, der zu der Truppe gehörte, der die Bewachung des Suezkanals anvertraut war. Er bat mich, ihn dem Abt vorzustellen. Ich hatte schon eine Woche im Kloster gewohnt. Dabei hatten sich freundschaftliche Beziehungen zu den Mönchen entwickelt. Der Abt hatte mich um einen ärztlichen Ratschlag gebeten. So sehr das Leben der Mönche auf das Jenseits ausgerichtet ist, im Diesseits möchten sie doch wenigstens gesund sein.

Der Captain hauste mit seinen Soldaten in einem kleinen Lager einige Meilen abwärts in dem Tal, in dem das Kloster liegt. Er bat mich, bei meiner Rückkehr nach Kairo auf keinen Fall an seinem Lager vorbeizufahren, ohne mich zu melden.

So trank ich an dem Morgen, an dem ich das Kloster verlassen hatte, mit ihm vor seinem Zelt einen vorzüglichen Earl Grey, der in grazilem Porzellan serviert wurde. Wir saßen auf kleinen Klappstühlen. Hinter uns stieg der Berg des Gesetzes auf. Sieben Jahre vorher war der Captain an der Eroberung Hamburgs durch die englische Armee beteiligt gewesen. Wir stellten fest, daß er mir damals ein Jahr lang verboten hatte, nach zehn Uhr abends auf die Straße zu gehen. Er tröstete mich damit, daß es, während ich nach Kairo fuhr, ihm, der den Suezkanal bewachte, verboten sei, die Hauptstadt Aegyptens in Uniform zu betreten. Dieser doppelte Anachronismus war, trotz der frühen Stunde, Anlaß zu einem doppelten Whisky. In heiterem gegenseitigem Wohlwollen trennten wir uns. Er wollte erst einen Tag später aufbrechen, nach Suez zurückzukehren, wo er in Garnison lag.

Auf meiner Fahrt zur Küste hinunter verlor ich »in der Unendlichkeit der Wüste« mein Beret, wie die Franzosen die Baskenmütze nennen. Dieses Beret hatte ich viele Jahre lang getragen, und es war mir, wie das so ist, lieb und wert geworden, vor allem eines Loches wegen, das ein Geier in Palmyra hineingehackt hatte. Allerdings hatte ich das Beret dabei nicht auf dem Kopf. Es hatte neben dem Zelt gelegen.

Sechs Wochen nach der Heimkehr erhielt ich vom Headquarter der Grenadier Guards in London ein Päckchen. Es enthielt zu meiner Verblüffung die Baskenmütze vom Sinai. Das Loch, das ich dem Geier von Palmyra zu verdanken hatte, ermöglichte ohne weiteres die Identifizierung. Dem Päckchen lag ein Brief bei, der mit dem schönen Satz anfing:
»Dear Sir,
Passing the Desert of Sinai I found a beret, known to be yours ...«

IV ZWISCHEN OKZIDENT UND ORIENT

Weite Horizonte gehören zum Wesen der Seefahrt. Im Golf von Suez hatten wir an Backbord die Halbinsel Sinai, an Steuerbord die Wüste, die sich zwischen dem Nil und der Küste des Golfs erstreckt. Unser Kurs führte zwischen dem Alten und dem Neuen Testament mitten hindurch. Die Halbinsel Sinai war der Schauplatz der Wanderung der Kinder Israel. Die Einöde, die östlich von Kairo beginnt und bei Assuan in die Nubische Wüste übergeht, hat eine Rolle in der Geschichte der Christenheit gespielt. Hier lebte, eine alte aegyptische Tradition fortsetzend, der heilige Antonios als Eremit. Andere Einsiedler gesellten sich zu ihm. Das erste Kloster der Christenheit entstand. »... und so wurde Antonios, kinderlos, der Vater eines unermeßlichen Geschlechts!«

An der Südspitze der Halbinsel ragt das Gebirgsmassiv des Sinai auf. Es ist nach der altbabylonischen Mondgöttin Sin benannt. Als wir den Golf von Suez verließen und ins Rote Meer einfuhren, begann im Osten die Nacht der Dämmerung zu weichen. Die Morgenröte schimmerte auf. Die Sicht war klar. Das ist nur selten der Fall, und auch dann nur in der Stunde des Sonnenaufgangs. Infolge der schnell sich entwickelnden Hitze hüllt sich die Landschaft alsbald in Dunst. Das erste, was wir erkennen konnten, war eine kleine, im Himmel schwebende weiße Insel. Der Sinai trägt im Winter eine Kappe von Schnee. Mit dem Hellerwerden wurde der ganze Bergkegel sichtbar. Minuten später glühte seine Kontur vor dem Morgenhimmel auf. Schweigend betrachteten wir im Vorübergleiten die Einsamkeit, die vierzig Tage lang Bühne der Weltgeschichte war.

Die Fahrt durchs Rote Meer dauerte viele Tage. Von Suez im Norden zum Bab el-Mandeb, dem Tor der Tränen im Süden, ist es weiter als von Paris nach Moskau. Woher der Name »Tor der Tränen« kommt, darüber gab nicht einmal das Segelhandbuch Auskunft. Vielleicht sind es die Tränen der unzähligen in Afrika aus ihren friedlichen Dörfern geraubten Neger, die in den Zaruken und Badanen, den Schiffen der

Sklavenhändler, elend zusammengepfercht, nach Arabien verkauft wurden. Bis ins Altertum geht dieser grausame Handel zurück. Die in der Straße von Bab el-Mandeb gelegene Insel Perim, ein nackter Felsen, wurde von den Engländern in dem Jahr okkupiert, in welchem Lesseps mit dem Bau seines Kanals begann. Aden hatten sie schon zwanzig Jahre früher übernommen. Ein wenig traurig blickten wir hinüber. Wie gern hätten wir unseren Fuß »im Yemen« an Land gesetzt! Wie fern und fremd klingt das!

1839, als die Engländer kamen, war Aden ein von Jupiter und Allah in gleicher Weise gottverlassenes Stück Erde. Nur ein paar hundert Fischer hausten in armseligen Hütten, die sie zwischen die Felsen gebaut hatten. Und doch war diese öde Bucht, die Teil eines alten Kraters ist, schon zweimal in der Geschichte ein blühender Hafen gewesen – unter der Herrschaft der Römer, die Aden im Jahre 24 vor Christi Geburt besetzten, und in der Zeit des Weltreichs der Araber im 7. und 8. Jahrhundert. Heute ist die Stadt mit einer Viertelmillion Einwohnern Hauptstadt der Republik Süd-Yemen.

Der arabischen Südküste gegenüber liegt Somaliland mit dem Kap Guardafui. Das Kap ist der östlichste Punkt Afrikas, das sich hier etwa zwölfhundert Kilometer weit über den 40. Längengrad, der Moskau mit Mekka und Addis Abeba verbindet, in den Indischen Ozean hinaus erstreckt. Wie nahe wir noch immer dem Mittelalter waren, erfuhr ich aus der Geschichte eines Schiffbruchs, der sich in British Somaliland kurz vor dem Weltkrieg ereignet hatte, der aber so kurz danach genauso der »Hindenburg« hätte zustoßen können. Ein britisches Handelsschiff war an der Küste gestrandet. Unser Chefingenieur erinnerte sich, das Wrack noch gesehen zu haben. Die Ursache des Unglücks ist nie geklärt worden. Das Schiff wurde von den Eingeborenen gekapert, die Besatzung gefangengenommen. Keines ihrer Mitglieder ist jemals wieder aufgetaucht. Die Engländer beschlossen eine Strafexpedition. Ein indisches Regiment wurde an der Küste ausgebootet. Die Eingeborenen, wie zu erwarten, hatten sich zurückgezogen. Die Truppe marschierte ins Innere. Auch dieses Regiment ist verschwunden. Nur ein einziger Soldat konnte sich retten. Er war auf eine Kaffeeplantage nach Arabien verkauft worden. Während des Ersten Weltkrieges hatte er sich nach Aden durchschlagen können. Das Regiment war in einen Hinterhalt geraten und vollständig aufgerieben worden.

Der Umschlagplatz für den Sklavenhandel war die Insel Sokotra. Sie liegt etwa dreihundert Kilometer östlich von Kap Guardafui. Bei einer Fläche von dreieinhalbtausend Quadratkilometern ist sie etwa ebenso groß wie die Baleareninsel Mallorca. Es ist ein schönes Fleckchen Erde mit einem zentralen Gebirgsstock mittlerer Höhe. Die Küsten werden von Arabern bewohnt. Zwischen ihnen leben Mischlinge aus drei Jahrtausenden. Schon um 1200 vor Christi Geburt, etwa zur Zeit des Trojanischen Krieges, lief eine Flotte des Pharao Ramses II. die Insel an. Von hier aus nahm sie Kurs auf Sumatra, aus den Bergwerken dort Gold zu holen. Auch das erste Schiff auf Südkurs ist hier vorbeigekommen. Am Anfang des 6. Jahrhunderts umsegelten im Auftrag des Pharao Necho phoinikische Seeleute Afrika von Osten her und kehrten durch die Säulen des Herakles nach Aegypten zurück. Das berichtet uns Herodot.

Wäre nicht Alexander der Große durch seinen frühzeitigen Tod daran gehindert worden, die von ihm geplante Umsegelung Arabiens vom Persischen Golf zum Roten Meer durchzuführen, hätte er sicherlich auf Sokotra eine Kolonie gegründet. Man kann sich gut vorstellen, wie die Hellenen, eines der neugierigsten Völker der Geschichte, in jeder Generation ein paar Breitengrade nach Süden vorgedrungen wären und schließlich Madagaskar erreicht hätten. Dort wären sie dann am Ende des 15. Jahrhunderts von den Portugiesen entdeckt worden.

Irgendwann einmal sind auch Christen nach Sokotra verschlagen worden. Vielleicht hat schon der heilige Thomas auf seiner Fahrt zur Malabarküste im Süden Indiens hier Station gemacht. Nestorianische Christen hat es jedenfalls auf der Insel bis ins 17. Jahrhundert hinein gegeben. In den Bergen Sokotras lebt ein kleines Volk hochgewachsener, hellhäutiger Menschen, über deren Abstammung und Herkunft keine Klarheit herrscht. Bei ihnen liegt der merkwürdige Fall vor, daß steingemeißelte Inschriften ihrer Sprache noch vorhanden sind, die Sokotrer aber die Schrift ihrer Vorfahren, obwohl sie immer noch deren Sprache sprechen, nicht mehr lesen können.

Vom Golf von Aden bis Colombo auf Ceylon sind es über viertausend Kilometer. Das ist so weit wie von Irland bis Neufundland. Wasser! Wasser! Wasser! Zuweilen erfreuten wir uns an den Spielen der Delphine. Zweimal tauchte eine Schule Walfische mit ihren über zehn Meter hohen Fontänen auf. Wir dürften sie mit nicht geringerer Neugier, jedoch mit weniger Furcht betrachtet haben als seinerzeit Alexanders Admiral Nearchos und seine Matrosen auf der Fahrt vom Indusdelta zur Euphratmündung im Persischen Golf. Sie hatten noch niemals von Walen gehört. Hätten sie gewußt, daß ein ausgewachsener Blauwal soviel wiegt wie eine Herde von fünfundzwanzig Elephanten, wäre ihre Furcht wohl noch um einiges größer gewesen.

Auf Ceylon durfte ich nur zwei Stunden weilen. Danach ist es mir fünfzig Jahre lang nicht mehr gelungen, dieses Paradies der Tropen, die Heimat des Zimtbaumes, die Insel mit dem Tempel, in dem, Reliquie einer Weltreligion, ein Zahn Buddhas aufbewahrt wird, wenigstens einmal noch wiederzusehen. Ein Trost für diese Lücke in meinem Bild der Ferne ist ein Stück der Biographie des Zweiten Offiziers der »Hindenburg«. Er war elfmal in seinem Leben im Hafen von Sydney gewesen und hatte die Stadt nie betreten können.

Der Zweite Offizier ist der Mann, der für die Ladung verantwortlich ist. Er muß nicht nur wissen, was er an Bord hat. Das kann er seinen Listen entnehmen. Er muß auch immer wissen, wo im Laderaum alles verstaut ist. Auch muß das Ladegut so gelagert sein, daß niemals Umladungen notwendig werden. Das allein schon ist eine ganze Wissenschaft. So hat der Zweite, solange das Schiff auf See ist, ein ruhiges Leben. Im Hafen ist er der am meisten beschäftigte Mann der Besatzung. Er ist dann so unentbehrlich, daß er nicht dazu kommt, an Land zu gehen, und wenn die Ladeluken endlich geschlossen werden, wirft das Schiff schon wieder die Leinen los.

Unser Zweiter war ein Seemann von der alten Art. Für ihn galt noch immer der Aberglaube der Segelschiffsmatrosen, daß »Weiber an Bord« Unglück bringen. Seiner Kabine gegenüber wohnte eine Missionarin, die es sich zur Lebensaufgabe gemacht hatte, Chinesen in Christen zu verwandeln, was nach Ansicht des Zweiten ebensoviel Aussicht auf Verwirklichung habe wie das Vorhaben, Christen in Chinesen zu verwandeln. Sie hatte ein junges Mädchen zu betreuen, das sie zu dessen Eltern nach Shanghai bringen sollte. Bei der Mannschaft erfreute sich die Botin Christi dieses Mädchens wegen großen Wohlwollens. Vor jeder Mahlzeit sang sie in ihrer Kabine zusammen mit ihrer jungen Schutzbefohlenen einen Psalm. Eines Tages kam ich während dieser frommen Musik zum Zweiten in die Kabine. In Filzpantoffeln schritt er, fluchend, wie nur ein Seemann fluchen kann, in dem engen Raum auf und ab. Ich fragte ihn, was los sei. Mit dem Daumen in Richtung des Psalmes weisend, knurrte er: »Ich fluche gegenan!«

Die Fahrt nach Singapore wurde einmal unterbrochen. Unsere Kohlenvorräte mußten ergänzt werden. So liefen wir Sabang an, den kleinen Hafen einer Insel an der Nordwestspitze Sumatras.

Was es bedeutete, als Heizer auf einem Schiff, das in die Tropen fuhr, anzumustern, kann sich heute niemand mehr vorstellen. Die Männer, die ihren Platz vor den Feuerlöchern unten im Maschinenraum hatten und Kohlen in die rote Glut schaufelten, sind die härtesten Burschen, die ich je getroffen habe. Nur Leute von eiserner Gesundheit und großer Körperkraft hielten das aus. Aber selbst in dieser Hölle gab es eine gesellschaftliche

Rangordnung. Diejenigen, die vor der roten Glut schwitzten, standen im Rang und in der Heuer höher als die Trimmer, die in Schiebkarren die Kohlen aus den Bunkern heranschafften. Unser Fremdenlegionär hatte nicht nur seine Jahre abgedient, er hatte sogar einmal verlängert. Mehr als vor dem Feuerloch der »Hindenburg« habe er in den Forts der Sahara auch nicht auszustehen gehabt. Unter den Heizern gab es einige schwere Jungens, die sich hohen Ansehens erfreuten. Sie waren verständnisvolle und dankbare Patienten. Bevor sie in ihre Hölle hinunterstiegen, saßen sie gewöhnlich eine Zigarette lang auf der Reeling. Das war gerade vor meinem Bullauge. Da es meistens offenstand, erfuhr ich manches über das Wesen des Menschen, was in Kollegs nicht gelehrt wird. Einiges davon fand ich später wieder in Carrels ›L'homme, cet inconnu‹. Untereinander waren sie gute Kameraden und zudem sehr witzig. An der Küste von Sumatra fuhren wir, da das Ufer hier steil ins Meer abstürzt, so dicht unter Land, daß wir eine ganze Nacht lang das Konzert des Urwalds hören konnten. In diesem Orchester waren die Affen führend. Einer der Heizer auf der Reeling kippte plötzlich nach hinten über und drohte ins Wasser zu fallen. Alsbald schrie der Legionär: »Holt i'm fast! Holt i'm fast! He will to sin Großvadder!« Darwin auf hoher See!

In Sabang erfreuten sich deutsche Schiffe besonderen Wohlwollens. Jeder Kapitän, der die Route kannte, hatte für diesen Hafen ein oder zwei Fäßchen Pilsner Urquell an Bord. Die Prospektoren der benachbarten holländischen Tabakpflanzungen ließen sich selten die Gelegenheit entgehen, einen so vortrefflichen Trunk wahrzunehmen. Die Nacht mußten wir an Land verbringen. Beim Bunkern wird das ganze Schiff in eine Wolke von Kohlenstaub gehüllt. Man muß das Bullauge schließen, und dann wird es in der Kabine so heiß, daß man es nicht aushalten kann. Das Bordklavier wurde mit den Fäßchen zusammen an Land gehievt. Zwei talentierte Matrosen, von denen der eine Klavier, der andere Ziehharmonika spielte, begleiteten die kostbare Ladung. Es wurde ein Fest.

Die Tabakmänner, alles Leute, die viel Geld verdienten, waren großzügig und luden uns zu allem ein außer zum Eis. Das mußte vom Schiff geholt werden. Sie beschenkten uns mit köstlichen Zigarren. Sie bauten Batterien von »Oude Genever« auf. Sie erfreuten uns mit der Vorführung wunderbarer Wajang-Spiele. Diese Schattenspiele haben im Archipel eine große Tradition. Mit vorrückender Stunde wurde das Fest rauschender, ausgelassener, lauter. Schließlich dann, kurz vor Sonnenaufgang, machten sich zwei kräftige Pflanzer an das Klavier heran und amüsierten sich herrlich damit, es zu zertrümmern. Die klagenden Laute der zerspringenden Saiten scheuchten die Urwaldtiere aus ihren Morgenträumen auf.

Bevor wir wieder ausliefen, erschienen unsere Trinkkumpane vom Abend vorher noch einmal an Bord, höflich, liebenswürdig, ein wenig verlegen. Sie möchten also doch gerne den angerichteten Schaden wiedergutmachen und das demolierte Klavier ersetzen. Nach zwar vornehmem, aber nur kurzem Sträuben ging der Kapitän auf den Vorschlag ein – vierhundert Dollar!

Als wir wieder auf See waren, entdeckte ich, daß die Persenning der Ladeluke II nicht vertäut war. Die Luke wurde noch einmal geöffnet. Die Winsch hievte ein neues Klavier an Deck! Ob es vierhundert Dollar wert war, habe ich den Kapitän nicht gefragt.

Zu den Merkwürdigkeiten der Seefahrt gehört, daß man, nachdem man wochenlang kein Land gesehen hat, plötzlich auf hoher See einen Menschen erblickt, den man nicht kennt. Er stand auf der Brücke, als ich morgens um sechs Uhr vor dem Einlaufen in Singapore nach oben kam. Er war ein schlanker, eleganter Mann im Tropenanzug mit Tropenhelm. Unter dem Arm trug er ein kleines Reitstöckchen. Zwei Meter neben ihm stand ich und sah ebenfalls in Fahrtrichtung hinaus. In einer solchen Lage pflegt man zunächst einmal zu schweigen. Wir fuhren zwischen kleinen, palmenbestandenen Inseln hindurch. Nach einer Weile gab der Unbekannte ein Kommando, das vom Rudergänger wiederholt wurde. Ich wandte mich ihm zu. »You are the Pilot?« – »Yes, I am the Pilot.« Nach einer gemessenen Weile folgte die Frage: »You are the Doctor?« – »Yes, I am the Doctor!« Nach einer wiederum fein dosierten Pause: »Morning, Doctor!« – »Morning, Pilot!«

Abends lud mich der Lotse, der in der englischen Marine Offizier gewesen war, zu sich ein. Mit leisem Stolz zeigte er mir in seinem Garten die Rosen, die er züchtete, jede einzelne mit der Taschenlampe liebevoll anleuchtend. Am Aequator Rosen zu züchten ist ein ebenso kühnes Unterfangen, wie in Grönland Orchideen zum Blühen bringen zu wollen. Von ihm auch erfuhr ich, daß jährlich etwa fünfzehntausend Schiffe den Freihafen Singapore anliefen.

Die Gründung Singapores auf einer kleinen, der Südspitze Malayas vorgelagerten Insel ist ein koloniales Märchen des 19. Jahrhunderts. Als der Wiener Kongreß tagte, gab es hier nur ein paar Fischerhütten am Strand. Hundert Jahre später gehörte Singapore mit der halben Million seiner Einwohner zu den großen Häfen der Welt. Die Bevölkerung bestand überwiegend aus eingewanderten Chinesen und deren Nachkommen. Zwischen ihnen lebten kleine Minderheiten von Malayen, Indern und Indochinesen.

Singapore war eine schöne Stadt. Sie war reich. Sie war ausgezeichnet verwaltet. Dem Handel bot sie Schutz. Sie hatte ein angenehmes Klima. Die zugewanderten Chinesen waren die friedfertigsten Untertanen, über die je ein Weltreich geherrscht hat. Singapore war eine jener glänzenden Fassaden, welche die Zivilisation des Westens vor den alten Kulturen des Ostens aufbaute in jener Epoche, in der das Gefühl, daß Europa dem Osten überlegen sei, noch nicht von Zweifeln angenagt war. Die innere Sicherheit der Kolonialherren gegenüber der islamischen Moschee, dem buddhistischen Stupa und dem Hindutempel beruhte darauf, daß sie über einen Poloplatz und drei Golfplätze, eine Universität, einen Yachthafen, eine Rennbahn, einen Botanischen Garten, ein Museum und einige Kriegsschiffe verfügten. In weißen Dinnerjacketts, abends im Klub, trugen sie, wie Atlas die Weltkugel, auf ihren Schultern die von Rudyard Kipling erfundene »White Man's Burden«.

Vom Botanischen Garten Singapores aus hat die Kultur des Gummibaums ihren Siegeszug angetreten. Dort auch konnte man die größte Blüte, die es in der Natur gibt, bewundern. Sie hat einen Durchmesser von fast einem Meter und heißt »Rafflesia«.

Das erste, was mir in Singapore zustieß, war ein Fauxpas, der mir dazu verhalf, eine solche Façade coloniale in ihrem vollen Glanze kennenzulernen. Ein falscher Schritt führt zuweilen zu einer Einsicht, welche lohnender ist als die Erkenntnis, zu welcher der richtige geführt hätte. Wir waren kurz nach sechs Uhr in der Früh eingelaufen. Ich ging, nach Erledigung der Formalitäten mit dem Hafenarzt, sogleich an Land, für meinen ersten Spaziergang in den Tropen die kühleren Morgenstunden auszunützen. Es ist ein altes und köstliches Vergnügen, in einer Stadt, die man noch nicht kennt, »der Nase nach« zu gehen. Man muß imstande sein, ohne Plan die Hauptstraße, das Rathaus, die Kathedrale zu finden. Kann man das nicht, ist man des Vergnügens nicht wert, welches die prickelnde Neugier, ein neues Stück unserer Welt kennenzulernen, dem Fremdling bereitet.

In Singapore hatte ich natürlich keine Kathedrale erwartet. Der Rikshakuli, dem ich mich anvertraute, fuhr mich, nach einem fröhlichen »Go on!«, kreuz und quer durch die Stadt und landete schließlich am Fuße eines kleinen, von einem wunderbar gepflegten Park umgebenen Hügels, dessen sanfte Kuppe von einem Palais in leuchtendem Weiß gekrönt ist. Der Weg hinauf führte durch Rasenflächen von jenem Smaragdgrün, das zu erzielen man bekanntlich hundert Jahre lang zweimal täglich gießen und zweimal in der Woche mähen muß. Die hundert Jahre waren gerade erreicht. Am Rande des Weges steckte im Rasen ein blitzendes Metalltäfelchen, das mich hätte warnen sollen. Ich beachtete es nicht. Ich beschloß, zu dem Palais hinaufzusteigen. Vielleicht war es ein kleines

Museum. Der Weg machte einen Bogen um ein großes, zwei Meter hohes Gebüsch, das in voller Pracht exotisch blühte. Dahinter knurrte böse ein Hund. Als ich die blühende Pracht umkurvt hatte, stand ich vor einem weiß gedeckten Tisch, an dem ein Herr, eine Dame und zwei Kinder saßen. Hinter der Dame stand in langem Gewand, mit einem bunten, kunstvoll geschlungenen Kopftuch geschmückt, ein Inder mit einer Teekanne in der Hand. Vor mir stand, immer noch knurrend, eine Bulldogge. Dies war offenbar der Frühstückstisch des Generalgouverneurs der Straits Settlements. So sorglos konnte damals ein Repräsentant der englischen Krone in einem Land leben, in dem es nur wenige Tausend Europaeer zwischen Millionen von Asiaten gab. Zwanzig Jahre später saß auf dem Sessel dieses Gouverneurs ein japanischer General. Es ist nicht sicher, daß er so sorglos gefrühstückt hat wie weiland die britische Exzellenz in ihrem Park.

Ich entschuldigte mich mit einer kleinen Verbeugung. Man lächelte höflich zurück. Auf dem Weg den Hügel hinab las ich das Täfelchen. Auf ihm stand geschrieben, daß man gebeten werde, nicht weiterzugehen, weil hier der private Teil des Gartens beginne. Dieses Täfelchen hat mich mehr über England gelehrt, als ich je aus Büchern hätte erfahren können.

Das koloniale Märchen begann damit, daß an Bord eines Handelsschiffes, das im Hafen von Jamaica lag, die Frau des Kapitäns, eines gewissen Mr. Raffles, mit einem Knaben niederkam. Er wurde Thomas Stamford getauft. Es waren zwei schöne Namen, der eine der eines Jüngers Jesu, des Apostels Indiens, der andere der einer Schlacht. Bei Stamford wurden, anno Domini 449, die Picten und Scoten von den Sachsen besiegt. Den römischen Eroberern hatten diese nordischen Stämme tapfer widerstanden, waren aber, nach dem Abzug der Legionen, Räuber geworden, die aus ihren Wildnissen immer wieder mordend und plündernd in die im Süden von den Römern zurückgelassene mediterrane *civilisatio* einbrachen. Die beiden Namen paßten in ihrer Zusammenstellung vortrefflich zu einem jungen Engländer des ausgehenden 18. Jahrhunderts. Das Jahr der Geburt des Knaben war 1781. Als er acht Jahre alt war, begann die Französische Revolution.

Als der junge Mann herangewachsen war, trat er als Clerk in das Office der East India Company in London ein. Vor den anderen Clerks zeichnete er sich durch einige Eigenschaften aus, die, obwohl sie dazu beitragen sollten, die Macht des Britischen Weltreiches zu mehren, niemandem auffielen. Er war ein klarer Kopf. Er schrieb ein ausgezeichnetes Englisch. Er hatte das Talent, aus den Karten der Geographen politische Wirklichkeiten und Möglichkeiten abzulesen. Er war ein »Geopolitiker«, der geniale Vorläufer einer Wissenschaft, die erst in unserer Zeit einen Namen bekommen sollte. Ein Jahr vor der Seeschlacht von Trafalgar wurde er nach Malacca versetzt. Für ihn war das eine glänzende Chance, für das Empire einer jener Glücksfälle, an denen seine Geschichte so reich ist.

Die Entstehung des Empire wird auf verschiedene Weisen interpretiert. Man kann sich über dieses Thema in den Werken der Historiker informieren, in denen Staatsmänner gemeinhin als weitschauend dastehen, wie unerwartet auch immer die Folgen ihrer Entschlüsse über die Welt hereinbrechen mögen. Amüsanter ist eine Interpretation, die niemals schriftlich niedergelegt, sondern von Mund zu Mund weitergegeben wurde. Sie ist eine Art Legende. Und wie das bei Legenden zu sein pflegt, umhüllt eine Wolke von Poesie einen Kern von Wahrheit. Dieser Interpretation wurde ich habhaft, als wir auf dem Wege von Singapore nach Hongkong waren.

In Singapore hatten wir einen englischen Colonel an Bord genommen. Er wollte nach Hongkong. Er war schon dadurch sympathisch, daß er die seemännische Atmosphäre unseres bescheidenen Frachters dem Komfort der Luxusdampfer vorzog. Er schätzte Labskaus höher als Kaviar. Er war, was man einen Globetrotter nennt. So schön auch das Wort Weltenbummler ist, Globetrotter ist ein wenig mehr und ein wenig weniger. Der Weltenbummler wandelt unter Sternen durch den Kosmos. Er ist in Gottes Hand und wird von Eichendorff besungen. Der Globetrotter begnügt sich mit dem Baedeker und den Informationen der Royal Geographical Society in London. Der alte Herr erzählte herrlich – von der Krönung eines Königs von Siam, von einem Dinner mit Sun Ya-tsen, dem neuen Präsidenten der Republik China, von einem Lunch im Restaurant »Zu den fünf Harmonien« mit Borodin, dem russischen Vorläufer der kommunistischen Revolution in China, von einer Wolfsjagd auf dem Eis des Amur, von aethiopischen Klöstern auf kleinen Inseln im Tanasee, von dem aus er den Blauen Nil hinuntergefahren war, seinen Bruder in Khartum zu treffen. Als ich meine Bewunderung äußerte, wo überall er gewesen sei, meinte er schlicht: »Oh yes, I could pretend to know our Little Ball pretty well.« Ein solches Understatement würde ein Weltenbummler niemals wagen.

Diesem vortrefflichen Gentleman verdanke ich die authentische Interpretation der Entstehung des Empire, authentisch insofern, als sie aus jahrzehntelangen Palavern in den Clubs des victorianischen London entstanden ist. Mit einem Lächeln, hinter dem er seine Ironie zu verbergen suchte, erklärte er mir, die Engländer hätten nie die Absicht gehabt, eine Weltherrschaft zu errichten. Dazu seien sie durch eine Verkettung unglücklicher Umstände schlechthin gezwungen worden. Das habe damit angefangen, daß die Armada König Philipps II., ohne daß England daran schuld war, in einem Sturm im Atlantik unterging und die Engländer sich genötigt sahen, die Seeherrschaft der Spanier zu übernehmen. Schließlich mußte sich irgend jemand um diese schrecklichen Seeräuber kümmern.

Was könnten sie dafür, daß Napoleon so gerne einmal in Westminster Abbey Gott habe danken wollen und daß Britannia aus dem Mißlingen seines Vorhabens so gekräftigt hervorgegangen sei!

Wie unendlich hätten sie damals die Vernichtung der dänischen Flotte im Hafen von Kopenhagen bedauert! Die schönen Schiffe! Und es war doch mitten im Frieden! Aber eben, die Dänen wären leider nicht so klug gewesen wie die Portugiesen, ihre Flotte unter englischem Schutz auf die andere Seite des Atlantiks zu verlegen. Als es sicher schien, daß die Dänen sich der Kontinentalsperre anschließen würden, blieb nichts anderes übrig, als sie vorsichtig auszuschalten. Daß Napoleon diesen Welthandel Schmuggel nannte, durfte, trotz aller damit verbundenen Gefahren, eine große Seemacht nicht daran hindern, ihn aufrechtzuerhalten, damit der arme Kontinent seinen Kaffee, seinen Tee und seinen Tabak bekam. Der Himmel selbst habe dieses Verdienst mit ungewöhnlichen Verdiensten belohnt.

Und das Empire?

Nun, was könne England dafür, daß einige reiche Kaufleute der City, um noch reicher zu werden, eine Gesellschaft gründeten, die den Handel mit Indien ausbauen sollte. Die Gesellschaft sei so erfolgreich gewesen, daß England seine Flotte verstärken mußte, diesen Handel zu schützen. Und eine solche Flotte wiederum brauchte halt da und dort kleine Stützpunkte, von denen wir einen, Singapore, gerade verlassen hätten, um den nächsten, Hongkong, anzulaufen. Die Gründung der East India Company sei letzten Endes auf ein Pfefferkorn zurückzuführen. Im Jahre 1598 habe die Vereenigde Oostindische Compagnie den Preis des Pfeffers von drei Shillingen auf acht Shillinge hinaufgesetzt. Das bedeutete, daß man das Pfefferkorn mit Gold aufwiegen mußte. Und das natürlich konnte man sich nicht gefallen lassen. Jedenfalls stellte Königin Elisabeth I. am 31. Dezember des Jahres 1600 der East India Company eine Charta aus. Aber dann habe es doch immerhin noch zweihundertsechsundsiebzig Jahre gedauert, bis eine Königin von England Kaiserin von Indien wurde. Übrigens sei gerade Singapore ein besonders schönes Beispiel einer solchen Verkettung zufälliger Umstände.

Raffles hatte seine Zeit in Penang dazu benutzt, Malaysich zu lernen. Als er gerade, seiner Gesundheit wegen, versetzt werden sollte, entschloß sich die East India Company, Malacca aufzugeben. Raffles hielt das für einen Fehler. Er schickte einen Bericht über seine Auffassung der Lage an Lord Minto, den in Calcutta residierenden Generalgouverneur von Indien. Raffles' Bericht war von solcher Klarheit und in einem so brillanten Englisch abgefaßt, daß Lord Minto sich von seinen Argumenten überzeugen ließ und die Anweisung, Malacca zu evakuieren, widerrief. Das sollte später einmal Raffles' Witwe teuer zu stehen kommen. Kurz danach veranlaßte Raffles den Generalgouverneur, die Franzosen wieder aus dem Indischen Archipel zu vertreiben. Sie hatten, nachdem die Niederlande von den Armeen der Französischen Revolution besetzt worden waren, auch das zwischen Indischem und Pazifischem Ozean gelegene Kolonialreich der Holländer übernommen, das diese bereits zweihundert Jahre lang erfolgreich verwaltet hatten.

Lord Mintos Feldzug im Jahre 1811 war kurz und erfolgreich. Raffles wurde, mit Sitz in Batavia, dem heutigen Djakarta, Gouverneur dieser kostbaren »Kette von Smaragden im Meer«, die von Sumatra bis Neuguinea reicht. Unter der Führung des ausgezeichneten Mannes hatten die anderthalbtausend Inseln eine glückliche Zeit.

Während im Fernen Osten Frieden herrschte, geschahen in der Welt eine Menge aufregender Dinge. In den fünf Jahren von Raffles' Amtszeit auf Java wurden die Börsen von St. Petersburg und von New York gegründet. Napoleons Kontinentalsperre schuf eine Europaeische Schmuggelgemeinschaft. Das Spanische Weltreich zerfiel. Die Amerikaner versuchten, Kanada zu erobern. Moskau und Washington gingen in Flammen auf. In der Zarenstadt verglühte die Glorie Napoleons. Aus dem brennenden Kapitol in Washington rettete die Gattin des Präsidenten die Unabhängigkeitsurkunde der Vereinigten Staaten von Nordamerika. Goethes »Farbenlehre« erschien. Goya schuf seine erschütternden »Desastres de la Guerra«. Der Wiener Kongreß tanzte. Aber er hat nicht nur getanzt.

Es muß eine sehr merkwürdige Welt gewesen sein, in der eine Nachricht von Europa nach dem Fernen Osten gut zwei Monate brauchte. Sogar wir an Bord der »Hindenburg«, hundert Jahre später, bekamen unsere Post noch nicht sehr viel schneller. Als Raffles erfuhr, daß Napoleon Elba verlassen hatte, waren »Die Hundert Tage« fast schon vorüber. Beethovens »Fidelio« ging in Wien über die Opernbühne, Waterloo über die Bühne der Geschichte. Gaslicht erhellte die Straßen Londons.

Das wichtigste Ergebnis der napoleonischen Zeit und ihrer Wirren war der Machtzuwachs des Britischen Reiches. In das Empire eingefügt wurden schon 1802, anläßlich der Liquidation der Französischen Revolution im Frieden von Amiens, die Inseln Ceylon im Indischen Ozean und Trinidad an der Nordküste Südamerikas. 1806 besetzten die Engländer Kapland. Mit der Abschaffung der Sklaverei, durch die die Buren ihrer

Arbeitskräfte beraubt wurden, leiteten sie eine politische Komplikation ein, die bis in die Apartheid unserer Tage hineinreicht. Beim Wiener Kongreß ließ sich England den Besitz von Mauritius, Helgoland, Malta und den Seychellen bestätigen. Daß die Briten jemanden, der von alledem nichts weiß, einen »Continental« nennen, braucht niemanden wunder zu nehmen.

Dreihundert Jahre lang wurden um Gewürze Kriege geführt. Zweifellos könnte der Mensch ohne Muskat, ohne Zimt und ohne Pfeffer leben; aber die überflüssigen Dinge haben ihn von jeher am meisten gefreut. Und das, was ihn am meisten freut, stachelt auch am heftigsten seine Begierden an. Im Handel der Gewürze gehörte das 16. Jahrhundert den Portugiesen, das 17. den Holländern. Gegen Ende des 18. traten die Engländer in Erscheinung. Auf dem Wiener Kongreß wurde den Holländern ihr östliches Inselreich zurückgegeben. England sicherte sich eine Position auf der Malayischen Halbinsel. Nach dieser Neuordnung sah sich Raffles, unterdessen zum Gouverneur von Benkulen auf Sumatra ernannt, die Karte der Nan Hai, der Südchinesischen See, noch einmal gründlich an. Sie ist begrenzt im Norden vom asiatischen Festland und seinem westlichen Ausläufer, der Malayischen Halbinsel, im Süden und Osten von einer Inselkette, die mit Sumatra, Java und Borneo anfängt, mit den Palawangs, den Philippinen und Formosa aufhört. Raffles durchschaute den Plan der holländischen Handelsstrategie, die Nan Hai zu einem geschlossenen Meer zu machen. Wäre das gelungen, hätten die Holländer von neuem das Monopol des Gewürzhandels in der Hand gehabt. Diesen Plan zu vereiteln, wählte er nicht einfallslose Gewalt, sondern geniale List. An einer ganz unauffälligen Stelle öffnete er der englischen Schifffahrt ein Tor in das Mare clausum der Holländer. 1819 segelte er nach Malaya und schloß mit dem Sultan von Johore einen Vertrag ab, in dem dieser ihm eine kleine, fast unbewohnte Insel an der Südspitze seines Sultanats überließ. Die Unkosten seiner Fahrt nach Johore, einige tausend Pfund Sterling, mußte Raffles' Witwe später der englischen Regierung zurückerstatten. Auf dem auf dieser Fahrt erworbenen Eiland erstand Singapore.

Im heiteren Spiel, die sieben schönsten Häfen der Welt zu nennen, wird Hongkong niemals fehlen. Ebenso haben Sydney und Neapel in dieser Weltrangliste ihren sicheren Platz. Was Konstantinopel anbelangt, gibt es Streit höchstens darüber, ob nicht Rio vorzuziehen sei. Das hängt davon ab, ob man die Kontur der Hagia Sophia schöner findet als die des Zuckerhutes.

Durch die Nan Hai fuhren wir Hongkong entgegen. Mein Traum,

China kennenzulernen, schien in Erfüllung zu gehen. Aber so einfach war die Sache nicht.

Die Beziehungen zwischen China und dem Westen sind durch die Zeiten hindurch höchst wechselvollen Schicksalen ausgesetzt gewesen. Es gab die Verbindung über Land durch die Hochgebirge und Wüsten Innerasiens, und es gab den Seeweg über das Kap der Guten Hoffnung. Durch den Indischen Ozean, die Straße von Singapore und die Südchinesische See erreichten die Schiffe des Abendlandes das Morgenland.

Die frühesten Nachrichten, die wir von West-Ost-Beziehungen über Land haben, gehen bis in die Zeit Alexanders des Großen zurück. Die Verbindung mit dem Fernen Osten über See beginnt mit Vasco da Gamas zweiter Entdeckungsfahrt. Er umschiffte 1497, fünf Jahre nach der Entdeckung Amerikas, das Kap der Guten Hoffnung. Vasco da Gama gelangte bis Calicut an der Westküste Indiens. Der erste Europaeer, der 1540 China auf dem Seeweg erreichte, war wiederum ein Portugiese – Fernão Mendes Pinto. Er warf Anker im Perlfluß und schickte Geschenke an den Vizekönig von Kanton. Pinto führte zwei Jahrzehnte lang ein Leben voll herrlicher Abenteuer. Er war auch der erste, der einen christlichen Missionar in Japan an Land setzte, den später heiliggesprochenen Jesuiten François Xavier.

Bei ihren Brückenpalavern über China konnte der Erste Offizier den Schiffsarzt und der Schiffsarzt den Ersten Offizier jeweils mit dem erfreuen, was der andere nicht wußte. Der Erste besaß nicht nur gründliche Kenntnisse der Geschichte der Christlichen Seefahrt in all diesen Gewässern während des 16. und 17. Jahrhunderts, er wußte auch über das 19. Jahrhundert gut Bescheid. Ich hatte nur das Sinologische Seminar der Universität Berlin besucht. Da hörte man über die Neuzeit wenig, es sei denn, daß de Groot, der große Sinologe, in seinem Kolleg »Der Universismus« vom Himmelstempel in Peking erzählte, in den die Kaiserinwitwe Tsu-hi ihn einmal eingeladen hatte, an dem Opfer teilzunehmen, das sie alljährlich dem Himmel darbrachte. Ihren Gast davor zu bewahren, all die Kotaus, die das Ritual vorschrieb, mitmachen zu müssen, hatte sie angeordnet, daß er während der Feierlichkeit hinter einem Paravent stehen dürfe. De Groot ist wohl der einzige Europaeer, der je an einem von einer chinesischen Kaiserlichen Majestät dargebrachten Himmelsopfer teilgenommen hat. Der Gelehrte hatte sich in seinen Forschungen ein Leben lang mit den Ursprüngen der chinesischen Kultur beschäftigt. Er entdeckte als die metaphysische Grundlage von Taoismus, Konfuzianismus und Buddhismus ein umfassendes religiöses Weltgefühl, dem er den Namen »Universismus« gab.

Zuerst einmal mußte ich vom Ersten eine Menge Belehrungen über die Stützpunkte der europaeischen Großmächte in China entgegennehmen. Dann mußte ich lernen, die Taiping-Rebellion vom Boxeraufstand und beides von den Opiumkriegen zu unterscheiden. Sinologie war damals noch ein sehr distinguiertes Fach. Man beschäftigte sich nicht mit Politik. Als Nebenfächer pflegte man Mongolisch und Mandschurisch zu belegen. Es war ein Dandystudium, gewissermaßen.

Ich erinnere mich eines Seminars, das Professor Franke im Völkerkundemuseum abhielt »Über Inschriften auf chinesischen Rollbildern«. Dies ist eines der schwierigsten Kapitel der Sinologie. Die Inschriften sind Verse. Sie sind abgefaßt auf der Basis von Anspielungen auf klassische Stellen der Literatur. Und diese Stellen wiederum mußte man kennen! So saßen wir, die sieben Teilnehmer des Seminars – drei Sinologen, zwei Ethnologen, zwei Kunsthistoriker –, ehrerbietig auf unserer Bank zu Füßen des Meisters und bewunderten sein unfaßbar umfassendes philologisches und literarisches Wissen. Eines Tages, als das Seminar gerade anfangen sollte, öffnete sich die Tür. Ein kleiner, schon etwas älterer, sehr elegant gekleideter Herr trat herein und fragte in betont bescheidener Weise, ob er bei uns noch etwas dazulernen dürfe. Der bescheidene Lernbegierige war Professor v. Le Coq, der Mann, der in Turfan die wunderbaren griechisch-buddhistischen Malereien der Heiligtümer des 3. bis 6. Jahrhunderts ausgegraben hatte. Es gab wohl unter uns Studenten keinen, der nicht in den nächsten zehn Minuten davon geträumt hätte, selbst einmal als Forscher an der Spitze einer Kamelkarawane durch die Takla Makan, die wüsteste Wüste unserer Erde, zu ziehen.

In der den zentralasiatischen Eroberungen Alexanders des Großen folgenden Epoche des Hellenismus trafen in den Oasen von Turkestan die griechischen mit den chinesischen Kaufleuten zusammen. Was sie austauschten, war hauptsächlich Seide gegen Gold. Wie lebhaft dieser Handel war, machen neuere Ausgrabungen immer deutlicher. Im Museum von Kabul stehen in einer Vitrine nebeneinander drei Kostbarkeiten, von denen man nicht weiß, welche man mehr bewundern soll. Alle drei sind in Afghanistan gefunden worden. Es handelt sich um ein Glasgefäß aus Alexandreia, eine Elfenbeinschnitzerei aus Indien und ein Lackkästchen aus China.

Im ersten Jahrhundert nach Christi Geburt wurde das Phaenomen der Monsune entdeckt. Jährlich segelten vom Roten Meer aus an die hundert Schiffe, die sich in Alexandreia versammelt hatten, nach Indien, wohin sie die Waren des Mittelmeers brachten, um mit chinesischer Seide zurückzukehren.

An Backbord zog die Küste Indochinas vorüber. Nach einigem Nachdenken stellte der Erste fest, daß nur in diesem einen Jahrhundert, dem der frühen römischen Kaiserzeit, die Verbindung vom Abendland zum Reich der Mitte sowohl zu Lande wie zu Wasser offen gewesen sei. Es war jenes Goldene Zeitalter, als die Pax Romana und die Pax Sinensis einander in den Wüsten Innerasiens begegneten, jenes Zeitalter, in dem man mit derselben Münze sein Brot in Marseille und seine Schale Reis in Kashgar bezahlen konnte. Die Landroute, die den schönen Namen »Seidenstraße« trägt, wurde zum ersten Mal unterbrochen durch die Gründung des Reiches der Parther im Gebiet des heutigen Iran. Zwar ging der Handel weiter, aber die Parther nahmen ihn vollständig in eigene Hand. In späteren Jahrhunderten schoben sich andere Staaten zwischen den Westen und den Osten – erst die persischen Sasaniden, dann der arabische Islam, dann die Seldschuken und schließlich die Türken. Nur eine einzige kleine, kühne Gruppe von Kaufleuten hat es über Jahrhunderte hin fertiggebracht, die Verbindung zwischen dem Westen und dem Osten, den Handelsweg zwischen Mittelmeer und China, offenzuhalten. Es waren die Radaniten. Christen durften nicht in islamischen Ländern, Mohammedaner nicht in christlichen Ländern Handel treiben. Nur die Juden hatten diese Möglichkeit sowohl auf der einen wie auf der anderen Seite. Was auch immer sie in christlichen Ländern zu erleiden hatten, Handel zu treiben ist ihnen kaum je verboten worden. Daß sie sich unter Mohammedanern frei bewegen konnten, verdankten sie dem Propheten selbst. Mohammed hat vieles von seiner Lehre dem Alten Testament entnommen. Auch besagt die Überlieferung, daß die Kaaba in Mekka, das heiligste der Heiligtümer des Islam, von Abraham erbaut wurde. Die jüdischen Kaufleute gingen von Spanien und Frankreich aus zunächst entweder nach Kairo oder nach Antiocheia an der Mündung des Orontes. Von da aus nahmen sie ihren Weg über Damaskus und Bagdad nach Basra am Persischen Golf. Von dort gingen sie über das Zagrosgebirge in den Iran, gelangten auf einer südlichen Karawanenstraße über Kirman, damals wie heute für seine Teppiche berühmt, nach Herat in Afghanistan, wo noch immer herrliche Moscheen aus jenen Jahrhunderten zu bewundern sind. Von Herat aus überschritten sie den Hindukush, ließen sich über den Oxos setzen und erreichten in Balkh die alte Seidenstraße, auf der sie dann endlich nach China gelangten. Diese Reisen dauerten viele Jahre, und sie waren wohl auch nur möglich, weil sich über den ganzen Osten hin bis tief nach China hinein eine Diaspora jüdischer Gemeinden gebildet hatte. Die ältesten von ihnen stammten aus der Zeit, als Nebukadnezar nach der Eroberung Jerusalems die Juden aus Palaestina vertrieb. Diese Gemeinden dienten den Radaniten als Stützpunkte. Ein authentischer Bericht über diese mutigen Männer stammt von Ibn Khordadbeh, dem Post- und Polizeimeister des Kalifen Mutammid, der in der zweiten Hälfte des

9. Jahrhunderts in Bagdad regierte. Erst am Ende des 13. Jahrhunderts, zur Zeit des Großen Khan, dessen Reich sich von Peking bis zum Djnepr erstreckte, standen die Wege nach dem Osten jedem friedlichen Reisenden wieder offen. Und sie waren nicht nur offen, sondern sogar sicher. Wie ein mongolischer Chronist einmal sagte, hätte eine Jungfrau einen goldenen Krug auf ihrem Kopf ohne Gefahr durch das ganze Reich von einem Ende zum anderen tragen können. Marco Polos Erfahrungen bestätigen das. Aber das eben galt nur zu Lande. West-Ost-Kontakte zur See gab es in diesen Zeiten nur noch über die arabischen Kaufleute im Indischen Ozean. Die Antike war erloschen. Die Neuzeit hatte noch nicht begonnen.

Die Chinesen beherrschen die Kunst, Seide herzustellen, seit vorgeschichtlicher Zeit. Ihre Legende verlegt den Beginn der Seidenraupenzucht in die Mitte des dritten Jahrtausends vor Christi Geburt. Seit 1240, der Zeit des Auszugs der Kinder Israel aus Aegypten, sind chinesische Seidengewebe nachweisbar. Der Seidenhandel hatte eine merkwürdige Besonderheit, die schon im Altertum geschichtliche Wirkungen gehabt hat. Er war völlig einseitig. China hatte nur geringen Bedarf an Gütern des Abendlandes. Die Seide mußte mit Gold oder Silber bezahlt werden. Aus Byzanz, das große Mengen von Seide aus China bezog, floß das Gold allmählich ab. Der Mangel an geprägter Münze führte zu großen wirtschaftlichen Schwierigkeiten. Auch hat er die kriegerischen Unternehmungen der Herrscher von Konstantinopel mehrere Male in entscheidender Weise beeinträchtigt. Erst zur Zeit des Kaisers Justinian gelang es zwei Mönchen, Eier der Seidenraupe in ihren ausgehöhlten Wanderstäben von China nach Byzanz zu schmuggeln. Es war ein riskantes Unternehmen. Jeder Versuch, das Seidenmonopol zu brechen, wurde von den Chinesen mit dem Tode bestraft. Die Byzantiner begannen eine eigene Produktion. Auch ihnen gelang es, Jahrhunderte lang das Geheimnis der Seidenherstellung zu bewahren.

Obgleich selbst Held gewesen, hatte ich mich doch noch nicht so weit vom Idealismus entfernt, daß ich nicht die Kühnheit der portugiesischen Entdecker des Seewegs nach dem Fernen Osten bewundert hätte. Vasco da Gama hat einmal im Indischen Ozean sechsundneunzig Tage lang kein Land gesehen! Aber von der Sachkenntnis des Ersten wurde meine Begeisterung alsbald gedämpft. An der Geschichte der europaeisch-chinesischen Beziehungen zur See kann man drei Perioden unterscheiden. Die erste ist portugiesisch. Sie füllt das 16. und den größten Teil des 17. Jahrhunderts.

So großartig, kühn und bewundernswert die Entdeckungsreisen der portugiesischen Seefahrer vom Ende des 15. bis zur Mitte des 16. Jahrhunderts waren, die ihnen folgenden Kaufleute konnte man von Seeräubern kaum unterscheiden. Fitzgerald, der ausgezeichnete Kenner der chinesischen Geschichte, faßt den Stil der Portugiesen in drei große C's zusammen – Conquest, Commerce, Conversion! So kam es zu der merkwürdigen Einrichtung von exterritorialen Gebieten, die den Fremden von der kaiserlichen Regierung zugewiesen wurden. Macao, die erste europaeische Kolonie in China, war eine Art von Ghetto, gelegen auf einer Halbinsel und vom eigentlichen China getrennt durch einen Grenzwall, den die Chinesen streng bewachten. Sie hielten die barbarischen Fremdlinge, die sie schon im 17. Jahrhundert »Yang kuei-tsi – Fremde Teufel« nannten, für unwürdig, an den Segnungen der Regierung des Himmelssohnes teilzuhaben. In schöner Arroganz nannten sie ihr Land »tien hsia – Das, was unter dem Himmel ist«. So etwas wie Abendland hat es in den Vorstellungen der Chinesen kaum gegeben, bis sie diese Welt durch schmerzliche Erfahrungen kennenlernten.

Als in der zweiten Hälfte des 17. Jahrhunderts die Holländer und danach die Engländer auftauchten, waren ihre ersten Vertreter nicht besser als die Portugiesen. Erst gegen Ende des 17. Jahrhunderts trat eine gewisse Ordnung der Verhältnisse ein. Diese zweite Periode der maritimen Ost-West-Beziehungen ist charakterisiert durch eine von den großen Handelskompanien der europaeischen Nationen ausgeübte wohlgeordnete Seeherrschaft. In das Ende dieser Epoche, die zweihundert Jahre währte, fiel die Gründung Singapores. Raffles' diplomatischer, das Völkerrecht respektierender Vertrag mit dem Sultan von Johore hatte noch etwas von der Elégance du Dixhuitième. Hongkong, nur zwanzig Jahre danach, wurde mit Waffengewalt erobert. Mit dieser kriegerischen Tat begann der Erste Opiumkrieg und zugleich die dritte und letzte Periode der Beziehungen zwischen den seefahrenden Völkern des Westens und dem Reich der Mitte, die Periode des kolonialen Imperialismus. Wenn auch »kolonialer Imperialismus« unterdessen zum Schlagwort herabgesunken ist, für China waren die Opiumkriege, die zu den ungerechtesten Kriegen der Geschichte gehören, eine bittere Realität. Vom kolonialen Imperialismus, in den sich schließlich auch noch die Japaner einfügten, befreite sich China durch seine Revolution unter Mao tse-tung.

Der Vergleich der europaeisch-chinesischen Beziehungen zu Lande mit denen zur See von den Anfängen bis zum Ende des 19. Jahrhunderts fördert eine Merkwürdigkeit zu Tage. Die Wohltaten, die China von Europa empfing, kamen über Land. Über See kamen die Plagen. Die Plagen hätte China sich sparen können.

Hundert Jahre nach Marco Polo schenkte das Schicksal dem Reich der Mitte einen Seefahrer, der seinem Range nach nicht hinter Vasco da Gama zurücksteht. Das war Cheng Ho, Admiral unter dem ersten Ming-Kaiser Hung Wu am Ende des 14. Jahrhunderts. Cheng Ho war ein Moslem aus Yünnan, der chinesischen Provinz, die im Süden an Laos, im Westen an Burma grenzt. Was für eine Welt dieser Ferne Osten in jener Zeit war, dafür ist charakteristisch, daß Großvater und Vater Cheng Ho's als Pilger in Mekka gewesen waren. Er rüstete eine Flotte aus mit Schiffen von einer Größe, die es bis dahin auf der Welt noch nicht gegeben hatte. Er erreichte den Persischen Golf und das Rote Meer. Wahrscheinlich ist er auch noch ein großes Stück an der Ostküste Afrikas entlang nach Süden gesegelt. Es gibt ein 1414 datiertes, sehr naturalistisches, auf Seide gemaltes Bild einer Giraffe, die von einem chinesischen Kameltreiber geführt wird. Cheng Ho's Fahrt war weder eine Entdeckungsreise noch ein Eroberungszug. Man findet in der Geschichtsschreibung keine Anhaltspunkte dafür, daß die Chinesen Interesse an der Erforschung der Erde gehabt hätten. Sie wünschten nicht, andere Kontinente kennenzulernen oder gar zu erobern. Mit seiner grandiosen Demonstration hatte Cheng Ho nichts weiter im Sinn, als Macht, Ruhm und Würde des chinesischen Kaisers auch den Völkern zu verkünden, die nicht zu seinem Reich gehörten. Die Macht der Herrscher Chinas war nicht die eines römischen Caesaren oder eines mittelalterlichen Kaisers. Sie war zu einem nicht geringen Teil spiritueller Art. Der »Sohn des Himmels« hatte im wesentlichen die Aufgabe, die Harmonie zwischen Himmel und Erde zu bewahren. Von den Völkern an der Peripherie der chinesischen Kultur wurde nicht mehr verlangt, als daß sie dem Sohn des Himmels ehrerbietige Reverenz erwiesen, indem sie seine Oberhoheit anerkannten. Diese Anerkennung hatte keine besonderen Folgen, außer, daß von Zeit zu Zeit Tribute an den kaiserlichen Hof geschickt werden mußten. Doch waren die Chinesen höflich genug, diese Tribute Geschenke zu nennen. So konnten diese Völker, ohne ihr Gesicht zu verlieren – das heißt, ohne eine in Erscheinung tretende Beeinträchtigung ihrer Souveränität –, am Glanz und an den Wohltaten des Reiches der Mitte teilnehmen. Diese Haltung Chinas hat über die Jahrhunderte hin zur Folge gehabt, daß, wenn auch seine politischen Grenzen großen Schwankungen unterworfen waren, sein kultureller Einfluß immer nur gewachsen ist.

Die Flotte Cheng Ho's wurde nach seiner Rückkehr aufgelöst. Das ist für China ein Unglück gewesen. Eine solche Seemacht hätte die hundert Jahre später aus dem Westen auftauchenden portugiesischen Piraten von den Meeren des Ostens hinweggefegt, es sei denn, sie hätten sich entschlossen, sich gesittet zu benehmen. Keineswegs nämlich neigten die Chinesen von Natur aus dazu, sich von der Welt abzuschließen. Es gibt lange Epochen in ihrer Geschichte, in der das Land allen fremden Einflüssen zugänglich war. So haben in der T'ang-Zeit, im 7. bis 10. Jahrhundert, alle Religionen des Vorderen und Mittleren Orient in China Eingang gefunden. Auch den arabischen, persischen, malayischen und indischen Kaufleuten standen Häfen und Märkte offen.

Die Nestorianischen Christen hatten es so weit gebracht, daß es in jeder Praefekturstadt Chinas eine christliche Kirche gab. Kaiser Kao Tsung hat zuweilen am Gottesdienst der Christen in seiner Hauptstadt Ch'ang An teilgenommen. Im 16. und 17. Jahrhundert waren es Jesuiten, die großen Einfluß am kaiserlichen Hof gewannen. Der Präsident des Kaiserlichen Ritenamtes, Li Chi-tsao, war Christ. Er bat den Jesuitenpater Michel Roger, Unstimmigkeiten im chinesischen Kalender zu beheben. Dabei war dieser Kalender zweitausend Jahre älter als der Caesars. Die letzte Kaiserin der Ming-Dynastie, die ebenfalls Christin war, ließ ihren 1648, im Jahre des Westfälischen Friedens geborenen Sohn auf den Namen Konstantin taufen, den Namen des zwei Saekula zuvor bei der Eroberung Konstantinopels durch die Türken gefallenen letzten Kaisers von Byzanz. Prinzessin Zoë, die einzige Nichte des Kaisers Konstantin Palaiologos, dessen Namen der letzte Kronprinz der Ming-Dynastie trug, hatte 1472 den Großfürsten Iwan III. von Rußland geheiratet. So wurde Moskau, nachdem Konstantinopel, das Zweite Rom, zu bestehen aufgehört hatte, zum Dritten Rom. In Rußland erlebte Byzanz eine wunderbare Wiederauferstehung. In China ging das Christentum vollständig wieder unter.

Es waren die Piraten, deren gewissenlose Räubereien den Chinesen die christliche Frömmigkeit allmählich immer unglaubwürdiger erscheinen ließen. Hätte China den maritimen Eindringlingen aus dem Westen auf der Basis gleicher Flottenstärke entgegentreten können, vielleicht wäre es dann nicht nur zu Chinoiserien in Europa, sondern zu einem echten Austausch geistiger, wissenschaftlicher und auch religiöser Errungenschaften zwischen den beiden Kulturkreisen gekommen, und ein chinesischer Leibniz hätte über uns etwas ebenso respektvoll Liebenswürdiges gesagt wie der sächsische Leibniz über China. Er meinte, daß, wolle man die kulturellen Leistungen der Völker der Erde miteinander vergleichen, man den Goldenen Apfel wohl den Chinesen reichen müsse.

So gescheit war Europa noch im 17. Jahrhundert!

Durch eine enge Felsenpassage liefen wir in den Hafen von Hongkong ein. Das Bild, das sich uns bot, war in der Tat pittoresk. Auf der einen Seite lag am Fuße des Victoria Peak, der etwa 500 Meter hoch ist, eine moderne

Großstadt, in deren lärmerfüllte Straßen man schon von Bord aus hineinblicken konnte. An den Häuserfronten hingen zahllose, mit den wunderschönen chinesischen Zeichen bestickte oder bemalte Fahnen. Von den Hafenboulevards aus erstreckten sich die Piers ins Wasser hinein. Am Hang türmten sich, auf gemauerten Terrassen, die großen, von baumbestandenen Gärten umgebenen Villen der Kaufleute als überzeugender Beweis dafür, wie prächtig Reichtum im Unrecht gedeiht. Die andere Seite des Hafens gehört schon zum chinesischen Festland. Die Engländer hatten hier, kurz vor der Jahrhundertwende, ein Stück Asien gepachtet. In den vielen Buchten des Hafens drängten sich die Sampans, die chinesischen Hausboote. Es waren ihrer ungezählte Tausende. Ein großer Teil der ärmeren Bevölkerung lebte auf dem Wasser. Diese schwimmenden Inseln von Hausbooten waren ein Paradies für Schmuggler.

Auf der anderen Seite unserer Pier lag ein schöner, schneeweißer Amerikaner von etwa fünfzehntausend Tonnen, damals ein ziemlich großes Schiff. Da die Crew, der Prohibition wegen, an Bord nichts zu trinken hatte, kamen die Männer in unsere bescheidene, aber feuchte Messe herüber. Als einer der Amerikaner begann, unseren Windjammer von knapp siebentausend Tonnen sanft zu verspotten, behauptete unser Dritter Ingenieur, so ein schönes Schiff, wie die Amerikaner es da hätten, könnten sie selber gar nicht bauen. Der Kahn stamme von einer deutschen Werft. Eine Wette über eine Kiste Whisky wurde abgeschlossen. Wir gingen alle miteinander hinüber. Unser Ingenieur kletterte in den Maschinenraum hinab, wir hinterher. An einer ganz unübersichtlichen Stelle wies unser Mann zur Decke hinauf. Es war da eine Metalltafel eingelassen, die zu entfernen man offenbar vergessen hatte. Aus ihr ging hervor, daß dieses Schiff am 10. Januar 1900 auf der Vulcanwerft in Stettin vom Stapel gelaufen war. Ursprünglich hatte es den Namen »Deutschland« erhalten. Später wurde es umgetauft in »Victoria Luise«. Als solches fuhr es unter der Flagge des Norddeutschen Lloyd. Nunmehr war der Spott auf unserer Seite. Der Whisky allerdings schmeckte Verlierern und Gewinnern gleich gut.

Auch mit Seide kamen wir alsbald in Kontakt. Mindestens ein halbes Dutzend chinesischer Schneider stürzten, nachdem die Quarantäneflagge eingeholt war, das Fallreep herauf und überfielen uns mit glänzenden Vorschlägen. Am Morgen bestellt, am Nachmittag geliefert, kostete ein aus feinster Shantungseide maßgeschneidertes Hemd nicht mehr als acht Schillinge.

Ein Stückchen echtes China bot ein Mann, der auf der Pier zwei etwa 1,20 Meter hohe Kästen, die er an einer Bambusstange über der Schulter trug, absetzte. Diesen beiden Kästen entnahm er einen Herd, Kochgeschirr für ein Essen für zwölf Mann, dazu die Zutaten und endlich Eßschalen und Eßstäbchen. Es war die reinste Zauberei. Nach einer knappen Stunde nahmen die zwölf Kulis, die zum Löschen der Ladung angeheuert waren, bei diesem Zauberer ihre offenbar wohlschmeckende Mahlzeit ein. Dabei hockten sie am Boden nieder, und zum ersten, wenn auch nicht zum letzten Male ärgerte ich mich, daß das Gymnasium künftige Humanisten Kniebeugen üben ließ, anstatt sie zu lehren, bequem auf den eigenen Haxen zu sitzen.

Als Hongkong 1840 von den Engländern besetzt wurde, war es auch nur eine von den vielen Inseln, auf denen ein paar hundert arme Fischer hausten. Wer hätte damals ahnen können, daß die Chinesen heute nichts mehr fürchten müssen, als daß britischer Edelmut ihnen das Geraubte zurückerstattet! East of Suez!

Als wir die Straße von Formosa hinauffuhren, zog quer vor unserem Kurs ein Taifun vorbei. Wir gerieten in schwer bewegte See. Tief hingen die Sturmwolken über uns. Es war tagelang nicht möglich, ein Besteck aufzumachen. Die chinesische Küste war, obwohl ihr an vielen Stellen Klippen und Untiefen vorgelagert sind, nur schwach befeuert. Dabei kann die Stromversetzung eines Schiffes bis zu zwanzig Meilen am Tag betragen. In unserer Position war ein Irrtum bis zu hundert Seemeilen möglich. Einsam schipperten wir durch die aufgewühlte See. Wir machten höchstens vier Meilen in der Stunde. Nur ein englischer Frachter lief auf gleichem Kurs mit uns, etwa dreißig Seemeilen dwars Steuerbord. Wir tauschten einige Male am Tag unsere Meinungen über die Position aus, jeder in der Hoffnung, der andere hätte vielleicht für einen Augenblick die Sonne oder einen Stern erwischt.

Am zweiten Tag fragte der Kapitän des Engländers an, ob wir einen Arzt an Bord hätten. Sie hätten einen Matrosen mit einem geschwollenen Hals. Ich wurde in die Funkkabine geholt. Mein Partner war Captain Harrington vom S.S. »Mary Klint« aus Liverpool. Kapitäne, damals, waren fast alle noch auf Segelschiffen groß geworden. Es waren Männer, die sich vor nichts fürchteten. Wir erfragten die Symptome, die der Kranke hatte. Es handelte sich um einen linksseitigen Mandelabszeß. Ein schillinggroßer Fleck auf der Kuppe der Schwellung im Hals war ein Hinweis darauf, daß der Abszeß wahrscheinlich innerhalb einiger Stunden von selbst aufbrechen werde. Aber darauf zu warten enthielt ein mortales Risiko. Es konnte passieren, daß der Patient unterdessen erstickte. Es hieß also operieren, und das ohne Narkose! Schlucken konnte der Patient nichts mehr. Injizierbare Schmerzmittel hatte der Engländer nicht an Bord. Der Kapitän erklärte sich bereit. Ich gab ihm zunächst die Anweisung, sich eine Brille zu verschaffen. Bei der Öffnung eines solchen Abszesses kann es passieren, daß der Patient dem Operateur den Eiter ins Gesicht hustet, und das kann zu einer gefährlichen Infektion der Augen führen. Ferner ordnete ich an, dem Patienten einen Flaschenkorken zwischen die Backenzähne der dem Abszeß gegenüberliegenden Seite zu klemmen und einen spitzen Dolch mit bestem Whisky gründlich abzureiben. Dann erklärte ich dem Kapitän, wie der Dolch anzuwenden sei. Das Ganze war eine Affaire für viele Stoßgebete. Mir fiel, zu meinem Trost, einer der unerbittlichen Sätze ein, mit denen Kocher, der Schweizer Chirurg, der erste, der den Kropf mit dem Skalpell anzugehen gewagt hatte, solche Situationen zu charakterisieren pflegte. Für unseren Fall lautete sein Satz: »Bei der Spaltung eines Mandelabszesses die Vena jugularis zu verletzen, dürfte nicht leicht zu bewerkstelligen sein.« Ich instruierte den Kapitän, den Dolch einen halben Zoll tief in den gelben Fleck hineinzustoßen. Die Hauptsache sei, daß der Stoß nicht zaghaft, sondern kräftig erfolge. Wird der Stoß kräftig geführt, ist der Schmerz geringer. Alle diese Erläuterungen und die Beantwortung vieler Fragen von seiten des Kapitäns nahmen eine ziemliche Zeit in Anspruch. Das Schiff selber konnten wir nicht sehen. Die Sicht war auf wenige Meilen beschränkt. Wir schlingerten heftig. Um die Funkkabine auf dem Bootsdeck pfiff der Sturm. Schließlich war es soweit. Der Kapitän stieß kräftig zu. Ein freudiger Funkspruch meldete das Gelingen der Operation. Den Dank erhielt ich später. Im Laufe der nächsten Tage verloren wir den Kontakt mit der »Mary Klint«. Ihre Geschwindigkeit war noch ein wenig geringer als die unsere.

Das Wetter besserte sich. Der Taifun war schneller als wir. Er zog von dannen. Wir passierten den berühmten Leuchtturm »Turning Point«. Wir nahmen Kurs auf Shanghai. Dreißig Meilen vor der Einfahrt in den Yang tsekiang wurde das Wasser des Ozeans gelb. So gewaltig sind die Massen Schlamm, die dieser Fluß von den Bergen Innerasiens ins Meer hinabträgt.

Wir ankerten im Whampoo, einem kleinen Seitenfluß des Yangtse, auf der Höhe der Chinese Merchants Lower Wharfs, das letzte an Slums, was man sich vorstellen kann. Hier kam endlich die echte Belohnung für unsere Operation. Ich stand zufällig an der Reeling, als ein Mann in blauem Anzug, einen steifen Hut auf dem Kopf, das Fallreep heraufkam. Er möchte den Schiffsarzt sprechen. Der sei ich selber. Darauf holte er eine Flasche Whisky aus seiner Tasche und überreichte sie mir mit den Worten: »Your patient is doing very well – he will return to Liverpool. Thank you, doctor!« Dann tippte er an seinen Bowler und stieg das Fallreep wieder hinab. Selten in meinem Leben habe ich ein so schönes Honorar bekommen.

An Land zu gehen war nicht ohne Gefahr. Man mußte sich hinüberrudern lassen, um über eine schmutzige, algenbewachsene eiserne Leiter an der Quaimauer hochzuklettern. Dann konnte es passieren, daß man überfallen und der Brieftasche beraubt wurde. Nur mit einer Leibwache von mindestens drei erfahrenen Heizern konnte man riskieren, an Land zu gehen. Vor den Heizern hatten wiederum die Räuber Angst. Einmal oben, gelangte man an einigen Lagerschuppen vorbei alsbald in einen Trubel von Amüsements, der grandios war. Alles, wovon ein Seemann träumt, veranstalteten chinesische Manager, ihm seine Rubel, seine Pfunde, seine Dollars abzunehmen. Es war die kosmopolitische Kulisse einer Bühne, auf der Welt und Halbwelt, Illusion und Realität, Handel und Schmuggel, Romantik und Verbrechen durcheinanderwirbelten.

Ich war in Hongkong. Ich bin dreitausend Meilen an der Küste des Reiches der Mitte entlanggefahren. Ich war in Shanghai. In China bin ich damals nicht gewesen.

V THE ROARING TWENTIES

Die Zwanziger Jahre sind, auch aus der Distanz betrachtet, noch immer von schillernder Zwiespältigkeit. Das Urteil über diese Epoche, eine der erstaunlichsten unseres Jahrhunderts, hängt ein wenig auch davon ab, in welchem Alter einer sie erlebte. Für den, der damals jung war, erstrahlte sie in goldenem Glanz. Wer alt war, konnte nur – à la recherche du temps perdu – voller Melancholie zusehen, wie eine Welt, die er geliebt hatte, zerfiel. Für die Nachfahren wird das Bild dieses Dezenniums immer überschattet sein vom Wissen um das, was folgte.

Die Ereignisse, die in so großartiger Fülle über uns hereinbrachen, hatten nicht mehr, wie wir lange glaubten, den Krieg zum Vater. Der Krieg hatte alte Strukturen zerstört und weite Gebiete des Lebens der Anarchie preisgegeben. Geschaffen hat er nichts. Das verödete Feld neu zu bestellen war unsere Aufgabe.

Auf den meisten Gebieten war es nicht möglich, auf die Zeit vor dem Kriege zurückzugreifen. Aber das war eher ein Vorteil. Europa hatte im Ausgang des 19. Jahrhunderts noch einmal einen gültigen Stil geschaffen, der in Deutschland als Jugendstil, in Frankreich als Art Nouveau in die Kunstgeschichte eingegangen ist. Die Söhne haben ihn verspottet. Die Enkel aestimieren ihn wieder. Die Petroleumlampe aus Frau Maaßens guter Stube in der Unteren Karspüle steht heute im Museum. Der Jugendstil war das bezaubernd dekadente Kind des Impressionismus. Nichts mehr ließ sich an ihn anknüpfen. Die Kunst des 20. Jahrhunderts hat sich nicht aus der des 19. »entwickelt«. Ihr Beginn, der Expressionismus, war ein Aufbruch aus eigener Kraft zu einem Zeitpunkt, als der Jugendstil noch in voller Blüte stand.

Der Begriff der Entwicklung ist zuerst in den Geisteswissenschaften aufgetaucht, und zwar schon im 18. Jahrhundert. Er hat sich zäh gehalten. Es ist noch gar nicht so lange her, daß uns gelehrt wurde, die Gotik habe sich aus der Romanik entwickelt. Dieses Stadium metaphysischer Blindheit für das Schöpferische im Aufbau der Welt hat die Kunstgeschichte schon hinter sich. Nur in den Naturwissenschaften verwirrt der Begriff der Evolution noch immer das philosophische Denken. Auch das wird vorübergehen.

Der flimmernde Glanz der Roaring Twenties wird in der Erinnerung nicht davon beeinträchtigt, daß das Unglück, das in den Dreißigern zuerst über uns, dann über die Welt kam, in den Zwanzigern seine Wurzeln hat. Die Gefährdung war ein Bestandteil des Zeitgefühls. Wir wußten, daß alles, was köstlich schien, immerdar bedroht war. Die Kunst des Zeitalters war es, welche die Fragwürdigkeit der Epoche transparent machte. Wer an den neuen Ausdrucksformen der Malerei, der Bildhauerei, der Musik, der Lyrik teilnahm, dem entging nicht, daß die Kultur aufgehört hatte, ein behagliches Refugium zu sein. Der Expressionismus der »Brücke«, Dresden 1905 –, Marinettis Futuristisches Manifest, 1909 im »Figaro« publiziert –, der Kubismus, Picasso und Braque 1910 –, das waren die Signale. Sie beendeten den Naturalismus in der Kunst und damit zugleich das 19. Jahrhundert. Das unterirdische Beben, das die Welt seit dem Beginn des Saekulum beunruhigte, machte nicht so viel Lärm wie das Dröhnen der Materialschlachten. Es war leiser, aber es erschütterte die Grundfeste. Eine Epoche ging zu Ende, eine neue begann. Karikaturisten wie George Grosz erhoben sich zum Range großer Chronisten. Walter Mehrings satirische Gedichte waren die echte Poesie der Zeit. Sie zeigten das Makabre einer Gesellschaft, die nicht merkte, daß das Grab ihr schon geschaufelt war. »Der Sturm«, von Herwarth Walden gegründet, »Die Aktion« von Franz Pfemfert, die »Fackel« von Karl Kraus waren die avantgardistischen Publikationen der neuen Zeit. Daß der alte Schiffsarzt mit Vergnügen auch den »Pranger« las, das Organ der Kontrollmädchen von St. Pauli, versteht sich von selbst.

Bei alledem gehörte zum guten Ton souveräne Toleranz. Die Alterswerke, welche die letzten Impressionisten – Monet, Corinth, Liebermann – wie Findlinge aus einer dahingegangenen Eiszeit in die Landschaft der Moderne rollten, wurden uneingeschränkt bewundert. Freilich, wenn es der Plüsch von einst war, der in Flammen aufging, jubelten wir.

Wer die moderne Kunst miterlebte, hatte nicht nur das Gefühl, zu einer kleinen Elite zu gehören, die sich eine Zeichnung von Klee für fünfzig Mark kaufte, er hatte auch noch den Vorteil, daß sich ihm ein Blick in die Zukunft öffnete. Es war eine Zukunft der Katastrophen.

Das andere Mittel, des Geistes der Zeit habhaft zu werden, noch seltener freilich gehandhabt als die Beschäftigung mit moderner Kunst, war, sich um das zu kümmern, was in der Physik vor sich ging. Als Einstein 1921 nach Amerika kam, fragte ihn bei der Landung im Hafen von New York ein Journalist, ob er seine Relativitätstheorie einem Laien begreiflich machen könne. Einstein lächelte: »Wenn Sie die Antwort nicht allzu streng nehmen, kann ich es versuchen. Früher hat man geglaubt, wenn alle Dinge aus der Welt verschwinden, bleiben Raum und Zeit übrig. Nach meiner Theorie verschwinden Raum und Zeit mit den Dingen.« Dieser hintergründige Scherz eines Genies ging durch die Gazetten zusammen mit der Nachricht, daß Kemal Pascha, ein türkischer General, die Griechen, die seit dreitausend Jahren an der Ostküste der Aegaeis gesessen und dort die Kultur Europas ins Leben gerufen hatten, bei Smyrna ins Meer trieb.

Die totale Zertrümmerung der Weltsicht des 19. Jahrhunderts durch die moderne Physik bereitete uns das eigentümliche Vergnügen, das jede Jugend empfindet, wenn die pompöse Sicherheit der Väter zusammenbricht. Es ist ein großer Nachteil für die heutige Jugend, daß es keine pompöse Sicherheit der Väter mehr gibt. Darum erscheint ihr alles verstaubt und verschollen. Wir waren begeistert darüber, daß für uns alles Zukunft war. Freilich stießen wir sehr bald auf die Verpflichtung, jene dreitausend Jahre alte Humanitas von der Ostküste der Aegaeis in diese Zukunft einzubringen. Die Aufgabe schien nicht utopisch. Max v. Laue wies der Physik ihren Platz zu mit der Feststellung: »Selbst die Physik scheint mir ihre eigentliche Würde nur daher zu beziehen, daß sie ein wesentliches Hilfsmittel der Philosophie ist!« Max Born ging so weit, zu sagen, daß theoretische Physik selbst schon Philosophie sei.

So haben wir nie verstanden, warum die jungen Amerikaner der Kriegsgeneration, die ihre Zwanziger Jahre im wunderbaren Paris verbrachten, sich »die verlorene Generation« nannten. Es ließ uns kalt, daß sich Amerika, nachdem es den Krieg entschieden hatte, von seiner Verantwortung für die Weltpolitik zurückzog. Es verweigerte die Unterschrift unter den Versailler Vertrag. Es trat nicht dem Völkerbund bei. Es versuchte, in seine Isolation zurückzukehren. Was es nicht verhindern konnte, war, daß es zu einer kulturellen Macht heranwuchs. Der moderne amerikanische Roman wurde geboren. Zu uns kam er, wie Bruno E. Werner einmal sagte, auf den Synkopen des Jazz, begleitet von schwarzen Trompetern und Saxophonisten, von Gershwins »Rhapsody in Blue«, von der zur Pariserin gewordenen Josephine Baker, begleitet von dem

Maschinenrhythmus beineschwingender Revuegirls, von den Filmen mit dem stoischen Clown Buster Keaton und dem grotesken Akrobaten Harold Lloyd, angeführt vom König der philosophischen Burleske, Charlie Chaplin, dessen Meisterwerk »Goldrausch« Europa faszinierte.

Was alles kam da aus Amerika auf uns zu! Literarisch begann das Schauspiel mit der Entdeckung Melvilles. Sie war das Verdienst eines deutschen Lyrikers, der allerdings Oxfordstudent war. Peter Gan übersetzte »Billy Budd« ins Deutsche.

Schon verblüfft von der Modernität dieses Dichters, waren wir es noch mehr, als wir erfuhren, daß Melville 1819, im selben Jahr wie Fontane, geboren war. Ein literarisches Feuerwerk flammte am Horizont Europas auf – John Dos Passos »Manhattan Transfer«; Thornton Wilder »Die Brücke von San Luis Rey«; Thomas Wolfe »Schau heimwärts, Engel«; Theodore Dreiser »Amerikanische Tragödie«; Ernest Hemingway »Fiesta«. Rowohlt hatte zweitausend Exemplare der Übersetzung von »Fiesta« gedruckt. Achthundert wurden verkauft. Der Rest lag jahrelang im Keller. So klein war die Elite am Anfang der Twenties! Amerika war eine junge Zivilisation, auf welche die Arrivierten mit hochmütigem Wohlwollen hinabblickten. Es gehörte sich nicht, das alte Europa so anspruchsvoll herauszufordern.

»The old dark Continent« setzte dem amerikanischen Roman seine Vergangenheit entgegen. Den Nobelpreis für Literatur bekam 1919 der Schweizer Carl Spitteler, 1920 der Norweger Knut Hamsun, 1921 der Franzose Anatole France, 1923 der Ire W. B. Yeats, 1925 der Ire Bernard Shaw, 1927 der Franzose Henri Bergson, 1928 die Norwegerin Sigrid Undset, 1929 der Deutsche Thomas Mann.

Diese Reihe von glänzenden Namen – das waren »The Golden Twenties« des literarischen Europa. Dabei kann man dieser Reihe leicht eine ebenso glänzende Sammlung von Namen hinzufügen, die, obwohl sie Vergangenheit und Zukunft waren, einen Nobelpreis nie bekommen haben – Majakowski, Gorki, Joyce, Proust, Brecht, Aldous Huxley, Chesterton, Rilke, Heinrich Mann, Arthur Schnitzler, Virginia Woolf, Stefan George, Giraudoux, Döblin, Kafka, Bernanos, Musil. Ob es wohl dem Dezennium, an dessen Anfang wir stehen, einmal möglich sein wird, der Nachwelt ähnlich köstlich schimmernde Perlenketten des Ruhmes zu überreichen? Der erste Amerikaner, der den Nobelpreis für Literatur erhielt, war 1930 Sinclair Lewis. Die Verleihung wurde heftig kritisiert. Die allgemeine Meinung in Europa ging dahin, daß Amerika würdigere Anwärter gehabt hätte.

Das Aufregendste für uns war, daß von jener Zeit an alles von Bedeutung, was erschien, von vornherein Weltliteratur war. Das gab uns ein

Gefühl grenzenloser Freiheit. Und auf Freiheit waren wir vom Schicksal lange und sorgfältig vorbereitet worden. Unsere Jugend hatte der Krieg gefressen. Als Studenten waren wir im Devisengefängnis der Inflation eingesperrt. Jetzt weitete sich unser Horizont. Der Esprit der neuen Weltliteratur kümmerte sich nicht mehr um Grenzen. Er schwebte über den Wassern, lange bevor Düsenmotoren den Ozon des Himmels zu verschleißen begannen. Die Zwanziger Jahre waren ein Weltphaenomen. Sogar Moskau hatte einen kurzen Frühling, und noch in Peking war es eine Elfenbein- und Jade-Zeit.

Der Versuch, die Erinnerung an die Freiheit zu diffamieren, indem man das Dezennium als »Verfallszeit« zu deklarieren versuchte, scheiterte. Die Freiheit in der Gefährdung war eine so goldene Erinnerung, daß die Ironie der Sprache sogar das Wort »Verfallszeit« in ihren Glanz einbezog. Es wurde ein Traumwort. Verfallszeit findet statt, wenn großartige Fassaden in Ruinen zu zerfallen beginnen. So war die Zeit nach dem Zweiten Weltkrieg in Deutschland keine Verfallszeit. Die Fassaden waren nicht großartig gewesen.

Ein beliebtes Thema unserer Diskussionen war die Frage, in welchem Zeitalter man wohl gern gelebt hätte – im Athen des Perikles, im Rom der frühen Kaiserzeit, im Florenz des 15. Jahrhunderts, im Paris der Belle Epoque. Alle diese Epochen waren Höhepunkte, von denen aus es nur noch abwärtsgehen konnte. Sogar Euripides war nicht mehr Aischylos und Kaiser Marc Aurel nicht mehr Augustus. Auf Botticelli folgte Savonarola, auf die Belle Epoque ein Weltkrieg. Wie hätte ein Athener der Perikles-Zeit eine Ahnung davon haben können, daß Hellas aus der Geschichte der Menschheit nie wieder verschwinden werde? Was hätte auf das Imperium Romanum folgen können? Daß es das wunderbare Byzanz war, ist noch für die Historiker des 19. Jahrhunderts ohne große Bedeutung gewesen. Für sie war Byzanz nicht wunderbar. Und daß das christliche Mittelalter das Römische Reich sogar als ›Heilig‹ würde wiedererstehen lassen, hätte das Verständnis auch des gebildetsten römischen Senators überstiegen. Caesar vielleicht hätte sich das vorstellen können – und ein paar aus Syrien eingewanderte fromme Männer, die eine Vision der Kirche von St. Peter, die nach einem von ihnen benannt werden sollte, nicht erstaunlich gefunden hätten.

›The Roaring Twenties‹ wurden ausgelöscht. Es war der Karneval eines Weltkrieges. Er spielte sich ab am Hange eines Vulkans. Wie es mein Freund Grischa, der Maghrebinier, einmal überzeugend formuliert hat: »Wenn man auf einem Vulkan lebt, will man bekanntlich tanzen!« Eine Nachfolge hat diese Zeit nicht gehabt. Als der Ausbruch des Vulkans vorüber war, mußten wir zusehen, wie statt des Tyrannen, den der Krieg beseitigt hatte, die Technik, dieser Bastard von Wissenschaft und Machtgier, ihre Herrschaft antrat. Bis zum Mond trieb sie den Menschen.

Für die Betrachtung der Zwanziger Jahre ist es nicht nur von Bedeutung, ob man jung war oder alt. Wichtig war auch, aus welcher Perspektive man das Schauspiel betrachtete. Die wunderbaren Monate meiner Reise in den Fernen Osten waren dahingegangen wie der Wind im Pacific. Die Heuer war vertan. Auch für mich war der Zeitpunkt gekommen zu entscheiden, ob ich mit der Medizin Geld verdienen oder sie erlernen wolle. Mein Logenplatz für das Schauspiel der Verfallszeit war eine unbezahlte Assistentenstelle an der Chirurgischen Klinik des Krankenhauses Friedrichshain, Berlin NO 18. So ergab es sich ganz von selbst, daß meine Erforschung der Stadt an ihrer soziologischen Basis begann. Der Chef der Klinik war Professor Katzenstein, ein glänzender Operateur, ein großartiger Lehrer und ein ausgezeichneter Golfspieler. Sein Handicap war 8! Als ihm wieder einmal eine besonders schwierige Operation gelungen war, meinte er, Chirurgie sei prinzipiell erlernbar, Golf dagegen so schwierig, daß ein Leben nicht ausreiche, es zur Meisterschaft zu bringen.

Diesem meinem verehrten Lehrer verdanke ich es, daß ich als kleiner Volantärassistent einen der berühmtesten Männer unserer Zeit kennenlernte.

An einen jungen Mann, der ein Facharzt der modernen Chirurgie werden wollte, wurden, auch damals schon, beträchtliche Anforderungen gestellt. Chirurgie ist eine Wissenschaft, ihre Ausübung ein Handwerk. Um bei einem Meister des Fachs als Geselle anzukommen, mußte man wenigstens zwei Jahre in der Pathologischen Anatomie gearbeitet haben. Nichts konnte für einen angehenden Chirurgen nützlicher sein. Anatomische und pathologisch-anatomische Kenntnisse vom menschlichen Körper sind unerläßlich für einen Mann, der Patienten mit dem Skalpell angeht. Die Diagnose kann zuweilen erst während der Operation geklärt werden. Welcher Art eine Geschwulst ist, ob gutartig oder bösartig, kann manchmal nicht eher festgestellt werden, als bis der Tumor operativ freigelegt ist. Nun war aber damals in der Pathologischen Anatomie nicht mehr viel Neues zu erwarten. Die Aufmerksamkeit der am Fortschritt der Wissenschaft arbeitenden Chirurgen wandte sich der Biologie zu. Die lebendigen Stoffwechselvorgänge im Organismus sind für die Chirurgie ebenso wichtig wie für die Innere Medizin. Ich hatte mit einer physiologisch-chemischen Dissertation promoviert. Das war für Professor Katzenstein der Grund, mich zu seinem Mitarbeiter zu machen.

Ich übernahm die Planstelle eines Kollegen, dessen Nachfolger ich danach niemals wieder hätte werden können. Er hatte sich in die sehr reizende Tochter eines Berliner Verlegers verliebt. Der Vater stellte für seine Zustimmung zur Verlobung die Bedingung, daß der junge Mann seinen Beruf aufgebe und in den Verlag eintrete, um ihn später zu übernehmen. Der Chef hatte ihm zum Abschied, wie das in der Sprache der Fachchirurgie ausgedrückt wird, eine Intervall-Appendicitis bewilligt. Das sind die Fälle, in denen die Entfernung des Blinddarmfortsatzes zwischen zwei akuten Anfällen vorgenommen wird, ein verhältnismäßig leichter Eingriff. Der Assistent der Operation war der Meister selber. Ich übernahm in meiner Station den von meinem Kollegen operierten Patienten. Eine Woche lang rief der Verlagsvolontär abends bei mir an, ob die Appendicitis noch am Leben sei. Einmal erschien er auch bei mir. Doch erholte der Patient sich von dem Verlagsskalpell ziemlich schnell. Am dritten Tage schon war er außer Bett. Daß dieser Verleger dreißig Jahre später ein Buch von mir als Taschenbuch herausgeben würde, ahnten wir damals beide nicht. So jedenfalls ist einmal er bei mir, und einmal bin ich bei ihm erschienen. Der junge Kollege wurde der Schwiegersohn und später der Nachfolger des großen Samuel Fischer. Auf der Buchmesse 1952 in Frankfurt am Main tranken der einzige deutsche Verleger und der einzige deutsche Literat, die je einen Blinddarm operiert haben, miteinander einen Whisky.

Professor Katzenstein trug mir auf, über Pepsin zu arbeiten. Der Magen produziert für die Verdauung des Eiweißes der Nahrung zwei chemische Stoffe. Der eine ist die Salzsäure, der andere das Pepsin. Arbeiten über die Salzsäureproduktion des Magens gab es viele. Sie waren wichtig für die Forschungen über das Magengeschwür. Die Experimente mit dem Pepsin dagegen waren denen der Salzsäure gegenüber, obwohl genauso wichtig, im Rückstand. Das hatte einen praktischen Grund. Salzsäure ist eine anorganische Verbindung, die sich leicht messen läßt. Pepsin ist eine hochkomplizierte organische Eiweißverbindung, ein Ferment, dessen Menge sich nicht durch eine einfache chemische Reaktion feststellen läßt. Es kann nur an seinen Wirkungen gemessen werden. Die Versuche waren umständlich. Jede quantitative Messung nahm vier Stunden in Anspruch. Man mußte dem Pepsin, dessen Menge man messen wollte, im Reagenzglas gewisse genau dosierte Mengen von Eiweiß zufügen. Pepsin verdaut, zusammen mit der erforderlichen Menge von Salzsäure, das zugefügte Eiweiß auch im Reagenzglas. Die Lösung trübt sich. An dieser Trübung maß ich Menge und Wirkung des Pepsins. In Wirklichkeit ist die Sache noch etwas komplizierter.

Jedenfalls war der Grad der Trübung einer Flüssigkeit zu messen.

Für Trübungsmessungen gibt es ein hochempfindliches und sehr genaues Instrument, das Nephelometer. Nephele ist das griechische Wort für Wolke. Ein Nephelometer war eine teure Sache. Der Chef hatte ein solches Instrument bei der Notgemeinschaft der deutschen Wissenschaft für mich beantragt. Exzellenz Schmitt-Ott, der Präsident dieses Gremiums weiser Männer, hat zu der Idee, daß ein Volontär der Chirurgie einen so teuren Apparat haben wollte, wahrscheinlich nur leise gelächelt. Der Antrag wurde ohne Begründung abgelehnt.

Eines Tages weckte mich um fünf Uhr in der Früh das Telephon. Am Apparat war der Chef. Da fuhr man natürlich aus dem Bett und war sofort hellwach. Ein schlechtes Gewissen hatte man immer. Ich möge einen Versuch vorbereiten. Er käme um neun Uhr ins Laboratorium. Mehr nicht!

Der sehr erfahrene Chef des Laboratoriums, Dr. Benno Brahn, half mir in kollegialer Selbstlosigkeit immer dann weiter, wenn ich selbst keinen Weg mehr sah. Er war auf den Besuch ebenso gespannt wie ich. Der Chef erschien mit einem älteren Herrn, an dem uns zunächst seine großartige grauhaarige Mähne auffiel. Der Gast war sehr liebenswürdig. Er ließ sich alles genau erklären. Seine Fragen waren sachkundig. Er war offenbar selbst ein Gelehrter. Es handelte sich um die Frage, ob sich nicht ein Nephelometer behelfsmäßig konstruieren ließe. Unser Besucher schien von Optik viel zu verstehen. Er ergriff einen Bogen Papier und entwarf ad hoc eine solche Konstruktion. Der Institutsdiener, ein einfallsreicher und geschickter Mann, wurde gefragt, ob er diesen Apparat wohl bauen könne. Er meinte, daß er das zustande bringen werde.

Der liebenswürdige Gelehrte mit der großartigen Mähne – in diesem Augenblick wurde mir klar, daß er es tatsächlich war. Ich schob ihm die Konstruktionszeichnung hin und bat ihn, sie zu signieren. Er lächelte liebenswürdig, ergriff noch einmal seinen Bleistift und schrieb – Albert Einstein.

Einstein war mit Katzenstein befreundet. Jede Woche einmal trafen sie sich, um zusammen zu musizieren. Einstein war ein hervorragender Geiger.

Über den Zusammenhang zwischen Einsteins genialer Mähne und seiner Musik gab es eine Anekdote. Im Theater Fritz Kortners, des für seinen ironischen Witz berühmten Schauspielers, tauchte eines Tages, aus dem Urlaub zurückkommend, ein junger Schauspieler auf mit langen Haaren, die er vorher nicht gehabt hatte. Kortner war indigniert. Er sah die hoffnungsvolle Begabung streng an und knurrte: »Lange Haare sind immer ein Beweis für mangelndes Talent!« Der junge Mann, nicht auf den Mund gefallen, erwiderte forsch: »Und Einstein?« Kortners klassisch gewordene Antwort lautete: »Die langen Haare trägt Einstein nicht als Physiker, sondern als Geiger. Und als Geiger ist er schlecht!« Ganz Berlin lachte und am herzlichsten Einstein selber.

Die zweite bedeutende Persönlichkeit der Klinik war Otto Cavemann. Er selbst nannte sich Cavemann Komma Otto. Wir hatten auf der Station keine Schwestern, sondern Krankenpfleger. Cavemann war der Oberpfleger. Oberpfleger im Friedrichshain – das war eine Art Patrizier des Proletariats. Als Berliner Kellerkind geboren, hatte er eine Karriere gemacht, die in ihrer Art schwieriger und insofern auch bewundernswerter war als die des Professors. Cavemann war ein Meister der kleinen Techniken. Staunend standen wir dabei, wenn er mit seinen riesigen Händen einem Säugling mit angeborener Syphilis in eine seidenfadendünne Kopfvene eine Dosis Salvarsan injizierte. Für ihn war das eine Kleinigkeit. Wir nannten ihn den »Paganini der Kanüle«. Sein besonderes Ressort waren die Angehörigen, sein Spezialfach die Hinterbliebenen.

Nichts ist für einen jungen Arzt schrecklicher, als die Hinterbliebenen über den Tod eines unter seiner Therapie verstorbenen Patienten ins Bild zu setzen. Das nahm uns Cavemann ab. Wir hatten am Vormittag einen Mann wegen einer kleinen Geschwulst an der dritten Rippe rechts operiert. Das Röntgenbild hatte nichts Besonderes gezeigt. Wir hatten eine gutartige Geschwulst vermutet. Bei der Öffnung des Brustkorbs stellte sich heraus, daß es ein durchbrechender Lungenkrebs war. Der Patient starb während der Operation – »ad tabulam«, wie die Formel lautet. Nun ist der Zynismus der Ärzte, über den es so viele schöne Anekdoten gibt, eine Legende. Ein »exitus ad tabulam« ist eine Erschütterung des gesamten klinischen Betriebes. Kaum ein Chirurg ist imstande, nach einem solchen Zwischenfall das Operationsprogramm fortzusetzen. Es war aber nicht nur das Unglück geschehen. Die Angehörigen hatten keine Ahnung, daß eine Gefahr überhaupt bestanden hatte. Noch heute sehe ich Cavemann Komma Otto, wie er mich jungen Mann beiseite schob und mit einer Miene von solcher Feierlichkeit auf die unglückliche Frau des Patienten zuging, daß es keines Wortes bedurfte, sie in Schluchzen ausbrechen zu lassen. Eine solche Miene zustande zu bringen, muß man zwanzig Jahre im Geschäft sein. Cavemann ließ sie schluchzen. Dann, nach einer genau dosierten Pause, legte er den Arm um ihre Schulter und sagte: »Frau Kowalski, ick will Sie mal wat sa'ren. Wat Ihr Mann war, der war durch un' durch krank. Von den hätt'n Se bloß noch Last jehabt!«

Dieser alle akademischen Möglichkeiten weit übersteigende Trost wirkte. Frau Kowalski trocknete ihre Tränen. Dann drückte sie Cavemann die Hand und ging. Den Blick, den mir Cavemann zuwarf, habe ich bis heute nicht vergessen.

Berlin, die Millionenstadt in der Mitte Europas, ist langsam aus einem Haufen von Dörfern zusammengewachsen. Diesen Ursprung hat die Stadt nie verleugnen können. Das riesige Häusermeer bestand auch weiterhin aus Landschaften, die der Kenner wohl zu unterscheiden vermochte. Beim Namen »Steglitz« erblühte ein Blumenstrauß von Assoziationen, der gänzlich anders aussah als das Bouquet von »Wilmersdorf« oder der Strutz von »Treptow«. Ein Mädchen aus Steglitz war sozusagen eine fertige Sach' für den Altar. Dafür war das Steglitzer Schloßparktheater eine bezaubernde Biedermeierbühne. Von der Sächsischen Straße in Wilmersdorf hingegen behaupteten Kenner, wenn man da nachts um halb zwei Uhr laut ein Thema von Bruckner pfiffe, flögen mindestens drei in Zeitungspapier eingewickelte Hausschlüssel auf den Asphalt. Das Papier war nicht immer das »Berliner Tageblatt«. Zuweilen war es auch die »Kreuzzeitung«. Der alte Park von Treptow war »des Volkes wahrer Himmel«. Aus diesem Himmel fielen so köstliche Melodien herab wie die des Schlagers von der Berliner Luft, Luft, Luft . . .

Die Dörfer hatten als ihre Mitte einen Marktplatz gehabt. Berlin besaß nichts dergleichen. Seine Mitte war eher imaginär als real. Es war, in höchst unfeierlicher Weise, eine Kreuzung, die zwischen dem Königlichen Schloß und dem Brandenburger Tor lag, die Kreuzung der Straße Unter den Linden mit der Friedrichstraße. Aber diese Mitte war nicht der Schwerpunkt des Berliner Lebens. Berlin hatte einen Schwerpunkt im Osten und einen im Westen. Das entsprach der geschichtlichen Aufgabe, die der Residenz der Churfürsten von Brandenburg und später der Könige von Preußen über Jahrhunderte hin anvertraut war. Es war die Aufgabe, zwischen dem Osten und dem Westen Brücken zu schlagen. Der Schwerpunkt des Ostens war der Alexanderplatz, der des Westens die Kaiser-Wilhelm-Gedächtniskirche mit dem Kurfürstendamm. Am Alexanderplatz endeten viele Wege, die aus Moskau, aus Warschau, aus Bukarest, aus Lemberg kamen. Am Kurfürstendamm begann ein Pfad, der über Paris in eine andere Welt hinausführte. Und es war auch nicht Moskau, sondern der Hausvogteiplatz in Berlin, wo Asien und Europa wirklich einander kennenlernten und sogleich auch eine witzige Textilsymbiose geschaffen hatten in einer Ambiance, die an die Basare von Beirut erinnerte.

Den Dschungel der Millionenstadt zu erforschen, konnte man sich für den Anfang kein besseres Studienfeld wünschen als ein Krankenhaus in einem der ärmeren Viertel. Dieses Studium erfolgreich zu absolvieren, mußte man über einige Eigenschaften verfügen, die scheinbar wenig miteinander zu tun haben. Es bedurfte uferloser Neugier, vollständiger Vorurteilslosigkeit und der Fähigkeit, Vertrauen zu erwecken. Von vornherein stand man inmitten der Armut, welche damals noch Basis der bürgerlichen Gesellschaft war. Eine Erste Klasse gab es bei uns nicht. Doch gehörte ein echter Kassenpatient durchaus noch zu den gehobenen Schichten, und sogar die Arbeitslosen hatten einen sozialen Rang, so lange nämlich, als sie Unterstützung empfingen. Danach·kamen die Wohlfahrtspatienten, die nur eine Art von öffentlichem Almosen erhielten, und schließlich ein Proletariat, das vom Nichts leben mußte – und lebte! Die Hierarchie des Elends wurde von einer mächtigen Bürokratie verwaltet. Auf eine merkwürdige Weise war dieser gesellschaftliche Aufbau durchsetzt von Caritas, die vom guten Nachbarn über generös in alte Filzhüte auf dem Trottoir geworfene Groschen bis zur Heilsarmee reichte. Im Asyl für Obdachlose endete sie.

Der Gesellschaft gegenüber stand die Unterwelt der Stadt. Dieses Berlin jenseits der bürgerlichen Ordnung hat Alfred Döblin in seinem Roman »Berlin Alexanderplatz« mit unübertrefflicher, aus Erfahrung stammender Sachkenntnis in einer von Bildern überquellenden Sprache grandios beschrieben. In der Inflation habe ich, damals noch ein kleiner Zeitungsschreiber, den großen Mann besucht. Ein Freund hatte mich ihm empfohlen.

Döblin, einer der Avantgardisten des Expressionismus, hatte sich einen Namen mit dem Roman »Die drei Sprünge des Wang-Lun« gemacht. Es war meine chinesische Narretei, derentwegen ich ihn kennenlernen wollte. Der Roman erzählt die Geschichte des Aufstandes einer taoistischen Sekte unter dem Mandschu-Kaiser Ch'ien-lung in der zweiten Hälfte des 18. Jahrhunderts. Wang-Lun war der Führer des Aufstandes. Er ging mit allen seinen Anhängern zugrunde.

Die Gilde der Ärzte ist eine so starke Bindung für Männer, die zu ihr gehören, daß Döblin mich als Kollegen empfing, dies freilich mit wahrhaft chinesischer Höflichkeit.

»Die drei Sprünge des Wang-Lun« sind ein frühes Werk des deutschen Expressionismus. Es ist schon 1915 erschienen. Zugleich ist es der bedeutendste Roman dieser in die Zukunft aufbrechenden Kunstgattung des beginnenden 20. Jahrhunderts. Der Autor hatte sich bei seinen historischen Vorarbeiten sogar Kenntnisse in der chinesischen Sprache erworben. Das Werk war schon damals dem literarischen Bewußtsein der Deutschen fast entschwunden. Ein Kenner wie Muschg freilich sagt, man habe den Roman bei seinem Erscheinen bewundert als ein »Meisterwerk expressionistischer Erzählungskunst, als entscheidenden Durchbruch durch die bürgerliche Tradition des deutschen Romans.« Er enthalte fast schon alles, was den neuen Erzählungsstil des 20. Jahrhunderts kennzeichne. Aber Muschg ist Schweizer, und es war auch ein Schweizer Verleger, der das Buch 1960 neu herausbrachte. Die großen Romane Thomas Manns sind, vergleicht man sie mit denen Döblins, reife Früchte des 19. Jahrhunderts, späte Meisterwerke, die aber eben darum keine Nachfolge fanden und auch keine mehr finden konnten. Döblin war Zukunft.

Das Ambiente Döblins in der Frankfurter Allee hatte etwas Phantastisches. Im Deutschen gibt es kein rechtes Wort mehr für die Zusammenfassung eines schillernden Bildes von Milieuumständen, die sich einander sowohl ergänzen als auch widersprechen. Das schöne von Jakob v. Uexküll geschaffene Wort »Umwelt« ist verschlissen, seitdem man es mit schlagwortartiger Hartnäckigkeit im Zusammenhang mit der Zerstörung der Natur- und Kulturlandschaften durch den Abfall unserer technischen Zivilisation benutzt. Dr. med. Döblin war Neurologe und Psychiater. Seine Praxis lag in einem Quartier der Armut. Sein Wartezimmer war mit der Menschheit ganzem Jammer angefüllt. Und er, obgleich ein Mediziner von hoher Gelehrsamkeit, trieb nicht etwa Psychotherapie. Er war Arzt. Er behandelte kranke Seelen. Ich fürchte, daß er an ihrem Elend teilgenommen hat – eine ungeheuerliche tägliche Beanspruchung. Das Sprechzimmer, in dem die kranken Seelen behandelt wurden, quoll über von Büchern, Dokumenten, Manuskripten und medizinischen Fachzeitschriften. Vielleicht in Jean Pauls Arbeitszimmer mag es so ähnlich ausgesehen haben, nur daß noch Katzen und Kinder miteinander spielten. Döblin schrieb die Rezepte seiner ärztlichen Alltäglichkeit an demselben Schreibtisch, an dem er seine Dichtungen schuf. Der Niederschlag dieser Jahre seiner unmittelbaren Anteilnahme am Schicksal der Erniedrigten und Beleidigten ist der Roman »Berlin Alexanderplatz«. Für die deutsche Literatur spielt er eine ebenso wichtige Rolle wie der »Ulysses« von James Joyce und »Manhattan Transfer« von John Dos Passos.

»Berlin Alexanderplatz« ist Döblins Hauptwerk. Erzählt wird die Geschichte des Franz Biberkopf, eines gutmütigen, aber willensschwachen kleinen Mannes, der einem diabolischen Verbrecher hörig wird und durch alle Höllen der Berliner Unterwelt gehen muß, bis er am Ende seines langen Irrwegs, wie Döblin es ausdrückt, »seinen alten Menschen wegwirft«.

Der Roman erschien 1929, als die Roaring Twenties schon ihrem Ende entgegengingen, um von den Dreißiger Jahren abgelöst zu werden, dem Dezennium, in dem das alte Berlin zugrunde ging.

Berlin, die Millionenstadt in der Mitte Europas, hatte wie alle großen Metropolen viele Facetten. Nicht wenige von ihnen waren heiterer Natur. Der verwegene Menschenschlag, wie Goethe die Berliner einmal genannt hat, verdient es, daß auch diese seine Seite geschildert wird.

Die Unterwelt Berlins lebte nach eigenen Sitten und Gebräuchen. Sie hatte sozusagen einen eigenen Komment. Für diesen Dschungel haben die Berliner immer Sympathien gehabt. So galt es als keine geringe Ehre, zu einem Ringverein eingeladen zu werden. Das lag zum Teil daran, daß es nicht so übermäßig schwierig war, sich eine Einladung zu einem Staatsempfang zu verschaffen. Die Einladung in einen Ganovenklub dagegen war eine höchst komplizierte Angelegenheit. Sie setzte bei dem Gast eine Eigenschaft voraus, an die man im Zusammenhang mit einer Einladung gewöhnlich nicht denkt, nämlich Vertrauenswürdigkeit. Bei einer Soirée in einer Gesellschaft des Westens traf man nur selten jemanden, der besorgt sein mußte, daß man ihn der Polizei denunzieren werde. Bei einem Ringverein schwebte mindestens jedes Mitglied, von dem gerade ein Steckbrief an den Litfaßsäulen klebte, in dieser Gefahr. Wir, die Ärzte der großen Krankenhäuser, besaßen die Vertrauenswürdigkeit. Von Hippokrates hatte jeder Berliner Ganove eine hohe Meinung. War er doch der Vater der Schweigepflicht!

Die andere Profession, die in der Welt des Alexanderplatzes Vertrauen genoß, war, obgleich ihre Schweigepflicht nicht so fest verankert war wie die unsere, die Gilde der Strafverteidiger. An ihrer Spitze stand der berühmte Rechtsanwalt Dr. Frey, den man auf eine Million Mark Jahreseinkommen schätzte. Nur von Professor Bier, der die Homoeopathie in die Chirurgie wiedereingeführt hatte, wurde vermutet, daß er in der gleichen Größenordnung Steuern zahle. Diese Welt in ihren Verflechtungen mit wissenschaftlichen Methoden zu untersuchen, hätte nicht zu der gleichen Tiefe der Einsichten geführt wie die Geschichten mit den blitzschnellen Pointen, die hervorzubringen der Berliner so genial begabt ist. Es war der Witz der Schusterjungs, der Zeitungsverkäufer, der Dienstmänner, der Taxichauffeure, der Blumenfrauen, der Wurstmaxen, der Kneipenwirte mit ihrer legalen und illegalen Kundschaft. In Berlin hatten sogar Polizisten Humor. Der Mann, der diese Welt dargestellt hat, selber ein Berliner, wenn auch in Sachsen geboren, war Heinrich Zille, der Dürer des Wedding. Die Berliner haben ihn heiß geliebt.

Ein wichtiges soziologisches Element der großstädtischen Daseinsform in all ihren Facetten war die Spielregel. Rechtsanwalt Frey hatte, in einem Schwurgerichtsprozeß, in dem es um Schuld oder Unschuld eines Mannes ging, der der Unterwelt angehörte, durch eines seiner brillanten Plaidoyers einen Freispruch erzielt. Als er nach Schluß der Gerichtssitzung in das Anwaltszimmer zurückkehrte, mußte er feststellen, daß sein Pelzmantel gestohlen worden war. Nun, Dr. Frey war ein Mann, der sich einen neuen Pelz kaufen konnte. Aber immerhin, es war ein Zobel gewesen, und so etwas kostete auch damals schon ein kleines Vermögen. Als der Anwalt, verärgert, auf den Korridor des Gerichtsgebäudes hinaustritt, stößt er auf den »Chef« des Ringvereins, für dessen Mitglied er soeben den Freispruch erzielt hatte. Dr. Frey geht auf ihn zu, sieht ihn durch sein Monokel streng an und teilt ihm mit, daß sein Pelz gestohlen worden sei. Der Chef, völlig konsterniert, bittet artig den glänzenden Star der mildernden Umstände, sich ein wenig zu gedulden; in einer Viertelstunde werde er wieder da sein. Nach zehn Minuten kommt der wackere Mann zurück, über dem Arm den Zobel, überreicht ihn seinem Besitzer und sagt: »Herr Dokter! Se miss'n schon entschuldijen. Et jibt ieb'all schwarze Schafe!«

Der Witz hatte eine, man könnte beinahe sagen homerische Tradition. Wenn zwei mit ihren Autos zusammengekracht waren, entstand in Minuten ein Theatrum humanum, eine Arena der Neugier. Die beiden, zwischen denen Schuld und Sühne noch nicht feststand, entstiegen mit betonter Ruhe ihren Wagen, gingen aufeinander zu und faßten sich gegenseitig ins Auge. Daß Zorn komisch ist und lächerlich macht, diese alte chinesische Weisheit kannten die Berliner. So war das, was nunmehr folgte, niemals töricht. Es war, wie bei den homerischen Helden, eine Schlacht der gewaltigen Worte. Gewinner war, wer zum Schluß die Lacher auf seiner Seite hatte.

Einen besonders schönen Fall der Wiedergutmachung eines Bruchs der Spielregeln erlebte ich in einer Wurstbude am Alexanderplatz. Es gab in dieser Welt herrliche Kneipen, solche mit Wurlitzerorgel und Boulettenaltar, solche mit Skat spielenden Taxichauffeuren, solche mit Figuren aus »Liliom« oder der »Dreigroschenoper«. Man hatte seine Stammlokale, in denen man angesehen war und also auch anschreiben lassen konnte. Gelegentlich führte man eine schöne Dame, welche gern einmal ein »Mädchen fürs Geld« kennenlernen wollte, in ein solches Lokal. Eines von ihnen, Treffpunkt der Zigeuner, gehörte einem Wirt, der als Patient auf meiner Station gelegen hatte. Betrat man mit der schönen Dame den verrauchten und verruchten Ausschank, klopfte der Wirt mit seinem Taschenmesser laut ein paarmal auf das Blech seiner Theke. Das hatte zur Folge, daß die Zigeuner, die zwar locker sitzende Dolche hatten, aber zugleich auch beim Wirt hoch in der Kreide standen, sich nach der am Eingang in den Dunst blinzelnden Dame umdrehten. Sie natürlich nahm die interessierten Blicke als Beweis für ihre Attraktivität. In Wirklichkeit bedeutete das magische Klopfen des Wirtes: »Die nich'! Oder et jibt nischt mehr zu trinken!«

Die Wurstmaxen waren zuverlässige Säulen des Nachtlebens. Sie machten jenes einträgliche Geschäft mit der Bescheidenheit, welche ihren Mann nährt. Auch hier kam man mit der Forschung nicht weiter, wenn man nicht Stammgast war. Mein Wurstmaxe stand an der Ecke, an der die Alexanderstraße, von der Münzstraße herkommend, in den Alexanderplatz einmündet. Sie war ein Standplatz für Taxis und für Mädchen. Wenn ich gegen Mitternacht aus dem Westen in mein Krankenhaus zurückfuhr, nahm ich, da die ganze Strecke mit Taxi zu teuer war, die Untergrundbahn bis zum »Alex«. Dann aß ich zunächst bei Emil noch ein paar Würstchen. Daß man hier Stammgast war – »Na, Herr Dokter, heute mal 'ne polnische Brüh' mit?«–, hatte den Vorteil, daß die Mädchen einen bei der polnischen Brühwurst in Ruhe ließen. Dafür kam es von Zeit zu Zeit vor, daß Emil mich leise fragte, ob ich nicht für Frieda einen ausgeben wolle. »Sie hat heute abend noch keen' Freia jehabt.« Es gehörte zur guten Manier, daß Frieda sich niemals bedankte und somit dem Wohltäter jede Verlegenheit erspart blieb. Ein Gespräch freilich war immer willkommen. Wenn sich dann zu Emil und Frieda noch ein oder zwei Chauffeure gesellten und einer bereit war, eine Runde Bier zu holen, war so ein Stehpalaver am Rande des Alexanderplatzes inmitten des Menschentrubels, des Lärms, der Lichtreklamen und der aus irgendeiner Kaschemme heraussprudelnden Jazzrhythmen eine behagliche Oase, aus der man die köstlichsten Einsichten in die Geheimnisse des Lebens mit in die Klinik nehmen konnte. Eines Abends kam ein Herr in Frack und Abendmantel an den Stand. Während er zusah, wie Emil den Senf auf den Pappteller drückte, biß Franz, der Taxichauffeur, kräftig in seine polnische Brüh'. Es ist die fetteste Wurst, welche ich je im Leben kennengelernt habe. Eine Fontäne von Fett spritzte auf das blütenweiße Frackhemd des eleganten Herrn. Franz erstarrte. Emil sah den Herrn ruhig an und sagte: »Det sinn Würschtchen, Herr! Wa'?«

Von dieser Ecke aus fuhr ich mit dem Taxi in den Friedrichshain. Die Fahrt kostete neunzig Pfennige. Ich war gewohnt, eine Mark zu geben und einen Groschen wieder herauszubekommen. Den überließ ich dann dem Taxichauffeur als Trinkgeld. Eines Nachts gab ich dem Chauffeur zwei Mark und bekam auch nur zehn Pfennige heraus. Daß es tatsächlich zwei Mark gewesen waren, wußte ich deshalb genau, weil es mein letztes Geld war. Unmöglich konnte ich vor meinem eigenen Krankenhaus einen Krach anfangen, dessen Ausgang nicht vorauszusehen war. Immerhin wäre der Vorwurf des Betruges, den ich dem Chauffeur machte, ehrenrührig. So hätte ich wahrscheinlich mir selbst Erste Hilfe leisten müssen. Zornig ging ich mit meinem Groschen schlafen. Am nächsten Abend lehnte ich bei Emil alle Generositäten ab. Gefragt, warum ich plötzlich so geize, erzählte ich, was mir passiert sei. Emil war empört. Die Empörung war echt. Ein Stammgast ist tabu. Eine Spielregel war verletzt.

Emil fragte mich, ob ich mir die Nummer des Taxis gemerkt habe. Dann rief er die Wagenreihe entlang: »Oskar!« Einer der Chauffeure erhob sich von dem Kotflügel, auf dem er gerade saß, und kam herangeschlendert. »Sach mal, Oskar! 1183! Is det nich Aujust von 'n Senefelderplatz?« »Natürlich! Det issa!« Emil wandte sich mir zu: »Herr Dokter! Die Mark kriejen Se wieda!«

Am nächsten Abend überreichte mir Emil feierlich unter dem Beifall der Chauffeure die Mark. »Na, Herr Dokter! Den ham' wa vielleicht Bescheid jestoßen!« Die nunmehr gebieterisch in Geltung tretende Spielregel war natürlich, daß jetzt ich einen auszugeben hatte. Es handelte sich für fünf Chauffeure, fünf Mädchen, Emil und mich um zwölf Paar Würstchen, vierundzwanzig kleine Helle und eine Flasche Korn.

Meine diplomatischen Beziehungen zur Unterwelt fingen mit den Splittern einer zerschlagenen Bierflasche an. Sie steckten in der Kopfhaut eines kleinen Mannes, der, von einem Riesen begleitet, mit schmalen Rinnsalen von Blut im Gesicht, zu Fuß ins Krankenhaus kam. Einer der Splitter war so groß, daß in dem grünen Glas noch deutlich »Bötzow« zu lesen war. Die Pfleger legten den Patienten auf eine Trage und brachten ihn in den Operationssaal.

Die Entfernung der zahlreichen Splitter war eine mühselige Arbeit, die ziemlich viel Zeit in Anspruch nahm. Doch konnten wir die ganze Operation in örtlicher Betäubung durchführen. So war es möglich, mit Hilfe des Neurologen festzustellen, daß das Gehirn nicht betroffen war. Als ich auf die Station zurückkam, stand noch immer der Riese da – blauer Anzug, gelbe Schuhe, einen Homburg ins Genick geschoben – Liliom persönlich. »Also, Herr Dokter, wie steht's mit dem Patienten?« Seine Aufmachung, zusammen mit der Tatsache, daß er über eine Stunde auf den Ausgang der Operation gewartet hatte, machte es mehr als wahrscheinlich, daß er derjenige war, der die Bierflasche auf seines Nachbarn Schädel zerschlagen hatte. Immer wieder erlebten wir, daß, wenn nach einer Schlägerei eine chirurgische Behandlung notwendig war, der Sieger den Besiegten ins Spital begleitete. Es war eine Spielregel. Ich fragte den Riesen, ob er mit dem Patienten verwandt sei? »Nee, ick bin der Freund!« »Ja, dann kann ich Ihnen leider keine Auskunft geben!« Natürlich hatte der Riese längst gemerkt, daß ich den Zusammenhang richtig beurteilte. So gab ich ihm schließlich den Trost mit auf den Weg, daß Lebensgefahr nicht bestehe. Aufatmend fragte er nunmehr noch, für was ich das Ganze hielte. Ich erwiderte, ich hätte den Eindruck, der Mann müsse in eine Bierflasche gestürzt sein. Der Riese sah mich an, zog ein wenig die rechte Augenbraue hoch – ein ganz klein wenig nur – und meinte: »Herr Dokter, ich sehe, wir vasteh'n uns!«

Zehn Tage später, nachdem die Fäden entfernt waren und der Patient entlassen werden sollte, stand der Riese wieder da. »Herr Dokter, das ham' Se prima jemacht! Sieht aus der Mann, als ob er Korpsstudent wäre!« Dann fragte er mich, ob es nicht irgendwo eine ruhige Ecke gebe, wo er mich einen Augenblick allein sprechen könne. Neben dem Untersuchungszimmer lag ein kleines Laboratorium. Dorthin zogen wir uns zurück. Der Riese setzte sich und sagte: »Also, Herr Dokter! Det soll'n Se nu ooch nich umsonst jemacht haben. Hier sind hundert Emm!«, griff in die Tasche und legte einen Hundertmarkschein auf den Tisch. Ich fand die Geste natürlich reizend, aber annehmen konnte ich ein solches Honorar nicht. Hätte sich das eingeführt, uferlose Korruption wäre die Folge gewesen.

Wir einigten uns darauf, daß er seiner Dankbarkeit durch eine Spende für die Weihnachtsfeier der Station Ausdruck geben dürfe. Am nächsten Morgen kamen für die etwa dreißig Patienten, die wir vermutlich haben würden, dreißig Flaschen feinsten Burgunders, ein paar hundert Zigaretten und dazu fünf Kisten Zigarren »die kleine Boenicke zu dreißig«.

Ende Januar stand der Riese wieder da. Er lud mich zu einem Fest in einer Kneipe in der Mulackstraße ein. Ein Freund sei aus der Sonne heimgekehrt. Den wollten sie feiern. Es sei der Bruder des »Korpsstudenten«. So möchten sie auch mich bitten, an der Fête teilzunehmen. Er sagte »Fête«. Die Sonne war das Zuchthaus Sonnenburg. Der Anzug war Gehrock mit Plastron, dazu Zylinder. Zuerst hatte ich Bedenken, mich in dieser Aufmachung in eine so verrufene Gegend zu begeben. Aber natürlich war man gerade in diesem Make-up nirgends so sicher wie in der Mulackstraße. Dort war der Zylinder der Beweis dafür, daß man irgendwie dazugehörte. Das Fest, das im Hinterzimmer einer Kaschemme stattfand, fing mit Kaviar und Champagner an. Die Mädchen, voller Witz, dazu eines reizender als das andere, zeigten gute Manieren. Die Männer gerierten sich als Kavaliere – alle zusammen etwa hundert Jahre Knast. Es war Ehrensache, daß ich mit jedem der Mädchen einmal tanzte. Sie tanzten selbstverständlich ausgezeichnet, und dabei waren sie dezent wie auf einem Hofball. Dazwischen wurden herrliche Geschichten erzählt. Kaum je wieder habe ich eine Gesellschaft so amüsant gefunden wie diese. Gegen Mitternacht gab es – endlich! – Bockwurst mit Kartoffelsalat! Ein Faß Bötzow Edel wurde hereingerollt und angestochen. Um drei Uhr morgens fuhr der Riese mich in seinem Maybach nach Hause. Der Wachtmeister an der Ecke, der das elegante Kabriolett aus der Mulackstraße gut kannte, salutierte höflich zu der kühnen Technik, mit der mein Freund die Kurve nahm –

>Die Dichter und die Maler
und auch die Kriminaler,
die kennen ihr Berlin..«

Am nächsten Abend saß ich in meiner Stammbar im Westen. Es war die »Tary Bary«. Zu jener Zeit gab es in Berlin viele Bars mit Balalaikamusik, Wodka in Karaffen und russischer Küche. Aber eine oder zwei dieser Bars waren ausgezeichnet durch das Geheimnis jenes Cachet, das ein Lokal »fashionable« macht.

In der »Tary Bary« verkehrten sogar Russen. Dazwischen saßen ein paar Literaten, einige Leute vom Theater und natürlich auch die eine oder andere Frieda des Westens. Sie war hier nur etwas teurer als am Alexanderplatz. Ihr Emil, in Kasack und Kosakenstiefeln, sprach nur gebrochen Deutsch und pflegte sich beim Addieren zu verrechnen. Die »Tary Bary« verdankte ihr Cachet einem russischen General. Er hatte Freunde eingeladen, mit ihm seinen siebzigsten Geburtstag zu feiern. Es ging hoch her an diesem Abend. Auch hier gab es Kaviar und Champagner. Genau um Mitternacht, zum Beginn der Geisterstunde, spielte die Kapelle ihren Tusch, anschließend die Zarenhymne. Als sie verklungen war, stellte sich heraus, daß der General – in der Kakophonie von Hochrufen, Musik und klingenden Gläsern – sich erschossen hatte. Kurz danach ergab sich, daß Seine Exzellenz nicht nur die Zeche für seine Freunde, sondern auch die aller übrigen Gäste bezahlt hatte. So war die »Tary Bary« zu einem jener Lokale geworden, in die man Ausländer führte, wenn man ihnen das Nachtleben von Berlin zeigen wollte. Ich habe einen Abend erlebt, an dem in einer Ecke des Lokals Charlie Chaplin saß, in einer anderen Renée Sintenis. An der Theke hockte Kronprinz Umberto von Italien.

In den Zwanziger Jahren waren die Scharen der russischen Flüchtlinge, welche von der Oktoberrevolution aus ihrem Land vertrieben worden waren, ein charakteristisches Element Berlins. Damals sagte man noch »Flüchtlinge«. Das Wort »Emigrant« kam erst auf, als die Hoffnung, in die Heimat zurückzukehren, mehr und mehr entschwand. Für Russen war Berlin die erste Station ihrer Flucht. Niemand kennt genau die Zahlen. Zeitweise sollen es dreihunderttausend gewesen sein, so daß jeder zehnte Berliner ein Russe war. Selbst die Statistik von 1945 erreichte diese Ziffer nicht. Die Millionenstadt hatte die erste Welle der Flüchtlinge gastfreundlich aufgenommen. Es war die Zeit der Inflation. Niemand hatte Geld. So kam es auf ein paar Hunderttausend mehr, die auch kein Geld hatten, nicht so an. Armut ist großmütiger als Reichtum.

Die Russen bedankten sich für die Gastfreundschaft, indem sie die Palette der deutschen Metropole um einige liebenswürdige Nuancen bereicherten. Es gab zahlreiche russische Restaurants, eines behaglicher als das andere. Die Berliner, neugierig, wie sie sind, waren gern bereit, sich von den Vorzügen des Borscht, der unübertrefflichen russischen Suppe, überzeugen zu lassen. Eines der hübschesten Cabarets der Stadt, die doch wahrhaftig selber Witz genug hatte, war russisch. Es war »Der blaue Vogel«. Berlin beklatschte begeistert die Grazie der fremden Volkskunst, die lustige Eleganz der Kostüme, die Lieder, die, auch ohne daß man ihre Texte verstand, zu Tränen rührten, die amüsanten Tänze, und schließlich Jushny, den brillantesten aller Conferenciers, einen glänzend aussehenden Dandy, für den alle Berlinerinnen schwärmten. Nicht einmal Adolphe Menjou hätte den im Exil seinen hohen Rang taktvoll verbergenden Großfürsten so überzeugend spielen können wie Jushny. Noch ein Dezennium später feierte »Der blaue Vogel« Triumphe in Amerika. Begründet wurde diese Weltkarriere, ebenso wie die des Chors der Donkosaken, in den »Goldenen Zwanzigern« des Berliner Westens.

Da Russen von Natur gesellig sind, fiel es nicht schwer, mit ihnen in Kontakt zu kommen. Uns bot das eine wunderbare Gelegenheit, ein Stück des alten Rußland kennenzulernen. Aufregender noch waren die Informationen über das neue. Der Flüchtlingszustrom aus dem Osten riß nicht ab. Freilich, der authentischen Berichte, die sie mitbrachten, habhaft zu werden, war auch dann nicht leicht, wenn man Russen zu Freunden hatte. Sie waren so extreme Patrioten, daß sie, so sehr sie selbst sich über vieles, was in dem weiten Land geschah, empörten, keinem von uns erlaubten, in irgendeiner Form eine abfällige Bemerkung zu machen. Das durften nur sie selber. Vor allen Dingen standen sie, obwohl viele ihrer Angehörigen von Rotgardisten erschossen worden waren, bei den Invasionen ausländischer Expeditionskorps, die sich gegen den neuen Staat richteten, mit ihren Sympathien immer auf seiten der Roten Armee. Diese Widersprüche gehen auf den mystischen Glauben aller Russen zurück, Gott selbst habe Rußland zu einer besonderen Rolle in der Geschichte ausersehen. Sie nannten sich, ohne das Unchristliche des schon im Wort liegenden Hochmuts zu bemerken, die Rechtgläubigen. Für jeden Rechtgläubigen war und blieb Moskau das Dritte Rom.

Auf eine merkwürdige Weise hat Napoleon den Russen ihren Anspruch, die wahren Träger der Überlieferung Roms zu sein, bestätigt. Der Vertreter des Ersten Rom, der Heilige Vater, bedeutete ihm nichts. In Notre-Dame nahm er ihm die Kaiserkrone aus der Hand. Napoleon zog es vor, selbst sich zu krönen. Für die Eroberung Konstantinopels, des Zweiten Rom, hatte er, wie wir vom Marquis de Caulaincourt wissen, in seinem Gepäck einen byzantinischen Krönungsornat bereit. Gegen das Dritte Rom führte er Europa ins Feld.

Die Rolle, die die Russen, eines der begabtesten Völker der Erde, in der Geistesgeschichte Europas gespielt haben, war schon durch das ganze 19. Jahrhundert hindurch bedeutend. Die großen Namen aus der Literatur – Puschkin, Lermontow, Gogol, Dostojewski, Tolstoj – werden eindrucksvoll ergänzt durch solche aus der Wissenschaft. Pawlow schuf die Grundlagen der Verhaltensphysiologie, die in den letzten Jahren eine so große Bedeutung gewonnen hat, Metschnikow, an das Institut Pasteur in Paris berufen, wurde einer der Begründer der Haematologie und Immunologie. Pawlow bekam den Nobelpreis im Jahre 1904, Metschnikow zusammen mit Paul Ehrlich, dem Entdecker des Salvarsan, 1908. Metschnikow starb 1916 in Paris, Pawlow 1936 in Moskau. Wie viele Begabungen, an denen Mütterchen Rußland so reich war, mögen sich unter denen befunden haben, die aus der Heimat vertrieben wurden! Und wie viele mögen umgekommen sein!

Von Berlin, wo die Flüchtlinge ein erstes Asyl gefunden hatten, zogen sie weiter nach Paris und London, nach New York und San Francisco. Manche gelangten bis Sydney. Kein Historiker hat sich bisher die Mühe gemacht, die Rolle zu untersuchen, welche dieses russische Ferment in der westlichen Welt geistesgeschichtlich gespielt hat. Diaghilew und Anna Pawlowa, Chagall und Kandinsky, Strawinsky und Prokowjew, diese wenigen Namen schon zeigen, was für überraschende Zusammenhänge eine solche Untersuchung zutage fördern würde. Und die andere Seite?

Niemand kann sich heute mehr eine Vorstellung davon machen, welche Faszination die Oktoberrevolution in ihren Anfängen auf die Jugend der Welt ausübte. Lenin, Trotzki, Tschitscherin, Sinowjew, Radek, Bucharin, Lunatscharski – was für Männer! Welche Dramatik der Ereignisse in St. Petersburg im Herbst 1917! Wie erstaunt war Europa, als wenige Jahre später Eisensteins Film »Panzerkreuzer Potemkin« in den Kinos des Westens auftauchte. Aus einer Technik, von der noch niemand so recht wußte, zu was sie wohl gut sein könnte, machten die Russen eine neue Kunst. Dem »Panzerkreuzer Potemkin« folgte Pudowkins »Sturm über Asien«, ein grandioses Werk. Wir hörten von großem Theater in Moskau. Namen wie Granowski und Meyerhold wurden mit Respekt genannt. War es nicht unsere eigene Erfahrung, daß es ein Merkmal neuer Kunst ist, die Zukunft auf ihrer Seite zu haben?

Von Anfang an freilich gab es ein Problem, welches uns ungelöst schien und auch ungelöst geblieben ist. Der Marxismus ist ein in sich geschlossenes intellektuelles System soziologischer und wirtschaftlicher Gesetze des menschlichen Daseins. Von anderen intellektuellen Systemen unterscheidet sich der Marxismus dadurch, daß er nicht mehr allein auf den Überlieferungen der griechischen Philosophie aufgebaut ist, sondern auch auf Naturwissenschaft. Nun sind aber naturwissenschaftliche Erkenntnisse, wenn auch nicht in ständigem Fortschritt, so doch in ständigem Wandel begriffen. Die naturwissenschaftlichen Theorien, auf denen das Denksystem des Marxismus errichtet wurde, sind etwa die der Mitte des 19. Jahrhunderts, also Darwins und seiner Zeit. Dieser wissenschaftliche Status hatte bei Ausbruch der Oktoberrevolution seine Geltung schon verloren. Der Wandel in den Erkenntnissen der Naturwissenschaft hat den Marxismus allmählich seiner Basis beraubt. Auch ist die Hoffnung, daß man die metaphysischen Probleme des Menschen lösen könne, indem man seine oekonomische Situation auf eine andere Basis stellt, eine Simplifikation. Noch im Jahre 1928 wurde in einer Kapelle an dem Tor, das zur Krasnaja Ploschtschadj führt, dem Roten Platz, dessen eine Seite von der Kremlmauer begrenzt ist, der Muttergottes von Iwiron von frommen Christen Gebete und Kerzen dargebracht. Dieses staunenswerte Phaenomen, staunenswert in einem Staat, in dem die Priester die Feinde des Volkes und Religion Opium für dasselbe waren, spielte sich ab wenige hundert Meter von Lenins Mausoleum entfernt. Rußland hat mit dem Marxismus sein asiatisches Reich zurückerobert. Es hat halb Europa unter seine Botmäßigkeit gebracht. Nicht besiegen konnte es die Muttergottes.

Die Muttergottes von Iwiron in Moskau ist die Kopie einer wundertätigen Ikone des Klosters Iwiron auf dem Berge Athos. Von dieser Ikone wird eine uralte bezaubernde Legende erzählt. Bei einem der im Byzanz des 8. und 9. Jahrhunderts häufigen Bilderstürme stürzt ein Soldat in eine Kirche, das Bild der Muttergottes zu zerstören. Als er mit seinem Dolch in den Hals der Madonna sticht, fängt an der Stelle des Stichs das Bild zu bluten an. Vor Furcht zitternd nimmt der Soldat das Bild, um es vor weiteren Entheiligungen zu bewahren, vom Altar herab, trägt es zum Strand hinunter und vertraut es dem Meer an. Nach einem wilden Leben landet er dreißig Jahre später auf dem Berge Athos und beschließt, seine letzten Tage an dieser Stätte zu verbringen. Während er am Strand steht und auf das Wasser hinausblickt, wird von den Wellen das Bild, das er vor einem Menschenalter dem Meer anvertraut hatte, vor seinen Füßen ans Ufer getragen.

Von dieser übrigens auf jeden Fall über tausend Jahre alten Ikone, an der man auch noch feststellen kann, daß sie lange im Wasser gelegen hat, ließ die Zarin Katharina die Große eine Kopie anfertigen, die sich als immer noch wundertätig erwies. Zum Dank schenkte die Zarin den Mönchen von Iwiron ein ausgedehntes Gelände in der Nähe von Moskau, auf dem sie ein Kloster gründeten. Das Gebiet liegt heute inmitten der Millionenstadt und hat natürlich einen außerordentlichen Wert. Die russische Regierung hat sich vor einigen Jahren gegenüber dem Heiligen Synod, der obersten Behörde der Mönchsrepublik auf dem Athos, bereit erklärt, dieses während der Revolution beschlagnahmte Gebiet unter gewissen Bedingungen zurückzugeben. Der Heilige Synod lehnte das Angebot ab. Die Muttergottes könne von den Sowjets keine Bedingungen annehmen. Das Bild aus der Kapelle am Tor zum Roten Platz ist seit Jahren verschwunden. Wo mag es heute sein?

Daß der für Rußland schon 1916 verlorene Krieg zur Revolution führen mußte, wer hätte das besser gewußt als die, die ihr Land hatten verlassen müssen. Sie machten sich keine Illusionen darüber, wieviel Schuld das Reich der Zaren an seinem eigenen Untergang gehabt hatte. Viele von ihnen hatten als Studenten revolutionären Geheimbünden angehört, deren Tätigkeit gegen die Ochrana, die zaristische Geheimpolizei, gerichtet war. Und wir wiederum kannten die russische Literatur zu gut, als daß wir nicht gewußt hätten, in welcher Armut der Muschik, der russische Bauer, hatte leben müssen. Dostojewski nach Sibirien verbannt! Und Gorki war Bolschewik!

Lenin war es gewesen, der einen Frieden ohne Gebietserweiterungen und ohne Reparationen vorschlug. Das Angebot war in seiner Vernünftigkeit die Basis der politischen Position, die ihm zum Sieg über die Menschewiki verhalf, die ebenso wie Kerenski nicht aufhören konnten, den verlorenen Krieg immer noch gewinnen zu wollen. Die Deutschen hatten niemanden, der klug genug war, auf Lenins Gedanken einzugehen. Brest-Litowsk war immer noch das Diktat eines Siegers. Jahre später, als wir diese Zusammenhänge zu übersehen vermochten, waren wir tief davon beeindruckt, daß die Russen, als nichts mehr sie zwingen konnte, das Diktat einzuhalten, es vorzogen, mit dem Vertrag von Rapallo den Deutschen einen echten Frieden anzubieten. Fünfzig Jahr später sind es die Deutschen, die endlich den Russen einen Frieden anbieten.

Wir haben uns zunächst auch darüber keine Gedanken gemacht, daß Russen nicht nur nach dem Westen, sondern auch nach dem Osten geflohen waren. Weder wußte man irgend etwas darüber, wie viele das gewesen sind, noch, wie viele der Flucht zum Opfer fielen. Jahre später erst erfuhr man die phantastische Geschichte vom Baron Ungern-Sternberg, dem Balten, der in der Mongolei ein eigenes Reich gegründet hatte, das die Sowjets bei ihrem Vordringen nach Osten erobern mußten. Es hat eine selbständige Fernöstliche Republik mit der Hauptstadt Wladiwostock gegeben, die ihre Unabhängigkeit gegenüber den Sowjets bis 1921 bewahren konnte. Noch am Ende der Zwanziger Jahre stand in Charbin in der Mandschurei, wo die Reise von Moskau mit dem Sibirienexpreß nach China endete, in einer Ecke der Bahnhofshalle ein Altar mit einem Bild der Muttergottes von Iwiron. Vor dem Bild leuchteten die Kerzen all derer, die als erstes nach der Ankunft in der Freiheit zu ihrer so heiß geliebten Madonna beteten, ihnen gnädig die Rückkehr in die Heimat zu gewähren.

Die Madonna hat ihre Gebete nicht erhört.

VI EUROPAEISCHE IMPRESSIONEN

Am Abend des 30. Januar 1933 wurde auf dem Wilhelmsplatz in Berlin die Verfallszeit durch die Machtergreifung beendet. Die Nation teilte sich in eine Minorität, die jubelte, und eine Majorität, die schneller, als sie ahnte, schweigen lernen sollte.

Carl J. Burckhardt, der als Kommissar des Völkerbundes in Danzig eine ausgezeichnete Gelegenheit hatte, Personen und Methoden der Politik Berlins zu studieren, charakterisierte den Mann des 30. Januar als die Personifikation aller Ressentiments des Durchschnittsdeutschen seiner Zeit. André François-Poncet, dessen Aufgabe als Botschafter Frankreichs in Berlin umfassende Information war, wählte den Weg, sich mit den neuen Machthabern zu arrangieren. Das war um so notwendiger, als den Franzosen die innerpolitischen Vorgänge in Deutschland unverständlich waren. Als der Botschafter das erste Mal wieder nach Paris kam, bedrängten die Journalisten ihn, von dem sie wußten, daß er ihnen manches Rätsel werde lösen können, schon am Bahnhof mit ungezählten Fragen, was denn jenseits der Rheines nun eigentlich passiert sei. François-Poncet faßte seine Beobachtungen und Erfahrungen zusammen in der lapidaren Festellung: »Ça, c'est très simple. C'est le Boche, qui a vaincu l'Allemand!«

Das sind zwei Urteile über das Deutschland, das 1933 begonnen hatte. Das Geschehen schien, als es vorüber war, der Erklärung zunächst keine Schwierigkeiten zu bereiten. Aber selbst unter Zuhilfenahme der Einsichten, welche man der Kenntnis dessen verdankt, was alles man nicht gewußt hatte, und dessen, was folgte, ist es den Historikern nicht gelungen, das Daemonische des Vorgangs zu erhellen. Vor hundert Jahren hätte man sagen dürfen, das alles sei ein Werk des Teufels. Aber das

19. Jahrhundert hat den Teufel abgeschafft, eine, wie sich immer deutlicher erweist, höchst unglückliche Maßnahme.

Der Schauplatz der sich überstürzenden Ereignisse des 30. Januar war die Halle des Hotels »Kaiserhof« am Wilhelmsplatz in Berlin. Dort saßen die Machtergreifer und warteten darauf, in die Hand zu nehmen, was in Terror zu verwandeln sie entschlossen waren.

Bruno E. Werner, der Mann, der später »Die Galeere« schrieb, fuhr mit mir zum Wilhelmsplatz. Der Platz war von Polizei abgesperrt, der Haupteingang zum Hotel »Kaiserhof« von SS-Leuten bewacht. Wir fanden einen Nebeneingang, der auf die Mauerstraße hinausging. Auch da standen SS-Männer. Lebhaft in englischer Sprache miteinander diskutierend, passierten wir dieses Hindernis. Die Wächter hatten offenbar Anweisung, ausländische Gäste nicht zu behelligen. In der Halle wimmelte es von schwarzen und braunen Uniformen. Durch das Hauptportal gelangten wir dann auf den Wilhelmsplatz, nunmehr ohne Schwierigkeiten. Er war damals noch von schönen alten Bäumen umsäumt. Bald danach wurden sie gefällt. Auf dem Platz selbst befanden sich nur ein paar hundert Leute, für die keine besondere Regie vorgesehen war. Gegenüber dem Balkon der alten Reichskanzlei stand zwischen den Bäumen ein offener Polizeiwagen, auf dem ein großer Scheinwerfer montiert war. In den Bäumen hockten ein paar Neugierige. Nach einer Weile hörten wir Marschmusik vom Brandenburger Tor her die Wilhelmstraße heraufkommen. Die Kapelle marschierte an der Spitze eines Zuges von SA-Männern, die Fackeln trugen. Nur wenige ahnten, wie bald diese Fackeln Europa in Brand setzen würden. Auf dem Balkon erschien in seiner braunen Uniform der Mann, dem der Fackelzug gebracht wurde. Seit einer Stunde war er Reichskanzler der Deutschen Republik. Er stand da, allein, mit schräg nach oben ungewinkelt ausgestrecktem rechtem Arm. Wir traten an den Polizeiwachtmeister heran, der das Schauspiel mit dem gleichen Interesse beobachtete wie wir. Obgleich wir ihn nicht kannten, machte er spontan die Bemerkung, daß die Situation ideal für ein Attentat sei, falls der Täter sich mit seiner Pistole in einen Baum setze. Dann würde man ihn wahrscheinlich nicht einmal erwischen. Er sagte das mit der Gelassenheit des Fachmanns. Bruno E. fragte ihn: »Können Sie mal mit Ihrem Scheinwerfer da hinaufleuchten?« Der Wachtmeister warf einen prüfenden Blick auf uns, ließ den Scheinwerfer aufflammen und richtete ihn auf den Balkon. Erschreckt, wie zu erwarten war, ließ der braune Mann den Arm fallen und trat ins Dunkel zurück.

Wie war eine Welt beschaffen, in der ein einziger Mann in so kurzer Zeit so furchtbare Zerstörungen anrichten konnte? Nach seinem Putsch in

München am 9. November 1923, dessen Mißlingen mit dem Ende der Inflation zusammenfiel, hat er nicht einmal ganze zehn Jahre gebraucht, die Position zu erringen, von der aus sein destruktives Werk in Szene setzen konnte.

Die Milites gloriosi haben den Putsch nicht ernst genommen, allein schon seiner dilettantischen Ausführung wegen. Die Verschwörer waren Landsknechte, Männer, die sich nicht damit abfinden konnten, keine Helden mehr zu sein. Daß sich unter diesen Landsknechten ein Feldherr befand, dem ein großes Volk im Kampf gegen seine Feinde jahrelang sein ganzes Heer anvertraut hatte, war eine beklemmende Erfahrung. Wir zogen aus ihr nicht den richtigen Schluß. Wir haben die Gefährlichkeit der Sache unterschätzt. Diesen Fehler freilich teilten wir mit der halben Welt.

Uns, die wir nach dem Ersten Weltkrieg glaubten, vorläufig einmal genug für das Vaterland getan zu haben, lag am Ende der Inflation vor allem daran, aus der Misere der Nachkriegszeit herauszukommen. Arm und selten satt, hatten wir Berufe erlernt und begannen nun, sie auszuüben. Der Hintergrund unserer Anstrengungen war der glühende Wunsch, die Welt kennenzulernen. Mit meiner Schiffsreise nach Ostasien war mir ein Anfang gelungen. Nach zwei Jahren Dienst an der Chirurgischen Klinik des Krankenhauses Friedrichshain beschloß ich, nach Paris zu gehen. Dieser Entschluß hatte eine heitere kleine Vorgeschichte.

Als ich Mitte 1923, nach Abschluß meines Staatsexamens in Frankfurt am Main, nach Berlin kam, kannte ich von den viereinhalb Millionen Einwohnern der Stadt keinen einzigen. Nur an einen Redakteur der »Deutschen Allgemeinen Zeitung« hatte ich wenigstens eine Empfehlung. Es war Dr. Paul Fechter, der zu den großen Theaterkritikern Berlins gehörte. Sein Steckenpferd war, Talente zu entdecken, die er dann auf stille und kluge Weise auch weiterhin zu fördern wußte. Er hat den ersten Roman von Ernst Wiechert in der DAZ gedruckt. Er hat August Scholtis entdeckt. Eine Sensation war seine Verleihung des Kleist-Preises. Sie wurde Jahr für Jahr immer nur einem einzigen Manne anvertraut. Fechter verlieh den Preis an Carl Zuckmayer für seinen »Fröhlichen Weinberg«. Die Tempelwächter der arrivierten Literatur schäumten vor Zorn. Paul Fechter lächelte. Ganz nebenbei hat er dann auch noch den Schriftsteller »Peter Bamm« nicht etwa entdeckt, sondern erfunden. Und das kam so:

Ich hatte, um meine Empfehlung abzugeben, Besuch bei Dr. Fechter gemacht. Er war äußerst liebenswürdig, aber die Unterhaltung hatte kein Resultat, das mir hätte nützen können. Einige Wochen lang verdiente ich ein bißchen Geld als Nachtwächter bei einer Wach- und Schließgesellschaft. Die Nächte in der Motzstraße waren, wie man sich denken kann, prall mit Leben erfüllt. Bald hatte ich Freunde unter den Taxichauffeuren, unter den Polizisten, unter den Portiers der Nachtlokale, und Freundinnen unter den Mädchen, die gleich mir auf der Motzstraße herumstanden. Eine gefährliche Klippe meiner Profession war ein Lebensmittelgeschäft, das ich zweimal in der Nacht kontrollieren mußte. Ich ging immer ganz schnell an den Würsten, den Schinken, den Matjesheringen und den Apfelsinen vorbei zu der im hinteren Teil des Ladens angebrachten Stechuhr. Ebenso schnell eilte ich zum Ausgang zurück. Einmal ist mir eine Apfelsine nachgerollt. Aber das ist verjährt.

Nach einigen Wochen faßte ich Mut, den Dr. Fechter noch einmal zu besuchen. Ich war entschlossen, bei ihm eine Anleihe aufzunehmen, um einmal wieder bei Aschinger warm zu essen. Wieviel hunderttausend Mark man dazu brauchte, habe ich heute vergessen. Wiederum wurde ich von ihm aufs freundlichste empfangen. Ich erzählte, zum Vergnügen der Redaktion, von meinen Erlebnissen als Nachtwächter. Schließlich stotterte ich mein Begehren. Fechter sah mich mit seinem berühmten Lächeln an und sagte: »Nun ja, das Geld will ich Ihnen gerne geben. Es würde mir auch nichts ausmachen, wenn ich es nicht wiederbekäme. Aber Sie, mein Lieber, kämen dann auch nicht wieder. Und das wäre schade! Viel besser, als wenn ich Ihnen die Summe leihe, ist, daß Hugo Stinnes Ihnen das Dreifache gibt und Sie ihm das nicht zurückzuzahlen brauchen.« Er ergriff einen Haufen Papier, sperrte mich in ein leeres Zimmer und befahl mir, die Geschichten von der Motzstraße so aufzuschreiben, wie ich sie soeben erzählt hatte. Das geschah. Ich bekam das Honorar, und zwar sofort. Der Kassierer war Herr Paczkowski. Noch heute, nach fast fünfzig Jahren, habe ich seinen Namen nicht vergessen. Nie wieder bin ich so reich gewesen. Von da ab schrieb ich neben meiner Tätigkeit als Chirurg hin und wieder kleine Feuilletons für die DAZ.

Als ich von meiner Ostasienreise zurückkehrte, war gerade das Samstagsfeuilleton frei geworden. Erfunden hatte dieses »Wochenend«, wie wir es später nannten, der Dr. Carl Haensel, ein Berliner Rechtsanwalt, der einige Jahre darauf den ersten Bestseller der Nachkriegszeit, den »Kampf ums Matterhorn«, schrieb. Das Buch wurde in ein Dutzend fremder Sprachen übersetzt und zweimal verfilmt. Dr. Fechter bot mir an, als freier Mitarbeiter die Nachfolge Dr. Haensels, der sich ganz seiner aufblühenden Praxis widmen wollte, zu übernehmen. Ich erklärte mich bereit.

Der tiefere Sinn eines Feuilletons, einer heute nahezu verschollenen Kunst, ist nicht der, über etwas zu schreiben, sondern der, über nichts zu schreiben. Nach drei Feuilletons glaubte ich, alles mitgeteilt zu haben, was ich der Welt über nichts zu sagen hätte, und beschloß, meine Mitarbeit niederzulegen. Fechter setzte wieder sein berühmtes Lächeln auf, und so habe ich von da an, ganz gleich, wo immer in der Welt ich mich befand, siebzehn Jahre lang Woche für Woche ein Feuilleton geschrieben – ein bisher ungeschlagener literarischer Langstreckenrekord. Das Honorar betrug jedesmal 40.– Mark. Als ich mich nach zwei Jahren bei Dr. Fechter nach Frankreich abmeldete, erhöhte er die Summe auf 60.– Mark. Von diesen Honoraren habe ich dann in der glänzendsten Metropole der Roaring Twenties als freier Mann ein fürstliches Leben geführt.

Kam man Mitte der Zwanziger Jahre nach Paris, konnte man sich der Illusion hingeben, daß die Welt heil sei. Frankreich hatte angefangen, seinen Sieg zu vergessen. Die bezaubernde Leichtigkeit des Pariser Lebens war zurückgekehrt. Der Blick von den Gärten der Tuilerien die Champs-Elysées hinauf zum Arc de Triomphe ist ein Aspekt der Städtearchitektur, der auf der Welt nicht seinesgleichen hat. Schönheit, von großer Geschichte verklärt! Man dachte darüber nach, wie doch das Schicksal dieses Volk bevorzugt hat. Schon die Geographie Frankreichs ist unique. Die Franzosen sind die einzigen, die, ganz gleich, ob sie in Nordseewasser, im Atlantik oder im Mittelmeer baden wollen, die Grenzen ihres Landes nicht zu verlassen brauchen. Das Titelblatt einer eleganten Zeitschrift zeigte einmal im späten Winter ein süßes Mädchen, das, nur leicht in Seide gehüllt, am Morgen den Brokatvorhang am Fenster seines Schlafzimmers ein wenig aufhebt und draußen immer noch Schneeflocken fallen sieht. Worauf es nur sagt: »C'est le moment de partir pour Nice!« Man vergleiche den »Moment de partir pour Nice« in Paris mit der Schlittenkarawane, deren einst eine Dame der Petersburger Gesellschaft bedurfte, wenn sie nach Beginn der Fastenzeit von ihren tiefverschneiten Gütern aufbrach, um an die Riviera zu reisen!

Diese alte Hauptstadt mit ihrer vielhundertjährigen Geschichte kennenzulernen war ein erlesenes Vergnügen. Man spazierte durch Straßen, von denen man wußte, daß schon Diderot, Balzac, Flaubert, Zola sie entlanggegangen waren. Man konnte das Glück haben, Madame Curie oder Anna Pawlowa zu begegnen. Man passierte die Stelle, an der König Heinrich IV. ermordet wurde, dieser große Herr, dem Paris eine Messe wert war, dieser weise Fürst, der seinem Volke weder Ruhm noch Helden vererbte, sondern einem jeden seiner Untertanen zum Sonntag ein Huhn in den Topf.

Staunend stand man vor dem Wunder Notre-Dame. Ergriffen betrat man La Chapelle mit dem Engel des 13. Jahrhunderts auf ihrem Turm, der von seiner Höhe aus die Stadt des Esprit, der Gelehrsamkeit, der

Kunst, der Frömmigkeit, des Lasters und der Revolution zu segnen schien. Paris ist voll von Kontrasten. Man erwäge den Gegensatz zwischen einem Membre de l'Académie und dem Armenarzt einer Fabrikvorstadt, zwischen dem Panthéon und der Gare du Nord, zwischen dem Louvre mit seinen Herrlichkeiten und den Markthallen, die Emile Zola den Bauch von Paris genannt hat. Man erwäge den Gegensatz zwischen einem Clochard und dem Bankier Ouvrard. Dieser Gegensatz wird aufs schönste ergänzt durch eine Bemerkung von Anatole France, wie gerecht doch die Gesetze seien, welche es Armen und Reichen in gleicher Weise verbieten, unter Brückenbögen zu schlafen.

Man wandelte über den Cimetière Montmartre und entdeckte, nachdem man Heine seine Reverenz erwiesen hatte, die französischste aller Grabinschriften. Auf einer verwitterten Marmorplatte las man:

>>Ci-gît dans une paix profonde
Cette dame de volupté,
Qui, pour plus grande sûreté,
Fit son paradis de ce monde.<<

Man fühlt sich versucht zu sagen, daß sich die Leichtigkeit des französischen Lebens sogar über den Tod hinaus erstreckte. Die souveräne Attitude reichte weit. Man kann das auf der Marmortafel eines russischen Grabes aus dem Jahre 1826 feststellen, der letzten Ruhestätte des Grafen Fedor Michailowitsch Rostoptschin im Park seines Gutes im Gouvernement Orel:

>>Hier hofft zu ruhen
ein verstorbener alter Mann,
dessen Körper und Geist völlig erschöpft waren.
Meine Damen und Herren!

Bitte spazieren Sie weiter!<<

Die letzte Zeile jedenfalls ist bestes Ancien Régime. Graf Rostoptschin war der Mann, der mit dem Brand Moskaus den Untergang der Grande Armée einleitete. Die Grabschrift des Feldherrn, der dann an der Beresina endgültig vom General Winter besiegt wurde, stammt aus seinem Testament. Sie wurde 1840 in Paris im Dôme des Invalides enthüllt und lautet:

>>Je désire que mes cendres
reposent sur les bords de la Seine
au milieu de ce peuple français,
que j'ai tant aimé.<<

Man stand im Portal des >>Ritz<<, einen Blick auf die Große Welt zu werfen. Ein Clochard de l'Observation, entwickelte ich diese Gewohnheit zu einer Philosophie, der meine Freunde den schönen Namen >>Portalismus<< gaben. Man stieg die Treppe zur Oper hinauf, um an Tagen großer Premieren oder großer Dirigenten die schönen Frauen der Pariser Gesellschaft zu bewundern, die – wie schon zur Zeit Ludwigs XIV. – von ihren Schlössern in die Hauptstadt kommen, für die Saison in ihren luxuriösen Stadtquartieren abzusteigen. Die berühmte Elégance der französischen Frauen zu Gesicht zu bekommen war nicht einfach. Nur in zwei kurzen Vormittagsstunden, in der Gegend des Faubourg St-Honoré und der Place Vendôme, war das möglich.

La Sorbonne! Welch ein Name! Man besuchte heimlich Vorlesungen. Aber man trieb sich auch in den Museen umher. Der »Gilles« von Watteau!

Der französische Franc kokettierte mit einer leichten Inflation, welche das wirtschaftliche Leben sanft erwärmte. Zu denen, die an Kriegsgewinnen reich geworden waren, gesellten sich Spekulanten der Börse. Da es in Frankreich noch eine intakte Gesellschaft gab, hatten es die Parvenus schwerer als anderswo. Man verspottete mit Geist und Witz die Welt der neuen Reichen. Es gab einen vielbelachten Film mit dem Titel »Les nouveaux messieurs«. Der alte Reichtum leistete sich den feinen Snobismus, die verstaubten Luxuslimousinen der Vorkriegszeit, die die Epoche der Gefahr in den Remisen der Schlösser oder in den Scheunen der Landhäuser überdauert hatten, nach Paris zurückzuholen. Les nouveaux messieurs versuchten gleichzuziehen, was dazu führte, daß eine Zeitlang ein alter Rolls-Royce, Jahrgang 1904, sehr viel teurer war als ein neuer, Modell 1926. Man saß in den kleinen Bistros, wo man für wenige Franken ausgezeichnetes Essen bekam und mit vollkommener Selbstverständlichkeit auch in der allerbescheidensten Kneipe eine Karaffe Wein dazu.

In den humanistischen Gymnasien des alten Königreichs Sachsen wurde sieben Jahre lang Französisch gelehrt. Am Ende des dritten Jahres waren einem Subjonctif und Passé défini vertraut. Im siebenten Jahr las man Racine wie die Abendzeitung. Nur zu einem Flirt mit einem Mädchen aus dem VIme Arrondissement langte dieses hochgestochene Französisch nicht. Wenn aber die tägliche Übung in der Umgangssprache zum Subjonctif hinzukam, wurde es ein Französisch, das Realschüler nie erreichten. Sie konnten zwar von Anfang an fließend sprechen, aber flirten im Passé défini – das brachten sie nicht zustande. Das konnten sie nur im Imperfektum. So hatte man es bald dazu gebracht, die schöne Sprache zu verstehen. Gastfreundlich wurde man in die Zirkel der Intellektuellen aufgenommen. Man saß in den Studentencafés am »Boul' Miche'«, im »Café du Dôme« oder in einem der vielen Cafés der Rue Raspail oder des Boulevard St-Germain. Man ging ins »Café de Flore«, ins »Deux Magots«. Man aß auf der Terrasse der »Brasserie Lipp«. Man hatte Nachbarn. Man hatte Freunde, und so konnte man an der unerschöpflichen Mannigfaltigkeit des Pariser Lebens teilnehmen.

Zuweilen auch ging man in eines der Cafés an den Champs-Elysées und genoß es, inmitten des Stroms der Fremden aus aller Welt fast ein Pariser zu sein. Man saß im Park des Palais Luxembourg auf einer Bank in der Sonne und sah den fröhlichen Spielen der Kinder zu. Man war glücklich!

Während einen zuweilen der Gedanke beschlich, ob nicht dieses ganze wunderbare Paris ein Traum sei, blieb man in London von solchen Zweifeln verschont. Diese Stadt war von allzu vielen Dingen die glänzende Herrin. In Paris bestieg man »The Golden Arrow«, den »Goldenen Pfeil«, den damals schnellsten Zug Europas. In Calais ging man an Bord der Fähre, die den Kontinent mit dem »Kleinod in der Silbersee« verbindet. Als die weißen Klippen von Dover auftauchten, zog ein von mehreren Torpedobooten begleiteter Großer Kreuzer hinter unserem Heck vorbei. Ein kleines Flottenmanöver! Man bekam eine erste Ahnung davon, was es mit der »Splendid Isolation« auf sich habe.

In Dover stieg man vom Schiff in den Zug nach London, ein wenig erstaunt über die sonderbare Kleinheit der englischen Eisenbahnwaggons und ihre altmodische Ausstattung. In Londons Victoria Street Station war man entzückt von der überraschend praktischen Einrichtung, daß Taxis auf dem Bahnsteig stehen. Die klassischen Londoner Taxis, die neben dem Chauffeur eine kleine offene Plattform für das Gepäck haben, sind so gebaut, daß man mit dem Zylinder auf dem Kopf aufrecht darin sitzen kann. Ein Aspekt von imperialer Großzügigkeit ist die Mall, die Straße, die auf den Buckingham Palace zuführt. Von historischer Würde ist der Platz vor der Westminster-Abtei, der Kirche, in der die Glory des Inselreiches ruht. Nicht weit von da erhebt sich das mächtige Gebäude des Parlaments mit dem Wachtturm der Demokratie, von dessen Höhe Big Ben, die Große Glocke, ihre Stimme erschallen läßt. Von turbulentem Lärm erfüllt ist Piccadilly Circus, Mittelpunkt nicht nur des Verkehrs der Weltstadt, sondern Mittelpunkt auch der Theater einer Weltsprache. Aus Fleet Street, der Straße der Neuigkeiten, in der die größten Zeitungen Europas gemacht werden, hat man den Blick frei auf St. Paul's Cathedral, wo die alte News von der Guten Botschaft verkündet wird. Das Buch, in dem sie gedruckt ist und das sich noch immer von Tag zu Tag als neu erweist, hat eine höhere Auflage als sogar der »Daily Mirror«.

Der glänzendste Aspekt der Hauptstadt des alten Imperiums ist der Blick auf den Trafalgar Square mit der Nelsonsäule und der mächtigen Halle der National Gallery dahinter auf ihrem wie in Persepolis von seitlichen Treppen gesäumten steinernen Podest. So viele Verdienste um das Empire Königen, Staatsmännern, Poeten, Politikern und Generalen zukommen mögen, sein Held war Nelson.

Einmal auch wagt man sich zu Lloyd's hinein. Es ist die Börse der Schiffseigner und ihrer Makler und zugleich der größte Markt der Welt für Versicherungen. Hier kann man nicht nur Schiffe versichern, sondern von Diamanten und Smaragden über Mißernten bis zu den schönen Beinen einer Diva fast jedes Risiko des Lebens. Hier hängt die Glocke, die immer dann ertönt, wenn ein Schiff als verloren gemeldet wird. Kaum ein Tag vergeht, an dem sie nicht wenigstens einmal angeschlagen werden muß. Unter der großen Kuppel des ehrwürdigen alten Baus ist ein kleiner kreisförmiger Bezirk durch ein Gitter abgegrenzt, das nicht höher als etwa einen Meter ist. Durch entsprechend kleine Schwingtüren ist das Rund mit dem übrigen Raum verbunden. Ich sah viele Gentlemen mit Papieren in der Hand oder unter dem Arm durch die hin und her schwingenden Türen eilen, Informationen mit denjenigen Gentlemen zu tauschen, die innerhalb des Gitters an Stehpulten schrieben oder schwatzten. Ein Diener stand daneben; aber er schien sich für diesen Verkehr nicht zu interessieren. Ich sah einen Bekannten lebhaft winken und schritt auf die kleine Schwingtüre zu. Aber noch ehe ich sie erreicht hatte, tippte der Diener mir auf die Schulter und schüttelte leise den Kopf. Mehr nicht! Von den Hunderten, die da durchgingen, kannte er jeden einzelnen. Der kleine umgitterte Bezirk ist die Mitte eines Netzes, das den Erdball umspannt.

Ein Freund aus Paris hatte mich gebeten, eine hellenistische Münze, die er in einem Basar in Herat in Afghanistan für wenig Geld erstanden hatte, von einem Numismatiker des Britischen Museums begutachten zu lassen. Das British Museum, ein streng klassizistischer Bau, steht in einem ruhigen, vornehmen Viertel Londons. Im gleichen Viertel liegen die alten Gebäude der Universität. Ein hohes eisernes Gitter schließt das Museum von der Außenwelt ab. Vor dem großen Tor saß ein grauhaariger Bettler, der mit bunter Kreide das lustige Bild einer Frühlingslandschaft auf das Pflaster gemalt hatte. Neben ihm lag ein Hut, in dem ein kleiner Haufen von kupfernen Pennystücken, ein paar silberne Sixpence und einsam eine Halfcrown lagen. Ich fügte meinen Obolus hinzu. Hierhin also, unter den wolkenreichen Himmel Englands, waren die Skulpturen vom Westgiebel des Parthenon von Lord Elgin gebracht worden. Sie allein schon machen das Britische Museum zu einem Schatzhaus Europas. Ich warf einen ehrfürchtigen Blick in den von einer mächtigen Kuppel überwölbten Lesesaal der Bibliothek. Unter diesem Dach ist vereint, was der Mensch an geistesgeschichtlichem Wissen besitzt.

Im Münzkabinett wurde ich zuvorkommend empfangen. Englische Museumsleute sind zu ahnungslosen Laien womöglich noch netter als zu Fachkollegen. Ich legte meine Münze vor. Der Experte warf einen kurzen Blick darauf: »Ah! König Archebios Nikephoros, um 120 v. Chr. Vielleicht ist er auch schon ein Jahr früher gestorben. Da ist neuerdings wieder eine Arbeit ... Na ja, man weiß so gut wie nichts von ihm. Man kennt ihn nur von wenigen Münzen. Auch wir haben nur fünf Stück von diesem Exemplar.« Ich vermute, daß es mehr als zehn auf der ganzen Welt nicht gibt. Dann wurde meine Münze mit unendlicher Sorgfalt mit denen des Museums verglichen. Das Stück konnte als echt anerkannt werden. Seinen Wert zu verraten, war der junge Gelehrte nicht bereit. Eine solche Auskunft lag wohl ein wenig unterhalb der Würde seiner Wissenschaft. Als ich aus dem Museum wieder herauskam, war der Bettler verschwunden. Nur sein freudiges Gemälde leuchtete noch, und daneben lag auch noch der alte Hut. Als ich im Vorbeigehen einen Blick hineinwarf, las ich auf einem Schild »GONE FOR TEA«.

England ist ein leises Land. Aber einmal bin ich mit einem Lastwagenfahrer aus den Londoner Docks zusammengestoßen. Nach Mitternacht auf meinem Weg nach Hause die leere Oxford Street überschreitend, hatte ich vergessen, daß England Linksverkehr hat. Plötzlich hörte ich ein furchtbares Knirschen neben mir. Ein riesiger Lastwagen mit Anhänger hatte scharf gebremst und offenbar so, daß er mich gerade eben nicht überfahren hatte. Aus dem Führerhaus über mir schoß ein Kopf heraus. Eine Sturzflut von bestem Cockney ergoß sich über mich. Ich konnte mich nur retten durch das Zauberwort: »Sorry, I'm a continental!« Für einen Lastwagenfahrer aus den Docks ist ein Continental so etwas wie ein Fall von mildem Irresein. Die Sturzflut brach ab. Ich griff in die Tasche, erwischte eine halbe Krone und reichte sie dem Trefflichen, dessen Geschicklichkeit ich schließlich mein Leben verdankte, hinauf. »Just for a drink!« Er lehnte ab, worauf ich ihn fragte: »Meinen Sie nicht, daß mein Leben wenigstens das Stückchen Silber wert ist?« Freundlich grinsend sah er auf mich herab, tat, als ob er einen Augenblick nachdächte, antwortete: »Könnte sein!«, ergriff das Silberstück und ratterte krachend davon.

Eine bedeutende Schwierigkeit für einen aus Sachsen stammenden Continental, der halb ein Berliner, halb ein Pariser war, bestand darin, daß es in London keine Caféhäuser gibt. Dabei war Lloyd's, das Caféhaus, in dem im Jahre 1689 die Idee der Versicherung – Leitidee einer ganzen Epoche – geboren wurde, älter als die Caféhäuser von Paris.

Nur in Wien waren sie noch ein wenig älter. Nachdem die Türken die Belagerung von Wien hatten aufgeben müssen, kam ein gewitzter Levantiner auf die Idee, zahlreiche im verlassenen Lager der Feinde gefundene

Säcke mit kleinen graugrünen Bohnen, mit denen niemand etwas anzufangen wußte, für ein paar Thaler zu erwerben. Er brannte die Bohnen, und die Wiener Literaten hatten für Jahrhunderte eine sichere Bleibe.

Nur hartnäckige wissenschaftliche Neugier konnte einen Habitué der Caféhäuser des Kontinents dazu bewegen, unerschüttert in den scheinbar ereignislosen Pubs so lange Ale zu trinken, bis sich ihm allmählich eines der Geheimnisse der englischen Seele enthüllte. Im klassischen kontinentalen Caféhaus waren Frauen immer eine Art von Fremdkörpern, auch wenn dieselben wohlgebaut waren. Sie wurden mit kühler Höflichkeit behandelt und wenn möglich hinauskomplimentiert. Die ganze Mediterranée übertreibt diesen maskulinen Isolationismus. In keinem griechischen, türkischen oder arabischen Caféhaus sieht man je ein weibliches Wesen. Die Engländer haben eine eigene Institution geschaffen, in der sie diesen Isolationismus unter taktvollem Ausschluß der Öffentlichkeit orthodox betreiben. Das sind die Clubs. Die Pubs repräsentieren eines der Charakteristika der englischen Seele – sie sind ein Kompromiß. Es ist der Kompromiß zwischen Caféhaus und Club. Frauen sind im Pub nicht nur geduldet, sondern willkommen. Sie sind so gleichberechtigt, daß sie gelegentlich sogar ein wenig beschwipst sein dürfen.

Was die englischen Clubs anbelangt – niemals würde ich zu behaupten wagen, daß ich England kenne. Nur dreimal war ich Gast in einem Londoner Club. Der erste war ein Treffpunkt von Literaten. Ihm gehörten Schriftsteller, Journalisten und Verleger an. Als wir, mein Gastgeber und ich, von der Bar zum Lunch gingen, passierten wir in der Halle einen wunderbaren alten ledernen Sessel, bestes 19. Jahrhundert. Über seine beiden Lehnen war eine Seidenkordel gelegt, die offenbar andeuten sollte, daß man sich nicht in diesen Sessel setzen möge. Fragend sah ich meinen Gastgeber an. Er lächelte und sagte nur: »Dickens!«

Charles Dickens ist am 6. Juni 1870 gestorben.

Bei der zweiten Einladung lernte ich einen Club der Kavalleristen Seiner Majestät kennen. An den Wänden hingen viele herrliche überlebensgroße Portraits von berühmten und unberühmten Generalen in Paradeuniform, geschmückt mit allen Orden. Die Berühmten hatten berühmte Schlachten in Europa oder in China gewonnen. Die Unberühmten hatten unberühmte Schlachten in Afghanistan oder im Sudan verloren. Einer der alten Colonels dieses Clubs hatte die Gewohnheit, sich nach dem Lunch, mit einer »Times« bewaffnet, in die geheiligte Ruhe des Lesesaals zurückzuziehen. Nach einer Viertelstunde in dem bequemen Sessel legte er die Zeitung über sich, ein friedliches kleines

Schläfchen abzuhalten. Es war natürlich ein Gesetz, daß der Schläfer nicht gestört werden dürfe. Eines Tages tippte ein anderer alter Colonel dem Clubdiener auf die Schulter, wies auf den unter seiner Zeitung scheinbar friedlich Schlafenden und sagte: »Die Times ist von gestern!«

Der dritte Club, den ich kennenlernte, war der Garrick Club in seinem schönen altmodischen Haus, das mit kostbaren Teppichen und Bildern ausgestattet ist. Der Club hat seinen Namen von David Garrick, einem genialen Schauspieler des 18. Jahrhunderts. Er trat im Drury Lane Theatre auf, in dem noch heute jeden Abend gespielt wird. Lichtenberg hat in einem seiner »Briefe aus England« Garrick in seiner berühmtesten Rolle als Richard III. so genau beschrieben, daß das vorübergleitende Bild einer großen Darstellung bleibende Literatur geworden ist. Auch Theaterstücke hat Garrick geschrieben. Sie werden gelegentlich noch aufgeführt. Er ist der letzte englische Schauspieler, der in der Westminster-Abtei bestattet wurde.

An der Bar erzählte man sich eine Geschichte von einem Franzosen, der zuweilen als Gast im Club eingeladen war. Man kann dieser Geschichte entnehmen, wie eng Frankreich und England sich durch den Lauf der Historie miteinander verbunden fühlen. Einer schwierigen Erbschaftsangelegenheit wegen hatte der englische Anwalt seinem französischen Klienten den Rat gegeben, die englische Staatsangehörigkeit zu erwerben. In seinem französischen Club, dessen Mitglied er seit dreißig Jahren war, wurde er, wie man sich denken kann, dieser Absicht wegen wochenlang verspottet. Er ließ sich nicht erschüttern. Als er an dem Tag, an dem er britischer Staatsbürger geworden war, abends in seinem Club erschien, wurde er voller Hohn gefragt, wie er sich denn so fühle. »Nun, ausgezeichnet!« – »Wie? Gaston? Nachdem du Engländer geworden bist, fühlst du dich ausgezeichnet? Welch eine Schande!« – »Keine Schande!« antwortete er. »Gestern noch hatte ich la Bataille de Belle Alliance verloren. Heute habe ich the Battle of Waterloo gewonnen!«

Die englischen Diplomaten haben einen legendären Ruf. Von alters her gelten sie als klug und weitsichtig. Einer der Gründe ist ihre Gewohnheit, nach einem Leben im Dienst der Krone Memoiren zu schreiben. In dieser sehr englischen Literatur gehört es zu den Spielregeln, daß man aufrichtig ist. Das hat von vornherein etwas Versöhnliches. Auch erscheinen die eigenen Fehler, wenn man sie selber darstellt, weniger schlimm, als sie es einmal waren. Diese Biographien erstrecken sich über den Erdball. Es ist nicht nur ein Weltreich, das die Engländer geschaffen haben. Es sind ihrer drei – eines in Amerika, eines in Asien, eines in Afrika. Was davon übrig blieb, ist die genialste politische Schöpfung unseres Jahrhunderts – das Commonwealth of Nations. Wenige Imperien haben sich auf eine so elegante Weise aus der Geschichte zurückgezogen. Was aus drei Weltreichen nicht gerettet werden konnte, war die »Splendid Isolation«. England kehrt nach Europa zurück.

Es war ein Berner Großbauer, von dem eine der gescheitesten Aussagen stammt, die je über europaeische Politik gemacht wurden. Schweizer Bauern sind freie Männer von jener politischen Klugheit, wie sie in lebendigen Demokratien gedeiht. Ich verdanke diese Aussage einem Schweizer Diplomaten. Sein Freund, so berichtete er, habe festgestellt, die Macht Europas vor dem Ersten Weltkrieg habe auf drei Institutionen beruht – der englischen Flotte, dem preußischen Generalstab und dem Vatikan. Denkt man darüber nach, findet man, daß der Berner recht hat. Merkwürdig ist, daß es genau diese drei Institutionen waren, welche den Managern der zunächst ziemlich ephemeren Machtergreifung des 30. Januar zur Stabilisierung ihres Systems verhalfen.

Der erste internationale Vertrag, das Konkordat mit dem Vatikan, stärkte das Regime moralisch. Der zweite, das Flottenabkommen mit England, verschaffte den neuen Männern weltpolitisches Prestige. Die dritte Institution hat nichts unternommen. Dieses »Rien« wurde zum folgenschwersten Element des ganzen Saekulum. Die seiner tatsächlichen Verantwortung und seinen Wirkungsmöglichkeiten in keiner Weise angemessene Passivität des preußischen Generalstabs in dieser kritischen Phase der deutschen Geschichte hat mehr zur endgültigen Stabilisierung des neuen Regimes beigetragen als vatikanisches Konkordat und englischer Flottenvertrag zusammen.

Drei Jahre später traf sich bei der Olympiade 1936 in Berlin »tout le monde«. Es ist ein Stein im Mosaik dieses Friedens, daß man die Welt bei sich zu Gast haben konnte, ohne den schauerlichen Betrieb der Konzentrationslager einstellen zu müssen.

1938, nach dem Überfall auf die Tschechoslowakei, versuchte die englische Regierung noch einmal, den Frieden der Welt zu retten. Als Chamberlain von der Konferenz in München nach London zurückkehrte und die Reporter schon am Flugzeug ihn fragten, was er mitbringe, antwortete er: »Frieden für unsere Zeit!« Ein Jahr später war »unsere Zeit« zu Ende.

Paris war ein Traum, London ein Monument der Macht. Rom war Weltgeschichte, aber Weltgeschichte der Vergangenheit. Die Zukunft war von Wolken verhangen. In Italien hatte der Fascismus begonnen, seine Macht auszuüben. Ein einziger politischer Mord genügte, um das große Mißtrauen zu wecken. Es war der Mord an einem Abgeordneten des Parlamentes, der von den Fascisten begangen worden war.

Die fast schon historisch gewordenen politischen Morde im Deutschland der Nachkriegszeit wurden begangen von Soldaten des Ersten Weltkrieges, die nicht aufhören wollten, Helden zu sein. Sie standen in Opposition nicht innerhalb des Staates, sondern zum Staat im ganzen. An der Ermordung des italienischen Abgeordneten war das Erschreckende, daß eine Partei, die an der Regierung war, Mord als Mittel des politischen Kampfes benutzte. Damit begann die große Unsicherheit, begann der Terror, vor dem niemand sicher war, begann die Angst, die niemand mehr wirksam bekämpfen konnte.

Das Problem der Helden, für die es im Frieden keine ihnen angemessen erscheinende Tätigkeit gab, hat politisch zwischen den beiden Weltkriegen eine bedeutende Rolle gespielt. In Deutschland ist das Thema literarisch nie überzeugend behandelt worden. In Frankreich hat es Roger Vercel getan in seinem »Capitaine Conan«, für den er einen Prix Goncourt erhielt. In England hat Bernard Shaw in »Arms and the Man« das Heldentum souverän verspottet. Es stellte sich heraus, daß es für Helden, die im Frieden heroisch weiterleben wollen, keine Chance gibt, sich eine Existenz zu schaffen. Sie können mit sich und ihrer Umwelt nichts mehr anfangen. Es stellte sich ferner heraus, daß alte Helden unberechenbar sind. Wer hätte vermuten können, daß ein Mann, der im 20. Jahrhundert am Tiber herrschte, beschließen würde, die Quellen des Nil zu erobern. Und weil irgendwann einmal einer seiner Großväter eine militärische Schlappe in Aethiopien erlitten hatte, mußte auch die Ehre der Fahne wiederhergestellt werden. Das geschah, indem man auf Soldaten, die nicht viel mehr als Pfeil und Bogen besaßen, mit Gasgranaten schoß. Immer intensiver wurde das Gefühl, daß alle Zukunft fragwürdig sei. Man wurde, wenn man als Journalist, der wenig Geld und keine Protektion hatte, kreuz und quer durch Rom wanderte, nicht mehr froh.

Die Armut gewährt Vergnügungen, die dem Reichtum ewig verschlossen sind. Das erste große Vergnügen war, daß ich von Orangen und Spaghetti leben mußte. Das konnte ich eben noch bezahlen. Unbezahlbar war die bezaubernde Liebenswürdigkeit einer römischen Matrone, die eine Art hatte, die paar Lire meiner Rechnung entgegenzunehmen, als ob es lauter Dukaten wären. Zuweilen stellte sie dem durstigen Scholaren, der um ein Glas Wasser gebeten hatte, mit Grandezza eine Karaffe Wein auf den Tisch. Die strömende Herzlichkeit des Südens ist, ach, so echt! Wie mir später, nach vielen Jahren an vielen Küsten des Mittelmeers, klar wurde, ist sie ein Erbe der Antike, eine niemals erloschene Erinnerung daran, daß der wandernde Fremdling den Göttern heilig ist. Die Götter leben noch!

Das zweite Vergnügen bei meiner Erforschung Roms beruhte darauf, daß der Erwerb eines Baedeker außerhalb meiner Möglichkeiten lag. Auch eine Karte von Rom besaß ich nicht. Ich mußte mir alles zusammenreimen.

Ich stand vor einem riesigen Rundbau am Tiber, und als mir dabei das Wort »Burg« einfiel, war es auch ohne Baedeker klar, daß das die Engelsburg sei. Von da aus war es nicht weit zum Vatikan. Daß der Zutritt zu seinen Schönheiten mich ein Mittagessen kostete, nahm ich in Kauf. Michelangelo ist eine Schüssel Spaghetti wert.

Eines Morgens geriet ich auf eine Straße, die mit herrlichen alten Steinplatten gepflastert war. Sie führte mich aus Rom hinaus. Ich wanderte stundenlang in der heißer werdenden Sonne durch eine Landschaft, die in blauer Ferne von den Albaner Bergen begrenzt wird. Viele alte Grabmäler standen rechts und links der Straße. Einer mächtigen Ruine gegenüber hielt ich Rast. Ein Mönch gesellte sich zu mir. Lateinisch konnten wir uns leidlich miteinander verständigen. Es war die Via Appia, an deren Rand wir saßen. In alten Zeiten hat sie Rom mit Capua, später mit Brindisi verbunden. Sie ist die älteste feste Straße Europas. Das Monument war das Grabmal der Caecilia Metella. Sie war die Schwiegertochter des Marcus Licinius Crassus, der damals der reichste Mann Roms war. Im Triumvirat mit Caesar und Pompeius beherrschte er eine Zeitlang das Imperium. Aber Reichtum genügte ihm nicht. Er war gierig nach Ruhm. So provozierte er einen Krieg im Iran gegen die Parther, in dem er besiegt wurde und ums Leben kam. Seine Schwiegertochter verwendete einen Teil seines Geldes für die Errichtung ihres prächtigen Grabmals. So erreichte die Dame immerhin, daß sie nach zweitausend Jahren noch im Gespräch ist.

Beim Abschied wies mir der Mönch den Weg zu einer Pyramide, der Pyramide des Cestius. Neben ihr liege ein Friedhof, auf dem ich, wie er mit listigem Lächeln meinte, einen Bekannten treffen würde. Es war eines großen Vaters einziger Sohn – August v. Goethe. Auf seinen Grabstein ließ der Einundachtzigjährige im fernen Weimar den Satz meißeln:

GOETHE FILIUS PATRI ANTEVERTENS ANNO XL
Goethe der Sohn ging im Alter von vierzig Jahren dem Vater voraus.

Meine Spaziergänge in Rom unternahm ich, der Hitze wegen, immer schon früh am Morgen. Das hatte den Vorteil, daß es auch an den berühmtesten Plätzen der Stadt noch keine Touristen gab. So stand ich eines Morgens einsam vor einem Triumphbogen, den ich mir lange betrachtete, um herauszufinden, was das große Figurenband darstellt. Dabei entdeckte ich das marmorne Abbild des Siebenarmigen Leuchters aus dem Tempel in Jerusalem. Es war der Triumphbogen des Titus, der die

Heilige Stadt A. D. 70 erobert und zerstört hatte. Und so war es also das Forum Romanum, auf dem ich stand. Herzlich gedachte ich meines alten Lateinlehrers, dessen Strenge ich es verdankte, daß ich viele der Inschriften entziffern konnte.

Fünfhundert Jahre lang ist dieser von grandiosen Trümmern umsäumte Platz die Mitte einer Welt gewesen. Mit einer kleinen Gruppe von Bauern, die mit ihren ochsenbespannten Pflügen Furchen über die Hügel Latiums zogen, fängt die Geschichte des Imperium Romanum an. Mit den Siegen, die wandernde Kriegervölker aus dem Norden und dem Osten des Kontinents über seine Legionen erfochten, geht sie zu Ende.

Aufstieg und Untergang des Römischen Reiches sind in gleicher Weise faszinierend. Es ist aufschlußreich und nicht ohne Ironie, wie sich die Historiker diesem Thema gegenüber verhalten haben. Für das 19. Jahrhundert war die Entstehung eines Weltreiches, das aus kleinen Anfängen durch große Männer groß wurde, ein Vorbild. Für das 18. Jahrhundert, dieses wunderbare Saekulum der Skepsis, war gerade das langweilig. Der Voltairianer wollte wissen, welches die Ursachen waren, durch die ein so mächtiges politisches Gebilde zum Einsturz gebracht worden war. So kam es, daß das erste große, zusammenfassende, auf Quellenstudien beruhende Werk der modernen Geschichtsschreibung diesem Problem gewidmet war. Es ist die zwischen 1772 und 1787 von Edward Gibbon verfaßte »History of the Decline and Fall of the Roman Empire«.

Die interessanteste Periode im Ablauf der Geschichte des Römischen Reiches ist die Zeit, während deren der Aufstieg unmerklich in den Abstieg überging. Diese Epoche, die von Kaiser Hadrian, 117 bis 138, bis Antoninus Pius, 138 bis 161, reicht, ist die einzige glückliche Zeit Roms gewesen, die einzige auch, in der die »Pax Romana« wirklich überall aufrechterhalten werden konnte. Hundert Jahre vorher zwar hatte Augustus dem schrecklichen Bürgerkrieg ein Ende gesetzt, aber – Prélude der Zukunft! – im Teutoburger Wald wurden drei seiner Legionen durch Partisanen vernichtet. Das war fast ein Zehntel der römischen Militärmacht.

Der Nachfolger des Antoninus Pius war Marcus Aurelius, ein großer Herrscher und ein bedeutender Philosoph. In seiner Regierungszeit wurde die Welt des Mittelmeers von einer Pestepidemie heimgesucht. Die Ratten kamen aus dem Osten. Die Epidemie ließ entvölkerte Städte zurück. Der vorher blühende Handel schrumpfte zusammen. Die Seeräuber begannen wieder, die Meere unsicher zu machen. Von dieser Zeit an war Rom niemals mehr vor Invasionen unbekannter Barbaren sicher. Nur während eines Zeitraums von nicht ganz zwei Jahrhunderten seiner langen, bewegten Geschichte hat sich das Imperium der Freiheit von Furcht erfreut!

Warum ist es den Römern trotz vieler Versuche nie gelungen, in Asien festen Fuß zu fassen? Der Euphrat war und blieb die Grenze. Jenseits des alten biblischen Flusses hat immer wieder Unglück sie getroffen. Die Staatskunst der hellenistischen Herrscher, der Nachfolger Alexanders des Großen, hatte nach langen Kämpfen im Bereich des östlichen Mittelmeers und im Westen Asiens eine »Balance of Power«, ein Gleichgewicht der Kräfte geschaffen. Die Römer hätten die Möglichkeit gehabt, durch eine intelligente Mischung von Bündnissen und Bestechungen dieses Gleichgewicht aufrechtzuerhalten. So hätten sie bei Drohungen aus der Tiefe Asiens immer Verbündete gehabt. Statt dessen wählten sie die Methode, diejenigen, die ihre Verbündeten hätten sein können, zu unterjochen, ein Fehler, der bis in unsere Zeit herein in der Geschichte immer von neuem gemacht wird – zuweilen zum Glück derer, die davon betroffen werden! Wie schlecht müssen die Eroberer ihre Herrschaft ausgeübt haben und wie verhaßt müssen sie gewesen sein, wenn es möglich war, daß ein König am Schwarzen Meer eine sich über ganz Kleinasien erstreckende Widerstandsbewegung organisieren konnte, die es fertigbrachte, in einer einzigen Nacht achtzigtausend Römer zu ermorden.

Die älteste Ursache für Roms Untergang blieb freilich nicht nur den Römern verborgen, sondern auch den Historikern, und zwar sowohl denen, welche den Aufstieg Roms bewunderten, als auch denen, die seinen Zerfall analysierten. Erst neuere Forschungen haben diese Zusammenhänge aufgedeckt. Es war ein Ereignis auf der anderen Seite des Erdballs, wo es ein Weltreich gab, das von Rom so wenig wußte wie Rom von ihm. Das Ereignis fällt ungefähr in die Zeit des Zweiten Punischen Krieges, als Hannibal von Scipio Africanus bei Zama besiegt wurde. Auch China hatte seine Barbaren des Nordens. Gegen sie errichtete es die Chinesische Mauer und verteidigte sie so erfolgreich, daß vom Beginn des 2. Jahrhunderts vor Christi Geburt an den Nomadenstämmen aus den Steppen Asiens der Weg nach Süden verschlossen war. Sie setzten sich nach Westen in Bewegung und brachten so jene Völkerwanderung in Gang, deren letzte Wellen bis Afrika gelangten und die schließlich das großartige Gebäude des Imperium Romanum zum Einsturz brachte. Es ist fast der einzige Trost, den das Studium der Weltgeschichte bietet, daß es Ereignisse gibt, die sich jeder Vorausberechnung durch menschliche Intelligenz entziehen. So bleibt uns ein Sektor der Geschichte erhalten, innerhalb dessen die Frage nach dem Sinn noch nicht sinnlos geworden ist.

Wie sehr auch ein skeptischer Voltairianer wie Edward Gibbon ein Kind seiner Zeit war, kann man aus dem Abschluß ersehen, den er seinem großartigen Werke gab. Es ist nur ein kurzer Essay über das Byzantinische

Reich, in dem er nicht viel Aufmerksamkeit darauf verschwendet, welches Erbe Rom noch bei seinem Untergang der Welt hinterließ. Ohne Caesar gäbe es gewiß kein Europa. Aber das Verdienst, daß das von Caesar geschaffene Europa so lange erhalten blieb, bis die Völkerwanderung vorüber war und der Westen seine Staatsgebilde geformt hatte, das gebührt Byzanz. Fragte man den Patriarchen von Istanbul nach der Bedeutung Roms für den christlichen Glauben, könnte er lächelnd mit dem Satz eines evangelischen Theologen antworten: »Die christliche Theologie ist ein Werk der griechischen Philosophie auf dem Boden des Evangeliums.« Zur Zeit des heiligen Augustinus, des ersten Kirchenvaters lateinischer Sprache, war dieses Werk zum größeren Teile schon vollbracht. Der Gewährsmann, auf dessen wunderbar umfassenden Satz der Patriarch sich berufen könnte, ist der Berliner Theologe Adolf v. Harnack.

Die Spanier sind ein anderes Volk Europas, dessen Sprache eine Tochter des Lateinischen ist. Nur im Nordosten des Landes ist zu beiden Seiten der Pyrenaeen das Baskische erhalten geblieben. Es ist keiner europaeischen Sprache verwandt und vermutlich die Sprache der vorgeschichtlichen Iberer.

Das Römische Reich verdankt Spanien einen großen Philosophen, Seneca, und zwei gute Kaiser, Trajan und Hadrian. Das hat nicht gehindert, daß die Spanier den Römern beinahe noch weniger ähnlich sind als die Italiener. Rom hat Spanien kein Byzanz hinterlassen, welches das Erbe der Antike hätte bewahren können. So wurde dieses reiche Land Jahrhunderte hindurch von Eroberungen, Plünderungen, Zerstörungen heimgesucht. Selbst als der Islam die Iberische Halbinsel fast vollständig erobert hatte, gab es keinen Frieden. Die Reconquista, die Rückeroberung Spaniens, war ein Krieg von fünfhundert Jahren Dauer zwischen dem Kreuz und dem Halbmond. Sie ging vom Norden aus, von Kastilien, das von seinen Sängern als »Burg und Herz Spaniens« gepriesen wird. Dem geistvollen Essay »Theorie Andalusiens« von Ortega y Gasset verdanken wir die Einsicht, daß allein der sanfte Charme Andalusiens die Wechselfälle von Jahrtausenden zu überdauern fähig war. Die Andalusier, die an der südlichsten Küste Europas leben, waren schon vor den Phoinikern da, also tausend Jahre bevor Spanien römisch wurde. Um so merkwürdiger ist es, daß diese Nation mit ihrer langen Geschichte und der Unzerstörbarkeit ihrer Traditionen eine Kapitale hat, die aus neuerer Zeit stammt. Madrid verdankt seine Bedeutung einem politischen Entschluß. Keine Hauptstadt in der Welt ist so sehr wie Madrid geprägt durch die Tatsache, daß sie die Willensschöpfung eines einzigen Menschen ist. Kommt man von der Sierra de Guadarrama herunter, sieht man Madrid in der Ferne liegen, hingebreitet über einen langgestreckten Hügel, unruhig, flimmernd, hell und künstlich, wie eine riesige Siedlung vorzeitlicher Termiten. Aber die Termite ist der Mensch, und des Menschen Wille sind die Kapitalen.

Madrid entbehrt der landschaftlichen Schönheit. Es ist nicht irgendeine Ebene, aus der sich die Kuppe erhebt, auf der Madrid erbaut wurde. Es ist eine wasserarme, baumlose, unfruchtbare Steppe. Das Wasser für die Stadt kommt an die fünfzig Meilen weit aus dem Gebirge. Aber der Trotz des Menschen wohnt, wo es ihm behagt, und zuweilen behagt ihm das Unbehagen. Das Klima Madrids ist teuflisch – eiskalte Winde im Winter, unerträgliche Hitze im Sommer! Von der Luft Madrids sagt der Madrilene, sie sei so scharf und fein, daß sie einen Menschen töten, aber kein Licht auslöschen könne.

Als Alfonsus VI. von Kastilien Madschrît A. D. 1083 von den Mauren zurückeroberte, war es eine kleine Festung, die an der Stelle des heutigen königlichen Schlosses stand. Philipp II. war es, der, des Streites der Provinzen und ihrer Granden müde, im Jahre 1561 seine Residenz von Toledo nach Madrid verlegte und die Stadt zur »Unica Corte«, zur Stätte des königlichen Hofes, erklärte. Es war ein souveräner Akt politischen Willens. Der König wählte Madrid, gerade weil es keine Tradition hatte. So allein war es möglich, die Rivalität aller anderen, einander vielfach widerstreitenden Traditionen auszuschalten. Madrid, in der geographischen Mitte der Iberischen Halbinsel gelegen, wurde auch der politische Mittelpunkt des Landes. Die Entwicklung hat Philipp II. recht gegeben. Wahrscheinlich ist es dieser seiner so einfach erscheinenden Maßnahme zu verdanken, daß Spanien in den Jahrhunderten seiner Schwäche trotz bedeutender separatistischer Kräfte die staatliche Einheit bewahren konnte. Der Madrilene ist ein leidenschaftlich politischer Mensch in einer politischen Stadt. Seit Philipps II. Zeiten sind die Geister nicht zur Ruhe gekommen.

Kurz nachdem das faschistische Rom seinen Krieg mit Aethiopien angefangen hatte, entbrannte in Spanien der Bürgerkrieg. Es läßt sich nicht entscheiden, auf welcher Seite der blinde Haß die schlimmeren Untaten begangen hat. Schon Goya hat in seinen »Desastres de la Guerra« diese Schrecken eindrucksvoll dargestellt.

Die Entscheidung im Bürgerkrieg wurde herbeigeführt durch die Waffenhilfe, welche Rom und Berlin den Falangisten gewährten, während die Republik große Schwierigkeiten hatte, Waffen auch nur auf legalem Wege zu erwerben.

Nach dem Ende des Bürgerkrieges konnte man von Frankreich nach Spanien nur über die Grenze an der atlantischen Küste einreisen. So gelangten wir, die Freunde vom Wilhelmsplatz, über San Sebastian, wo die Ambassaden untergebracht waren, nach Burgos, wo die neue Militärregierung Quartier genommen hatte. Die Kathedrale von Burgos ist eine der schönsten Kirchen Spaniens. Dreihundert Jahre haben an diesem Gebirge von Stein gebaut. Es ist eine Festung Gottes, in der die Gebeine des Campeador, Don Rodrigo Diaz de Vivar, genannt El Cid, in einer Urne aufbewahrt werden. Er ist Spaniens großer Held der Reconquista. In der Corpus-Christi-Kapelle der Kathedrale steht noch immer der berühmte Koffer, welchen der Campeador den Juden Rachel und Vidas für ein Darlehen von sechshundert Dukaten als Pfand übergab, gefüllt mit nichts als Sand und seinem Ehrenwort.

Als wir nach Burgos kamen, war nicht mehr die Kathedrale der Mittelpunkt der Stadt, sondern das »Grandhotel Condestable«. Grandhotel-Hallen sind für die moderne Politik offenbar unentbehrlich. Man kann sich nicht mehr vorstellen, wie man früher in der Diplomatie ohne sie ausgekommen ist. In der Halle des »Condestable« in Burgos war zu diesem Zeitpunkt jeder eine Figur auf dem Schachbrett der Politik oder der Weltwirtschaft, und einige waren Figuren auf dem Schachbrett der Geschichte. Wenn der Maréchal Pétain, damals der Botschafter Frankreichs im spanischen Hauptquartier, die Halle betrat, wurde es still. Jedermann drehte sich um, den unscheinbaren Mann mit kleinen schnellen Schritten vorbeigehen zu sehen, bis er hinter einem Vorhang von schwarzem Samt verschwand. Denke ich heute an diese Szene, die in weniger als einer Minute vorüber war, erscheint sie mir völlig gespenstisch. Von Burgos fuhren wir nach León, das mit Kastilien und Aragón zu den Kernländern Spaniens gehört. Schon die Römer bezogen Pferde für ihre Circusrennen aus León. Heute werden dort die Stiere für die Corridas gezüchtet. In León, Kastilien und Aragón begann der Kampf um die Befreiung Spaniens vom Islam. Im Bürgerkrieg hatte León von Anfang an auf der Seite der falangistischen Revolte gestanden. Die Kernländer der Republik waren Asturien im Norden und Katalonien mit seiner Hauptstadt Barcelona im Osten. In den Jahren des Bürgerkrieges lag in León die »Legion Condor«, ein Detachement der deutschen Luftwaffe. Sie sollte nach Beendigung der Feindseligkeiten durch eine Parade verabschiedet werden. B. E. W. und ich waren auch dieses Mal nicht von der Regie erfaßte Zuschauer. Mit einer Art von Paradeschritt zogen die Soldaten der Luftwaffe an dem auf einem kleinen Podium stehenden spanischen General vorüber, dem sie zum Sieg gegen die Republik verholfen hatten. Die jungen Soldaten dachten nicht daran, daß sie über die Gräber von unzähligen unschuldigen Opfern marschierten. Und sie ahnten nicht, daß es ihre eigenen Gräber waren, denen sie entgegenzogen.

Die Kampfflieger der »Legion Condor« kannten schon von ihren Karten her den Namen einer kleinen spanischen Stadt, den wir erst auf unserer Fahrt nach Spanien in Paris zum ersten Male hörten – Guernica!

Der vollkommene Zynismus des Generalstabsdenkens hatte sich mit der perfekten Mißachtung der Technik für den Menschen zu einem monströsen Bündnis vereint. Um die Wirkung der Sturzkampfbomber zu erproben, wurde, ohne jeden Grund, die kleine Stadt Guernica in Schutt und Asche gelegt. Der Angriff erfolgte, ohne daß die Bürger gewarnt wurden. Ein Fünftel der Einwohner fiel dem Angriff zum Opfer.

Im Gefühl der ganzen Welt ist diese Aktion zum ersten Mal als das empfunden worden, was man später »Kriegsverbrechen« nannte. Guernica wurde zum Exemplum magnum des Leides unserer Erde. Es wurde das durch ein Exemplum magnum der Kunst. Picassos Gemälde »Guernica« ist ein Meisterwerk der Malerei des 20. Jahrhunderts. Es hängt in New York.

Madrid schäumte über von Lebenslust. Der Bürgerkrieg war zu Ende! Die jahrelange Verteufelung des republikanischen Spanien als »rot« hatte dazu geführt, daß die Überlebenden meinten, der Waffenstillstand habe sie vor dem Bolschewismus bewahrt. In der Halle des »Ritz« in Madrid saßen wieder die Granden Spaniens. Zuweilen auch sah man den von einer lila Kordel geschmückten Hut eines Bischofs. Ein Kenner dieser Welt zeigte uns die Duquesa von Medina Sidonia, eine Nachfahrin jenes spanischen Admirals, unter dessen Befehl die Große Armada gestanden hatte. Die Herzogin trug kostbaren Smaragdschmuck und dazu Segeltuchschuhe. Smaragde gab es. Leder gab es nicht. Ein Orchester spielte auf. Es stellte sich heraus, daß man einen eleganten Tango auch in Segeltuchschuhen tanzen kann.

Wir traten die Heimfahrt an. Wir wollten über San Sebastian, Biarritz, Bayonne, durch die Provence und von da über Grenoble zunächst nach Genf fahren. An der spanisch-französischen Grenze erlebten wir einen Zwischenfall. In San Sebastian hatte eine Dame, die ihren eigenen Wagen fuhr, aber allein war, sich uns für die Fahrt nach Frankreich angeschlossen. Sie war, obwohl nicht mehr jung, eine recht hübsche Person, von jenem Alter, von dem die Franzosen so schön sagen, daß es entre deux âges – zwischen zwei Altern – liege. Als wir am spanischen Zoll ankamen, trat aus der Baracke ein Offizier heraus, ein Hauptmann, offenbar der Kommandant dieser für die Falangisten wichtigen Grenzstation. Hinter ihm erschienen die Zöllner. Unser Wagen war schnell abgefertigt, nicht dagegen der Wagen der Dame hinter uns. Der Hauptmann, ein recht ansehnlicher Bursche, stand mit einem kleinen ironischen Lächeln neben dem Wagen und trommelte mit den Fingern der rechten Hand auf den

Kofferraum. Es entspann sich zwischen ihm und der Dame eine lebhafte Unterhaltung, die wir, da spanisch geführt, nicht verstehen konnten. Doch war aus den Gesten ersichtlich, daß irgend etwas mit dem Inhalt des Kofferraums nicht in Ordnung war. Auch die Dame lächelte, freilich nicht so sehr liebenswürdig, eher ein wenig kokett. Schließlich bat der Hauptmann sie, durchaus höflich, ihn in eine zweite, etwas weiter zurückliegende Baracke zu begleiten. Wir warteten auf ihre Rückkehr. Unsere Sorge stieg von Minute zu Minute. Nach einem Zeitraum, der uns wie eine Ewigkeit erschien, kamen beide zurück. Sie strich sich zweimal über das Haar. Die Kontrolle schien erledigt. Auch sie bekam ihre Papiere. Wir wechselten hinüber zur französischen Grenzstation. Die Franzosen hatten die ganze Szene beobachtet. Es gab keine Schwierigkeiten. Beide Wagen passierten. Zwanzig Kilometer weiter, an einer Stelle, an der ein kleiner Weg in die Hügel rechts der Straße führte, stoppte unsere Reisegefährtin uns durch ein Signal und bat uns, mit ihr den kleinen Weg ein Stück entlangzufahren. An einer unübersichtlichen Kurve zwischen Gebüschen auf beiden Seiten hielten wir. Sie öffnete ihren Kofferraum. Heraus kroch ein junger Bursche, völlig steif und verkrümmt, halb ohnmächtig von der Hitze in dem Blechgehäuse – ein junger Soldat der Internationalen Brigade, den die Lady davor bewahrt hatte, an der spanischen Grenzstation füsiliert zu werden.

In Bayonne trennten wir uns. Die Lady fuhr nach Paris. Ihren Schützling nahm sie noch ein Stückchen mit. In Bordeaux wollte der junge Mann versuchen, als Matrose anzuheuern. Sein Ziel war Amerika. Wir hatten Grund, ihn zu beneiden. Wir beratschlagten, ob wir ihm noch etwas Geld geben könnten. Aber die Dame wehrte lächelnd ab. Sie werde schon sorgen. Wir sagten einander Les Adieux.

Erfüllt von jener leisen Melancholie, die man immer empfindet, wenn man sich von einem guten Reisekameraden trennt, trotteten wir zum Musée Bonnat. Wir hatten nicht viel Lust zu dem Besuch, aber das Museum beherbergt neben vielen anderen Kostbarkeiten eines der schönsten Bilder von Ingres und eine der größten Sammlungen von Zeichnungen Leonardos, die es auf der Welt gibt. Sie zu betrachten erschien uns, den alten Premierentigern des Theaters, der Literatur und der Malerei, wie ein Abschied. Bruno E. erfand das schöne Wort »Derniere«.

Wir machten uns auf den Weg nach Toulouse. Lange fuhren wir stumm, unseren Gedanken nachhängend, durch die wunderbare Landschaft der »Dulce terre belle«, des süßen schönen Landes, wie die Troubadours Frankreichs Süden getauft haben. Wir zogen Bilanz.

In Spanien war uns klar geworden, daß Guernica eine Generalprobe gewesen war und daß nichts mehr den Zweiten Weltkrieg aufhalten werde. Paris würden wir nicht wiedersehen. Nach einer Niederlage, sollte man sie überleben, würden wir den Rest unseres Lebens wahrscheinlich in einem Bergwerk verbringen. Sollte aber der Mann vom Wilhelmsplatz siegen, würde es wohl Paris nicht mehr geben. So sahen für uns die europaeischen Alternativen aus.

Die nach dem Ende des Ersten Weltkrieges in Deutschland einander folgenden Ereignisse hatten schon immer wenig Anlaß zu Optimismus gegeben. Dem Waffenstillstand folgten die Spartakuskämpfe, Versailles, die Zeit der Putsche, die Inflation, der Ruhrkampf, die Deflation, die Weltwirtschaftskrise. Die Erbitterung des Existenzkampfes wuchs zufolge der immer größer werdenden Zahl von Arbeitslosen. Tiefe politische Verbitterung breitete sich nach allen Seiten aus. Wir mußten uns sagen, im Grunde sei es kein Wunder, daß in dieser von Jahr zu Jahr wachsenden Anarchie der »terrible simplificateur« hochkommen konnte.

Bruno E. meinte: »Aber seine Methoden waren doch von vornherein so abstoßend, so niederträchtig, so hinterhältig, so verlogen, daß wir niemals auf ihn hereingefallen sind.«

»Aber wir haben einen Fehler gemacht! Wir sind vielleicht beide leidlich anständige Burschen. Wir haben uns dabei wohl gefühlt und es schließlich sogar ein bißchen zu etwas gebracht. Aber daraus folgt nicht, daß ordinäre Methoden nicht zum Erfolg führen könnten. Jetzt wissen wir, daß eher das Gegenteil der Fall ist!«

»Aber seine antisemitische Propaganda war doch so dumm! Wie konnten die Leute in solchen Massen auf so törichte Argumente hereinfallen?«

»Meinst Du wirklich, daß er die Leute mit Argumenten überzeugen wollte?«

»Sicherlich! Und mit welchem Erfolg! Die Machtergriffenheit hat sich doch in Germany unterdessen ganz schön verbreitet!«

»Ich glaube, Du übersiehst etwas. Er hat, nach meiner Meinung, nie die Absicht gehabt, durch Argumente zu überzeugen. So dumm war er wieder nicht, daß er nicht gewußt hätte, wie dumm seine Argumente waren. Es war Haß, was er verbreiten wollte. Und Haß – wie soll ich sagen? Am besten kommt man hier, wie so oft bei komplizierten Erscheinungen des Lebens, mit der medizinischen Terminologie weiter. Haß ist wie ein Virus, das in epidemischer Form genauso geistige Zerstörungen anrichtet, wie ein biologisches Virus körperliche Schäden verursacht. Propaganda in dem Ausmaß, wie der sie betrieben hat, erzeugt eine Art von intellektuellem Nebel.«

»Eher war es Qualm!«

»Ich wäre einverstanden, aber ›Verqualmung‹ ist nicht das richtige

Wort. Vernebelung ist besser. Im Nebel sieht auch der Adler nichts mehr.«

»In der Tat, immer schon ist mir aufgefallen, daß wir, selbst bei einem kurzen Aufenthalt im Ausland, sofort wieder klarer sahen.«

»So, wie wir beide jetzt! Man kann dem noch etwas hinzufügen. Der Nebel wurde allmählich so dicht, daß die Genossen des braunen Mannes anfingen, ihre eigenen Lügen zu glauben. Ich habe sogar den Verdacht, auch er, von seinem Erfolg verblüfft, ist allmählich den Suggestionen, die sein Apparat in so uferloser Weise verbreitete, erlegen. Er hat angefangen, selbst zu glauben, was er so viele Jahre lang predigte. Erfolg wird ja immer als Beweis gewertet.«

»Ob das stimmt, darüber muß ich noch nachdenken. Auf jeden Fall hat Deine Virustheorie etwas Einleuchtendes, wenn man sie auf die Konvertiten anwendet. Erinnerst Du Dich noch, wie anno 33 unser gemeinsamer Freund, Du weißt, der H. G. M., umfiel und mit diesem so plötzlich in Mode gekommenen Abzeichen auf dem Rockaufschlag erschien?«

»O ja! Ich erinnere mich! Erst haben wir ihn ausgelacht. Als wir dann merkten, daß er ganz ernsthaft das Argumentenarsenal der braunen Propaganda zu gebrauchen anfing, haben wie ihn nur noch verachtet.«

»Das hat er nie verstanden.«

»Soll ich Dir verraten, warum? Er hat die Argumente wirklich und wahrhaftig geglaubt.«

»Aber doch nicht die antisemitischen…«

»Die vielleicht nicht! Wohl aber die politischen, oder wenigstens einige davon. Und das war zunächst so dumm auch wieder nicht. Von den Argumenten waren ja eine ganze Menge sachlich richtig!«

»Die Torheit der Reparationen! Der beklagenswerte Versuch der Sieger, einige der Erfindungen ihrer Kriegspropaganda durch hartnäckige Wiederholung in Wahrheit zu verwandeln. Na, Du weißt schon!«

»Gewiß! Nicht alles, was der Spießer aus Braunau behauptet, ist erfunden.«

»Aber das ist doch eigentlich ein schrecklicher Gedanke.«

»Das wäre er ohne Schopenhauer. Schopenhauer hat einmal gesagt – ein ewig tröstliches Wort bei so verzweifelten Entdeckungen: ›Der Spießer hat zuweilen recht in der Sache, aber niemals in den Gründen.‹«

Bruno E. dachte eine Weile nach.

»Das ist wahrhaftig ein Trost! Aber er wird uns teuer zu stehen kommen!«

In Avignon hatten wir noch einmal Rast gemacht. Der Papstpalast! Das 13. Jahrhundert! Aber wie schrecklich ging es auch damals schon in diesem alten Europa zu. Zwei Päpste, die einander bekämpften! Und zuweilen waren es ihrer drei! Auf der Fahrt nach Lyon, nur wenige Meilen hinter Avignon, näherten wir uns einer Straßengabel. Rechts ging es nach Lyon weiter, links nach Châteauneuf du Pape. Ich hatte im Michelin entdeckt, daß es in diesem kleinen Ort ein Restaurant gab, das drei Sterne hatte – »Chez la Mère Germaine«. Wir hatten noch nie in einem Dreisternelokal gespeist. Bruno E. schlug vor, wir sollten dort noch eine allerletzte Derniere feiern. Ich erinnerte ihn an den Stand unserer Reisekasse. Listig lächelnd zog er aus der Brusttasche zwei Zehndollarnoten, von denen ich, der die Kasse verwaltete, nichts wußte.

Wir bogen links ab!

Die Derniere »Chez la Mère Germaine« wurde ein großartiger Spaß. Es gehört zu den Merkwürdigkeiten der menschlichen Seele, daß das Vergnügen an einer Sache nicht unbedingt geschmälert wird durch das Wissen, es wird das letzte Mal sein, daß man sie genießt. Es kann nicht mit Sicherheit entschieden werden, ob eine Henkersmahlzeit nicht doch ganz gut schmecken kann. Das Hors d'œuvre war eine Komposition von vierundzwanzig Kleinigkeiten. Als dritten Gang gab es Ecrevisses provençales. Sie wurden ohne Besteck serviert. Dafür setzte man jedem von uns eine Schale Wasser vor mit einer Scheibe Zitrone darin. Auf dem Wasser schwebte zart eine Malvenblüte. Als wir fertig waren und uns die Finger gespült hatten, warf der Freund einen melancholischen Blick auf die Schalen mit der ein wenig rötlichen Flüssigkeit, über deren Ölflecken noch immer die Malvenblüten schwebten. »Siehst Du, und das wird man uns übermorgen in Berlin im ›Adlon‹ als Krebssuppe servieren!«

Als wir oberhalb von Genf die Schweizer Grenze überschritten, begrüßte uns der Zöllner, nachdem er unsere Pässe visitiert und das spanische Visum entdeckt hatte, mit der freudigen Bemerkung: »Da haben die Herren aber Glück! Heute morgen ist die Ausstellung des Madrider Prado in Genf eröffnet worden.« Nie ist diese Königliche Sammlung – van Eyck, Rogier van der Weyden, Tizian, Alberto Durero, Greco, Velasquez, Goya – schöner ausgestellt gewesen als in dem lichtdurchfluteten Palais des Völkerbundes. Die Kostbarkeiten des Prado waren aus dem im Kampfgebiet liegenden Madrid rechtzeitig entfernt worden. Als der Bürgerkrieg sich seinem Ende näherte, schickte die Regierung zwei Lastwagen mit den wertvollsten Bildern nach Frankreich. Es scheint, daß es unter den Begleitmannschaften, angesichts der ungezählten Millionen, die sie unter ihren Planen mitführten, eine Panik gegeben hat. Jedenfalls haben die mit so viel europaeischer Kultur beladenen Lastwagen einige Tage lang unbewacht in einem Fabrikhof gestanden. Die Französische Republik nahm das herrenlose Gut in ihre Obhut.

Wir fuhren die leuchtenden Ufer des Genfer Sees entlang. Unsere Gedanken flogen uns voraus dem Vaterlande zu, das keines mehr war. Nie hätten wir geglaubt, daß es das je wieder noch einmal werden könnte.

VII PERIPETIE

Der Ausbruch des Ersten und der Anfang des Zweiten Weltkrieges sind durch einen Zeitraum von fünfundzwanzig Jahren voneinander getrennt. Das ist ein Viertel unseres Jahrhunderts. Hat man beide Ereignisse erlebt, ist man versucht, sie miteinander zu vergleichen. Es ist nicht leicht, so mächtige Felsblöcke aus dem Steinbruch der Vergangenheit heranzurollen. Gedächtnis kann davon Abstand nehmen, daß es weiß, »wie es weitergegangen ist«. Erinnerung vermag das nicht.

Von den Historikern wird nur eine beschränkte Zahl von Quellen anerkannt. Das sind vor allem die Dokumente. Augenzeugenberichte gehören dazu. Sie sind aber um so problematischer, je später sie niedergeschrieben sind. Die Archaeologie ergänzt das Wissen der Historiker. Doch enthält auch diese Hilfe ein Element der Unsicherheit. Die Archaeologen beschäftigen sich mit den Gegenständen, die sie ausgraben. Die Historiker sind auf die Deutungen angewiesen, die die Archaeologen ihren Funden geben. Deutungen sind Theorie. Theorien der Wissenschaft sind zufolge des ständigen Fortschritts der Forschung unbeständig. Die Wissenschaft der Geschichte begründet die Urteile, die abzugeben sie sich befugt fühlt, mit dem, was sie über die Folgen der Ereignisse weiß, mit denen sie sich beschäftigt. Die Möglichkeit, von einer Kenntnis zu abstrahieren, welche zur Zeit eines Ereignisses noch Zukunft war, nehmen natürlich auch die Historiker gelegentlich in Anspruch. Bedienten sie sich aber nur dieser Methode, kämen sie nie zu einer brauchbaren Deutung der Geschichte. Das historische Urteil ist dem Dilemma ausgeliefert, daß es gefällt wird über Handlungen, deren Folgen dem Historiker bekannt sind, nicht aber denen bekannt waren, die handeln mußten. Über kurze Fristen hin mag der Handelnde Folgen seiner Entschlüsse übersehen. Auf lange Sicht hin sind sie dem Kalkül nicht zugänglich. Und wenn schon einmal ein genialer Kopf vom Schleier, der die Zukunft verhüllt, einen Zipfel aufhob, hat er mit seinem Wissen nur selten etwas anfangen können. Zelte von Propheten stehen in der Wüste.

Mit der Kriegserklärung Englands an Deutschland im Jahre 1914 wurde eine Entwicklung in Gang gesetzt, die zur Auflösung des Britischen Weltreiches führte. Hätte der Herr der Downing Street, damals noch ein alter Victorianer, diese Möglichkeit vorausgesehen, ob er dann nicht versucht hätte, dem Schicksal einen anderen Lauf zu geben? Viscount Haldane, der englische Kriegsminister, der beste, den Old England jemals hatte, unternahm diesen Versuch. Er hatte ihn sogar rechtzeitig unternommen. 1912 begab er sich nach Berlin mit dem Plan, über ein Bündnis zwischen England und Deutschland zu verhandeln. Hätte der deutsche Reichskanzler, der zu einer Familie von Frankfurter Demokraten gehörte, die Möglichkeit vorausgesehen, daß ein Mißerfolg seiner Verhandlungen mit Englands Sendboten zum Untergang des Deutschen Reiches führen würde, ob er dann nicht versucht hätte, dem Schicksal einen anderen Lauf zu geben?

Deutschlands Haldane war sein Botschafter in London, Fürst Lichnowsky. Unglücklicherweise besaß er, als mit der Ermordung des Erzherzogs Franz Ferdinand in Sarajewo die europaeische Krise begann, nicht mehr das Vertrauen des Auswärtigen Amtes seines Landes.

Die Schwierigkeiten einer Vorausschau sind nicht beschränkt auf die Aspekte der Geschichte. Beispiele bietet sogar die exakteste aller Wissenschaften, die Physik, zu deren Wesen doch die Voraussage eines Zukünftigen gehört – die Vorausbestimmung nämlich der Resultate ihrer Experimente. Als Planck seine Quantentheorie konzipiert hatte, fand sogar er selbst sie häßlich. Er hatte sich zu der Annahme genötigt gesehen, daß es Größen in der Natur gibt, die sich nicht kontinuierlich verändern, sondern Sprünge machen. Aber das, man denke, hat schon Descartes vermutet, und zwar zu einem Zeitpunkt, als Newton gerade erst geboren war. Das heißt, Descartes hat, noch bevor die Periode der klassischen Physik überhaupt begonnen hatte, ihr Ende vorausgesehen. Erst wir können die Genialität seiner Clairvoyance voll verstehen.

Ein Gegenbeispiel ist Lord Kelvin, ein Physiker von Rang, der an der Erfindung der drahtlosen Telegraphie beteiligt war. In dem Neujahrstoast, den er an der Wende vom 19. zum 20. Jahrhundert ausbrachte, hob er sein Glas, auf das Wohl der Physiker des 19. Jahrhunderts zu trinken, die das imposante Gebäude der Physik errichtet hatten. Den Physikern des 20. Jahrhunderts sagte er voraus, daß sie nichts weiter mehr zu tun haben würden, als die Dezimalbrüche der großen, von ihren Vorgängern gefundenen Weltkonstanten zu präzisieren. Ein kleines Wölkchen am klaren Himmel der Physik – ein Versuch über die Lichtgeschwindigkeit, den Michelson schon 1887 gemacht hatte – bekümmerte ihn nicht. Aus dem kleinen Wölkchen entlud sich das Gewitter der Relativitätstheorie.

Wägt man die Worte, muß man sagen, der Erste Weltkrieg ist ausgebrochen. Die Vernunft, der Europa sein ganzes Dixhuitième gewidmet hatte, entschwand in dem ihm folgenden Jahrhundert. Das wuchernde Gestrüpp des Fortschritts schloß die Vernunft in enger und immer enger werdende Hecken ein. Sie wurde zum Dornröschen. Ob die schlafende Prinzessin wohl je wieder erwachen wird?

Europa, welches das ganze Mittelalter hindurch eine hierarchisch aufgebaute Einheit gewesen war, zerfiel. Das fing an mit Napoleons »Grande Nation«. Die Völker lernten schnell. Einem von dem amerikanischen Commodore Stephen Decatur schon im Jahre 1816 ausgebrachten Trinkspruch entstammt die großmächtige Redensart »Right or wrong my country!« Diese Aufforderung zur Mißachtung des Völkerrechts im Namen des »Sacro Egoismo« wurde zum Wappenspruch des Imperialismus. Was internationale Verträge in dieser Welt völkerrechtlich wert waren, dafür ist ein prächtiges Beispiel die Kongo-Akte. 1884/85 wurde in Berlin unter Bismarcks Leitung eine Konferenz abgehalten, an der alle Großmächte teilnahmen, außerdem die Vereinigten Staaten von Nordamerika, ferner Spanien, Portugal, Belgien, die Niederlande, Dänemark, Schweden-Norwegen und die Türkei. Das wichtigste Ergebnis der Konferenz war die Gründung des Kongostaates. Es wurde außerdem das gesamte Becken des Kongo und seiner Nebenflüsse einschließlich Deutsch-Ostafrikas für neutral erklärt, und das ausdrücklich auch für den Fall eines Krieges in Europa. Die Kongo-Akte wurde in feierlicher Weise unterzeichnet von einer Kaiserin, einem Zaren, zwei Kaisern, einem Sultan, neun Königen und einem Präsidenten. Wenige Tage nach den Kriegserklärungen von 1914 wurde der Vertrag gebrochen. In von der Kongo-Akte für neutral erklärten Gebieten Afrikas wurden Europaeer von Europaeern verhaftet. Neger bewachten ihre Lager. Der Mythos vom weißen Mann erlosch. Wenig später erzwangen deutsche Truppen den Durchmarsch durch Belgien, dessen im Londoner Protokoll vom Jahre 1839 für immer festgelegte Neutralität auch vom König von Preußen anerkannt und garantiert worden war.

Die Frage nach der Schuld am Ersten Weltkrieg konnte durch eine über ein Menschenalter sich erstreckende Forschung der Historiker aller beteiligten Länder nicht vollständig geklärt werden. Im Rahmen der Regeln, die damals für die diplomatischen Beziehungen zwischen den Großmächten galten, sind einige der Maßnahmen der Beteiligten verständlich, andere von unbegreiflicher Leichtfertigkeit. Im Grunde war dieser Krieg die konsequente Fortsetzung des Imperialismus des 19. Jahrhunderts. Auf seinen Ausbruch reagierten die Massen in den Ländern, die mobil machten, mit Begeisterung. Begeisterung ist eine Eigenschaft der Seele. Den Verstand verwirrt sie. Schließlich bedeutete ein moderner Krieg, daß viele Hunderttausende von Jünglingen getötet oder verstümmelt werden würden. Die Einsicht war nicht tot. Sie war verdrängt. Das schlechte Gewissen trat zunächst nur in der Sprache, der uralten Mutter unserer Weisheit, in Erscheinung. Sie enthüllte es in der ihr eigenen hinterhältigen Weise, wenn sie einen Un-Sinn entlarven will. Für das Wort »Verstümmelte« kam das Tarnwort »Kriegsverletzte« in Mode. Einen Weltkrieg später waren es nur noch »Kriegsbeschädigte«. Allein die Italiener haben die überlebenden Opfer der Materialschlachten immer »Mutilati«, die Verstümmelten, genannt. Ihre Sprache scheute sich nicht, zu sagen, was war.

Fürchterliches wurde unter der Jupiterlampe der Begeisterung auch fernerhin der Sprache angetan. Die Verse, welche damals die Soldaten mit Kreide an die Waggons kritzelten, diese Vorsärge, in denen sie zur Front gerollt wurden, waren von erschütternder Primitivität – Graffiti der Torheit! Die tapferen jungen Soldaten ahnten nicht, daß das Grundelement der Tapferkeit Angst ist. Ich selbst bin, wenige Wochen später, in einem Zug mit Kriegsfreiwilligen über den Rhein gerollt und habe, stehend und tief bewegt, seine Wacht gesungen. Ich war sechzehn Jahre alt.

Wenige nur durchschauten von Anfang an, daß das entscheidende Merkmal der Begeisterung Verlust der Urteilskraft ist. In unübertrefflicher Weise findet diese Einsicht ihren Niederschlag in einer Anekdote, wie sie nur dem sächsischen Genie gelingen konnte. Das Merkmal des sächsischen Esprit ist ein eigentümliches Talent, schwierige metaphysische Zusammenhänge mit Hilfe einer Art von tiefsinniger Albernheit zu klären.

Max Reger, ein Bayer, Komponist und Direktor des Leipziger Konservatoriums, betritt am 1. August 1914, ein wenig außer Atem, das Atelier Max Klingers, des Malers, Radierers und Bildhauers, der in Leipzig geboren wurde. Reger berichtet seinem Freunde bestürzt, der Krieg sei ausgebrochen. Klinger sieht ihn traurig an und sagt: »Nun kommt's nur noch auf eins an – nur kee'n klaren Kopf behalten!«

Der Zweite Weltkrieg ist nicht ausgebrochen. Er ist sorgfältig vorbereitet worden. Er wurde angefangen. Begleitet wurde dieser Anfang von einem Übermaß an Redeschwall. Die allgemeine vaterländische Begeisterung von anno 14 war ehrlich. Der Redeschwall war so unwahr, wie er sein mußte, um ein klares Verbrechen glaubhaft verteidigen zu können. Was dem Redeschwall an Wahrheit fehlte, wurde durch Lüge ersetzt. Das Instrument, das die Technik, die immer bereite, dem Redeschwall zur Verfügung stellte, war der Lautsprecher. Niemand bemerkte die Ironie, mit der die Sprache diesem Apparat seinen Namen gegeben hatte.

Als der Angriff auf die Republik Polen am 1. September 1939 von den Lautsprechern verkündet wurde, saß ich in einem Café am Kurfürstendamm. Der Jubel, den man, nach allen Erfahrungen, befürchtet oder erhofft hatte, trat nicht ein. Die, die jubelten, waren nicht mehr die Majorität. Die, die schweigen gelernt hatten, waren nicht mehr die Minorität.

Kaum ein lautes Wort wurde gewagt. Niemand konnte wissen, wes Geistes Kind der Nachbar am Nebentisch war. Denunziation war, wie immer und überall in Diktaturen, eine verbreitete Niedertracht. Von Zeit zu Zeit warf der eine oder andere einen scheuen Blick zum Himmel. Vielleicht tauchten in Minuten schon Bombengeschwader auf, die Stadt in Schutt und Asche zu legen. Still gingen die Leute nach Hause. Diesmal dachten sie an die Hunderttausende von Jünglingen, die getötet oder verstümmelt werden würden. Sie ahnten nicht, daß es Millionen sein würden. Daß einige dieser Millionen mit Weib und Kind kalkuliertem Mord zum Opfer fallen würden, konnte auch die verkommenste Phantasie sich damals noch nicht einmal vorstellen.

In den Konzentrationslagern in Deutschland sind nach vorsichtigen Schätzungen drei Millionen Menschen umgekommen. In den Lagern, die während des Krieges in den besetzten Gebieten im Osten errichtet wurden, sind es sechs Millionen. Diese Lager hießen »Vernichtungslager«. Die Opfer waren da wie dort Geschöpfe Gottes. Aber es wurde ein Unterschied gemacht. In den Konzentrationslagern waren es Morde an Menschen. In den Vernichtungslagern waren es Morde an Juden. Die Morde wurden im Jargon der Täter zu einem Wort zusammengezogen. Allein schon diese Wortbildung, die ich nicht niederschreiben werde, ist ein Beweis dafür, daß zwischen dem Mord an einem Menschen und dem Mord an einem Juden ein Unterschied gemacht wurde. Das ist die letzte Konsequenz des Antisemitismus.

Konfuzius sagt: »Wenn die Worte nicht stimmen, stimmen die Begriffe nicht. Wenn die Begriffe nicht stimmen, wird die Vernunft verwirrt. Wenn die Vernunft verwirrt ist, gerät das Volk in Unruhe. Wenn das Volk unruhig wird, gerät die Gesellschaft in Unordnung. Wenn die Gesellschaft in Unordnung gerät, ist der Staat in Gefahr.«

Mit der Sprache fängt alles an. Es wäre besser gewesen, wenn sich, statt daß zwei Worte gewissenlos zusammengezogen wurden, das Gewissen zusammengezogen hätte. Keiner, der dieses Wort noch immer im Munde führt, kann sich dem Vorwurf entziehen, daß er den Unterschied, den der Antisemitismus macht, weiterhin aufrechterhält, daß er also im tiefsten Grund selbst immer noch Antisemit ist.

Meine liebe alte Freundin Anna Reinach hat in guter Göttingischer Tradition den Sachverhalt auf eine letzte Formel gebracht. Sie war die Witwe des im Ersten Weltkrieg gefallenen Professors Adolf Reinach. Er war Dozent der Jurisprudenz an der Universität Göttingen und als solcher der einzige Jurist unter den Schülern Husserls. Als Anna Reinach aus der

Emigration in die Heimat zurückgekehrt war, gestand ihr einer ihrer Freunde, wie sehr er sich als Deutscher der begangenen Verbrechen schäme. Sie gab ihm die alttestamentarische Antwort: »Ich schäme mich, daß ich ein Mensch bin. Kain war Adams Sohn, und Abel war sein Bruder.«

Die kalkulierten Massenmorde werden gemeinhin als Wahnsinnstaten bezeichnet. Auch die Wahl dieser an und für sich legitimen Wortbildung ist ein Versuch, das Gewissen zu entlasten. Für Ausbruch von Wahnsinn fühlt niemand sich verantwortlich. Aber Wahnsinnstaten sind Taten eines Wahnsinnigen. Das wird kaum je deutlich gemacht. Dabei ist es gar nicht schwierig festzustellen, um welche Form von Wahnsinn es sich hier gehandelt hat. Die Diagnose lautet »Paranoide Defektpsychose mit überwertigen Ideen«.

Mein psychiatrischer Gewährsmann ist Thomas Regau. Als Assistent von Geheimrat Bumke in München hatte er die Hohe Schule der klassischen Psychiatrie durchlaufen. Schon in den Zwanziger Jahren besuchte er viele politische Versammlungen, um den Fall des aufsteigenden Mannes, dessen Gefährlichkeit er frühzeitig erkannt hatte, klinisch sorgfältig zu studieren. Zu diesem Studium wurde er veranlaßt durch die Lektüre eines Buches, in dem der gefährliche Mann selbst seine Ansichten und Absichten enthüllt hatte. Das Buch bietet reiches Material, seinen Fall diagnostisch zu erhellen. Nur wenige Zeitgenossen freilich, außer denen, die von vornherein zu den Anhängern der Bewegung gehörten, haben sich beizeiten die Mühe gemacht, das Buch gründlich zu lesen.

Nach dem Attentat vom 20. Juli 1944 wurde Regau, in seine Position als Beratender Psychiater und Neurologe der in Ostpreußen stationierten Armee, ins Hauptquartier gerufen zur Untersuchung eines Offiziers des Stabes, der bei dem Attentat eine Hirnverletzung erlitten hatte. Im Rahmen seiner ärztlichen Berichterstattung über den Hirnverletzten hatte Regau mehrere persönliche Begegnungen mit seinem eigentlichen Fall. Entschieden also ist er befugt gewesen, über ihn ein klinisches Urteil abzugeben.

»Paranoide Defektpsychose« ist ein schwieriger medizinischer Symptomkomplex. »Paranoia« ist das Wort für Verfolgungswahnsinn. »Paranoid« bedeutet, daß es sich um eine Konstitution handelt, die zu Verfolgungswahn neigt, bei der sich aber diese Störung noch nicht in vollem Umfang manifestiert hat. »Defektpsychose« besagt, daß es sich um eine Psychose, eine chronische Störung der Psyche handelt, bei der im Gesamtbild der Seele bestimmte Gebiete ausfallen, die Seele also defekt ist. Die Intelligenz ist dabei mitbetroffen. Doch lassen sich Defekte der Intelligenz schwerer nachweisen, weil sie in den Regionen, in denen sie erhalten bleibt, sogar überdurchschnittlich hoch sein kann. Was »überwertige Ideen« sind, ist sprachlich klar. In einer Psyche mit paranoider Veranlagung nehmen im Verlauf der Krankheit überwertige Ideen ganz von selbst einen immer größeren Raum ein. So führen sie in der ohnehin schon defekten Seele zu weiteren Störungen des inneren Gleichgewichts. Im Fortgang dieses Prozesses wird schließlich auch die Urteilskraft getrübt. Es ist aufschlußreich, daß das nachahmend Emotionale sogar bei den Gefolgsleuten allmählich die Urteilskraft beeinträchtigte. Bei denen, die dem Kranken am nächsten standen, war sie schließlich nahezu lahmgelegt. Überlegene Urteilskraft ist aber von jeher die wichtigste Fähigkeit großer Staatsmänner gewesen. Ein Patient mit so hochgradigen klinischen Störungen besaß von vornherein nicht die Eignung, die Aufgabe zu erfüllen, zu der er sich »von der Vorsehung berufen« fühlte.

Am Abend des ersten Kriegstages war Berlin verdunkelt. Die Verdunkelung war seit längerer Zeit schon immer einmal wieder geübt worden. Die Berliner hatten daraus einen Spaß im Dunkeln gemacht. Nun war es Ernst geworden. Die lichtfrohe Stadt verwandelte sich in einen gespenstischen Alptraum. Wie die Wände von Felsschluchten stiegen die Fassaden der Mietshäuser in den sternenübersäten Himmel, den der Großstädter sonst nie zu sehen bekommt. Die Kaiser-Wilhelm-Gedächtniskirche sah nun wirklich wie 13. Jahrhundert aus. Überraschend war die Entdeckung, daß der Mensch das Auge eines Raubtiers hat. Trat man in der Düsterkeit einen längeren Weg an, begann man allmählich zu sehen. Das war sogar in Neumondnächten bei dicker Wolkendecke der Fall. Woher dieses Licht stammte, blieb ein Rätsel. Vielleicht ist unsere Erde ein Stern, der noch immer leuchtet. Die Dunkelheit, ein schützender Mantel, den die Natur über die Erde breitet, verwandelte sich in eine unheimliche Drohung. In dieser bellikosen Finsternis war es ein Genuß, durch eine aus vielen Decken bestehende Lichtschleuse in ein Caféhaus oder in eine Bar einzutreten. Man fühlte sich in diesem Augenblick immer ein wenig wie »noch einmal davongekommen«.

Die Praxis, die ich mir gerade ein Jahr vorher am Wedding eingerichtet hatte, nahm ihren gewöhnlichen Verlauf. Ich hatte dieses Quartier gewählt, weil die Gegend nicht als besonders fein galt. So waren Ärzte knapp. Ich hatte gehofft, aus diesem Grund vor Schikanen einigermaßen sicher zu sein. Auch hatte ich dieselben Patienten wie im Friedrichshain, an die ich mich auch nach mehr als zehn Jahren noch gerne erinnerte. Es waren zumeist Arbeiter großer Industriebetriebe, erprobte alte Gewerkschaftler, vom Redeschwall wenig betroffen. Neben der Kassenpraxis entwickelte sich eine bescheidene Privatpraxis von Kleinbürgern –

Kneipenwirten, Ladenbesitzern, Pensionären und der einen oder anderen gescheiterten Existenz, der das Lebensglück versagt hatte, Mitglied einer Kasse zu sein.

Die Crème dieser sicheren Basis in Norden waren Damen des Westens. Ich hatte eine Kollegin, die eine beneidenswert schöne Luxuspraxis im Tiergartenviertel betrieb. Sie steht heute nahe davor, Ministerin zu werden. Wir hatten eine listige Vereinbarung. Bei besonders hartnäckigen Fällen – therapeutisch resistenten Neurosen oder hochentwickelten Hysterien – machte sie zuweilen im Verlauf ihrer Behandlung, ganz beiläufig, die Bemerkung, sie kenne da einen Arzt »am Wedding«, der vielleicht helfen könne. Aber der komme nicht in den Westen! Zuweilen wirkte dieser Trick, und ein Nerz oder auch einmal ein Zobel fuhren im Lancia oder im Alfa Romeo bei mir vor. Die Schwester, die meine Praxis betreute, war streng angewiesen, die Pelze nicht außer der Reihe dranzunehmen. Sie wurden ins Wartezimmer geführt. Ich konnte mich darauf verlassen, daß die Umschlagtücher zu den Nerzen freundlich sein würden. Wenn sie da eine halbe Stunde zwischen meinen Waschfrauen und meinen Kriegsinvaliden gesessen hatten, waren sie die Hälfte ihrer Beschwerden los, ehe sie überhaupt die magische Tür, die das Wartezimmer eines Arztes mit seinem Sprechzimmer verbindet, durchschritten hatten. Die andere Hälfte ihrer Leiden war dann meine Sache.

Einer dieser Damen verdanke ich die Entdeckung eines wichtigen Charaktermerkmals des Berliners. Ich brachte, da ich einen Besuch machen mußte, die Patientin zu ihrem Wagen hinunter. Es war ein Maybach! Der Chauffeur in seiner blauen, maßgeschneiderten Livrée sprang aus dem Wagen. Während er die Tür öffnete, hob er ein wenig seine Schirmmütze. Einige Meter neben uns stand ein junger Bursche. Ich kannte ihn. Er war ein netter Kerl. Er mochte etwa fünfzehn Jahre alt sein. Seine ganze Familie gehörte zu meiner Klientel. Während die Patientin einstieg, überlegte ich mir, was wohl dieser kleine schlaue, ein wenig schäbig gekleidete Straßenjunge sich bei dieser Szene denken mochte. Der Maybach war ein paar Jahre des Lohnes seines Vaters wert. Der Wagen surrte leise davon. Der Zilleknabe grinste mich an und sagte: »Dufter Schlitten, Herr Dokter! Wa'?«

Ich glaube, man ist sich nicht genug darüber im klaren, daß dieser »verwegene Menschenschlag«, der zwischen den Kiefernwäldern und Seen der Mark seine Wigwams aufgeschlagen hat, gegen ein weitverbreitetes Laster immun ist. Berliner kennen keinen Neid.

Die ersten Siegesmeldungen wurden unter Fanfaren durch die Lautsprecher verkündet. Liszt konnte sich nicht mehr dagegen wehren, daß eines der kostbaren Motive aus seinen »Préludes« dafür mißbraucht wurde. Mit Siegen hatte es auch das letzte Mal angefangen. Viele meiner Patienten konnten sich noch gut daran erinnern. Prothesen sind lebenslänglich.

Eine chirurgische Praxis in diesem Quartier war eine Oase der Menschlichkeit. Berliner sind vorzügliche Patienten. Sie nehmen sich und ihre Krankheiten nicht allzu ernst. Sie verlieren niemals ihre Laune. Sie haben Vertrauen zur Wissenschaft. Sie leisten sich sogar die Generosität, zu ihrem Arzt Vertrauen zu haben. Sie sind dankbar. Am rührendsten waren sie immer dann, wenn es einmal einen Mißerfolg gab. Dann ist es, am Wedding, der Patient, der seinen Doktor tröstet, und von da an ist er erst recht treu und anhänglich.

Viele schöne Geschichten passierten. Eine Patientin, der ich den Appendix herausgenommen hatte, kam zur abschließenden Untersuchung. Sie legte ein großes, in den »Völkischen Beobachter« eingewickeltes Paket auf den Schreibtisch, das sie beim Abschied vergaß. Als sie schon fast aus der Tür war, rief ich ihr nach: »Frau Weißnagel! Sie haben Ihr Paket vergessen!« Sie steckte noch einmal den Kopf zur Tür herein: »Nee, nee, Dokterchen! Det is'n Strutz für Sie!« Vom »Völkischen Beobachter« befreit, waren es wunderschöne Tulpen.

Einmal kam ein würdiger Herr zu mir, der über heftige Schmerzanfälle in der linken Bauchseite klagte. Im Laufe der letzten Zeit sei der Schmerz bei den Anfällen immer tiefer gerückt, und jetzt sei es wohl die Blase. Die Diagnose »Kleiner Nierenstein, der im Begriff ist, durch den Harnleiter zur Blase hinabzuwandern«, war nicht schwer. Nun habe ich mein Handwerk nicht nur in Hörsälen erlernt. Auch bei Schiffsköchen, chinesischen Feldscheren und Schäfern in der Heide kann man seine ärztlichen Kenntnisse erweitern. So bat ich den würdigen Mann, auf den Stuhl zu klettern und herunterzuspringen. Er sah mich ein wenig verwundert an, aber er kletterte. Beim Aufsprung schrie er leise auf, und von da an waren die Schmerzen verschwunden. Der Nierenstein war in die Blase gefallen. Diese Wunderkur brachte mir eine hohe Ehrung ein.

Der würdige Herr war der Chefkoch des Hotels »Adlon«. Er bat mich, falls ich da einmal speisen sollte, es ihn auf jeden Fall wissen zu lassen. Nun ging man als Berliner ins »Adlon« eigentlich nur, wenn man es Fremden zeigen wollte. Diesmal ging ich allein. Nachdem ich mich gesetzt hatte, überreichte ich dem Oberkellner auf einem Kassenrezept meinen Wunsch an den Chefkoch, mir ein Filetsteak zuzubereiten. Der Ober nahm mir das Kassenrezept mit spitzen Fingern ab, griff hinter sich nach einem silbernen Tablett, legte das eigentümliche Papier darauf, warf mir einen ernsten Blick zu und verschwand. Als ich das Steak zu verzehren begann, öffnete sich in dem langgestreckten Raum ganz hinten die Tür. In vollem Ornat mit schneeweißer Mütze erschien, von einem Küchenjungen begleitet, der Chefkoch. Alles sah sich, während er durch die Reihen der Tische schritt, nach ihm um, wen er wohl begrüßen werde. Es war nicht der Maharadscha von Kapurtala, nicht der italienische Botschafter, nicht die berühmte Diva – er begrüßte seinen Doktor vom Wedding.

Meiner Praxis gegenüber lag die Kneipe »Zur musikalischen Quelle«. Der Wirt, Herr Totleben, ein Naturgenie, spielte, ohne eine Note lesen zu können, von Bach bis Debussy, was ihm so einfiel. Frau Totleben, die Wirtin, war eine Meisterin des Bratherings, der jeden Freitag frisch zubereitet wurde. Die Berliner nennen diese köstliche Variante des guten alten Herings »Forelle mit Schorf«. Zu diesem kulinarischen Stammtisch trafen sich der Apotheker, der Fleischermeister von nebenan, der Polizeiwachtmeister vom Revier, der Taxichauffeur von der Ecke. Es gab, sogar noch bis in den Krieg hinein, gescheite politische Diskussionen. Lange Zeit noch mißtraute man einander nicht. An dem Tag, an dem ein uns unbekannter Mann in unsere Runde einbrach, war es damit zu Ende.

Eine ebenso lästige wie schwierige Person für mich war der Blockwart. Alle paar Wochen erschien er in meiner Praxis, wie es denn nun mit meinem Eintritt in die Partei stünde. Lange konnte ich ihn hinhalten. Als er anfing, hinterhältig bedrohliche Bemerkungen zu machen, rettete mich ein Engel.

Der Engel war eine Matrone von mindestens zwei Zentnern Gewicht, die als Patientin zu mir kam. Ihr Name war Frau Kullack. Es war der Name meines Blockwarts. Ich durchblätterte mit der linken Hand, vorsichtig schräg nach unten spähend, meine Kartothek: »Kullack, Emil, Ackerstraße 12, 2. Gartenhaus, 3. Stock links.« Es war seine Frau.

Geduldig ließ ich zehn Minuten lang die Klagen über ihre schmerzenden Knie über mich ergehen. Es waren die Knie einer Aufwartefrau, die dreißig Jahre im Beruf war – ein therapeutisch hoffnungsloser Fall. Ich untersuchte sie mit Sorgfalt. Dann schrieb ich das Rezept:

»Oleum olivarum purissimum 200 ccm«

Mißtrauisch sah sie mich an.

»Wat is'n det, Herr Dokter?«

»Na also, das ist reines Olivenöl.«

»Ja, soll ick det da druff tun, uff die Kniee?«

»Aber nein, Frau Kullack! Innerlich! Innerlich!«

Ein feines Lächeln ging über ihr Gesicht.

»Ach so, Herr Dokter, ick va'stehe!«

Alle acht Tage holte sie sich ihr Oleum olivarum purissimum 200 ccm. Ich bekam die Rezepte immer mit wendender Post unhonoriert von der Kasse zurück, aber den Blockwart habe ich nicht wiedergesehen.

Die Gefahr des Parteiabzeichens war abgewehrt. Doch bahnte sich seit längerer Zeit schon ein weit bedrohlicheres Unheil an. Es hatte seine Wurzeln in einer fortgesetzten subversiven Tätigkeit, die ich seit dem Sommer 1933 ausübte.

Es war schon 1945, nach der Niederlage, ein wenig lächerlich, wenn einer von seinem »Widerstand« zu sprechen anfing, und das ist, mit Recht, bis heute so geblieben. Wer dazugehört hatte, schwieg. Es sind aber Freunde, die gerühmt werden müssen. So darf ich füglich berichten.

Im Mai 1933 schrieb Fritz Klein, der Chefredakteur der »Deutschen Allgemeinen Zeitung«, einen Leitartikel »Bruderkampf«. Dr. Klein stammte aus Siebenbürgen. Er war ein gut aussehender, immer elegant gekleideter Mann, der ein halbes Dutzend Sprachen beherrschte. Mit seinem scharfen Verstand, seiner Sachkenntnis und seiner lebhaften Gestik war er ein gescheiter und witziger Gesprächspartner. Als Journalist hatte er europaeischen Rang. Er war ein Freund Stresemanns gewesen. Briand hatte ihm sein Vertrauen geschenkt. Bei mancher Verhandlung im Rahmen der Sitzungen des Völkerbundes hatte er als Vermittler von zuverlässiger Diskretion der deutschen Diplomatie gute Dienste geleistet. Er vertrat das Prinzip, ein guter Journalist müsse immer mehr wissen, als er publiziere.

In seinem Artikel »Bruderkampf« sagte er fast alles voraus, was sich nachher in Österreich ereignete. Der Mann in der Reichskanzlei schäumte vor Wut. Heute wissen wir, daß er sich entlarvt fühlte. Nun war es in den Anfangszeiten der Diktatur noch nicht so ohne weiteres möglich, eine Zeitung, hinter der Großindustrie und Banken standen, zu verbieten. Die Leiter der Konzerne hatten sich, mit nicht allzu vielen Ausnahmen, bei der Finanzierung der Machtergreifung durch Mittel, die sie für den letzten Wahlkampf 1932 zur Verfügung gestellt hatten, Meriten um die Partei erworben. Aber das sollte ihnen nur wenig nützen. Die klugen Leute hatten sich verrechnet. Von vornherein hat der Mann, der so zielbewußt auf die Ergreifung der Macht zusteuerte, keinen Augenblick in Erwägung gezogen, sie mit irgend jemandem zu teilen, am wenigsten, eben weil sie so mächtig war, mit der Großindustrie. Er war nur schlau genug, ihre Ausschaltung in kleine Einzelaktionen aufzulösen. Sein erster Angriff richtete sich gegen die DAZ, die nur am Rande ihrer Interessen lag. Gleichzeitig sah er in einem Verbot dieser Zeitung die Möglichkeit einer Kraftprobe mit den preußischen Konservativen.

Einige einflußreiche Politiker unter den Konservativen hatten sich bemüht, dem Reichspräsidenten von Hindenburg den Parvenu mit den merkwürdigen Manieren akzeptabel erscheinen zu lassen. Das waren in erster Linie Vizekanzler von Papen und Hugenberg, der Chef eines mächtigen Pressekonzerns in Berlin. Sie gaben sich der Illusion hin, mit ihrer alten Macht den neuen Kanzler unter Kontrolle halten zu können. Aber der Mann aus Österreich hat niemals daran gedacht, sich mit preußischen Konservativen zu verbünden. Als er erreicht hatte, was ohne ihre Hilfe auf legalem Wege wohl nicht zustande gekommen wäre, ging er ohne Zögern daran, sich ihrer zu entledigen. Die DAZ wurde für sechs Wochen verboten. Das Propagandaministerium erklärte, daß man das Verbot nur dann aufheben werde, wenn der Chefredakteur zurücktrete. Fritz Klein trat zurück.

Die Konservativen Preußens waren eine festgefügte kleine Welt mit einer Überlieferung, deren Rang nicht immer die Beachtung gefunden hat, die ihr zukommt. »Preußens Gloria«, das waren nicht nur Leuthen und Königgrätz. Dieser Kristall der Geschichte hat viele Facetten. Die Fülle großer Namen reicht von Kleist bis E. Th. A. Hoffmann, von Kaspar David Friedrich und Adolph von Menzel bis Max Liebermann, von Schinkel bis zu den Brüdern Max und Bruno Taut, von Kant bis Hamann, von Wilhelm und Alexander von Humboldt bis Helmholtz, von Robert Koch bis Paul Ehrlich. Einer so glänzenden Reihe von Talenten kann das kleine Land sich rühmen. Sie alle sind Repräsentanten des preußischen Stils. Die meisten von ihnen haben europäischen Rang.

Von europaeischem Rang waren auch Vater und Sohn Rathenau, beide geborene Preußen. Emil Rathenau, der Vater, ein Pionier der Elektrotechnik, erwarb Edisons Patente und gründete die AEG, die »Allgemeine Elektrizitätsgesellschaft«, die sich unter ihm zu einer Weltfirma entwickelte. Später tat er sich auch noch mit Werner von Siemens in der »Telefunkengesellschaft« zusammen. Werner von Siemens hatte 1848/49 die erste unterirdische Telegraphenlinie Deutschlands gebaut, die Berlin mit Frankfurt am Main verband. Walter Rathenau, der Sohn, setzte das Werk seines Vaters fort. 1919 wurde er von der Reichsregierung zur Mitarbeit an der Vorbereitung der Friedenskonferenz berufen. 1922 wurde er Reichsaußenminister. Er schloß mit den Russen den berühmten Vertrag von Rapallo. Kurz darauf wurde er ermordet. Der große Mann der Wirtschaft und der Politik war zugleich ein Schriftsteller von Rang. Seine geistvollen Werke sind mit ihren sozialpolitischen

Ideen so zukunftsweisend, daß sie noch heute nichts von ihrer Aktualität verloren haben.

Bemerkenswert ist die eigentümliche Anziehungskraft, die Preußen durch lange Perioden seiner Geschichte hindurch auf freie Geister ausübte. Der bedeutendste war Voltaire. Aber es hatte schon mit den Hugenotten angefangen, die nach der Aufhebung des Edikts von Nantes als sichere Zuflucht Preußen wählten. Zu ihren Nachfahren gehörten De la Motte-Fouqué, Du Bois-Reymond und Fontane. Er insbesondere war es, der die Mark Brandenburg und sein Berlin herrlich besungen hat. Von den Männern von Bedeutung, die sich zu Preußen hingezogen fühlten, sind die wichtigsten der Reichsfreiherr vom Stein, Hardenberg, Scharnhorst, Blücher, Gneisenau, Moltke. Stein stammte aus dem Hessischen, Hardenberg und Scharnhorst waren Hannoveraner. Blücher kam aus schwedischen, Moltke aus dänischen Diensten. Gneisenau wurde in Schilda in Sachsen geboren.

Nur eine der Facetten der preußischen Kultur ist ein wenig schmal, und nur ein größerer und drei kleine Punkte leuchten da. Das ist die Musik, die die Preußen den Sachsen, von Bach bis Wagner, überlassen mußten. An preußischen Komponisten konnten wir nur vier entdecken – Friedrich den Großen und Albert Lortzing, Paul Lincke und Walter Kollo.

Eine Facette fehlte der Mark Brandenburg, die man »Burg und Herz Preußens« nennen könnte, gänzlich. Fontane hat einmal darauf hingewiesen, daß Brandenburg keine Heiligen, aber auch keine Märtyrer habe.

Heilige wird Brandenburg niemals mehr haben. Märtyrer hat es in Europa in den zwölf Jahren der Tyrannei so viele gegeben, daß man sie nach Millionen zählen muß. Zu ihnen gehören die Männer des 20. Juli 1944. Mit dem Attentat auf den Tyrannen unternahmen sie den Versuch, ein geschichtlich überfälliges Urteil an dem Verderber des Vaterlandes zu vollstrecken. Der Verschwörung gehörten unter Führung des aus Schwaben stammenden Grafen Stauffenberg viele Altpreußen an. Auch wenn das Attentat mißglückte, diese Männer sind es gewesen, die, wenige Monate bevor Preußen unterging, die Ehre der Nation gerettet haben.

Es ist mir eine angenehme Pflicht, darauf hinzuweisen, daß die wichtigste Quelle meines Wissens über Preußens Gloria mein Freund Fritz Bolle ist. Lange schon, ehe wir voneinander wußten, verbanden uns tiefgehende kulturelle Beziehungen. Sein Weg zum Gymnasium führte ihn an der Mauer jenes Krankenhauses im Friedrichshain entlang zu derselben Zeit, als ich dort mein chirurgisches Handwerk erlernte.

Daß die Preußen stolz auf ihre Traditionen sind, kann wohl niemand ihnen als Hochmut auslegen. Aber doch ist gerade der preußische Stil, solange es ihn gibt, Ziel des Spotts gewesen. Unzählbar sind die Geschichten, die schon Jahrzehnte vor dem Ersten Weltkrieg von dem Gardeleutnant mit Monokel und dem Junker, der zur »Grünen Woche« nach Berlin kam, erzählt wurden. Der alte »Simplicissimus« hat geradezu von diesen Geschichten gelebt. So gern über sie gelacht wurde, eines ist dabei immer vergessen worden. Es waren die Verspotteten selbst, die diese Geschichten erfanden. Niemand sonst hätte genug Phantasie dazu gehabt. Das Treffende des Witzes beruhte auf einer genauen Kenntnis des Milieus. Viele der Geschichten sind in den Kasinos der Offiziere entstanden. Ein Merkmal dieses Milieus war es, daß man Bildung möglichst wenig in Erscheinung treten ließ, ein dem englischen »Understatement« vergleichbares Verhalten. Es war die Distanz zu sich selbst, Ironie also, welche den Wert der Geschichten ausmacht. Ein besonders schönes Beispiel ist das von dem Besuch des Insterburger Ulanen bei den Bonner Husaren. Das Regiment hatte den Spitznamen »die Tanzhusaren«. Sie waren eine lebensfrohe Gesellschaft. In herzlicher Gastfreundschaft zeigten sie, die auf dem alten Boden des Römischen Reiches lebten, dem kleinen Leutnant aus dem rauhen Osten dahinten irgendwo an der russischen Grenze die Schönheiten ihrer Heimat. Sie führten ihn zum antiken Stadttor von Trier, dessen zweitausendjährige Pracht er gebührend bewunderte. Im Kölner Dom freilich hatte der Ulan aus Insterburg das Gefühl, genug bewundert zu haben. Er klemmte das Monokel ein, sah sich um und sagte: »Verdammt schnittiges Lokal!«

Wer hätte so etwas erfinden können außer dem, der das sagte! Die Husaren lachten. Keiner von ihnen wäre auf die Idee gekommen, daß das nun wirklich die Meinung des Insterburgers über diesen Wunderbau sei. Er hatte eine schnoddrige Bemerkung gemacht und damit sein Gesicht gewahrt. Er konnte es sich leisten, schnoddrig zu sein. In Danzig gab es die Marienkirche, von deren Großartigkeit die Tanzhusaren vermutlich keine Ahnung hatten. Das Wappen des Ulanen hing in der Marienburg. Einer seiner Vorfahren hatte sie miterbaut. In den Gestüten Ostpreußens wurden die schönen Pferde gezüchtet, auf denen die Husaren so stolz einherritten. Eine zweite Geschichte, in der das Understatement in Wissen und Bildung besonders schön in Erscheinung tritt, sei noch erzählt.

Zwei Leutnants, die in Insterburg in Garnison lagen, treffen sich morgens auf dem Kasernenhof.

»Mor'jn, Herr Kamerad! Habe Sie gestern abend im Kasino vermißt. Wo waren Sie denn?«

»Eingeladen!«

»Was? Eingeladen? Hier in Insterburg? Na erzählen Sie mal! Bei wem denn?«

»Beim Kommerzienrat Schmitt.«

»Ach nee! Und wie war's?«

»Großartig! Wunderbares Haus! Herrliches Essen! Austern mit Schampus! Reizende Leute!«

»Na, und wie ging's nach dem Essen weiter!«

»Mokka und Cognac!«

»Na, und was wurde dann?«

»Beethoven gespielt!«

»Jewonnen?«

Wer ernsthaft glaubt, daß ein preußischer Offizier nicht gewußt haben könnte, wer Beethoven sei, dem ist natürlich nicht zu helfen.

Die Geschichten waren aber durchaus nicht immer nur von so hinreißender Albernheit wie die vom Kölner Dom oder die vom Beethovenspiel. Eine von ihnen, zunächst scheinbar nur ein Beispiel für die Arroganz des preußischen Stils, wurde durch die Entwicklung der Dinge in ihrer Berechtigung auf erschütternde Weise bestätigt. Es handelt sich um eines der berühmtesten Blätter des »Simplicissimus« aus dem Jahre 1906. Es zeigt zwei Halberstädter Kürassiere, die bei der Hochzeit von Bertha Krupp mit Gustav von Bohlen und Halbach auf der Terrasse der Villa Hügel stehen, ein Täßchen Mokka in der Hand. Sie tragen ihre Galauniformen mit den riesigen Kürassierstiefeln, die durch Bismarck in der ganzen Welt bekannt geworden sind. Nachdenklich rührt der eine der beiden Kürassiere in seinem Täßchen und sagt dann zu dem anderen: »Janz nett, wie Kam'rad Bohlen das hier getroffen hat. Wenn er nur nicht den ganzen Klempnerladen mitübernehmen müßte!«

Vierzig Jahre danach wurde der Sohn des Mannes, der damals Hochzeit feierte, weil er während des Zweiten Weltkrieges an der Leitung des »Klempnerladens« beteiligt gewesen war, zu mehreren Jahren Gefängnis verurteilt. Allzu viele Vorschriften der Haager Landkriegsordnung und des Internationalen Roten Kreuzes waren verletzt worden.

Die zahlreichen, immer neuen Geschichten hatten einen merkwürdigen Effekt. Sie waren in ihrem lebendigen Witz so überzeugend, daß schließlich die Karikatur für die Wirklichkeit genommen wurde. Es ist nicht wahrscheinlich, daß dieses groteske Mißverständnis jemals wieder richtiggestellt werden kann.

Die Konservativen Preußens in ihrem festen Zusammenhalt waren auch in der Weimarer Republik noch immer sehr einflußreich. Den Plan, diesen Einfluß zu beseitigen, baute der neue Kanzler auf der von ihm richtig eingeschätzten Naivität seiner Gegenspieler auf. Sie glaubten noch an die alten Spielregeln. Sein Kampf führte zu einem vollen Erfolg. Der Beginn der Auseinandersetzung war – ein makabres Schauspiel – der Tag, an dem Hindenburg in der Garnisonskirche in Potsdam dem Mann, den er in den Sattel gehoben hatte, feierlich vor allem Volk die Hand reichte. Er endete am 30. Juni 1934, dem Tag, an dem der Diktator die gefährlichsten seiner Gegner ermorden ließ. Zu ihnen gehörten der General von Schleicher und seine Frau, Parteigenosse Gregor Strasser, des Mörders alter Mitkämpfer, und Edgar E. Jung, der persönliche Sekretär des Vizekanzlers von Papen. Hugenberg und Papen ließ der Diktator leben. Niemand hätte ihn hindern können, sie zu beseitigen. Aber zu diesem Zeitpunkt waren sie nicht mehr gefährlich. Hugenberg starb in tiefer Verbitterung 1951 im Alter von sechsundachtzig Jahren. Herrn von Papen konnte man, als der Friede zurückgekehrt war, auch weiterhin, elegant und unbekümmert, am Sattelplatz der Rennbahn von Iffezheim bewundern.

Das Verbot der DAZ war eine der ersten gegen die Konservativen gerichteten Aktionen. Sie wurde ohne Protest hingenommen. Es ist ein Merkmal der Gleichschaltung, daß sie langsam durchgeführt wurde. Die Partei riskierte immer nur gerade so viel, wie sie glaubte, ohne ernsthaften Widerstand erreichen zu können. Gelegentlich, wenn sich zeigte, daß sie zu weit gegangen war, nahm sie auch einmal eine gegebene Anordnung zurück. Erst als sich, wahrscheinlich zur Verblüffung des Usurpators, herausstellte, wie wenig Leute es gab, die das Risiko eines Widerstandes auf sich nehmen wollten, wurde das Tempo der Gleichschaltung beschleunigt. Es gab dabei groteske Widersprüche. Im Katalog der Deutschen Buchgemeinschaft in Berlin aus dem Jahre 1935 konnten noch Werke eines Mannes angeboten werden, dem in einer Aktion, die weltweites Aufsehen erregt hatte, die deutsche Staatsangehörigkeit abgesprochen wurde. Es waren Werke von Thomas Mann.

Einige Monate nach dem Verbot der DAZ gründete der leidenschaftliche Zeitungsmann Fritz Klein ein neues Blatt, die »Deutsche Zukunft«. Die erste Nummer erschien am 15. Oktober 1933. Fechter, der an der Gründung beteiligt war, fragte mich, ob ich mitarbeiten wolle. Ich erklärte mich bereit. Die Gründung war ein politisches Meisterstück. Schon der Name war eine Ironie. Er erinnerte an Maximilian Hardens »Zukunft«, die, wenn es sie noch gegeben hätte, zweifellos auf dem Scheiterhaufen verbrannt worden wäre. Das neue Blatt erschien wöchentlich, aber es war gleichwohl keine Zeitschrift. Es war eine Wochenzeitung. Die Vorzüglichkeit des Einfalls bestand darin, daß man, zufolge einer Lücke in den Verordnungen, das Blatt noch lesbar gestalten konnte. Das war, auch zu diesem Zeitpunkt schon, eine selten gewordene Möglichkeit. Das Propagandaministerium verordnete den Zeitungen, gleich, welche politische Richtung sie bis dahin vertreten hatten, »Auflagen«, in denen sie, ob sie das mochten oder nicht, Parteithesen propagieren mußten. Doktor Klein hatte herausgefunden, daß es keine Vorschriften gab, die eine Wochenzeitung zwingen konnten, die Auflagen zu bringen. Die Lücke erklärt sich daraus, daß es zu der Zeit, als die Institution der Auflagen geschaffen und verordnet wurde, kaum noch Wochenzeitungen gab, die nicht bereits gleichgeschaltet gewesen wären. So ist in der »Deutschen Zukunft« während der sechs Jahre ihres Bestehens niemals eine Zeile Antisemitismus gedruckt worden. Als ein berühmter Berliner Schauspieler, der Berlin verlassen und in seine Heimat Wien zurückgekehrt war, bei einem Flugzeugunglück im Jahre 1934 ums Leben kam, brachte Fechter einen Nachruf auf den großen österreichischen Schauspieler Max Pallenberg.

Über den Tod des Malers Max Liebermann, der 1935 starb, durfte nur noch eine kurze Notiz gebracht werden. Dieser Anweisung zum Trotz hat Fechter ihm einen langen, auf seiner glänzenden Sachkenntnis beruhenden Nachruf in der »Deutschen Zukunft« gewidmet.

Anordnungen des Propagandaministeriums über die Form, in der eine Nachricht zu bringen sei, konnten mit fortschreitendem Terror nicht mehr umgangen werden. Etwas anders stand es um Ausdrücke und Benennungen. Diese Vorschriften wurden »Sprachregelung« genannt. Das Wort ist typisch für das Regime. »Sprachregelung« war ein Tarnwort für ganz gewöhnliche Zensur. Es war für uns ein fast heiteres Spiel, die Sprachregelungen mit List zu umgehen. Unsere Leser, die aus ihren Tageszeitungen die offiziellen Formulierungen kannten, lernten bald, unsere Umschreibungen und unsere Bosheiten richtig zu verstehen.

Das Risiko solcher Formulierungen kann sich heute niemand mehr vorstellen. Rudolf Pechel, der Herausgeber der »Deutschen Rundschau«, nahm ähnliche Risiken viele Male auf sich, und eben einmal zu viel. Er mußte seinen Mut mit Konzentrationslager bezahlen.

Professor Emil Dovifat, der erste Gelehrte, der in Deutschland einen Lehrstuhl für Zeitungswissenschaft innehatte, beschreibt unsere Lage mit seiner auf reichen Erfahrungen beruhenden Sachkenntnis.

»Von den in Berlin erscheinenden Zeitschriften waren die von Rudolf Pechel (1882–1961) redigierte ›Deutsche Rundschau‹ und Fritz Kleins ›Deutsche Zukunft‹ Träger einer inneren Opposition aus Umsicht, Klugheit und Tapferkeit. Sie übten Camouflage, das heißt, hinter vorgespielten Argumenten ließen sie die wirkliche Gesinnung dem Suchenden und Verstehenden verständlich werden. In der aus nationalkonservativer Tradition kommenden ›Deutschen Rundschau‹, die

Pechel seit 1919 leitete, begann er – nach den Mordtagen vom 30. Juni und 1. Juli 1934 – eine dem Aufmerksamen deutliche, der Überwachung lange verschleierte Technik des Widerstandes. Er wandte dabei Camouflage als politische Notform und ›Zwischenzeilentechnik‹ so tollkühn an, daß er und seine Frau 1942 verhaftet und bis 1945 im Konzentrationslager gefangen blieben. Paul Fechter (1880–1958) war in der Führung der Zeitschrift einer der treuesten und in der gebotenen Kampfform ein besonders befähigter Mitarbeiter. Unter den Autoren waren führende Persönlichkeiten des 20. Juli, Karl Goerdeler und Adolf Reichwein. Besonders genannt seien Edzard Schaper, Reinhold Schneider, Werner Bergengruen, Wolfgang Goetz. Als Wochenblatt gründete Fritz Klein 1933 die ›Deutsche Zukunft‹, nachdem er die DAZ hatte verlassen müssen. Engster Mitarbeiter war auch hier wieder Paul Fechter. Er gab dem Blatte die Verbindung zur ›Mittwochsgesellschaft‹, durch die Männer wie Generaloberst Beck, Ulrich v. Hassell und Johannes Popitz, die Männer des 20. Juli, dem Blatte nahestanden ... Das Blatt behauptete sich mit überlegener Sachkunde. Es überspielte mit geistiger Equilibristik seine Wächter. Oft fand es die Unterstützung des Auslandes, zumal da, wo es die Verteidigung bedrängter, insbesondere rassisch verfolgter Persönlichkeiten übernahm, was freilich wiederum ohne äußere Gleichschaltung nicht gelang. Als ihm das Schicksal Pechels drohte, rettete Klein sich in die Reichswehr. Hier fiel er einem tödlichen Unfall zum Opfer. Sein Blatt wurde 1940 unter dem Vorwand aufgehoben, es werde ein neues Wochenblatt, ›Das Reich‹, gegründet.«

Rühmend muß hier auch noch der Stab der freien Mitarbeiter erwähnt werden. Seine markanteste Figur war mein alter Freund W. E. Süskind. Er war ein Meister des Stils. Mit seiner umfassenden und in bewundernswerter Vollständigkeit ihm jederzeit präsenten Kenntnis der im Deutschen so zahlreichen sinnverwandten Wörter, von den Grammatikern Synonyma genannt, war er in der Camouflage uns allen eine großartige Hilfe.

Nach 1945 erwarb Süskind sich als Mitarbeiter am »Wörterbuch des Unmenschen« unschätzbare Verdienste im Kampf gegen die Verrottung unserer Sprache. Ihre alte Schönheit wiederherzustellen ist freilich nicht gelungen. Der liebenswürdigste, zugleich aber glücklicherweise auch der strengste meiner »Lektoren«, ein hochgelehrter Germanist der Sorbonne, weist mir noch heute immer einmal wieder Delikte aus der Vergangenheit nach.

Auch die Zwischenzeilentechnik kann man heute kaum noch jemandem begreiflich machen. Sie beruhte auf Anspielungen. Pompöse Formulierungen wie die Görings, »Wollt ihr Butter oder Kanonen?«, wurden so lange variiert, bis sie lächerlich waren. In diesem Fall hat uns Margarine gute Dienste geleistet. Eine andere Methode war, Übertreibungen noch ein wenig weiter zu übertreiben. Aus dem »größten Staatsmann aller Zeiten« wurde der »allergrößte Staatsmann aller Zeiten«. Unsere Leser hatten wir uns langsam dazu erzogen, diese Art von Ironie zu verstehen. Die Olympischen Spiele 1936 wurden reichlich dekoriert mit der »vornehmen Fairness guten Sports« oder mit der Lobpreisung des großen Volkes der Hellenen, die die »Schöpfer der Demokratie« seien. Oft waren es Tagesaktualitäten, die Spott ermöglichten. Da die Ereignisse heute vergessen sind, ist auch die Ironie nicht mehr erkennbar. Ohnehin ist Ironie in unserem Land ein schwieriges Problem.

In Berliner Redaktionen kursierte über dieses Problem eine Anekdote. Bei der Übernahme des Feuilletons der »Vossischen Zeitung für Staats- und gelehrte Sachen«, die das Haus Ullstein in den Zwanziger Jahren erworben hatte, erläuterte Monty Jacobs seiner jungen Mannschaft, in welchem Stil er das Feuilleton zu führen gedenke. Als die Besprechung zu Ende war und er schon die Türklinke in der Hand hatte, drehte er sich noch einmal um und sagte: »Und noch eins, meine Herren! Hierzulande Ironie *cursiv!*«

An einem Januarmorgen des Jahres 1940 fand ich unter meiner Post einen Brief des Propagandaministeriums, aus dem ich erfuhr, daß das Ende der »Deutschen Zukunft« gekommen war. Der Brief war von außerordentlicher Höflichkeit und also in höchstem Maße bedenklich. Es sei die Gründung einer neuen großen repräsentativen Wochenzeitung unter dem Namen »Das Reich« geplant. Fritz Kleins Erfindung machte Schule! Die »Deutsche Zukunft« solle mit ihrem Abonnentenstamm in »Das Reich« überführt werden. Zweifellos doch würde ich gerne bereit sein, auch an dem neuen Blatt mitzuarbeiten.

Wir hatten es mit unserer »Zukunft« niemals zu einer hohen Auflage gebracht. Das war aber eher als Glück zu betrachten. Wären wir erfolgreicher gewesen, hätten sie uns niemals so lange leben lassen. Die höchste Auflage, die wir jemals erreichten, war 28 000. Aber der Stamm der Leser war treu. Freilich gab es, was für Zeitungsleute eine beträchtliche Schwierigkeit in ihrer Arbeit ist, keine öffentliche Meinung mehr. Die Leserbriefe haben wir oft selber verfaßt. Doch konnten wir eine Beobachtung machen, die uns Trost gab. Die Zahl der Abonnenten nahm ständig ab, nicht aber die Auflage. Der Verkauf an den Kiosken nahm immer entsprechend zu. In kleinen Städten war es besser, man stand nicht in der Abonnentenliste eines Blattes, das auf jeden Fall verdächtig war. Der Kauf am Kiosk war weniger auffällig. Jahre nach dem Krieg erzählte mir ein alter Apotheker in Sigmaringen, daß er von Samstag bis Donnerstag immer wachsend das Gefühl gehabt habe, ein Narr zu sein unter lauter Leuten, die »die Zeichen der Zeit« verstünden. Am Freitag dann habe er, wenn er vom Kiosk nach Hause gekommen sei, Woche für Woche den Trost gehabt, daß er unter lauter Narren der einzig Vernünftige sei. Diesen Erfolg seiner Arbeit hat Fritz Klein nicht mehr erlebt.

Die Mitarbeit an der »Deutschen Zukunft« war nicht ohne Witz. Es war immer zuwenig Geld da. Wie Fritz Klein das überhaupt zustande gebracht hat, von Zeit zu Zeit einen neuen Kredit herbeizuzaubern, verriet er nicht. Noch weniger ließ er es sich merken, wenn ihm das gerade wieder einmal gelungen war. So war es immer schwierig, von ihm Honorar zu bekommen. Ich hatte 1933, um meine chirurgische Fachausbildung abzuschließen, eine Volantärstelle mit freier Station und Verpflegung an einem Krankenhaus in Hamburg angenommen. Das Bargeld, das ich brauchte, verdiente ich mit meiner Feder.

Im Ärztekasino des Krankenhauses herrschte eine durchaus noch liberale Atmosphäre. Hamburg ist der Gleichschaltung in all den Jahren immer erst mit der äußerst möglichen Verzögerung gefolgt. Der Simplificateur der Rednertribüne hat einmal in Hamburg gesprochen. Hanseaten haben keinen Sinn für Hysterie. Er hatte keinen Erfolg. Er ist nicht wiedergekommen. Freilich erinnere ich mich, wie einer nach dem anderen von den Kollegen, ganz gelegentlich und dann immer zuerst ein wenig verlegen, im Kasino in brauner oder schwarzer Uniform erschien.

Mein Beitrag für die »Deutsche Zukunft« mußte donnerstags mittags in Berlin sein. Da Doktor Klein mit dem Honorar meistens im Rückstand war und ich ihm dann immer drohte, für die nächste Nummer keinen Beitrag mehr zu liefern, rief er mich gewöhnlich am Mittwoch an und beschwor mich unter hohen Versprechungen, doch auf jeden Fall zu liefern. Tat ich es, erfolgte dennoch meistens nichts. Eines Tages fuhr ich nach Berlin, um ihm zu sagen, daß das so nicht weitergehe und ich nun meine Drohung wahrmachen werde. Wir hatten eine zwar in der Form äußerst höfliche, aber doch heftige Auseinandersetzung. Fritz Klein wußte schließlich, daß Feuilletons, wie ich sie schrieb, eigentlich nur noch bei ihm erscheinen konnten. Er habe eben eine Frau, drei Söhne und kein Geld!

Zornig verließ ich ihn. Um mir nach diesem Ärger etwas Gutes anzutun, ging ich ins »Bristol«, wenigstens anständig zu lunchen. Das Wort gab es damals schon. Wir gebrauchten es gerne. Ich bekam gerade meinen Apéritif, als Klein, ohne mich gesehen zu haben, ein paar Tische weiter Platz nahm. Er bestellte sich eine Flasche Burgunder. Als er sein Glas ansetzen wollte, sah er mich. Er setzte das Glas wieder hin und schlug beide

Hände vors Gesicht. Ich tat das gleiche. Klein ließ sich einen Boy kommen, der noch einmal verschwand und mir ein wenig später auf einem Tablett ein Couvert an den Tisch brachte. Es enthielt eine hübsche Menge größerer Scheine. Am Nachmittag schickte ich seiner Frau einen Strauß Rosen.

Fritz Klein war ein Mann, der politische Phantasie hatte. Als 1934 die »Deutsche Zukunft« einigermaßen stabilisiert war, erweiterte er, der schließlich einmal eine große Zeitung geleitet hatte, seinen Wirkungskreis. In der Freien Stadt Danzig übernahm er die Chefredaktion des »Danziger Tageblatts«. Als Kenner Osteuropas rechnete er damit, daß es genug Deutsche und deutsch sprechende Menschen gebe, die erfreut sein würden, eine Zeitung zu lesen, die nicht unter den Vorschriften der Diktatur redigiert sei. Wie er das Unternehmen finanzieren wollte, verriet er auch diesmal nicht. Wir sagten uns, daß er ein Mann sei, der internationale Beziehungen habe.

Das Blatt stand unter der Protektion von Hermann Rauschning, dem Präsidenten des Danziger Senats. Er befand sich in einer äußerst schwierigen und sehr gefährdeten Position. Polen hatte sich im Lauf der Jahre immer mehr von Danzig abgewandt und Gdingen zu einem großen Hafen ausgebaut. Gleichwohl versuchte Rauschning immer wieder, mit Polen ein erträgliches Verhältnis herzustellen. Gerade das aber war nicht im Sinne der Partei, die sich in ihren Zielen schon dadurch verriet, daß sich der oberste Parteigenosse von Danzig »Gauleiter« nannte. Rauschning war ununterbrochen tückischen Schikanen ausgesetzt. In Berlin fiel er von Monat zu Monat tiefer in Ungnade. Schließlich wurde er in der Reichskanzlei nicht mehr vorgelassen. Mit der Gründung des »Danziger Tageblatts« wollte er sich ein eigenes Presseorgan schaffen. Doktor Klein schien ihm der richtige Mann zu sein, seine Pläne zu unterstützen. Die erste Nummer erschien am Sonntag, dem 29. September 1934. Den Umbruch dieser Nummer werde ich nie vergessen.

Die Zeit war knapp, und wir waren nur zu dritt. In der kleinen Redaktion saß in dem einen Zimmer Klein, schrieb den politischen Leitartikel, redigierte die Nachrichten und stellte noch einen Kasten »Signale« zusammen. In diesem Kasten brachte Fechter etwas später einen ausführlichen Nachruf auf Samuel Fischer, den großen Berliner Verleger, der im Oktober 1934 starb. Im anderen Zimmer machte Fechter die Kultur – Theater, Literatur, Ausstellungen. In einer Ecke schrieb ich ein Feuilleton, die Filmkritiken und die Sportberichte. Zwischendurch erschien Klein, um uns mitzuteilen, daß wir noch keinen Leitartikel für den Handelsteil hätten. Den haben wir dann gemeinsam zusammengestellt. Es ist eine wunderschöne Zeitung geworden.

Immer freitags fuhren wir nach Danzig, die Sonntagsnummer zu redigieren und die Ausgaben für die nächste Woche vorzubereiten. Eine lästige Schwierigkeit waren die Unkosten der Reise nach Danzig. Devisen bekamen wir für diese Fahrt nicht. Wir hätten sie beim Propagandaministerium beantragen müssen! Benzin konnten wir so viel mitnehmen, daß es für die Rückfahrt bis zur Grenze reichte. Freunde in Danzig halfen uns. Einmal haben wir, um das Hotel zu bezahlen, den Reservereifen in Danzig verkauft. Das war ein Devisenvergehen, auf das in Deutschland mindestens ein Jahr Gefängnis stand.

Die Zeitung hat nur wenige Monate bestanden. Rauschnings Tage waren gezählt. Er mußte zurücktreten. Damit war auch das Schicksal des »Danziger Tageblatts« besiegelt. Am 6. Januar 1935 wurde sein Erscheinen eingestellt. Einer Groteske, wie sie mit hochpolitischen Ereignissen so oft verbunden sind, erinnere ich mich noch. Die Einstellung des Blattes erfolgte von einem Tag zum anderen. Was sollte man unter die letzte erscheinende Romanfortsetzung schreiben? Der Danziger Redakteur fand die Lösung. Unter der Fortsetzung der letzten Nummer stand »Der Roman dauert an...«

Rauschning zog sich auf seinen Hof nach Warnau zurück. Einsam gingen dort die Tage für ihn dahin. Jeder Kontakt mit dem Gestürzten bedeutete Gefahr. Es gehört zu den tragischen Ironien im Schicksal Rauschnings, daß es, wie Hans von Malottki berichtet, ein Wagen der diplomatischen Vertretung Polens in Danzig war, der ihn zu nächtlicher Stunde über die Grenze nach Polen in Sicherheit brachte, zu der gleichen Stunde, als in Warnau sein Hof von den Häschern umstellt wurde.

Rauschning hat sich für die politische Niedertracht, mit der er am Ende seiner Amtszeit zu kämpfen hatte, auf grandiose Weise gerächt. Im Jahre 1938 veröffentlichte er in der Schweiz sein Buch »Revolution des Nihilismus«. In London erschien, 1939, eine Sammlung von Gesprächen, die er in der Reichskanzlei geführt hatte. Sie waren auf eine schreckliche Weise entlarvend und zugleich eine totale moralische Vernichtung:

»Wir sind nicht in der Lage, auf humane Gefühle Rücksicht zu nehmen. Wir müssen uns von allen sentimentalen Gefühlen freimachen. Wenn ich eines Tages den Krieg befehlen werde, kann ich mir nicht Gedanken machen über die zehn Millionen Männer, die ich in den Tod schicke.« Das hat er zu Rauschning einmal gesagt. Es fällt schwer zu glauben, daß er dergleichen Äußerungen nicht auch seiner Generalität gegenüber getan hat.

Wie wirksam das nationalistische Ghetto uns isoliert hat, kann ich heute daraus ersehen, daß wir damals von diesen beiden Büchern nichts erfahren haben.

Für »Das Reich«, das es zu einer Millionenauflage bringen sollte, war die Auflagenhöhe der »Deutschen Zukunft« ohne Bedeutung. Worauf es bei dieser Gründung ankam, war, Prestige zu erschleichen. Ich habe das Erscheinen des neuen Wochenblattes, das 1940 herauskam, zufolge meiner Einberufung zur Wehrmacht nicht mehr miterlebt. Da aber die Art, in der dieses Publikationsorgan aufgemacht wurde, charakteristisch für die Methoden der Diktatur war, zitiere ich noch einmal den Kommentar des Kenners, des ausgezeichneten Professors Dovifat.

»Die Zeitschrift ›Das Reich‹ entstand im Mai 1940, als der Sieg ... nahe zu sein schien. Es sollte auf Grund eines Sonderstatutes eine gewisse geistige Freiheit haben, nicht um ihrer selbst willen, sondern um ein Aushängeschild vor dem Ausland zu sein. Es gelang, für das Blatt eine Reihe bekannter Autoren aus der alten deutschen Presse zu gewinnen. Sie vermochten mit einiger Unabhängigkeit auf nicht unbedingt heiklen politischen Gebieten zu arbeiten und, worauf es hier ankam, vor allem wirksam zu schreiben. Manche der so Gewonnenen scheiterten, zum Teil unter harten Umständen. Andere wurden nur widerstrebend gewonnen. Gelehrte von Rang, Techniker, Künstler erschienen mit Äußerungen und Stellungnahmen, mehr oder weniger freiwillig geworben. Die meisten von ihnen waren keine Anhänger des Regimes. Es wurde ihnen aber angesichts des Ansehens dieses Blattes fast unmöglich gemacht, sich zu entziehen. Allerdings war Camouflage kaum möglich. Wo ein Mitarbeiter sie versuchte, wurde sie sehr bald abgestellt. Die aesthetisch-künstlerische Atmosphäre des Blattes machte es auch kritischen Persönlichkeiten möglich, sich wenigstens in Zuschriften zu Worte zu melden. Im Ganzen gesehen war ›Das Reich‹ ein seltsames publizistisches Phaenomen. In einem eingesperrten, von der Not eines furchtbaren Krieges bedrängten Volke, in dem Rassenhaß und Massenwahn geschürt wurden, gibt das diktatorische Regime sich den Anschein des Liberalen. In einer privilegierten Ecke wird einem Kreis von Intellektuellen die Möglichkeit geboten, Meinungen zu sagen, die ohne Wirkungen blieben, aber für die Schreiber bezeugten: Sie sind noch da! Das Blatt, im angelsächsischen Großformat wirksam aufgemacht, erreichte in den besten Zeiten des Regimes 1 bis $1^1/4$ Millionen Auflage. Es endete erst April 1945 im Zusammenbruch.«

Meine Situation war sehr bedenklich. Eine Ablehnung konnte ich mir nicht mehr leisten. Ich hatte unter meinen Patienten einen alten Berliner Kriminalkommissar, der zur Geheimen Staatspolizei in der Prinz-Albrecht-Straße versetzt worden war. Ich wußte, daß über alle in der Publizistik tätigen Schriftsteller oder Journalisten eine Kartothek geführt wurde. Ich bat meinen Kommissar, sich meine Karte einmal anzusehen.

Bei seinem nächsten Besuch berichtete er mit sorgenvollem Gesicht, daß sie nicht sehr schön aussehe. Ich hätte schon eine Menge Punkte. So wunderbar hatte die Camouflage also doch nicht funktioniert. Ich erfuhr, daß es ein Punktsystem gab. Überschritt man das in der ersten Stufe festgesetzte Limit, kam die Karte in eine kleinere Kartothek. Von da an war es bis zu Verhören in der Prinz-Albrecht-Straße nicht mehr weit. Aber mitarbeiten...?

Wiederum war es ein Engel, der mich rettete. Diesmal wog er nicht zwei Zentner. Dafür trug er die Uniform eines Oberfeldwebels der Wehrmacht. Auch Schutzengel mußten sich damals tarnen.

Das Telephon klingelte. Im Lauf der Jahre hatten wir alle einen sechsten Sinn für Gefahr entwickelt. Ich hob zögernd den Hörer ab. Eine scharfe Stimme fragte:

»Ist dort Doktor Emmrich am Apparat?«

Das konnte nichts Gutes bedeuten. Ich erschrak.

»Jawohl, der bin ich.«

»Hier ist das Webeka.«

»Wer ist da?«

Auf einmal wurde die Stimme ganz gemütlich, so eine richtige Berliner Stimme!

»Also, Herr Dokter! WBK – det heeßt nich Wellblechkommode. Det is det Wehrbezirkskommando. Sie steh'n doch bei uns in de Kartothek!«

Oh, dieses Wort!

»Und um was handelt es sich?«

Ich war als Teilnehmer des Ersten Weltkrieges beim Wehrbezirkskommando gemeldet. Das war nicht die Prinz-Albrecht-Straße. Was konnte der Mann wollen?

»Also, ick bin der Oberfeldwebel Koppenhagen. Se müss'n mich doch kenn', Herr Dokter! Sie waren doch ein paarmal bei uns!«

»Ach ja, ich erinnere mich. Und was ist denn nun los?«

»Also, Herr Dokter! Die Sache liegt so. Ick habe am Montag eene Anforderung jekriegt, 'n Truppenarzt einzuberufen. Und det is mir unter 't Löschblatt jerutscht. Un nu is Freitag. Und ick telephoniere wie varickt in Berlin herum. Könn' Se jleich einrücken?«

Ich hatte keine Übungen bei der Wehrmacht gemacht und war noch immer Leutnant der Reserve a. D. mit dem Zusatz z. b. V. Jeder Kenner weiß, daß »zur besonderen Verwendung« das letzte war, was es in dieser Hierarchie gab.

»Und was ist das für eine Truppe?«

»'ne pferdebespannte Sanitätskompanie, Herr Dokter! Für Sie keen Schritt zu Fuß! Alles hoch zu Roß! Also, könn' Se?«

Der Engel hatte gewinkt. Ich konnte!

Eine Woche später saß ich in einem dieser schönen alten Weindörfer im Badischen und war Combattant des »Drôle de Guerre«.

Der Abschied vom Zivil entbehrte nicht der philosophischen Dignität. Chin Sheng-tao, ein bei den Chinesen berühmter Schriftsteller des 17. Jahrhunderts, hatte gelehrt, daß es Glück nicht gebe, wohl aber »Glückliche Augenblicke«. Als er zehn Tage lang mit einem Freund zusammen durch einen Regen in einem Tempel festgehalten war, zeichnete er dreiunddreißig Glückliche Augenblicke auf. An einen erinnere ich mich: »Ein Fenster öffnen und eine Biene aus dem Zimmer lassen – ist das vielleicht nicht Glück?«

Den letzten Abend konnte ich natürlich nirgendwo anders verbringen als in meiner Bar im Westen, im berühmten »Jockey«. Ich wollte mich von Alma Schulze, der Wirtin des »Jockey«, verabschieden. Wir nannten sie »die Stimme von Berlin«. All die Jahre hindurch hatte ihr Witz uns über die von Monat zu Monat hoffnungsloser werdende Lage getröstet. Ich nahm meinen alten Hut vom Haken. Vor vielen Jahren einmal war er ein fashionabler Stetson gewesen. Er war weit in der Welt herumgekommen. Einmal hatte ein Droschkengaul auf dem Altmarkt in Dresden ihn schon im Maul gehabt. Einmal habe ich ihn aus dem La Plata gefischt. Einmal hat ihn der Wind eine halbe Meile weit an der Chinesischen Mauer entlanggeweht. Er war ein Veteran. Ich liebte ihn. Wann wohl würde ich ihn wieder vom Haken nehmen? Morgen würde ich keinen Hut mehr tragen, sondern eine militärische Kopfbedeckung. »Krätzchen« hieß das Ding bei den Soldaten. Auch das Krätzchen sollte ein Stück der Welt zu sehen bekommen. Wie groß das Stück sein würde, ahnte ich an diesem Abend noch nicht. Aber einmal würde das alles vorbei sein. Die Friedenstaube würde am Himmel erscheinen. Niemals würde sie sich auf einer militärischen Kopfbedeckung niederlassen. Vielleicht würde sie als Landeplatz meinen Stetson wählen. Friedenstaube auf altem Hut – ist das vielleicht nicht Glück?

Als ich Alma Schulze erzählte, daß ich zur Wehrmacht einrücke, gab sie einen doppelten Wodka für mich aus und sagte: »Na ja, nu' sind Se wieda Held! Det ham' Se ja jelernt.« Der Held von gestern ist immer der Don Quichote von morgen.

Den Sbirren der Kartothek, diesen der Niedertracht jederzeit gefälligen Henkersknechten, war ich entkommen. Aber die Sache hatte zwei Seiten. Die Freunde, mit denen ich all die Jahre in unserer kleinen, von verbissener Feindseligkeit umgebenen Enklave der Vernunft zusammengearbeitet hatte, beneideten mich. Aber gerade sie verließ ich. Ich hatte viele gute

Argumente, meinen Entschluß zu begründen. Wo Krieg ist, wird geschossen. Wo geschossen wird, gibt es Tote und Verwundete. Wo es Verwundete gibt, werden Chirurgen gebraucht. Das sieht ganz überzeugend aus. Die Freunde ließen das auch gelten. Einer letzten Genauigkeit hielt die Argumentation jedoch nicht stand. Es gab zwei Fronten. Die Front des Widerstandes war eine moralische Front, die der Armee eine der Tapferkeit. Der Eintritt in die Armee war, man nehme es, wie immer man wolle, eine Flucht aus der Front des Widerstandes. Der Freund der spanischen Reise schwieg. Er hatte, wie er mir Jahre später erzählte, das Problem von Anfang an richtig gesehen. Das Risiko des Soldaten an der Front der Armee war Tod im Kampf. Das Risiko an der Front der Vernunft war der Märtyrertod. Seine grausame Seite war seine vollständige Anonymität.

Für eine wahrhaft gute Sache in aller Öffentlichkeit sein Leben opfern bedeutet, wie die Geschichte lehrt, unübersehbare Wirkungen auszulösen. Die Diktatur war sich dieser Gefahr bewußt. Es kam ihr darauf an, den Märtyrertod dieser Wirkungen zu berauben. Sie erreichte das durch eine Spekulation auf die Schwäche des menschlichen Charakters. Die Henkersknechte verstanden sich darauf, durch ihre Methodik den Unglücklichen, die zu töten sie beauftragt waren, jede Möglichkeit des Heroismus zu nehmen. Sie gingen so weit, die Delinquenten schließlich nackt zu henken. Nur wenige waren stark genug, bis zum bitteren Ende die Überzeugung zu bewahren, daß ihr Opfer nicht sinnlos sei. Zu den wenigen hätte ich nicht gehört.

Die alten Soldaten, die schon den Ersten Weltkrieg mitgemacht hatten, spielten in der neuen Wehrmacht eine merkwürdige Rolle. Ihr Schicksal war im wesentlichen schon durch das Jahr ihrer Geburt bestimmt. Wer vor der Mitte der Neunziger Jahre des 19. Jahrhunderts geboren war, hatte in seiner Jugend Frieden noch erlebt. Die bis 1897 Geborenen waren 1914 gerade alt genug, als Freiwillige an der Verteidigung ihres Landes teilzunehmen. Von ihnen, die als Jünglinge in Flandern, vor Verdun und an der Somme kämpften, sind nicht viele zurückgekommen. Diese wenigen waren 1939 gerade noch jung genug, um, wenn sie bei der Wehrmacht Übungen gemacht hatten, als Kompanie- und Bataillonsführer und einige als Regimentskommandeure zugrunde zu gehen. Zwei Weltkriege haben in Deutschland die Elite dezimiert.

In den Schützengräben des Stellungskrieges 1914 bis 1918 waren wir gute Zivilisten geworden. Politische Macht im Frieden zu erringen war unsere Zahl zu klein geworden. Auch war das nicht unser Ehrgeiz. Vielleicht war es Hochmut, diesen Ehrgeiz so gering zu achten. Wir überließen anderen das Feld der Politik. Daß das schließlich nur die waren, die kein anderes Ziel hatten, als Macht zu erringen, um mörderische Doktrinen zu verwirklichen, hatten wir nicht vorausgesehen und wohl auch nicht voraussehen können. So ist gerade die Leistung der Generation der Neunziger Jahre, der Versuch, aus den Schrecken eines Krieges den Menschen zu retten, ihr Verderben geworden. Aus der Barbarei eines altmodischen Krieges gerieten wir in die eines modernen Krieges. Für die jungen Offiziere waren wir eine Art von Fossilien. Wir hatten den Einbruch der Technik in den Ehrenkodex des 13. Jahrhunderts erlebt. Für sie war der Fortschritt der Technik der Inhalt ihrer Kultur. Höchstens daß sie die alten Herren um ihre Orden beneideten! Von unserer Kriegserfahrung hielten sie nicht viel. Damit hatten sie nicht einmal so unrecht. Taktik und Strategie hatten sich im Lauf der zwei Dezennien zwischen den Kriegen in umstürzender Weise geändert. Die modernen Waffen verlangten andere Methoden als die, die wir kannten. Der Panzerwagen ist zwar schon 1917 zum erstenmal, und zwar von den Engländern, in großem Stil und mit durchschlagendem Erfolg verwendet worden. Aber sogar 1918 noch hat Kavallerie in breiter Front Maschinengewehrstellungen angegriffen. Diesen grausamen Irrtum habe ich selbst noch erlebt. Es waren Kanadier.

Die deutsche Westfront 1939/40 war für uns eine ganz unverständliche Sache. Man lag einander gegenüber. Gelegentlich wurde geschossen. Aber es passierte niemals viel. Zuweilen riefen uns die Poilus über den Rhein Wünsche zu, dieses oder jenes Lied, diesen oder jenen Schlager über unsere Propagandalautsprecher zu senden. Wir älteren Offiziere fanden natürlich nichts dabei, uns über politische Fragen in aller Offenheit zu unterhalten. Als Experten in Feldbefestigungen hatten wir ziemlich bald herausgefunden, daß der als »Siegfriedlinie« so gepriesene deutsche Westwall nicht viel mehr als ein Bluff war. Das Verhalten der Franzosen war für uns ein vollkommenes Rätsel. Warum waren sie, diese vorzüglichen Soldaten, nicht ein paar Tage, nachdem der Krieg gegen Polen begonnen hatte, mit einer großangelegten Offensive in Deutschland eingebrochen?

Die Erklärung für das Verhalten des französischen Generalstabs ist wahrscheinlich die Existenz der Maginotlinie. Mitte der Zwanziger Jahre hatte Frankreich begonnen, für viele Milliarden diese Verteidigungsbefestigung zu bauen. Es war eine Maßnahme des Mißtrauens gegen den östlichen Nachbarn. Ein französischer Schriftsteller hat einmal gesagt: »Die Franzosen blickten über den Rhein, wo die Menschen sich schneller vermehrten als ihre Äcker.«

Die Maginotlinie war in der Tat unüberwindbar, aber nur von Osten her. Daß es eine Strategie geben könne, in deren Verfolg sie von Westen her angegriffen werden würde, auf diese Idee waren die Fanatiker der Defensive nicht gekommen. Nur ein einziger Mann, ein Oberst im französischen Nationalen Verteidigungsrat, hatte soviel Phantasie. Sein Hauptmotiv für den Plan, bei Kriegsausbruch sofort und mit aller Kraft offensiv vorzugehen, war die Drohung eines Bündnisses der deutschen mit der russischen Diktatur, das dann auch tatsächlich wenige Tage vor dem Beginn des Polenfeldzuges zustande kam. Derselbe Oberst hatte jahrelang vergebens versucht, in der französischen Armee die Taktik der Panzerwaffe ihrer immer höher sich entwickelnden Technik anzupassen. Er hatte dieselben Ideen, welche die Deutschen in die Tat umsetzten. Wie wirksam, militärisch gesehen, die neue Taktik war, bewies der Überfall auf Frankreich im Frühjahr 1940. Der Oberst im französischen Nationalen Verteidigungsrat, Autor des Buches »Vers l'Armée de Métier«, hatte mit seinen klugen Ideen keinen Erfolg gehabt. Erst später wurde sein Name bekannt. Es war der Oberst Charles André Joseph Marie de Gaulle, Jahrgang 1890.

VIII KRIEG UND FRIEDEN

Wenn man einen Weltkrieg verloren hat, ist man als Besiegter durchaus nicht in einer so verzweifelten Lage, wie Sieger zu meinen geneigt sind. Erinnert man sich heute, nach fast einem Menschenalter, des Waffenstillstandstages von 1945, so ist das erste, was einem einfällt, wie wir, die Besiegten, selig zu einem Himmel aufblickten, von dem keine Bomben mehr herabstürzten. Wir lebten. Der Tyrann war tot.

Wir waren gut darauf vorbereitet, all dem, was nun uns bevorstand, mochte es noch so hart sein, gelassen entgegenzusehen. Wichtig war nur, Haltung zu bewahren. Es waren unsere eigenen Torheiten, die wir liquidieren mußten. Den Siegern wurde am Tag des Waffenstillstandes eine andere Last auferlegt. Sie übernahmen die Verantwortung für die Zukunft der Welt. Von nun an war es an ihnen, Torheiten zu begehen.

Clemenceau hat einmal gesagt, Krieg sei eine zu ernste Angelegenheit, als daß man sie den Generalen überlassen könne. Aber Frieden ist eine zu ernste Angelegenheit, als daß man sie den Politikern überlassen könnte. Politiker mögen noch so klug und tüchtig sein, weise sind sie nie. Es ist gewiß klug, Veraltetes abschaffen zu wollen, und tüchtig, Neues durchzusetzen. Weise ist, Bewährtes bewahren zu wollen. Frieden zu schließen ist Sache von Staatsmännern. Wie anders und um wieviel vernünftiger hätte die Geschichte Europas verlaufen können, wären immer dann, wenn die Situation es erforderte, Staatsmänner zum Zuge gekommen. Der Frieden, der in Paris nach dem Sturz Buonapartes geschlossen wurde, hat so lange gehalten, weil es drei Staatsmänner waren, die ihn vereinbarten – Fürst Metternich, Viscount Castlereagh und Monsieur de Talleyrand-Périgord. Ihr Zusammentreffen ist einer der Glücksfälle der Geschichte.

Bismarck war gewiß ein Staatsmann, und sein Frieden von 1871 hat über vierzig Jahre gedauert. Aber von Anfang an enthielt er den Keim der Revanche. Moltke, der dänische Aristokrat, hat vermutlich geschwiegen, als er erfuhr, daß Lothringen, das Land, in dem Jeanne d'Arc geboren wurde, dem Deutschen Reich zugeschlagen werden sollte. Marschall Foch schwieg nicht. Als er 1919 die Karte mit den neuen Grenzen Europas, wie die Politiker sie festgelegt hatten, zum ersten Mal sah, wies er mit dem Finger auf Danzig und sagte: »Hier fängt der nächste Weltkrieg an!« Wenn man schon Krieg nicht den Generalen überlassen kann, zu Friedensverhandlungen sollte man Feldherren zuziehen.

Krieg ist eine vorübergehende Erscheinung. Wichtig ist nicht sein Ablauf, so spannend zwischen Hoffnung und Sorge auch immer er sein mag. Wichtig sind die Veränderungen, zu denen die in seinem Verlauf vollbrachten moralischen und technischen Anstrengungen führen. Der Krieg ist nicht die Ursache dieser Veränderungen, sondern der Anlaß zu den Anstrengungen. In der Geschichtsschreibung ist Krieg viele wissenschaftliche Generationen lang überbewertet worden. Das ging so weit, daß man ihn den »Vater aller Dinge« nannte. Heraklit hat das tatsächlich einmal gesagt. Aber eine Aussage, die ein griechischer Philosoph des 6. Jahrhunderts vor Christi Geburt über das Wesen des Krieges seines Zeitalters gemacht hat, zwanzig Jahrhunderte nach Christi Geburt als noch immer gültig zu betrachten, ist grotesk. Der Versuch diente der offiziellen Geschichtsschreibung als Vorwand, der Entscheidung auszuweichen, was das Phaenomen Krieg wirklich bedeutet. Das schlechte Gewissen, das dieser Haltung gegenüber dem Krieg entsprang, tritt an anderer Stelle schönstens zutage. Solange es Kriege gibt, wird immer schon, und das seit frühesten Zeiten, die Frage der Kriegsschuld erörtert. Niemand beteiligte sich an diesen Diskussionen mit größerem Eifer als gerade die Historiker. Sie merkten nicht, daß sie damit zugaben, Krieg sei an und für sich eine Schuld. Auch die Formel der Vergangenheit, »Krieg ist eine Fortsetzung der Politik mit anderen Mitteln«, ist lediglich ein Ausweichen vor der Frage nach dem moralischen Charakter des Krieges. Gewiß, die Kriege der Vergangenheit wurden wenigstens noch nach strengen Regeln geführt. Ein moderner Verhaltensforscher hat einmal auf die witzige Analogie hingewiesen, daß Feldherren früher sich wie kämpfende Hähne verhielten.

Wenn bei einem Hahnenkampf der schwächere der beiden Hähne die Geste der Unterwerfung macht, indem er sich ohne die Absicht einer weiteren Gegenwehr der Gefahr der Vernichtung preisgibt, stellt auch der stärkere sofort den Kampf ein. Der Forscher bezeichnete diesen Vorgang des bedingungslosen Verzichtes auf jeden weiteren Widerstand mit schöner Ironie als »unconditional surrender«.

So kann man vielleicht sagen, daß Kriege, die nach strengen Regeln von Mann zu Mann geführt wurden, sich innerhalb der »natürlichen« Gegebenheiten des Menschen abspielten. Der Homo sapiens ist »von Natur« ein durch Tabus gezähmtes Raubtier. Soweit kann man Darwin gelten lassen.

Die eigentliche Ursache der Veränderung, die den sozusagen klassischen Krieg zum modernen Krieg machte, ist der Einbruch der Technik in die Kriegführung. Kriege wurden zu Laboratorien für die Verbesserung der Wirksamkeit von Waffen. Später kamen als neue Kampfmittel Giftgase und bakteriologische Vernichtungsmethoden hinzu.

Die Combattanten des Ersten Weltkrieges täuschten sich in der Annahme, daß im Zweiten Weltkrieg die Materialschlachten sich in einer noch schrecklicheren Weise wiederholen würden. Sie waren erfüllt von der Furcht, apokalyptischen Infernos entgegenzugehen. Nur in Stalingrad hat es einmal eine Materialschlacht der früheren Art gegeben. Das aber hatte eine Ursache, die vermeidbar gewesen wäre. Es war der Befehl des primitiven Mannes an der Spitze, eine von vornherein unhaltbare Position bis zum letzten deutschen Gefangenen zu verteidigen. Daß es zu weiteren Materialschlachten nicht gekommen ist, lag in der Entwicklung der Kriegstechnik.

Schon die verdeckte Kampfführung der Schlachten des Ersten Weltkrieges gab dem einzelnen nur noch selten Gelegenheit, Kampf zu erleben. Eine Schlacht dauerte drei Tage, vier Tage, sieben Tage. Es schoß hier. Es schoß da. Der Soldat sprang links, sprang rechts. Zuweilen, wenn er irgendwo »drüben« etwas sich bewegen sah, schoß er selbst. War die Schlacht schließlich zu Ende, wußte er nicht warum. Er war nach einem bestimmten Plan gesprungen, den der einzelne nicht übersehen konnte, weil er meistens das Gesicht an den Boden drückte. Die operative Führung wußte, warum die Schlacht zu Ende war. Aber zu sehen bekam auch sie die Kämpfe nicht. Sie saß in einer Zentrale mit vielen Telephonen.

Die Ereignisse fanden nicht eigentlich neben einem, sondern über einem statt. Das Auge eines Soldaten, der in Deckung lag, sah nicht weiter als ein paar Meter, und nur das Ohr hörte die infernalische Kakophonie des Artillerieduells. Doch spielte sogar damals schon für den Infanteristen in seinem zerschossenen Graben die Wahrscheinlichkeitsrechnung eine

Rolle. Wenn dicht neben ihm eine Granate eingeschlagen war, sprang er sofort in den neuen Trichter. Es war unwahrscheinlich, daß präzis an der gleichen Stelle eine zweite landen würde. Freilich galt dieses Kalkül nur für kurze Fristen. Zuweilen kamen im Verlauf einer tagelangen Schlacht auf den Quadratmeter Boden sechs bis acht Einschläge. Die Tapferkeit war passiv. Es kam nur darauf an, die Passivität ertragen zu lernen. Im Gaskrieg war die Tapferkeit die eines Feuerwehrmannes, der die Lebensdauer seiner Sauerstoffflasche berechnet. Gegen Gas kann man sich nicht tapfer verhalten. Da nützt nur Vorsicht. Wir waren in einer ähnlichen Lage wie die Ritter, als das Gewehr erfunden war. Ehe sie noch ihr unbesiegtes Schwert erheben konnten, hatte ein Schuß ihre Rüstung in ein Häufchen alten Eisens verwandelt.

Die Technik hat das Geschehen des Zweiten Weltkrieges in eine noch höhere Stufe der Anonymität gehoben. Die »Schlacht um England«, deren Ausgang die Insel wahrscheinlich vor der Invasion bewahrt hat, war eine Schlacht der Flieger. Sie spielte sich, unüberblickbar, in großen Höhen ab. Unterhalb dieser Sphäre hat es später auch im Zweiten Weltkrieg noch den alten, durch die Panzerwaffe verstärkten Infanterie-Artilleriekampf gegeben. Aber er war nicht mehr entscheidend. Entscheidend war die Luftwaffe. Sie war es, die die Städte zu apokalyptischen Infernos zerbombte, gegen die sogar die Schrecken von Verdun zu verblassen begannen. Dort konnte den Toten wenigstens noch ein Grabmal errichtet werden. Nach den Bombenangriffen war das Grabmal für Tausende der Schutt der Ruinen. Schließlich machte die Rakete den Krieg zu einer nur noch mathematischen Aufgabe.

Krieg ist keines Dinges Vater. Am ehesten noch könnte man ihn vergleichen mit dem, was man in der Chemie einen Katalysator nennt. Ein Katalysator, den man einem reaktionsträgen Gemisch hinzufügt, setzt einen chemischen Ablauf in Gang, in den er selbst nicht eingeht. Die reaktionsträgen Gemische der Politik sind »die unhaltbaren Zustände«. Krieg geht vorüber. Nur seine Folgen wirken weiter. Die Ursachen der Folgen, die ein Krieg auslöst, haben immer eine lange Vorgeschichte. Und die Folgen wiederum überdauern einen Krieg zuweilen um Jahrhunderte. Das eklatanteste Beispiel dafür ist der Dreißigjährige Krieg mit seinem Westfälischen Frieden.

Ursachen für Kriege gibt es in jedem Fall ein ganzes Bündel. Schon für den Trojanischen Krieg war auslösende Ursache nicht allein der Raub der Helena. Agamemnons Ehrgeiz war eine andere, der Anspruch der Griechen auf »Freiheit des Meeres« eine dritte. Die Festung Troia beherrschte die Meerenge der Dardanellen. Die Troer konnten jederzeit diese Handelsstraße sperren, die für die Griechen der Zugang zu dem für sie lebenswichtigen Marmarameer mit seinem Ausgang zum Schwarzen Meer war.

Die Vorgeschichte der beiden Weltkriege unseres Saekulum beginnt in der Mitte des 19. Jahrhunderts mit dem Zerfall des Humanismus. Im Ersten Weltkrieg bemächtigte sich die Macht der Technik. Im Zweiten Weltkrieg wurde die Technik mit ihren unausgeschöpften und unübersehbaren Möglichkeiten zur Herrin der Macht. Das wäre auch ohne Krieg eingetreten. Der Katalysator Krieg hat den unvermeidlichen Ablauf nur beschleunigt. Gemeinhin aber wird die wichtigste Ursache von alledem vergessen, die Entwicklung der naturwissenschaftlichen Forschung.

In der Mitte des 19. Jahrhunderts hatte die Naturwissenschaft begonnen, sich vom Humanismus der europaeischen Überlieferung zu trennen. Sie wurde »um der Wahrheit willen« betrieben. Aber die Wahrheit ist unteilbar. Ihre metaphysische Singularität hat mit den pluralen Wahrheiten der Physik nichts zu tun. Die meisten sind nur »Richtigkeiten« von kurzer Lebensdauer. Dabei geriet die Forschung in ein Dilemma, das sie bis heute noch nicht überwinden konnte. Einstein, in seinem berühmten Brief an den Präsidenten der Vereinigten Staaten von Nordamerika, befürwortete den Bau der Atombombe. Ihre Anwendung stürzte ihn in unendlichen Gram. Die Wolke von Hiroshima blieb an seinem Himmel stehen. Sie hat die Sonne seiner letzten Jahre unauslöschlich verdunkelt.

Es sind die Folgen der durch den Krieg in so außerordentlicher Weise beschleunigten Entwicklung der Naturwissenschaften, insbesondere der Physik, welche das Bild der zweiten Hälfte des 20. Jahrhunderts bestimmen. Die Beschleunigung des naturwissenschaftlichen Fortschritts hat eine Folge, die beinahe amüsant ist. Es hat ohnehin schon immer nur wenige naturwissenschaftliche Theorien gegeben, die nicht im Lauf der Entwicklung von besseren oder umfassenderen überholt worden wären. Es war ein Physiker, der einmal gesagt hat, die Theorien von heute seien die Irrtümer von morgen. Von den heute geltenden Theorien der Atomphysik wird keine unser Jahrhundert überleben.

Die Währung, in der der Fortschritt von Naturwissenschaft und Technik bezahlt werden muß, ist das Gold des Humanismus. Das ist die Welt, in der wir leben.

Am Ende des Zweiten Weltkrieges hatten die Deutschen aufgehört, eine europaeische Großmacht zu sein. Als Volk lebten sie weiter. England verlor seine Stellung als Weltmacht. Es sank zur Großmacht herab. Frankreich, seit langem schon keine Weltmacht mehr, bewahrte seinen Status. Japan gelang es, seine Stellung als Großmacht zu retten. Rußland vollendete den von Peter dem Großen geplanten, von Katharina der Großen so erfolgreich weitergeführten Aufstieg zur Weltmacht. China, die älteste Weltmacht der Erde, war am Ende des Krieges vollständig erschöpft.

Zu welcher Kategorie ein Land gehört, läßt sich, dank Definition, festlegen. Weltmacht und Großmacht unterscheiden sich im wesentlichen durch ein Merkmal. Die materiellen Mittel und Möglichkeiten einer Großmacht sind grundsätzlich definierbar, die einer Weltmacht nicht. Die Elemente dieses Kalküls sind Einwohnerzahl, Ernährungsgrundlage, Rohstoffmöglichkeiten und industrielle Kapazität. Das, was eine Großmacht im Falle eines Krieges mit äußerster Anstrengung mobilisieren kann, läßt sich berechnen. Das Merkmal einer Weltmacht ist die Unberechenbarkeit ihres materiellen Potentials. Unerschöpflich freilich ist es auch nicht. Die Erschöpfung kann unterschiedliche Folgen haben. China war am Ende des Zweiten Weltkrieges so erschöpft, daß es nicht einmal mehr als Großmacht auftreten konnte. Aber deswegen hörte es nicht auf, eine Weltmacht zu sein. England hörte auf, es zu sein. Es hatte nicht mehr die Kraft, seine in Jahrhunderten aufgebaute Herrschaft, deren Stützpunkte über die ganze Erde verstreut waren, zu halten. Indien wurde aufgegeben ohne zureichende Versuche, die Verhältnisse so zu ordnen, daß es einige Aussicht auf Frieden unter den Nachfolgern gegeben hätte. Doch muß gesagt werden, daß die scheidenden Kolonialherren durch eine sorgfältige, über Generationen sich erstreckende Erziehung der Oberschicht des Landes die Voraussetzungen dafür geschaffen hatten, Indien eine demokratische Existenz zu ermöglichen. Die Inder haben von dieser Möglichkeit Gebrauch gemacht.

Dem Kalkül unzugänglich ist die moralische Widerstandskraft eines kriegführenden Volkes. Zuweilen wird sie von einem einzigen Manne aufrechterhalten. Im Sommer 1940, nach dem Ausscheiden Frankreichs aus den militärischen Auseinandersetzungen, tat das Churchill. 1941, als die Deutschen vor Moskau standen, tat es Stalin. Churchill kämpfte für das älteste Ideal der Menschheit, die Freiheit. Es ist ein Paradoxon der Geschichte, daß Stalin, der nur für seine eigenen Ziele kämpfte, zum Bundesgenossen Churchills wurde.

Der Machtergreifer hat den Unterschied zwischen Weltmacht und Großmacht nie begriffen. Auch mit der unerbittlichsten aller Herrinnen, der Macht der Tatsachen, stand er auf schlechtem Fuße. Er war ein Phantast. Er hoffte, die moralische Widerstandskraft seiner Gegner brechen zu können. Gerechnet also hat er mit dem Unberechenbaren. Die Rechnung ging nicht auf.

Um große Ereignisse in ihrem historischen Zusammenhang zu übersehen, ihre Ursachen zu verstehen, ihre Wirkungen abzuschätzen, genügt es nicht, sie zu überleben. Man muß Zeit haben, über sie nachzudenken. Gottes Mühlen mahlen um so langsamer, je länger man lebt. Unmittelbar nach dem Ende der Katastrophe lag es, obwohl wir Zeugen der Ereignisse gewesen waren, noch lange Zeit außerhalb unserer Möglichkeiten, uns Urteile zu bilden. Mehr als ein Jahrzehnt, ein Stück unseres Lebens, hatten wir im Ghetto des Nationalismus verbracht. Nur wenig hatten wir, trotz unablässiger Bemühungen, von dem erfahren, was sich in der Welt, gegen die unser Ghetto uns abschloß, unterdessen abgespielt hatte. Das, wovon wir am wenigsten wußten, waren die wissenschaftlichen, künstlerischen und politischen Leistungen unserer Emigranten. Allein schon der Besitz von Dokumenten, aus denen man darüber etwas hätte erfahren können, war mit realer Lebensgefahr verbunden. Wir hatten keinen Begriff davon, daß eine im wahrsten Sinne des Wortes neue Epoche angebrochen war. Die erste Atombombe, das folgenschwerste Ergebnis der modernen Physik, fiel auf Hiroshima erst Monate nach dem Abschluß des Waffenstillstandes in Europa. Es wurde klar, daß die Atomphysik alle Dinge auf der Welt verändert hat, mit Ausnahme, wie Einstein einmal ironisch bemerkte, unserer eigenen Denkweise.

Für den Anfang des Nachdenkens gewährte mir das Schicksal eine außerordentliche Gunst. Mein Krieg endete nicht in Gefangenschaft, sondern im Gefängnis. Ich wurde in eine Zelle eingesperrt. Es war ein Glücksfall. Die sechs Wochen, die ich im Mai und Juni 1945 im Gefängnis von Aarhus in Dänemark verbrachte, haben mir eine reiche Ernte an Erfahrungen gebracht.

Die Verhaftung erfolgte durch einen jungen englischen Captain. Seine guten Manieren werde ich nicht vergessen. Das Feldlazarett, dessen Leitung ich im Herbst 1944 in Ostpreußen übernommen hatte, war mit viel Glück aus dem Kessel von Heiligenbeil auf Flößen über das Frische Haff nach Pillau gelangt. Von dort aus erreichten wir, wiederum mit viel Glück, die Danzig vorgelagerte Halbinsel Hela, deren Hafen schon von den Russen vom Festland aus beschossen wurde. In Hela wurden wir auf ein schnelles Schiff verladen, um die an Bord befindlichen, in behelfsmäßig eingerichteten Räumen untergebrachten etwa viertausend Verwundeten ärztlich zu versorgen.

An Deck saßen, hockten und lagen etwa zweitausend Flüchtlinge aus dem Osten, Frauen und Kinder, die Hela noch vor der Besetzung Danzigs durch die Russen in den Trecks ihrer pferdebespannten Bauernwagen erreicht hatten. Das meiste von dem, was sie auf ihrem langen Marsch gerettet zu haben glaubten, hatten sie auf dem Festland zurücklassen müssen. Nur Reste ihrer Habe, armselige Bündel, waren ihnen geblieben. Auch die Flüchtlinge wurden von uns betreut.

Unser Schiff machte zwanzig Meilen in der Stunde. Mit hoher Bugwelle preschte es zwischen den russischen Unterseebooten hindurch, um schließlich Kopenhagen anzulaufen. Von dort wurden wir nach einem kleinen Ort in der Nähe von Vejle in Jütland verlegt, wo wir wiederum Verwundete und Kranke zu versorgen hatten.

Unsere Situation war unbehaglich. Wir hatten Schwierigkeiten mit der Verpflegung unserer Patienten. Der Bürgermeister des Ortes zuckte mit den Achseln. Schließlich machten wir uns auf, einen Mann aufzusuchen, von dem wir gehört hatten, daß er als der örtliche Chef einer Widerstandsgruppe noch wenige Wochen vor dem Waffenstillstand ein erfolgreiches Sprengstoffattentat gegen einen Eisenbahnzug geleitet hatte. Auf jeden Fall war das ein tapferer Mann. Lange Zeit hindurch hatten Verhaftung und Hinrichtung ihn bedroht. Er empfing uns mit eisiger Zurückhaltung. Sie lockerte sich ein wenig, als er erfuhr, daß unser Lazarett aus dem Osten komme. Wir hatten also jedenfalls nicht zur Besatzung gehört. Noch ein wenig freundlicher wurde er, als Mathiesen, mein zweiter Chirurg, beiläufig zum Ausdruck brachte, daß wir von seiner Tapferkeit im Partisanenkampf gegen die Feinde seines Landes gehört hätten. Er war ein wenig verwundert, als er merkte, daß wir Respekt vor seinem Patriotismus hatten. Schließlich kam ich auf die Notlage unserer Patienten zu sprechen. Da endlich taute er auf. Er versprach, uns zu helfen. Und er tat es.

Gleichwohl blieb unsere Lage weiterhin unbehaglich. Wir, die drei Chirurgen des Lazaretts, hausten in einem gemeinsamen Quartier. Es war eine Vorsichtsmaßnahme. So liefen alle Nachrichten an einer Stelle zusammen. Vor unserem Fenster war ein kleiner, von Bäumen bestandener Platz, auf dem unsere Rekonvaleszenten sich in der Sonne ergingen. Von unserem Quartier aus konnten wir den Platz gut überblicken. Einmal beobachteten wir, wie einer unserer alten Korporäle den jungen Dänen, die den Platz bewachten, »Unterricht in Maschinenpistole« gab. Es waren englische Waffen, die sehr hochgestochen sind. Wenn eine solche Maschinenpistole entsichert ist, genügt die leiseste Berührung des Abzughahns und sie schießt los. Den alten Fachmann hatte es geärgert, daß die jungen Leute sich nicht so recht darauf verstanden, mit diesen gefährlichen Dingern sachgemäß umzugehen.

Irgendwann einmal mußte die Gefangenschaft mit all ihren unübersehbaren Übeln auch uns erreichen. Wir rauchten stumm unsere Zigaretten. Wir ahnten, daß wir uns dieses Genusses nicht lange mehr würden erfreuen können. Es war in der Tat eine Derniere. Es klopfte. Ein junger englischer Captain betrat unser Quartier. Ich erinnere mich, daß er angeklopft hat.

In den Wochen vorher hatten, was wir noch nicht wußten, in Deutschland die alliierten Truppen die Konzentrationslager entdeckt. Einmal, auf unserer Fahrt von Kopenhagen nach Jütland, begegneten wir auf einem Bahnhof einer von Soldaten geleiteten Gruppe von etwa zweihundert Männern, die in Drillichanzüge gekleidet waren. Sie machten einen ausgezehrten, völlig erschöpften Eindruck. Sie alle trugen Holzschuhe. Das Klappern der Holzschuhe auf den Steinplatten des Perrons erzeugte ein Geräusch, dessen Unheimlichkeit mir unvergessen bleiben wird. Allmählich begriffen wir, daß das aus Konzentrationslagern gerettete Menschen waren. Was wir uns damals noch nicht vorstellen konnten, war, daß diese Holzschuhmänner mit ihren vom Elend gezeichneten Gesichtern eine Auswahl gewesen sein müssen. Sie konnten noch einen Transport aushalten. Die meisten Insassen solcher Lager hätten nicht mehr die Kräfte dazu gehabt.

Die englische Armee hatte das in der Nähe von Hamburg gelegene Konzentrationslager Bergen-Belsen befreit. Es muß für die in ihrem Sieg fröhliche Truppe ein ungeheuerlicher Schock gewesen sein. Die mir heute verständliche Folge dieses Schocks war die Vermutung jedes englischen Soldaten, daß jeder Deutsche ein Verbrecher sei. Ein Offizier, der drei Deutsche zu verhaften im Begriff war, hatte zu dieser Annahme sogar einen sachlichen Grund. Nun war mein alter Freund Mathiesen ein großer blonder Friese mit offenem Gesicht und hellblauen, heiter und intelligent blickenden Augen. Der Captain sah uns alle drei prüfend an. Dann eröffnete er uns, warum er gekommen sei. Er sprach fließend Deutsch, wenn auch mit leichtem Akzent. Er teilte uns mit, daß er Befehl habe, uns in Handschellen abzuführen. Sein Begleiter, in dänischer Uniform, zog das metallene Geschirr aus der Tasche. Wer wollte ihm verdenken, daß das für ihn eine Genugtuung bedeutete! Man merkte sie ihm an. Freilich war sie etwas voreilig, wie er bald erfahren sollte.

Auf uns machte die Mitteilung des Captain keinerlei Eindruck. Tausend Gefahren soeben mit knapper Not entronnen, hatten wir das Gefühl, daß wir nichts mehr zu befürchten hatten. Mathiesen bemerkte nur zu dem Captain hin ein wenig spöttisch: »Um diesen Auftrag beneiden wir Sie nicht!« Der Captain dachte einen Augenblick nach. Er mochte wohl das Gefühl haben, daß an dieser ganzen Sache etwas nicht stimme. Doch verzog er keine Miene. Er sagte nur: »Wenn Sie mir Ihr Wort geben, daß Sie keinen Fluchtversuch machen werden, kann ich auf die Handschellen verzichten.« Dieses Wort konnten wir ihm geben. Wohin wohl hätten wir, seit Jahren auf der Flucht, noch fliehen sollen! Wir waren angekommen.

Das Angebot des Captain bewahrte ihn vor einer Situation, die ohne seine gelassene Souveränität sehr lächerlich für ihn geworden wäre. Wir wurden in zwei Autos abtransportiert. In dem ersten Wagen saßen Mathiesen und ich. Es war ein altmodischer, höchst bequemer Wagen. Der Fahrer war ein anderer dänischer Soldat. Der Captain saß neben ihm, wir, die beiden Häftlinge, im Fond. Wir fuhren durch das schöne friedliche Land, in dem die Ernte heranreifte. Der Captain hatte nichts dagegen, daß wir uns unterhielten. Er mag sich höchstens gewundert haben, wie behaglich unser Gespräch dahinfloß. Natürlich brannten wir vor Neugier, was wohl der Grund unserer Verhaftung sein mochte. Auch kam uns beiden sogleich der Gedanke, wann wir wohl wieder im Fond eines Autos sitzen würden. So, wie wir die Lage sahen, konnte das Jahre dauern. Wir genossen die Fahrt.

Der andere Wagen mit dem dritten Häftling folgte uns. Nach einiger Zeit hatten wir ihn aus den Augen verloren. An einer Straßengabel ließ der Captain halten, damit der zweite Wagen aufschließen könne. Er kam nicht. Schließlich fuhren wir zurück, um zu sehen, was los sei. Der zweite Wagen war an einen Baum gefahren und stand schräg mit zertrümmerten Scheiben auf der Böschung des Straßengrabens. Wir stiegen aus. Es stellte sich heraus, daß der dänische Chauffeur heftig blutende Schnittwunden an der Stirn und an den Händen hatte. Seinem Beifahrer, der die Handschellen in der Tasche hatte, war das Schultergelenk ausgekugelt. Daneben standen wir drei Chirurgen.

Unser Captain musterte uns. Nun verzogen natürlich wir keine Miene. Es war eine jener Situationen, in der einmal mehr zutage trat, welch schönen Beruf die Chirurgen haben. Mit einer Verlegenheit, die etwas Rührendes hatte, trat der Captain an uns heran. Er machte jetzt die Erfahrung, was für eine vortreffliche Tugend Höflichkeit ist. Ob wir wohl ärztliche Hilfe leisten würden? Mathiesen sagte nur »Hippokrates!« Zum ersten Mal lächelte der Captain. Wir verbanden die Wunden des einen mit unseren Verbandpäckchen, die wir in einer Innentasche unserer Röcke noch immer bei uns trugen. Dann machten wir uns daran, das Schultergelenk des anderen zu untersuchen. Wir legten ihn auf die Böschung. Der Verunglückte, nunmehr unser Patient, hatte Glück gehabt. Nichts war gebrochen. Aber das war noch nicht sein ganzes Glück. Die Ausrenkung eines Gelenks, die sogenannte Luxation, ist für die Behandlung um so günstiger, je schneller sie wieder eingerenkt werden kann. Durch Blutungen und Gewebsschwellungen wird die Reposition von Stunde zu Stunde schwieriger und riskanter. Das steigende Risiko beruht darauf, daß bei der Reposition eine Hebelwirkung unvermeidlich ist. Je größer die Kraftanstrengung sein muß, um so leichter kommt es bei dem Eingriff zu einer artifiziellen Fraktur. Zur Einrenkung einer Luxation bedarf der Chirurg eines Helfers. Ist das dann auch noch ein Chirurg, der weiß, worauf es bei diesem Handgriff ankommt, ist der Patient, wenn er nun schon eine Luxation hat, gut daran. Wir brachten die Sache in Ordnung. Da die Reposition so schnell nach der Luxation erfolgt war, konnte der Mann seinen Arm sogar gleich wieder bewegen. Er stopfte eine der halb aus seiner Tasche gerutschten Handschellen wieder weg.

Und nun verschaffte uns Mathiesen sogar noch ein Honorar. Wir hatten noch eine Flasche Cointreau besessen. Das einzige, was uns bei der ganzen Verhaftung wirklich geärgert hatte, war die Beschlagnahmung dieser Flasche. Ach, hätten wir sie doch am Abend vorher getrunken! Sicherlich würden wir viele Jahre lang auch keinen Cointreau mehr zu trinken bekommen. Mathiesen, der beim Einsteigen beobachtet hatte, daß die Flasche in den Kofferraum des zweiten Wagens verladen worden war, kletterte die Böschung hinauf und öffnete den Deckel des Kofferraums. Heraus hob er die zerbrochene Flasche, in der aber noch ein Rest der kostbaren Flüssigkeit erhalten geblieben war. Mit der ausladenden Geste, wie sie Jägern, Holzfällern und Droschkenkutschern eigen ist, nahm er einen kräftigen Schluck. Dann bot er das Trümmerstück unserem Captain an. Unterdessen war er »unser« Captain geworden. Aber so weit ging die »fraternization« nun wieder nicht. Er dankte, aber doch wiederum mit einem Lächeln. Sein Dank an Hippokrates war ein wenig später eine Geste. Die Chirurgen tranken zu dritt auf der Stelle die zerbrochene Flasche leer.

Die Engländer machten sich nicht die Mühe, Leute, die sie aus irgendwelchen Gründen verhaftet hatten, selbst zu bewachen. Sie übergaben uns den Dänen. In Aarhus wurden wir in die Zentrale der Widerstandsbewegung gebracht. Es war eine große Halle in einem städtischen Gebäude, in dem eine Menge junger Leute in Zivil mit Armbinden herumstanden. Sie alle trugen Waffen. In dieser Versammlung, in der uns niemand kannte, wurden wir natürlich wieder zu Verbrechern. Der Captain verschwand. Die jungen Leute warfen uns grimmige Blicke zu. Ein schwieriges Problem ist, was man in einer solchen Situation für ein Gesicht machen soll. Hochmütig ist nicht das richtige. Wir machten gar kein Gesicht, und so sahen wir wahrscheinlich arrogant aus. Nach einiger Zeit kehrte der Captain zusammen mit dem dänischen Kommandanten zurück. Er übergab uns ihm. Dann geschah etwas, worüber wohl alle diese jungen Leute lange nachgedacht haben mögen. Der Captain nahm Haltung an und hob die Hand zur Mütze. Wir dankten auf die gleiche Weise. Das 13. Jahrhundert war noch immer nicht ganz vergangen.

Nie in meinem Leben werde ich den Augenblick vergessen, in dem ich das Tor zum Gefängnis von Aarhus durchschritt. Es war dieser Augenblick, in dem zum ersten Mal der Gedanke an die Freiheit mich ergriff. Das Tor, durch das ich in die Haft schritt, war das Tor vom Terror zur Legalität. In den Gedankenketten, die in solch außerordentlichen Situationen wie Blitze Herz und Hirn durchzucken, wurde mir klar, daß ich hier, so unwirtlich dieser vergitterte Palast sein mochte, keine Folter befürchten mußte, nicht in einem Kellerloch würde ermordet werden. Hier durfte ich, welches Deliktes auch immer ich schuldig sein mochte, mich verteidigen. Hier konnte ich erwarten, Recht gesprochen zu bekommen. Und so war es auch.

An jedem Vormittag durften wir für wenige Sekunden durch ein Gitter unseres Gefängnisses einen Blick in die Freiheit werfen. Wenn wir in den ummauerten Hof hinuntergeführt wurden, passierten wir, einer hinter dem anderen, auf dem Weg zur Treppe ein Fenster des Korridors, das des schönen Wetters wegen meistens offenstand. Jeder von uns verharrte einen Augenblick. Da draußen in der Sonne leuchtete sie, die Freiheit, dieses schönste Geschenk der Götter an die Menschen. Einmal fuhr ein Mädchen auf einem Fahrrad die stille Straße entlang – eine Tochter aus Elysium!

Das »Kongelig Dansk Fængselsvæsen« werde ich immer in guter Erinnerung behalten.

Eine meiner ersten Erfahrungen war, daß es in einer Gefängniszelle so gut wie keine Rolle spielt, aus was für einem Grund der Zellengenosse eingesperrt ist. Wichtig ist nur, ob er ein guter Genosse ist. Ein guter Genosse in einem Gefängnis zu sein, ist nicht so einfach, wie man denken mag. Eine in der Welt nicht sehr verbreitete Tugend ist hier die wichtigste von allen. Es ist die Tugend der Rücksichtnahme. Meine drei waren nette Kerle. Darin freilich hatte ich Glück gehabt.

Ein zweites wichtiges Problem war der ewige Hunger. Wir wurden zwar einigermaßen ausreichend verpflegt, aber es war halt immer ein bißchen zu wenig. So lernte ich fletschern, was so viel bedeutet wie, jeden Bissen dreißigmal im Mund hin und her zu schieben. Solange man kaut, hat man kein Hungergefühl. Ein weiterer Vorteil dabei ist, daß Zeit vergeht.

Durch meine Zellengenossen lernte ich endlich auch, was gute Manieren sind. Wenn abends die kalte Verpflegung ausgegeben wurde und wir den Wärter mit den Schlüsseln rasseln hörten, stand immer, in einem gewissen Wechsel, einer an der Tür, die vier Portionen in Empfang zu nehmen. Die Butterstücke, nur mit dem Messer abgeteilt, waren meistens von verschiedener Größe. Niemand, der nicht wirklich Hunger gehabt hat, kann sich vorstellen, daß solche Unterschiede eine Rolle spielen könnten. Das ist aber der Fall. Natürlich nahm sich der, der an der Tür den Blechteller in Empfang nahm, seine Portion zuerst. Eines Tages hatte vorsichtig ich mich an die Türe sozusagen hingespielt. Ich nahm den Teller in Empfang. Es lagen darauf drei kleinere Stücke Butter und ein größeres. Meine Kinderstube ins rechte Licht zu setzen, bot ich den Teller herum. Aber Hochmut kommt vor der Butter. Jeder der drei nahm sich, mit einem kleinen Zögern, seine Portion.

Übrig für mich blieb das große Stück!

»Zum Zeitvertreib« ist ein heiterer Begriff. Daß es zu einem schwierigen Problem werden kann, die Zeit tatsächlich zu vertreiben, lernte ich hier. Wie dankbar habe ich in diesen Monaten meines alten Religionslehrers gedacht. Strafarbeiten, die uns humanistischen Lümmeln aufzugeben er oft genug Gelegenheit hatte, bestanden darin, daß wir lange Bibelstellen auswendig lernen mußten. Wenn man nach einigen Wochen in der Zelle den Cafard bekommt, wie die Franzosen so klangvoll die erste Attacke der Haftpsychose nennen, dann ist es die Rettung, inwendig einen kleinen Bestand von auswendig Gelerntem zur Verfügung zu haben, »... denn es fähret schnell dahin, als flögen wir davon ...«. Es fuhr nicht schnell dahin, aber gleichwohl war der Vers ein Trost. Auch Gedichte halfen wunderbar. Mit Bibel und Mörike ist es möglich, den Cafard zu besiegen. Ob freilich die Lyrik unserer Zeit diese Funktion wirksam erfüllen könnte, dessen bin ich nicht ganz so sicher.

Eine wunderbare Möglichkeit ist der Traum. Man muß träumen können, um das Eingesperrtsein auszuhalten. Gelegenheit dazu gab es genug. Nach dem Wecken wurden die Betten hochgeklappt. Aber die Wärter hatten nichts dagegen, wenn wir tagsüber am Boden schliefen. Freilich konnten wir das nicht alle vier gleichzeitig tun. Es war nur Raum für drei. Der vierte mußte jeweils auf dem Stuhl unserer Zelle Platz nehmen. Es gab nur einen. Wir arrangierten einen Stundenplan, damit jeder von uns zu seinem horizontalen Recht kam. Wir nannten das die Traumablösung. Man rollte den Uniformrock zusammen und streckte sich, mit dem Rock als Kopfkissen, auf dem Steinboden aus. Es war Ende Mai und nicht zu kalt.

Für mich war das Träumen eine glänzende Chance, die letzten Jahre noch einmal an mir vorüberziehen zu lassen. Erinnerung träumt in Bildern. Wie Kranichschwärme zogen sie an meinem Himmel entlang. Und viele waren darunter, »die längst ich vergessen geglaubt«.

Die Jahre in den Weiten Rußlands hatten uns den Zauber seiner Welt enthüllt – die Sternennächte unter dem Himmel der Ukraine, die mächtigen Ströme vom Dnjepr bis zur Wolga, die riesigen Wälder, die endlosen Felder. Wir lernten die südliche Pracht der Krim mit ihren Bojarenschlössern kennen. In Odessa stiegen wir die Treppe hinauf, die durch Eisensteins Film »Panzerkreuzer Potemkin« weltberühmt geworden ist. Hier begann die Revolution von 1905. Erbaut ist das neuere Odessa vom Herzog Armand von Richelieu, den Zar Alexander I. 1803 zum Gouverneur der Stadt berufen hatte. Zu Herzen ging uns die fromme Menschlichkeit der russischen Bauern. Wenn wir einen gefallenen Soldaten auf einem ihrer Dorffriedhöfe begruben, beteten sie mit uns an seinem Grab. Noch im Sommer 1941 wurden wir in den Dörfern der Ukraine ohne Feindseligkeit empfangen. Wie oft stand am Eingang des Dorfes der Starost, in seinen schwieligen Händen Salz und Brot, die menschheitsalten Symbole von Freundschaft und Frieden.

Und wie haben wir es ihnen gedankt!

Ein Vierteljahrhundert haben wir seitdem Zeit gehabt, über unsere beiden Völker nachzudenken. Russen und Deutsche sind einander durch Jahrhunderte hindurch gute Nachbarn gewesen. Schon nach dem Ersten Weltkrieg haben die Russen, von Rapallo bis zu unserer Kriegserklärung 1941, jeden Vertrag, den sie mit uns abgeschlossen haben, korrekt gehalten. Die Deutschen haben für das große russische Volk allzeit Zuneigung und Bewunderung empfunden. Die Russen haben die Deutschen immer mit einem von feiner Ironie gemilderten Respekt betrachtet. Der »Njemez« ist kein so böses Wort wie »Boche«. Es bedeutet eigentlich »der Stumme«. Das ist ein Mensch, der nicht sprechen kann, der die schöne und reiche russische Sprache nicht sprechen kann! Aber dieses »Njemez« enthielt immer einen Schuß liebevollen Spottes. Die russischen Bauern waren von der Tüchtigkeit und der Schlauheit der Deutschen so überzeugt, daß sie meinten, der Njemez habe sogar den Affen erfunden.

Ob sie heute für den Njemez noch immer liebevollen Spott haben? Als Graf Schulenburg, der deutsche Botschafter in Moskau, im Juni 1941 die Kriegserklärung im Kreml überreichte, sah Molotow, der russische Minister des Äußeren, ihn traurig an und stellte die in diesem Augenblick von der Geschichte schon überholte Frage: »Mußte das sein?«

Viel haben die beiden Völker einander zu verdanken. Rußland hat uns von Napoleon befreit. Die russische Literatur des 19. Jahrhunderts war uns so vertraut, daß sie fast schon zu einem Bestandteil der unseren geworden war. Manches russischen Autors Ruhm ist von Deutschland aus über die Welt gegangen. Die Zaren haben immer wieder schwäbische und hessische Bauern ins Land gerufen, und sie sind gut mit ihnen gefahren.

Am erstaunlichsten sind die Beziehungen zwischen den Russen und den Deutschen auf den Gebieten der Mathematik, der Naturwissenschaften und der Medizin. Schon im 18. Jahrhundert begann mit Georg Gmelin aus Tübingen und Peter Simon Pallas aus Berlin die systematische geographische, geologische, tier- und pflanzenkundliche und schließlich die völkerkundliche Erforschung des Riesenreiches. Der große russische Mathematiker Nikolaj Iwanowitsch Lobatschewskij, geboren in der alten Hansestadt Nischnij Nowgorod, lehrte an der Universität von Kasan an der Wolga. Er war neben Gauß der erste Mathematiker, der sich kritische Gedanken über die Probleme der seit Euklid für unerschütterlich gehaltenen Axiome der Geometrie machte. So wurde er zu einem der Pioniere der nichteuklidischen Geometrie und damit der ganzen modernen Mathematik. Seine »Geometrischen Untersuchungen zur Theorie der Parallellinien« erschienen 1840 in Berlin in deutscher Sprache. Alexander von Humboldt besuchte Lobatschewskij im Jahre 1829 in Kasan.

Pjotr Nikolajewitsch Lebedew, der in Straßburg studiert hatte, wies schon 1899 experimentell nach, daß Licht auf Körper einen Druck ausübt. Die Experimente, die er zur Messung der minimen Größe dieses Druckes angestellt hatte, wurden im Jahre 1910 in Leipzig in den »Annalen der Physik« veröffentlicht. Lebedew war mit Helmholtz befreundet.

Bunsen stand in lebhaftem Gedankenaustausch mit Mendelejew, dem es gelungen war, die eigentümlich unübersehbaren Eigenschaften der chemischen Elemente in ein System zu bringen. Sein »Periodisches System der Elemente« ist eine der größten wissenschaftlichen Leistungen des 19. Jahrhunderts. Auf Grund seiner Theorie sagte Mendelejew die Existenz dreier Elemente voraus, die den Physikern noch unbekannt waren. Innerhalb von fünfzehn Jahren wurden alle drei entdeckt. Das dritte, von Mendelejew zunächst Eka-Silicium genannt, erhielt 1886 von seinem Entdecker Clemens Winkler, einem sächsischen Gelehrten, den Namen Germanium. Es kann kein schöneres Symbol einer geistigen Zusammenarbeit geben als diese amüsante Harmonie. Die Reihe der gelehrten russisch-deutschen Freundschaften läßt sich beliebig fortsetzen.

Riemann, Gaußens bedeutendster Schüler, war mit Sonja Kowalewskaja befreundet, Virchow mit Metschnikow, Röntgen mit Joffe, Haeckel mit Timirjasew. Der große Iwan Petrowitsch Pawlow nahm unmittelbar nach dem Ende des Ersten Weltkrieges die Verbindung mit seinen wissenschaftlichen Freunden in Deutschland wieder auf. Professor Gustav Embden, der Vater meiner Doktordissertation, las mir einmal einen Brief vor, den er von Pawlow bekommen hatte. In zu Herzen gehenden Worten klagte der alte Mann, wie doch die schönen Zeiten von ehedem dahingeschwunden seien.

Als der Zweite Weltkrieg vorüber war, vermochten wir nicht, uns vorzustellen, daß die Russen je vergessen könnten, was wir ihnen angetan hatten. Jedenfalls würden sie, um zu vergessen, mehr Großmut aufbringen müssen als wir. Es wäre Sache der Deutschen, wenn sie über Rußland nachdenken, nicht allzu schnell die zwanzig Millionen Tote zu vergessen, die dieser Krieg das Land gekostet hat. Ein wenig auch sollten sie sich erinnern, wie lange wir gute Freunde gewesen sind.

Vom Atlantik bis an die Grenzen Asiens hatte es uns herumgetrieben. Wie alt und schön ist die Welt! Wir sahen die Kathedralen Frankreichs. Wir sahen die mit den Bildern der Muttergottes geschmückten Barockkirchen Polens. Wir sahen das von einem sächsischen Churfürsten, den die Polen zu ihrem König gewählt hatten, schön wie Dresden erbaute Warschau. Rumäniens Hauptstadt Bukarest überraschte uns durch seine an Paris erinnernde Eleganz.

Wir überschritten bei Giurgiu auf einer Pontonbrücke die kilometerbreite, majestätisch dem Schwarzen Meer zuströmende Donau, die hier die Grenze zwischen Rumänien und Bulgarien bildet. Wir erklommen den Schipkapaß. Mit einem Ochsengespann zogen die Bulgaren unseren schweren Schmiedewagen die Serpentinen hinauf. Wir standen vor dem Denkmal, das die Bulgaren auf der Höhe des Passes zur Erinnerung an ihre Befreiung von der Türkenherrschaft errichtet haben. Wir zogen durch Plowdiw, das alte Philippopolis, das Philipp II. von Makedonien, der Vater Alexanders des Großen, zu einer Festung ausgebaut hatte. Als die Goten die Festung eroberten, schlugen sie an die hunderttausend Menschen tot. Später hat Kaiser Friedrich Barbarossa auf seinem Kreuzzug eine Nacht in Plowdiw verbracht.

Wir befreundeten uns mit den griechischen und türkischen Bürgern von Komotini, das dicht an der türkischen Grenze liegt. Wir besuchten die Ruinen von Philippi, wo der Apostel Paulus im Gefängnis saß. Wir fuhren, der zahlreichen englischen Unterseeboote in der Aegaeis wegen nicht ganz ohne Unbehagen, von Kavalla übers Meer, die Felsenklöster auf dem Heiligen Berge Athos zu besuchen. Auf dem aus dem 10. Jahrhundert stammenden Tragos, einer Ziegenhaut, die noch heute existiert, ist die Verfassung der Mönchsrepublik auf dem Athos niedergeschrieben. Sie ist die älteste der am Leben gebliebenen Demokratien Europas.

Der Heilige Synod in Karyes empfing uns mit Höflichkeit. Als ich zehn Jahre später wieder auf den Athos kam, erinnerten sich die Äbte durchaus mit Sympathie des Obersten von Viebahn, des ersten Kommandanten des Athos nach der Eroberung Griechenlands. Der ausgezeichnete Mann hatte noch alte·soldatische Überlieferung vertreten. In den Basiliken von Saloniki standen wir staunend vor Mosaiken aus der Blütezeit des Byzantinischen Reiches. Einige von ihnen stammen aus dem 6. Jahrhundert nach Christi Geburt.

Wie alt und schön ist die Welt! Aber wir waren Eroberer. Uns folgten Hunger und Elend, Verderben, Verzweiflung und Mord.

Frankreich, du schönes Land! Du Juwel Europas! Nach dem, was wir in all den Jahren in Rußland erlebt hatten, waren die Bilder von Anno 40 schon blaß geworden.

An den Wänden der Häuser in den Dörfern, durch die wir damals marschierten, war ein Plakat angeschlagen, auf dem man einen Soldaten sah, der ein Kind auf dem Arme hielt. Darunter stand der Satz: »Confiez-vous au soldat allemand!« Wir fanden das in Ordnung. Wir ahnten nicht, wie bald die Franzosen diese Aufforderung als blanken Hohn empfinden würden. Im Troß der Armee marschierten schon die schwarzen Schergen mit. Überall waren Plakate angeschlagen, auf denen den deutschen Soldaten für Plündern die Todesstrafe angedroht war. Ein alter Sergeant hatte sich auf einem Bauernhof ein Hühnchen gefangen und briet es am Spieß. Eine Streife der Feldgendarmerie kam zufällig vorbei. Zu ihrer Uniform gehörten breite Blechschilder, die sie an einer Kette um den Hals trugen. Ziemlich bald nannten die Soldaten sie die Kettenhunde. Sie waren die Vorläufer des Terrors in der Armee. Der fröhliche alte Sergeant wurde verhaftet, wegen Plünderns vor ein Kriegsgericht gestellt, zum Tode verurteilt und erschossen.

Für die Disziplin der Truppe war eine solche Maßnahme völlig überflüssig. Im ganzen Ersten Weltkrieg sind im Heer nicht mehr als hundertundfünfzig Todesurteile verhängt worden. Davon ist ein Drittel nicht vollstreckt worden. Die Erschießung des alten Sergeanten war eine der vielen Propagandamaßnahmen, die Eindruck auf die Franzosen machen sollten. Für ein bißchen Propaganda ein bißchen Leben – das war die Rechnung!

Der militärische Ablauf des Frankreichfeldzuges ist heute nur noch für Fachleute interessant. Die Historiker freilich werden nicht umhinkönnen, der Frage nachzugehen, aus welchen Gründen der Widerstand des französischen Heeres so schnell und so vollständig zusammenbrach. Nur zweimal haben wir einen Hauptverbandsplatz aufschlagen müssen. Es gab da keinen Unterschied zwischen Freund und Feind. General Speidel, der eine Zeitlang Oberbefehlshaber der NATO-Streitkräfte in Fontainebleau war, erzählte mir, ein französischer Oberst in seinem Stabe habe mit nobler Resignation geäußert, der Feldzug von 1940 sei nur der letzte Akt der Schlacht von Verdun gewesen.

Bei herrlichem Wetter zogen wir durch eine Schlucht ins Marnetal hinunter. Neben der Straße lag ein totes Pferd. Auf seinem geschwollenen Bauch stand ein Radioapparat, aus dem Tanzmusik aus dem »Ritz« in London ertönte – Motiv für einen Goya unserer Zeit. Kurz darauf passierten wir einen Ort namens Dormans. Vor dem Schild mit dem Namen dieses Ortes bin ich so erschrocken, daß ich vom Pferde stieg, mich umzusehen. An diesem sanften Fluß mit seinen von blühenden Obstbäumen bestandenen Hängen scheiterte 1918 die letzte Offensive der Deutschen. Die Franzosen hatten den Fluß selbst nicht verteidigt, sondern sich in die dichten Wälder am anderen Ufer der Marne zurückgezogen. Als wir den Fluß überschritten hatten, glaubten wir, die Schlacht und damit vielleicht der Krieg seien gewonnen. Sechs Stunden später wußten wir, daß beide verloren waren. Die Feldbefestigungen, die die Franzosen in den nahen Wäldern errichtet hatten, konnten von uns nicht genommen werden. Hinter dem Dorf Dormans lag ein Soldatenfriedhof. Zweihundert Soldaten meines alten Regiments waren da begraben.

Während der Kampfhandlungen hatten wir auf den Straßen südlich von Paris kilometerlange Flüchtlingszüge überholt. Was die Franzosen zu dieser panikartigen Massenflucht veranlaßt hat, ist noch heute nicht geklärt. Bemitleidenswert waren die Städter in ihren bescheidenen Automobilen. Große Wagen sah man nicht. Auf die Dächer der Wagen waren Betten gepackt. Es war das Elend der Zivilisation. Den meisten war das Benzin ausgegangen. Gelegentlich haben die Soldaten, obwohl das streng verboten war, ihnen ein paar Liter in ihre Tanks gefüllt. Aber das erschöpfte sehr bald unsere Vorräte. Nur Geburtshilfe konnten wir einmal leisten. Glücklicherweise fand die Massenflucht von 1940 in einem hellen Sommer statt. Die Flüchtlinge von 1945 wurden von Schneestürmen gejagt.

Würdig allein in diesen Trecks auf den Straßen Frankreichs waren die Bauern. Sie hatten große Leiterwagen mit riesigen Rädern, die gezogen wurden von schweren belgischen Kaltblütern, wie der französische Bauer sie liebt. Unter dem Wagen hing ein Korb mit lebenden Hühnern. Im Heu auf dem Wagen saßen die Kinder und spielten. An den Wagen war eine Kuh gebunden. Ihr Futter fand sie am Straßenrand. Ihre Milch bekamen die Kinder. Einmal kam ein alter Bauer zu uns, weil eines seiner Pferde ein Eisen verloren hatte. Unser Schmied beschlug das Roß. Wir hatten so große Hufeisen gar nicht. Der Alte brachte eines mit. Aber was in aller Welt hatte diese Bauern veranlaßt, ihre Höfe allein zu lassen? Die Sache war um so rätselhafter, als viele der älteren Leute sich der Besatzung von 1914 bis 1918 noch erinnern konnten. Die deutsche Armee hatte sich damals durchaus an die Haager Landkriegsordnung gehalten. Auf eine merkwürdige Weise freilich waren die Franzosen 1940, ohne daß sie es so recht wußten, einem richtigen Instinkt gefolgt. Die Deutschen von 1940 waren nicht mehr dieselben wie die des Jahres 1914.

Von heute kaum noch zu begreifender Barbarei war die Bemerkung eines Sanitätsoffiziers in unserem Ärztekasino. Er war schließlich auch ein Arzt und mußte doch schon einmal etwas von Hippokrates und vom Croix Rouge Internationale vernommen haben. Aber ehe er den feldgrauen Rock anzog, hatte er einige Jahre lang eine schwarze Uniform getragen. Ich hatte solche Leute nie kennengelernt und darum nur eine unzulängliche Vorstellung davon, was ein paar Jahre Propaganda in einem sonst intelligenten Gehirn anzurichten vermögen. Er war ein durchaus fähiger Offizier im Range eines Majors und dazu ein ausgezeichneter Operateur. Aber er war auch ein Anhänger des Schlagwortes vom Lebensraum. Der Waffenstillstand war abgeschlossen, die Demarkationslinie zwischen besetztem und unbesetztem Frankreich abgesteckt. Die Flüchtlinge begannen zurückzukehren. Er mißbilligte, daß man ihnen das erlaubte. Das beste sei, man sperre die Demarkationslinie, um ihre Rückkehr in die Heimat zu verhindern. Dann könne man in dem entvölkerten Land »germanische Bauern« ansiedeln. Er sagte das völlig naiv und war sichtlich indigniert, daß sein genialer Einfall nicht unsere Zustimmung fand.

Noch erstaunter war er, daß ich nach dem Kriege nichts mehr mit ihm zu tun haben wollte. Als er an seinen Vorschlag, Lebensraum für germanische Bauern zu beschaffen, erinnert wurde, ergab sich, daß er das vergessen hatte.

Als wir zur Loire hinunterzogen, wollten wir in einem Dorf unsere Pferde tränken. Das Dorf lag auf einem Berg, und wir waren zunächst nicht ganz sicher, ob es da oben genug Wasser geben werde. Der Futtermeister ritt voraus. Achtzig Pferde können schon einige Brunnen leertrinken. Er meinte, wir sollten es versuchen. Ich saß während der Rast auf einer Steinbank vor der Mairie des Dorfes. Der alte Maire saß neben mir, um sich in der Sonne zu wärmen. Er war, wie er mir erzählte, neunundachtzig Jahre alt. Er nahm den Einbruch des Krieges in sein Dorf nicht tragisch. Gelassen bemerkte er: »Oh, ich kenne die Deutschen gut. Ich habe sie schon 1871 hier erlebt.«

Die Deutschen kommen von Zeit zu Zeit, aber irgendwann verschwinden sie auch wieder.

Der Waffenstillstand war abgeschlossen, und nun wollte jeder natürlich gerne einmal nach Paris. Aber Paris war für deutsche Soldaten gesperrt. Es durfte nur mit einem besonderen Ausweis betreten werden, und dieser Ausweis war schwer zu bekommen. Unser Divisionskommandeur war mit dem Befehlshaber von Paris zusammen auf der Kriegsakademie gewesen. So war es ihm möglich, eine Handvoll solcher mit Stempeln hoher Dienststellen versehener Papiere zu beschaffen. Als sich herausstellte, daß keiner von den Stabsoffizieren, an die er die Ausweise verteilte, je Paris, die Hauptstadt Frankreichs, besucht hatte, wurde ich gebeten, sie zu führen. Wir waren über den Mont Valérien nach Paris gelangt. An seiner der Stadt zugewandten Seite liegt der Friedhof der im Ersten Weltkrieg Gefallenen der amerikanischen Armee. Eine breite Marmorstufe ist in den Hang eingelassen. In großen goldenen Buchstaben steht in den Stein gemeißelt der Spruch

PEACEFUL IS THEIR SLEEP IN GLORY

In Paris begaben wir uns zunächst auf die Place de l'Etoile, in deren Mitte der Arc de Triomphe steht, den Napoleon I. zur Erinnerung an seine Siege von 1805 und 1806 zu errichten begonnen hat. Die Flamme auf dem Grab des Unbekannten Soldaten brannte schon wieder. Wir nahmen Haltung an und hoben die Hand zur Mütze. Eine schwarzgekleidete alte Dame legte gerade einen Strauß Rosen vor dem Grabe nieder. Als sie sich aufrichtete und beim Weggehen an unserer grüßenden Reihe vorüberging, wandte sie ihren Blick uns zu und senkte ein wenig die Lider.

Niemals ist Paris merkwürdiger gewesen als in den ersten Tagen des Waffenstillstandes. Auf den Straßen sah man nur Fußgänger. Außer einzelnen Militärfahrzeugen gab es keine Autos. Benzin war in der Stadt nicht mehr zu haben. Die Vorstädte waren wie ausgestorben. Im Zentrum dagegen waren die meisten Läden offen. In einem dieser Läden auf dem Boulevard des Italiens, an dem ein großer Name der französischen Parfumindustrie prangte, kaufte ich die »Dernière Création de l'année«, eine Flasche »Coq d'Or«. Ohne auch nur den kleinsten Augenblick zu zögern, nahm die Verkäuferin mein deutsches Geld, umgerechnet zum letzten Friedenskurs, entgegen. »Coq d'Or« hat es danach niemals wieder gegeben.

Nicht ganz ohne Komik waren meine Welteroberer aus der Provinz in den Läden für Luxuswäsche. Die französischen Mädchen wollten sich totlachen, weil der eine von ihnen baß erstaunt war, daß es Seidenwäsche auch in Schwarz gibt.

Das Erstaunlichste war der Blick über Paris von der Terrasse der Eglise du Sacré-Cœur. Die Schlote in der Stadt hatten aufgehört zu rauchen.

Der feine Dunst, der sonst immer über Paris liegt, war verweht. Die Luft war klar bis zum Horizont.

Niemals wieder wird man das erleben.

Auf der Rückfahrt machten wir Station in Fontainebleau. In einem kleinen Restaurant in der Nähe des Schlosses kehrten wir ein. Ich kannte das Restaurant. Auf unserer Reise nach Spanien im Mai 1939 hatten wir es besucht. Die Wirtin empfing uns höflich. Ich wollte, wie mein Hauptfeldwebel immer so schön sagte, »ein wenig warmen Südwind machen« und erwähnte der Wirtin gegenüber, daß ich, genau vor einem Jahr, schon einmal bei ihr zu Gast gewesen sei. Sie sah mich, ganz freundlich, an und sagte: »Oui, Monsieur! Je me rappelle! Mais vous avez changé de costume!« Nie im Leben, weder vorher noch nachher, habe ich durch einen einzigen Satz so vollständig mein Gesicht verloren.

Einem glücklichen Zufall hatte ich es zu verdanken, daß ich ein weniges von ihrer Sympathie zurückgewinnen konnte. Wir hatten bei unserer Kompanie einen Schiffsfunker, der sich, um sich nicht an der Aggression beteiligen zu müssen, zum Sanitätsdienst gemeldet hatte. Er war nicht nur ein Meister seines Handwerks, er beherrschte auch noch Englisch und Französisch. Er hatte die Ansprache mitstenographiert, die Marschall Pétain an die französische Nation gehalten hatte, als er die Führung des besiegten Frankreich übernahm. Er hatte gesprochen, wie Fabius Maximus Cunctator nach der berühmten Schlacht am Trasimenischen See zu den Römern gesprochen haben mag – gemessen, kühl, in großen Formeln, die in ihrer Clarté der schrecklichen Klarheit der Niederlage angemessen waren. Als wir die Rede lasen, waren wir ernsthaft ergriffen und voller Bewunderung für den großen alten Mann.

Ich ging hinaus in die Küche und fragte die so bezaubernd spöttische Dame, ob sie die Rede kenne. Sie hatte sie nicht gehört. Der elektrische Strom war noch nicht wieder eingeschaltet gewesen. Ich ließ ihr das Papier da. Nach einiger Zeit brachte sie es mir zurück, Spuren von Tränen noch in ihren hübschen Augen. Sie dankte mir. Meine Welteroberer blickten erstaunt auf, aber ich habe ihnen nicht gesagt, wofür sie mir gedankt hatte.

Auch in dieser Sache haben die wenigen von uns, die Pétains Rede mit Respekt gelesen hatten, sich getäuscht. Wir dachten, daß die Franzosen souverän und zynisch genug seien, jeden der beiden möglichen Fälle einzukalkulieren – die eine Regierung für den Sieg der einen, die andere Regierung für den Sieg der anderen Seite. Jahre später erfuhren wir, wie wenig die Vichy-Regierung dieser Idee entsprochen hat. Gewiß, sie hat ständig unter schärfstem Druck gestanden. Aber was alles sich unter diesem Regime abgespielt hat, war weit eher Collaboration als Widerstand.

Wir verließen Frankreich, ehe der große Terror begann, der die französische Widerstandsbewegung ins Leben rief. Wir wurden nach Polen verlegt, wo wir auf zahlreiche Beweise stießen, daß der Leidensweg Polens nach dem verlorenen Feldzug seinen furchtbaren Fortgang nahm. Dann kamen wir über Rumänien nach Bulgarien. Der Balkanfeldzug begann.

Im Ablauf der weltumstürzenden Ereignisse scheint dieser Feldzug unbedeutend zu sein. Aber für die Strategie des Weltkrieges hat die kurze Aktion gegen Jugoslawien und Griechenland wahrscheinlich eine größere Rolle gespielt als die Niederlage Frankreichs. Eines der ältesten Mittel der Kriegführung, den Feind zu schwächen, ist die Zersplitterung der Kräfte des Gegners. Die Erweiterung des Herrschaftsbereiches war aber nicht nur eine Schwächung der Kräfte. Die wichtigste Folge war eine Verzögerung im Termin des Kriegsbeginns gegen Rußland im Jahre 1941. Ohne den Balkanfeldzug hätte der Rußlandkrieg etwa vier Wochen früher beginnen können. Diese vier Wochen hätten möglicherweise ausgereicht, den Sommer 1941 mit der Eroberung von Moskau abzuschließen.

Über die Folgen, die eine Eroberung Moskaus durch die Deutschen gehabt hätte, kann man nur vorsichtige Vermutungen anstellen. Für Napoleon ist Moskau eine der Ursachen seines Untergangs gewesen. Aber die Zeiten hatten sich geändert. Eines der wichtigsten Instrumente der Kriegführung war unterdessen die Eisenbahn geworden. Moskau war der Mittelpunkt des russischen Eisenbahnnetzes in seinem europaeischen Raum. Die Schwierigkeiten für den russischen Nachschub nach Verlust dieses Zentrums wären ins Unendliche gewachsen. Dazu kommt, daß von den seit Menschengedenken unter russischer Herrschaft stehenden Völkern, die keine Russen sind, zumindest einige zum Freiheitskampf bereit waren. Später gab es sogar eine eigene russische Freiheitsarmee unter dem Kommando desselben Mannes, der 1941 Moskau gerettet hatte, des Generals Wlassow.

In der Pause, die der frühe Einbruch des Winters den Russen verschaffte, gelang es ihnen, eine Verteidigung Moskaus aufzubauen. Stalin, der unterdessen durch seine ausgezeichnete Spionageorganisation darüber unterrichtet worden war, daß die Japaner nichts gegen Sibirien unternehmen würden, nahm die Chance wahr, die hochqualifizierten, für einen Winterkrieg ausgerüsteten sibirischen Truppen nach Europa zu holen. Das große Unheil hatte begonnen und nahm von da an seinen unerbittlichen Verlauf. In seinen Einzelheiten habe ich später aufgezeichnet, wie, zu unserem Heil, dieses Unheil verlaufen ist und warum es unabwendbar war. Der Standpunkt, der mir erlaubte, den Ablauf der Ereignisse mit einer gewissen Distanz zu betrachten, war der eines Arztes, der berichten wollte, was an Heldentaten unter der unsichtbaren Flagge der Humanität auch in diesem schauerlichen Kampf verrichtet worden ist. In dieser Darstellung war das kriegerische Geschehen nur Hintergrund.

Die militärischen Ergebnisse der Feldzüge in Polen, Frankreich und auf dem Balkan haben schon heute keine Bedeutung mehr. Um so bedeutender sind die Folgen des Krieges mit Rußland. Das ebenso unausweichliche wie schreckliche Dilemma jedes kämpfenden Soldaten, der seinen klaren Kopf behalten hatte, bestand darin, daß er weder den Sieg noch die Niederlage wünschen konnte. Tapferkeit ohne Gerechtigkeit ist ein Hebel des Bösen. Der heilige Ambrosius, Bischof von Mailand, hat es vor anderthalbtausend Jahren gesagt.

IX DSCHUNGELZEIT

Als ich das Tor des Palastes der Gerechtigkeit zum zweiten Mal durchschritt, stellte sich heraus, daß es nichts von seinen magischen Eigenschaften verloren hatte. Die freie Luft, in die ich hinaustrat, war noch immer nicht die Luft der Freiheit. Meine Entlassung aus dem »Kongelig Dansk Fængselsvæsen« war von ebenso vielen Grotesken begleitet wie meine Einlieferung.

Nach vier Wochen Haft wurde ich zum ersten Mal aus meiner Zelle geholt. Der Tag war mir nicht angenehm. Wir durften uns nur zweimal in der Woche rasieren, und es war gerade der dritte Tag. Es ist merkwürdig, wie schnell durch Ungepflegtheit das Gefühl entsteht, deklassiert zu sein.

Es handelte sich nicht, wie ich angenommen hatte, um ein erstes Verhör. Mocassin, der wackere Obergefreite, der von Sewastopol bis Vejle mein treuer Begleiter gewesen war, hatte mit unerschütterlicher Hartnäckigkeit durchgesetzt, mir einen Besuch machen zu dürfen. Anwesend zur Überwachung der Unterredung war der Direktor des Gefängnisses. Er sprach Deutsch. Als ich den Raum betrat, machte Mocassin zunächst eine tadellose Ehrenbezeigung. Dann wandte er sich an den hohen Herrn, der uns zu überwachen hatte: »Herr Direktor! Ick will Sie mal wat sa'ren. Mit mein' Chef bin ick vier Jahre in' Krieg jewesen. Da war der immer rasiert. So, wie er jetzt aussieht – det is' keene Empfehlung for Ihr Etablissement!« Selten habe ich ein so verblüfftes Gesicht gesehen wie das des also Angesprochenen. Aber dann lachte er, und von da an durften wir uns wieder täglich rasieren.

Mocassin überreichte mir meine alte Hasenfelljacke. Auf den Rücken der Jacke hatte Olaf Gulbransson einmal während eines Urlaubs ein schönes nacktes Mädchen gemalt. Wie würden sich meine Zellengenossen über den echten Gulbransson freuen! In die Jacke eingenäht hatte mein alter Indianer vom Wedding, was ich sogleich vermutete und dann in der Zelle auch bestätigt fand, Tabak, Zigarettenpapier, Streichhölzer und sogar ein Stückchen Reibfläche. Er war halt ein Mann, der sich in der Welt auskannte. Wahrscheinlich hatte er sich wochenlang den Tabak von seiner eigenen Ration abgespart. Aus einem ebenfalls eingenähten Zettel erfuhr ich, daß das Lazarett nach Aarhus verlegt worden sei und im dortigen Krankenhaus arbeite. Wenn er am Gefängnis vorbeikomme, mache er jedesmal eine Ehrenbezeigung. Ich dachte an meine Ganoven vom Alexanderplatz und aus der Mulackstraße. So hatte ich selbst endlich auch einmal erfahren, was für eine kostbare Sache ein Kassiber ist.

Kurz darauf wurde ich zur ersten Vernehmung geführt. Der Mann, der mich verhörte, war ein biederer englischer Sergeant, der in Zivil ein kleiner Polizeibeamter sein mochte. Den Grund meiner Verhaftung konnte ich auch von ihm nicht erfahren. Ich hatte den Eindruck, daß er selbst nichts Genaueres darüber wußte. Ich vermute, daß ich im Verdacht stand, einmal der »Fünften Kolonne« angehört zu haben. So nannten die Engländer das von den Machthabern in Berlin schon lange vor dem Ausbruch des Krieges in England aufgebaute Spionagenetz. Den Begriff hat General Franco, während er Madrid belagerte, für seine Partisanen in der Stadt geprägt. Sie warteten darauf, bei seinem Angriff durch Sabotageakte die Belagerten im Rücken anzugreifen. Ich war 1937 für einige Monate in England gewesen, um für eine deutsche pharmazeutische Firma bei einem englischen Spezialisten eine kleine experimentelle Arbeit durchzuführen. So stand ich wahrscheinlich auf einer der vielen Schwarzen Listen jener Zeit. Mein Visum war nicht verlängert worden. Aber da ich de facto der Fünften Kolonne nicht angehört hatte, konnte mir jedenfalls in dieser Sache, jetzt so wenig wie damals, etwas vorgeworfen werden.

Bei einer der weiteren Vernehmungen fragte mich der wackere Sergeant, ob ich ihm nicht einen dänischen Leumundszeugen namhaft machen könne. Ich erklärte ihm, daß ich während der Besatzungszeit nicht in Dänemark gewesen sei. Mir kam ein Einfall. »Ich könnte Ihnen schon einen Leumundszeugen nennen. Er ist zwar kein Däne, aber der Vetter der Königin von Dänemark.« Der Sergeant hob den Blick, mich etwas genauer zu betrachten. Ein Cousin der Königin war Herzog Adolf Friedrich von Mecklenburg, der berühmte Afrikaforscher, der einmal auf einer Schiffsreise nach Kamerun mein Patient gewesen war. Später in Berlin hatten wir uns miteinander befreundet. Der Sergeant nahm meinen Vorschlag zur Kenntnis. Ob ich wüßte, wie mein Leumundszeuge zu erreichen sei. »Nun, ich meine, Ihre Majestät die Königin wird doch wohl wissen, wo ›His Royal Highness‹, Seine Königliche Hoheit ihr Vetter, sich befindet. Ich kann ihm einen Brief schreiben, und die VIII. Armee kann ihn dem Hofmarschallamt weiterreichen.«

Der Stab der VIII. Armee in Kopenhagen war die höchste Dienststelle der Engländer in Dänemark.

Der Sergeant dachte nach. ›His Royal Highness‹ hatte offenbar doch einigen Eindruck auf ihn gemacht. Er kam aus einem Land, das von einem König regiert wurde. Ich riskierte es, ihn freundlich zu fragen, was er in England zu gewärtigen hätte, wenn er einen Mann, von dessen Unschuld er doch offenbar überzeugt sei, weiterhin wochenlang in Haft halte. Ob er die Magna Carta kenne.

Der Sergeant lächelte. »O yes! King John 1215!« Eine zweite Bresche war geschlagen.

Die Magna Carta ist eine große Sache, über die jeder Engländer schon in der Schule belehrt wird. In dieser berühmten Urkunde wurden zum ersten Mal Rechte und Pflichten des Königs gegenüber dem Gesetz schriftlich festgelegt.

»Kein freier Mann soll verhaftet oder eingekerkert ...
werden, es sei denn auf Grund eines gesetzlichen
Urteils ...
Wir werden niemandem Recht oder Gerechtigkeit
verkaufen oder verweigern oder verzögern ...«

Es ist bemerkenswert, daß schon um diese frühe Zeit unter anderem festgelegt wurde, weder der König noch die großen Landlords dürften einen Pächter von seinem Land vertreiben, wenn er einmal, etwa nach einer Mißernte, seine Pacht nicht bezahlen könne.

Die Urkunde der Magna Carta ist in vier Exemplaren erhalten, von denen das am besten konservierte in der Kathedrale von Lincoln aufbewahrt wird. Sie ist ein Heiligtum des englischen Volkes. Mit ihr beginnt die Geschichte seiner Verfassung und damit auch die unserer Demokratie. Zweifellos sind in dieser Sache in den letzten achthundert Jahren einige Fortschritte erzielt worden. Was wohl würde König Johann heute sagen, sähe er, was für eine wunderbare, immer gefährdete und doch unzerstörbare Kostbarkeit sich unterdessen aus dem kleinen Pflänzchen der Gerechtigkeit, das er damals setzte, entwickelt hat.

Meine Frage an den Sergeant zielte darauf ab, ihn so weit wohlwollend zu stimmen, daß er meinen Brief an den Herzog Adolf Friedrich wenigstens in Empfang nahm. Sitten und Gebräuche des Kommiß, die zu studieren ich so lange Gelegenheit gehabt hatte, sind in allen Armeen der Welt ungefähr die gleichen. Ich spekulierte auf die Überlegung der verantwortlichen englischen Dienststelle, daß aus dem Fall dieses offensichtlich grundlos verhafteten Offiziers mit seinen merkwürdig hohen Verbindungen ärgerliche Komplikationen entstehen könnten.

Die Spekulation stellte sich als richtig heraus. Am nächsten Morgen öffnete sich die Zellentür. Ein englischer Major trat ein und befahl mir, mich zum Abmarsch fertigzumachen. Meine Zellenfreunde waren froh und traurig zugleich, froh, weil sie glaubten, daß ich meine Freiheit wiedererlangen werde, traurig, weil wir uns trennen mußten. Einer von ihnen, ein dänischer Oberleutnant, schenkte mir, eine noble Geste des Abschieds, seine letzte Zigarette. Er wußte, daß ich keine mehr besaß, und meinte, daß ich damit erst »an der Freiheit schönem Götterfunken« die rechte Freude haben werde. Er hatte in den Wochen unseres Beisammenseins mit Fleiß manches Gedicht bei mir erlernt. Ich steckte die Zigarette in meine Brusttasche.

Der Major sah nicht sympathisch, dafür aber sehr intelligent aus. Ich bat ihn, mich von dem Direktor des Gefängnisses verabschieden zu dürfen. Das erlaubte er mir. Ich sprach dem Herrn des Palastes der Gerechtigkeit meinen Dank für die korrekte Behandlung aus.

»Wenn ich je wieder nach Aarhus komme, werde ich Ihnen, Herr Direktor, meine Aufwartung machen.«

»Ach, Herr Doktor! Das sagen sie alle! Aber noch nie ist einer gekommen!«

Jahre später brachte mir mein unfreiwilliger Aufenthalt in Aarhus noch einen wunderbaren Abend ein. Ich fuhr mit einem Fährschiff, das abends aus Hoek van Holland auslief, nach Harwich. Die Verpflegung auf solch kurzen Strecken ist kaum je sehr großartig. Auch die Stewards sind immer ein wenig herablassend. Aber einer Sache ist man auf englischen Schiffen sicher. Man wird in Ruhe gelassen. Das Wetter war ziemlich rauh. Ich ging in den fast leeren Speisesaal, nahm Platz an einem Tisch und bestellte ein Steak. Als ich gerade meinen Whisky bekam, setzte sich ein Passagier neben mich und fing sogleich ein Gespräch an. Ich war indigniert. Ich habe eine englische Großmutter. Aber der Mann war nett und fröhlich, ein dänischer Kapitän auf dem Wege von Kopenhagen nach dem Ontario-See. Dort sollte er einen Frachter, dessen Kapitän gestorben war, übernehmen. Ich fragte ihn, wo er herkomme.

»Aus Aarhus!«

»Ach«, sagte ich, »da habe ich einmal sechs Wochen im Gefängnis gesessen!«

»Was?« schrie der fröhliche Kapitän, schlug mir auf die Schulter und erklärte: »Sie sind mein Gast!« Für einen alten Fahrensmann gibt es nur drei Gründe, warum einer sechs Wochen in Aarhus im Kalabus sitzen muß. Entweder er hat einen Polizisten verprügelt, oder er hat eine Straßenlaterne zerschmissen, oder er hat die Gunst eines Mädchens mit Liebe verwechselt. Jeder der Gründe für sich allein wäre diesen wakkeren Seefahrer ausreichend gewesen, einen Mann einzuladen, der eine dieser lobenswerten Taten begangen hatte.

Vor dem Tor des Gefängnisses stand ein Auto. Der Major wies mich an, neben ihm im Fond des Wagens Platz zu nehmen. Nun saß ich also doch noch einmal bequem in einem Auto, nur daß mein Schicksal auch weiterhin unklar blieb. Im vorigen Krieg hatte es Soldaten gegeben, die, einmal unschuldig in das Netz der gegnerischen Militärjustiz hineingeraten, erst Jahre nach dem Friedensschluß wieder nach Hause gekommen waren, der letzte 1931. Der Major las eine dänische Zeitung. Zwischendurch holte er sein Zigarettenetui aus der Tasche. Ich merkte, wie er einen Augenblick zögerte, ob er mir eine anbieten solle. Aber dann ließ er es doch und zündete nur sich selbst eine an. Ich wartete eine Weile. Dann zog ich die Zigarette meines dänischen Zellenfreundes aus der Tasche und bat ihn um Feuer. Er gewährte höflich meine Bitte und las weiter. Ich wußte schon, daß jede Art von Fraternization streng verboten war. Aber mit des Teufels kleinem Finger ist nicht zu spaßen. Der Major unterbrach einen Augenblick seine Lektüre und wandte sich mir zu. Er zeigte auf eine in der dänischen Zeitung mit Schlagzeile groß herausgebrachte Nachricht. Ich las sie. Stalin habe die kategorische Versicherung abgegeben, daß die Rote Armee in den von ihr besetzten Gebieten keine Änderungen des politischen Systems einführen werde.

Der Major sah mich fragend an. Ich schwieg.

»Verstehen Sie den Text?«

Gesprochenes Dänisch verstehe ich nicht gut. Aber gedrucktes Dänisch kann man als Deutscher einigermaßen entziffern. Ich bejahte seine Frage.

»Was meinen Sie dazu?«

»Dazu möchte ich mich nicht äußern!«

»Warum nicht?«

»Ich weiß nicht, als was ich hier neben Ihnen sitze. Ich bin schließlich noch verhaftet, und vielleicht ist das ein Verhör.«

»Nein, das ist es nicht. Ich weiß auch nichts über Sie und über Ihren Fall. Ich habe lediglich den Auftrag, Sie an die dänisch-deutsche Grenze zu bringen und Sie dort an das Kriegsgefangenenlager abzuliefern. Das ist eine ganz private Unterhaltung. Kennen Sie Rußland?«

»O ja! Aus Krieg und Frieden!«

»Wieso auch aus dem Frieden?«

»Ich bin in den Zwanziger Jahren einmal über Moskau und Sibirien nach Peking und ein Jahr später von Mukden über Irkutsk nach St. Petersburg gefahren.«

»Warum sagen Sie St. Petersburg? Es heißt doch Leningrad!«

So gerieten wir unversehens in eine Unterhaltung hinein. Seiner Versicherung, daß sie rein persönlicher Art sei, durfte ich Glauben schenken. Die Aussicht, vom Häftling zum Kriegsgefangenen zu avancieren, war für mich eine große Erleichterung. Der Major fing an, unzählige Fragen zu stellen, von denen ich viele beantworten konnte. Sein Wissen über Rußland war erstaunlich. Es stellte sich heraus, daß er auch noch fließend Russisch sprach. Ich fragte ihn, woher er so ausgezeichnete, ins einzelne gehende Informationen habe. Er hatte die Hälfte seiner militärischen Laufbahn als Rußlandspezialist im englischen Generalstab verbracht. In Rußland war er nie gewesen.

Die Themen wechselten schnell, von der Frage nach der Kampfkraft der Roten Armee bis zu der nach der Loyalität der russischen Zivilbevölkerung ihrer Regierung gegenüber. Ihn interessierte auch meine Meinung als Combattant über die Strategie der Russen. Ich konnte nur mit den Achseln zucken. Ob nicht die Frage nach dem Rang der russischen Führung durch den Ausgang des Krieges entschieden sei. Der Major schien diese Antwort nicht erwartet zu haben. Hinsichtlich der Loyalität der Sowjetbürger erzählte ich ihm von unseren Erfahrungen mit den Untertanen des Kreml 1941 in der Ukraine. Der Major war ein zu guter Kenner der Verhältnisse, als daß ihn mein Bericht hätte überraschen können.

Besonders genau Bescheid wissen wollte er über das merkwürdige Phaenomen, daß Tausende von russischen Soldaten nach ihrer Gefangennahme in die Dienste der Deutschen getreten waren. Auch das wußte er, daß sie »Hiwis«, Hilfswillige, genannt wurden und eine reguläre Uniform mit besonderen Abzeichen getragen hatten und daß sogar Orden an sie verliehen worden waren. Ich fragte ihn, was wohl diese Männer nach unserer Niederlage zu erwarten hätten. Er sah mich mit einem merkwürdigen Blick an. Die Frage beantwortete er nicht. So erzählte ich ihm, nicht ohne einen kleinen Schuß von Bosheit, daß bei dem letzten Lazarett, das ich geleitet hatte, sechs russische Mädchen aus Minsk mit uns bis Dänemark mitgekommen seien. In keiner Lage je hätten sie die Nerven verloren. Von uns als Krankenschwestern ausgebildet, seien sie nützliche Hilfskräfte gewesen, besonders bei der Behandlung von russischen Verwundeten. Ein englischer Offizier habe sie bei uns abgeholt. Ob die Mädchen, da sie keine Militärpersonen seien, wohl auf den Schutz des Internationalen Roten Kreuzes rechnen könnten. Auch diese Frage blieb unbeantwortet. Rußland gehörte der Genfer Konvention nicht an, hatte aber in der ersten Zeit des Krieges das Rote Kreuz durchaus respektiert. In einer Situation, wie es die meine war, ist man natürlich hellwach. Nachrichtenleute können sich weder Sympathien noch Antipathien leisten. Nur durch eine reiche Menge nützlicher Informationen kann man sich bei ihnen ein gewisses Wohlwollen erwerben. In meiner verhungerten Phantasie tauchte als mögliches Resultat dieses Wohlwollens ein großes Stück dänischen Käses auf. Da auch dieser Engländer ein ausgezeichnetes Deutsch sprach, war meine Lage nicht schlecht. Gestützt auf die Tatsache, daß ich natürlich eine Menge Dinge über Rußland wußte, die er nicht wissen konnte, faßte ich den dänischen Käse schärfer ins Auge.

Ich merkte, daß er mit seinen Fragen vorsichtig einen Komplex umkreiste, den er nicht direkt zur Sprache brachte. Das konnte eigentlich kaum etwas anderes sein als die Frage, was die Russen wohl für Pläne hätten. Um sicher zu sein, daß er vernünftige Auskünfte von mir bekommen würde, mußte er zunächst einmal herausfinden, wieweit ich zu den »begeisterten Anhängern« gehört hatte. So schoß er die Frage auf mich ab: »Wie lange haben Sie an Ihren Führer geglaubt?« Meine Antwort war einfach. »Nicht so lange wie Churchill!«

Der Major lachte laut heraus. Ich sagte schon, daß er sehr intelligent aussah. Die Antwort, so verblüffend sie wirkte, war so ungewöhnlich nicht. Wenige Dinge in jener Zeit der Anfänge der Tyrannei haben uns so tief getroffen wie eine Äußerung Churchills, daß er den Engländern einen Politiker von so viel Energie, wie der neue Mann der Deutschen sie aufbrächte, nur wünschen könne. Der Major schien sich dieser Äußerung zu erinnern. Dazu kam etwas, was er nun auf keinen Fall wissen, nicht einmal ahnen konnte. In der deutschen Armee hatte Churchill einen durchaus guten Ruf. Sogar sein Spitzname »Old Winnie« wurde gelegentlich gebraucht. Insbesondere im letzten Abschnitt des Krieges war er für uns zu einer Art Engel der Hoffnung geworden. Man konnte sich darauf verlassen, daß er niemals ein zu weites Vordringen der Russen in Deutschland zulassen werde. Ein russischer Kriegshafen an der Nordsee hätte für das alte weltpolitisch-seestrategische Denken der Engländer beinahe schon eine Niederlage bedeutet. Der englisch-russische Gegensatz hatte mehr als hundert Jahre lang die englische Politik bestimmt. Nicht einmal Kiel hätten sie den Russen überlassen können. Ich hatte damals noch keine Kenntnis davon, wie schwach die Position Churchills gegenüber Roosevelt und Stalin war. Die Konferenz von Potsdam war gerade unterbrochen worden, um das Ergebnis der englischen Wahlen abzuwarten. Churchill verlor die Wahlen und kehrte nicht nach Potsdam zurück. Hätte dieser Staatsmann seine Ideen durchsetzen können, wäre dem alten Europa viel Kummer erspart geblieben.

Der Major hatte seine Karte entfaltet. Ich spähte vorsichtig von der Seite hinein. Wir befanden uns kurz vor der Abzweigung einer kleineren Straße nach Westen. Sie führte zu einem Städtchen, das wir von Vejle aus erkundet hatten. Es gab dort einen großartigen Gasthof. Nachdem wir nunmehr bei einem wirklich wichtigen Thema angelangt waren, erklärte ich, daß ich nunmehr nichts weiter sagen werde.

»Warum nicht?«

»Ich habe Hunger!«

Der Major ließ halten und befahl dem Fahrer, mir ein Sandwich zu reichen.

»O nein! Es ist nicht diese Art von Hunger, die ich habe. Sehen Sie hier!« Ich zeigte ihm den kleinen Ort mit dem großartigen Gasthof. »Da könnten wir lunchen!«

Nachrichten sind wichtiger als verbotene Fraternization. Beim ersten Glas ließ es sich natürlich nicht vermeiden, daß wir einander zutranken. Der Teufel, den kleinen Finger abgespreizt, trank mit. Der Major konnte nicht gut zugeben, daß Sieger schlechtere Manieren hätten als Besiegte. Es war eine entzückende Situation. Als wir beim Kaffee angekommen waren, schnitt er ein weiteres Thema an. Er begann wiederum sehr vorsichtig. Er wisse, daß in der deutschen Führung – so höflich drückte er sich aus – die Idee erörtert worden sei, sich sofort nach dem Waffenstillstand mit den bisherigen westlichen Gegnern zu verbünden, um die Russen wieder in ihren Osten zurückzudrängen. In dieser Sache etwas zu sagen war schwierig für mich. Ich konnte ihm nur berichten, auch Soldaten hätten über eine solche Möglichkeit gesprochen, aber das sei doch nicht viel mehr als Geschwätz der Verzweiflung gewesen. Ich fragte ihn, ob es ähnliche Überlegungen auch auf seiten der westlichen Alliierten gegeben habe. Das zu fragen war töricht von mir. Die Frage war zu früh gestellt. 1945 war die Konstellation eines solchen Bündnisses eine ebenso groteske wie unmoralische Utopie. Wenige Jahre später war aus der Utopie ein weltpolitischer Aspekt geworden. In dem Augenblick, als sich herausstellte, daß es zwischen Siegern und Besiegten gemeinsame Interessen gab, war die Fraternization zu Ende. Der Major ließ meine Frage unbeantwortet. Er stand auf, brachte mich zur deutschen Grenze und übergab mir meine Aktentasche, die noch alles enthielt, was mir bei meiner Einlieferung ins Gefängnis abgenommen worden war. Dann verabschiedete er sich mit dem freundlichen Gruß »Good luck!« Er war mein letzter Feind.

Ich konnte mich wieder frei bewegen. Ich fuhr nach Flensburg. Jetzt galt es vor allem, irgendwo still unterzutauchen. Zu meiner Verblüffung stellte ich fest, daß sämtliche deutschen militärischen Dienststellen noch in Funktion waren. Engländer waren weit und breit keine zu sehen. Sie hatten ganz Schleswig-Holstein zum Kriegsgefangenengebiet erklärt. Innerhalb dieses Gebietes war den Deutschen ihre Organisation bis hinauf zur Division belassen worden. Die Truppe wurde auch weiterhin von ihren bisherigen Kommandostellen aus versorgt. Das Gespräch mit dem Major im dänischen Gasthof fiel mir ein.

Der Abschiedswunsch meines letzten Feindes ging alsbald in Erfüllung. Ich hatte Glück. Den Adjutanten des deutschen Ortskommandanten von Flensburg kannte ich. Von ihm erfuhr ich, daß meine alte Sanitätskompanie, mit der ich so viele Jahre operativ durch Europa gezogen war, ganz in der Nähe lag. Auch sie war ohne Verluste aus Hela entkommen. Die tüchtigen Burschen hatten an der Küste sogleich ein Lazarett eingerichtet, nur fünfhundert Meter von einem herrlichen Badestrand entfernt. Das Wiedersehen mit all diesen vorzüglichen Männern wurde fröhlich gefeiert. Natürlich hatten diese großartigen Schurken auch noch irgendwo eine Flasche Korn in Reserve liegen. Nur Cointreau gab es auch bei ihnen nicht mehr.

Das Wichtigste für mich war nunmehr, Penelope zu informieren, daß ich noch am Leben sei. Die letzte Nachricht an sie hatte ich einer Krankenschwester anvertraut. Sie war, nachdem ihr Krankenhaus im ostpreußischen Goldap in die Hände der Russen gefallen war, zu unserem Lazarett gestoßen. Unter den schwierigsten Verhältnissen hatte sie uns großartig geholfen. Mit einigen anderen Schwestern zusammen wurde sie aus dem Kessel von Heiligenbeil ausgeflogen. Wenn sie heil angekommen war, durfte ich bei dieser Ostpreußin sicher sein, daß meine Nachricht ihr Ziel erreicht hatte. Aber das war im Februar gewesen, und jetzt war es Juli. Ich unternahm mit einem Sanitätskraftwagen, in den ich, der Kontrollen wegen, einen meiner Männer mit einem dicken Kopfverband gelegt hatte, eine vorsichtige Erkundungsfahrt zu unserem Divisionsstab. Der erste Generalstabsoffizier, ein Oberstleutnant, war gerade im Begriff, nach Hamburg zu fahren. Ich bat ihn, mich mitzunehmen. In Hamburg hatte ich Freunde.

Das Stellvertretende Generalkommando in Hamburg war ebenfalls noch voll in Funktion. Wir saßen im Zimmer des Chefs des Stabes. Die beiden Herren mit ihren karmoisinroten Streifen an den Hosen kannten sich aus Rußland. Generalstäbler sind eine Loge. So bekamen wir sogar eine Tasse Kaffee. Der Chef des Stabes telephonierte mit irgend jemandem, und plötzlich fiel in dem Gespräch mein Name. Nachdem er den Hörer hingelegt hatte, sagte er nur, Herr v. Zahn, der bei den Engländern im alten Funkhaus des Senders Hamburg tätig sei, bitte mich, doch eben einmal herüberzukommen.

Ich kannte Herrn v. Zahn bisher nur dem Namen nach, aber wir begrüßten uns sogleich sehr herzlich – Bundesgenossen der Zukunft! Er forderte mich auf, sofort als Mitarbeiter am Rundfunk in die Dienste der Engländer zu treten. Das für die Zivilbevölkerung bestimmte Sendenetz der englischen Armee, das British Forces Network, kurz BFN genannt, brauche dringend Leute. Es laufe da jeden Abend eine aktuelle Tagessendung, für die er keinen Redakteur habe. Meinen Einwand, daß mir jede Rundfunkerfahrung fehle, wischte er mit einer Handbewegung weg. »Wir müssen jetzt zusehen, daß wir die wichtigen Posten mit den richtigen Leuten besetzen, und deren gibt es nicht viele. Wenn wir das nicht energisch in die Hand nehmen, werden sich sehr bald wieder die Falschen in die Schlüsselstellungen einnisten. Das hat sich schon einmal ereignet, und das kann sich wiederholen.«

Peter v. Zahn hat in dieser Sache bewundernswerten Weitblick bewiesen. In der Tat hatte nach dem Ersten Weltkrieg die nationalistische Reaktion sehr bald schon wichtige Positionen zurückerobert. Diesmal hielt ich es für unmöglich, daß nach einem solchen Zusammenbruch noch irgend jemand dem verbrecherischen, unsinnigen und zudem als vollkommen erfolglos abgestempelten System weiterhin anhängen könnte.

Wie habe ich mich getäuscht!

Zahn verließ mich zunächst. Er müsse eben noch den englischen Abteilungsoffizier holen, um mich ihm vorzustellen. Ich wartete. Mir wurde klar, daß mir eine Aufgabe angeboten wurde, die anzupacken sich lohnte. Nach einer Weile erschien ein englischer Captain. Als er mich sitzen sah, prallte er zurück, drehte sich auf der Schwelle um und ging wieder hinaus, die Tür mit einem kleinen Knall hinter sich zuschlagend. Ich hörte, daß es draußen eine erregte Unterhaltung gab. Doch flaute ihre Lautstärke allmählich ab. Die Tür öffnete sich von neuem. Herein kam zum zweiten Mal der Captain, diesmal mit einem liebenswürdigen Lächeln. Ich stand auf. Er bat mich, Platz zu nehmen.

Etwas später erzählte mir Zahn lächelnd, der Captain habe ihn ganz schön angefahren, wie er es wagen könne, ihm eine so offenbar militaristische Figur anzubieten. Der Mann trage ja sogar noch Orden! Nun, den einen dieser Orden hatte mir ein Enkel der Königin Victoria von England verliehen. Der andere war schon im 18. Jahrhundert von einem König von Polen gegründet worden. Zahn beruhigte ihn. Das sei ein Mann, der sich politisch in den vergangenen zwölf Jahren nichts habe zuschulden kommen lassen. Im übrigen sei er Chirurg und als solcher an der Front gewesen. Wenn er den nicht nehmen wolle, sehr viel Besseres habe er nicht zu bieten.

Meine Unterhaltung mit dem Captain war natürlich wiederum eine Art Verhör. Ich hielt es für richtig, mein Gegenüber zunächst darüber zu informieren, daß ich von seinen Landsleuten in Dänemark verhaftet worden sei und sechs Wochen im Gefängnis gesessen habe. Dies schien merkwürdigerweise einen guten Eindruck auf ihn zu machen, vielleicht, weil ich eben nicht mehr saß. Nach dem Grund meiner Verhaftung befragt, konnte ich ihm nur meine Vermutung mitteilen, daß ich im Verdacht stehe, zur Fünften Kolonne gehört zu haben.

»Nun«, meinte er, »haben Sie?«

»Ich habe leider keine Beweise, den Verdacht zu entkräften.«

»Und warum sind Sie nicht in England geblieben?«

»Das Immigration Office hat mir das Visum nicht verlängert.«

Wiederum war sein Kommentar verblüffend. »Ja, ja! Diese Immigration Officers, vor allem die in den Häfen! Sie sind eine ganz besondere Art von Beamten – unangenehm, indiskret und meistens auch noch unhöflich.« Diese Bemerkung war natürlich dazu bestimmt, mich unsicher zu machen. Ich schwieg. Dann führte er mich gleich noch einmal aufs Eis. Er begann, die deutsche Generalität in scharfer Form anzugreifen. Für mich war es eine zwiespältige Situation. Da saß ich nun, noch immer in Uniform, der gleichen, welche die Angegriffenen trugen. Sicherlich hatte er in vielem recht. Aber doch eben nicht in allem. Ich widersprach. »Ich habe vier Generale als Divisionskommandeure gehabt. Der erste war ein alter Humanist. Der zweite ist auf dem Kubanbrückenkopf gefallen. Der dritte war ein bayerischer Haudegen, der Todesurteile und Versetzungen zu Strafbataillonen nach Möglichkeit verhinderte. Der vierte wurde als Teilnehmer an der Verschwörung vom 20. Juli verhaftet. Ich weiß nicht, ob er noch lebt. Sie verstehen, daß ich Ihnen nicht zustimme.«

Der Captain wechselte das Thema. Nach dem Austausch einiger höflicher Redensarten erklärte er mir, ich könne mit meiner Arbeit im BFN anfangen. Wochen später, als wir schon recht gut miteinander auskamen, gestand er mir: »Hätten Sie alter Militarist mit Ihren lächerlichen Orden meiner Attacke auf Ihre Generale zugestimmt, hätte ich Sie als widerwärtigen Opportunisten gleich noch einmal verhaften lassen. Sie haben mir widersprochen. Das hat mich überzeugt, daß Peter von Zahn mit Ihnen nicht so ganz unrecht haben konnte.«

Wenn auf einem Trümmerhaufen eine neue Welt errichtet wird, spielt sich etwas sehr Geheimnisvolles ab. Es waren nicht nur Häuser und Werkstätten, die gebaut, Verwaltungen, die organisiert, Verkehrsmittel, die wieder in Gang gesetzt werden mußten. Das Wichtigste im Aufbau einer neuen Welt ist ihr Stil. Er kann nicht bewußt geschaffen werden. Er entsteht. Pläne, Absichten, Hoffnungen sind treibende Elemente. Aber Pläne, mögen sie noch so gut durchdacht, Absichten, mögen sie noch so wohlmeinend, Hoffnungen, mögen sie noch so verlockend sein, genügen nicht. Stil enthält ein Element des Unbewußten. Was die Künstler des Barock schufen, wurde zu einem Stil, weil ihre Werke der Zeit gemäß waren. Sie entsprangen dem neuen Weltgefühl, das Mitte des 16. Jahrhunderts aufzublühen begann. Das ist ein metaphysischer Sachverhalt, der mit dem Intellekt nicht zu erfassen ist.

Was für einen Stil wohl würde unser wiedergewonnenes Vaterland entwickeln? Würde dieses Volk überhaupt fähig sein, sich aus »seines Nichts durchbohrendem Gefühle« zur Aktion aufzuraffen? Es gab damals einen einflußreichen Amerikaner, der entschlossen war, aus uns ein Volk von Fellachen zu machen, denen nur morgens ein wenig Tau auf ihre Äcker gegönnt sein sollte. Er ist nicht zum Zuge gekommen. Die Sieger von 1945 haben mehr praktischen Verstand bewiesen als die von 1918.

Den Deutschen ist in einer Generation zweimal die Chance geboten worden, sich aus einer Katastrophe wieder herauszuarbeiten. Beide Male hatten sie den großen Vorteil, arm zu sein. Bei einer totalen Geldentwertung treten, ganz im Gegensatz zu dem, was man erwartet, materielle Gesichtspunkte in den Hintergrund. Wer um das tägliche Brot kämpfen muß, hat keine Zeit, an das Brot für übermorgen zu denken. Seit beinahe zweitausend Jahren betet die Christenheit um nicht mehr als »Unser täglich Brot gib uns heute ...«

Wer Hunger, hat, ist eher fähig, seinen Nächsten zu lieben, als einer, der satt ist. Wer, wenn er Eisenbahn fährt, im Schneegestöber auf einem Kohlenhaufen sitzt, ist freundlicher zu seinem Nächsten als einer, der, wohldurchwärmt, von seinem Nachbarn durch eine samtene Armstütze getrennt, Erste Klasse fährt. In diesem Komfort seinen Nächsten zu lieben wie sich selbst ist sogar von einem frommen Christen zuviel verlangt. Erst wenn die Weltgeschichte den erstklassigen Christen aus seinem behaglichen Polster hinauskatapultiert und auf dem offenen Kohlenwagen wieder abgesetzt hat, vermag auch er sich in den Tugenden zu üben, die ein Privileg der Armut zu sein scheinen. Als Martinus aus Steinamanger, Fähnrich in einem Kavallerieregiment der römischen Legion in Caesarodunum an der Loire, dem späteren Tours, einen frierenden alten Mann am Wegesrande liegen sah, vom Roß herunterstieg, seinen Mantel mit dem Schwert zerteilte und die eine Hälfte dem Alten schenkte, war das allein schon Grund genug, ihn heiligzusprechen. Dieses fromme Stück Tuch wurde später das Heereszeichen der Merowingerkönige. Den Schweizern muß es hoch angerechnet werden, daß sie, die erstklassigen Christen zu ermahnen, ihre Hundertfrankenscheine mit der Tat der Barmherzigkeit des heiligen Martin von Tours schmücken.

Wer die gloriose Dschungelzeit miterlebt hat, erinnert sich ihrer noch heute mit leiser Wehmut. Hilfsbereitschaft und Freundlichkeit waren schier unerschöpflich. Im Deutschen sagt man so schön »schicksalsverbunden«. Aber nur hartes Schicksal verbindet.

Die Anstrengungen, welche die Deutschen nach dem Ersten Weltkrieg unternahmen, ihr Land wieder in Ordnung zu bringen, sind vergeblich gewesen. Die Weimarer Republik belastete sich mit der Aufgabe, so viel des Alten zu retten, wie möglich war. Damit scheiterte sie. Demokratie bedarf zu ihrem Aufbau kühler Vernunft und Liebe zum eigenen Land. Aber die alte Vaterlandsliebe, die so redlich gewesen war, wurde durch wilde Propaganda zu wildem Nationalismus aufgeputscht. An dieser Diskrepanz ist die Weimarer Republik zugrunde gegangen.

Das absolute Nichts nach der zweiten Katastrophe des Jahrhunderts war so ungünstig nicht. Die nationalistischen Ressentiments sind auch heute noch nicht verschwunden. Aber sie haben, da sie überholtes 19. Jahrhundert sind, keine rechte Kraft mehr. Nur Narren noch halten an der Idee fest, aus der zusammengebrochenen Tyrannei irgend etwas retten zu wollen. Diese Ressentiments werden mit ihren Trägern aussterben. Die Enkel schon werden sie vergessen haben.

Man kann nicht sagen, daß die Deutschen aus der Geschichte nichts gelernt hätten. Blickt man auf die letzten beiden Dezennien zurück, muß man zugeben, daß sie so schlechte Demokraten gar nicht sind. Seit mehr als zwei Jahrzehnten erfüllt die Verfassung der Bundesrepublik ihre Aufgabe in zufriedenstellender Weise. Es hat Schwierigkeiten gegeben. Sie sind überwunden worden. Das Werk ist haltbarer, als die Pessimisten erwartet haben.

Der Vater der neuen Verfassung ist Carlo Schmid. Er verband staatsrechtliche Gelehrsamkeit mit umfassendem historischem Wissen und politischer Klugheit. Auch ist er ein Kenner der Tugenden und Laster des Menschen. Sein Verdienst ist es, daß die Deutschen heute eine Verfassung haben, die ihrer schwierigen Natur angemessen ist. Er kann nie hoch genug gerühmt werden. Dieser Satz wurde geschrieben an dem Tag, an dem das erste konstruktive Mißtrauensvotum in der Geschichte des deutschen Bundestages scheiterte. Ich habe bei der Bekanntgabe des Abstimmungsergebnisses herzlich an Carlo Schmid gedacht. Unsere Freundschaft stammt aus der frühen Dschungelzeit. Er war damals in der Residenzstadt Tübingen der Ministerpräsident des schönen Landes Südwürttemberg-Hohenzollern. Das hat es gegeben!

Ein gebildeter Europaeer mag was für eine Meinung auch immer über uns haben, eines kann er nicht leugnen, daß Deutsch eine wunderbare Sprache ist. Eine ihrer Besonderheiten ist die merkwürdige Art, wie ihr Vorkommen über die Welt verstreut ist. Das kaiserliche Österreich, in dem so viele Völker vereint waren, hat nach seiner Auflösung seine Amtssprache als Lingua franca dem ganzen Balkan hinterlassen. Jiddisch, das aus dem Mittelhochdeutschen stammt, ist eine über die ganze Welt verbreitete Sprache. In Osteuropa ist die Kenntnis des Deutschen fast selbstverständlich.

Karl v. Schuhmacher, der Begründer und langjährige Herausgeber der »Weltwoche«, hat zu diesem Problem eine Geschichte von hintergründigem Witz beigesteuert. Als Schweizer Journalist von internationalem Rang fuhr er kurz nach dem Waffenstillstand nach Paris, Monsieur Schuman, den französischen Finanzminister, zu besuchen. Natürlich sprachen die beiden Französisch miteinander. Nach einer Weile sagte Monsieur Schuman: »Wissen Sie, Herr von Schuhmacher, wir können ruhig Deutsch miteinander reden. Ich habe in Bonn, München und Berlin studiert. Ich habe in der preußischen Armee gedient. Ich stamme aus einer lothringischen Familie.« Von Paris aus fuhr Herr v. Schuhmacher nach Rom, Signor de Gasperi, den italienischen Außenminister, zu besuchen. Natürlich sprachen die beiden Italienisch miteinander. Nach einer Weile sagte Signor de Gasperi: »Wissen Sie, Herr von Schuhmacher, wir können ruhig Deutsch miteinander reden. Ich war sieben Jahre Abgeordneter im österreichischen Reichsrat.«

Herr v. Schuhmacher, nach Zürich zurückgekehrt, saß lange vor seinem Kamin und dachte nach. Deutsch war sowohl seine eigene Muttersprache wie die des verhaßten Feindes, der Europa so viele Jahre bedroht und schließlich so schrecklich verwüstet hatte. Endlich kam er darauf, wie man das Amüsante dieser Duplizität retten könne. So schloß er, als er die Geschichte erzählte, mit dem Satz: »Das Deutsch, das ich mit Monsieur Schuman und Signor de Gasperi gesprochen habe, war nicht die Sprache des Tyrannen. Es war die Sprache des Heiligen Römischen Reiches teutscher Nation.«

Einige Zeit nach dem Waffenstillstand, als es schon wieder richtige Züge gab, stieg ich in Frankfurt am Main in einen D-Zug. In einer Ecke saß, gut und ein wenig lässig gekleidet, als einziger Passagier ein Herr. Seine Nationalität war nicht auf den ersten Blick bestimmbar. Ich war geneigt, ihn für einen Engländer zu halten. Das war aber, wie sich herausstellte, nur zur Hälfte richtig. Ich trug, da es noch kalt war, meinen alten grauen Ledermantel, der mich von 1941 an durch den Osten bis zum Kaukasus hinunter begleitet und bekleidet hatte. Er hätte jene Abgewetztheit, wie sie ein Ledermantel durch ungezählte Biwaks und unendlichen Schlamm bekommt. Nur die Uniformknöpfe waren unterdessen im Rahmen der Demobilisierung durch Hornknöpfe ersetzt worden.

Als ich mich eingerichtet hatte, zog ich eine Zigarette aus der Tasche. Da es ein Nichtraucherabteil war, stand ich auf, sie im Gang zu rauchen. Als ich die Tür aufschob, sagte der unbestimmbare Gentleman: »Sie können Ihre Zigarette ruhig hier rauchen.« Er sagte das in einwandfreiem Deutsch, aber mit einem leichten Akzent. Doch ließ sich aus dem einen Satz nichts entnehmen, woraus ich auf seine Herkunft hätte schließen können. Dann fuhren wir, rauchend und Journale lesend, wieder schweigend viele Stunden lang weiter. In Harburg, der letzten Station vor Hamburg am anderen Ufer der Elbe, fragte er mich, wie er in Hamburg ins Hotel »Atlantik« komme. Ich beschrieb ihm den Weg. Er bedankte sich und fragte mich mit einem Blick auf meinen Ledermantel, ob ich Offizier im Krieg gewesen sei. Ich bejahte. Ich sei Chirurg, und meine Hauptverbandsplätze hätten bis zum Terek gereicht.

»Nun, da haben Sie wohl ziemlich viel erlebt?« Doch legte er, ehe ich antworten konnte, seine Hand leicht auf meinen Arm und bemerkte liebenswürdig: »Übrigens, ich möchte Sie gleich darauf aufmerksam machen, daß ich zu den Alliierten gehört habe, damit Sie in Ihren faschistischen Bemerkungen nicht zu weit gehen.«

Im weiteren Verlauf des Gesprächs erzählte er mir, daß er während des Krieges lange in Rußland gewesen sei. Entschieden, er wurde immer rätselhafter. Was ich von der russischen Armee halte. Es war merkwürdig, daß die Frage immer wieder gestellt wurde. Die weitere Unterhaltung spielte sich ab, während der Zug von Harburg über die Elbbrücken nach Hamburg hineinrollte. Es war mir klar, daß er auf seine Frage von einem Mann mit einem solchen Heldenmantel als Antwort jene wohlbekannte Meinung über die Minderwertigkeit der Russen erwartete, welche von der deutschen Propaganda während des ganzen Krieges verbreitet wurde und noch immer von allen denen im Lande, die weit vom Schuß gewesen waren, geteilt wurde. Ich erklärte ihm, daß der russische Soldat fast noch besser sei als der deutsche; er halte mehr aus. Die russische operative Führung sei während der ganzen zweiten Hälfte des Krieges hervorragend gewesen.

Als der Zug in den Hamburger Hauptbahnhof einrollte, wurde der nicht unterzubringende Gentleman, wohl um der Patina meines braven Ledermantels nunmehr die gebührende Reverenz zu erweisen, noch einmal liebenswürdig. Schon im Gang, den Koffer in der Hand, erzählte er mir: »Ich war Fliegeroffizier in der polnischen Armee. Während des weiteren Krieges habe ich eine Spitfire der Royal Air Force geflogen.

1943 lieferte England den Russen eine Anzahl dieser Flugzeuge. Ein Instrukteur sollte die Flugzeuge nach Rußland begleiten. In der Royal Air Force gab es aber keinen Piloten, der Russisch konnte. Da haben sie mich geschickt. Ich konnte wenigstens Deutsch.«

In Nord-Afghanistan bin ich einmal auf einer Piste in der Turkmenischen Steppe einem »Wolga« begegnet. In der Einsamkeit halten, wie früher die Reiter, sogar Autofahrer an, einen Gruß miteinander zu tauschen. Dem »Wolga« entstieg ein junger Mann. Er gehörte, wie die Unterhaltung ergab, als Spezialist für Wasserbauten zu der russischen Kommission, die damit begonnen hatte, die im 13. Jahrhundert von den Mongolen zerstörten Bewässerungsanlagen nördlich des Hindukusch wiederherzustellen. Einer seiner Vorfahren war im 18. Jahrhundert aus Hessen nach Rußland ausgewandert. Er hatte eines der deutschen Wolgadörfer gegründet. Sein Großvater war während des Ersten Weltkrieges Soldat in der zaristischen Armee gewesen. Der Vater wurde von Stalin, zusammen mit den anderen Wolgadeutschen, nach Sibirien umgesiedelt. Der Sohn trat als ganz junger Kerl in die kommunistische Jugendbewegung ein und öffnete sich damit den Zutritt zu einer Karriere als qualifizierter Techniker. Aber Deutsch sprach er noch immer!

In Athen ließ ich mir vor Schliemanns Haus die Schuhe putzen. Jemand ergriff meine Hand. Ich drehte mich um. Eine alte Frau betrachtete meine Handfläche und sagte barsch: »Gebben Sie zehntausend Drachmen! Werrde Ihnen warrsaggen!« Ich zog, neugierig auf die Zukunft, mit ihr in eine bescheidene Kneipe und bestellte eine Flasche Rezina. Sie war eine Zigeunerin aus Odessa, die mit einem Nansenpaß in Athen lebte, und was sie sprach, war eben immer noch Deutsch. Sie betrachtete aufmerksam meine Handflächen. Dann erklärte sie: »Bishärr vill Arrbeit – wenig Geld! Von jetzt wennig Arrbeit – vill Geld!«

Keine Pythia in Delphi hat je ein weiseres Orakel verkündet. Kürzer und präziser konnte man die Zukunft eines Schriftstellers, dem die Götter die immer unverdiente Gunst des Erfolges zuzubilligen beschlossen hatten, nicht voraussagen.

Ein alter Herr näherte sich unserem Tisch. Er war distinguiert und zugleich ein wenig ramponiert. Die Zigeunerin flüsterte mir zu, ich solle ihn einladen. Sie kenne ihn. Er sei ein alter Oberst und vor kurzem erst aus dem Gefängnis entlassen worden.

Der Oberst hatte als Dolmetscher seiner Landsleute bei der deutschen Besatzungsmacht gearbeitet und war dafür zu einigen Jahren Gefängnis verurteilt worden. Wir haben zu dritt großartig gespeist. In allen Ländern des Mittelmeeres ist die Küche selbst im bescheidensten Beisel, wenn zuweilen auch ein wenig herb, auf jeden Fall ausgezeichnet. Meine beiden

Gäste entwickelten einen hervorragenden Appetit. Nach einigen Pernods und der zweiten Flasche Wein führte die Zigeunerin Zauberkunststücke vor, die ich mir physikalisch noch heute nicht erklären kann. Sie goß Wasser in ein Glas, deckte ein Taschentuch darüber, drehte das Ganze um, zog das Taschentuch weg – und das Wasser blieb im Glas. Nicht ein Tropfen lief aus!

Der Oberst hatte dem Schicksal, das ihm so viel Pech mit seinem Deutsch eingebracht hatte, offenbar verziehen. Beim Türkischen Kaffee begann er, »Die Glocke« von Schiller zu zitieren. Ehe er damit zu Ende kam, bedurfte es noch einer weiteren Flasche Rezina. Dieser geharzte Wein, den schon König Minos von Kreta vor viertausend Jahren getrunken hat, ist ein dem Menschen und der Poesie gleich bekömmlicher Trunk.

Unsere Zusammenarbeit mit den Engländern begann im ironischen Licht zahlreicher Paradoxien. Sie waren unsere Befreier, zugleich aber auch Besatzungsmacht. In der ersten Zeit bestand noch das Ausgehverbot für Zivilisten ab zehn Uhr abends. Es hatte den hübschen Namen »curfew«. Er stammt aus dem Französischen und bedeutet ursprünglich »couvre feu«, das Feuer bedecken. So mußten unsere Befreier bei sich selber Ausweise beantragen, damit wir, die Mitarbeiter an den Spätsendungen, ungefährdet nach Hause gelangen konnten. Abend für Abend kam ich an einem Wachtposten vorbei, der die Aufgabe hatte, die Einhaltung des Curfew zu überwachen. Es war, da ich immer ungefähr um dieselbe Zeit vorbeikam, auch immer derselbe Soldat. Eines Abends blieb ich stehen und fragte ihn, warum er mich nie kontrolliere. Er könne doch nicht wissen, ob ich einen gültigen Curfew-Ausweis habe. Seine Antwort war die englischste aller Antworten, die ich je bekommen habe: »You don't bother me. Why should I bother you?« – Sie lassen mich in Ruhe. Warum sollte ich nicht Sie in Ruhe lassen?

Unsere Gentlemen hatten sich eine Aufgabe gestellt, die sie »re-education« nannten. Ganz klar ist nie gesagt worden, was eigentlich mit diesem Wort gemeint war. Mit »Rückerziehung« ist es nur unzulänglich übersetzt. Beabsichtigt war wohl, die Deutschen zur Demokratie zurückzuführen. Wir, die einzigen, auf die »re-education« je ernsthaft angewendet wurde, waren auch die einzigen, die sie nicht nötig hatten. Eine weitere Paradoxie war die von ihnen als notwendig empfundene Maßnahme, den Beginn der Freiheit mit ihrer Überwachung einzuleiten. Lange Zeit mußte jedes Manuskript, das gesendet werden sollte, zur Zensur vorgelegt werden. Nun waren freilich alle diese englischen Offiziere Leute von Rundfunk und Presse. Journalisten haben von Berufs wegen zueinander

Vertrauen. Die Zensur wurde nur lax gehandhabt. Doch waren unsere Zensoren empfindlich oder vielleicht sogar ein wenig überempfindlich gegen alle »Nationalismen«, wobei sie »national« nicht so recht von »nationalistisch« unterschieden. Durch ein Rundschreiben wurde bestimmt, daß Friedrich der Große aufgehört habe, »der Große« zu sein. Er sei, wenn er schon zitiert werden müsse, als Friedrich II. von Preußen zu bezeichnen.

Eines Tages hatten wir die Information bekommen, daß die Mutter Mussolinis einem Reporter erzählt habe, ihr Sohn Benito habe mit achtzehn Jahren nach Amerika auswandern wollen. Werner Jörg Lüddecke, ein begabter Berliner Journalist, schrieb in einer Viertelstunde für unsere aktuelle Abendsendung ein witziges kleines Feuilleton »Was wäre geworden, wenn ...« In der Eile hatte er vergessen, daß des Preußenkönigs Ruhm durch Ukas gelöscht war, und den Satz geschrieben: »Was wäre geworden, wenn Friedrich der Große die Schlacht von Leuthen verloren hätte ...« Der Redakteur vom Dienst legte das Manuskript zur Zensur vor. Der Zensor stockte bei dem Wort »der Große« und fragte streng: »Von wem ist das?« Er wollte natürlich wissen, wer der Verfasser des Beitrages sei. Der Redakteur sah ihn harmlos an und antwortete: »Friedrich der Große? Ist das nicht von Carlyle?« Der Engländer sah ihn grimmig an und warf ihn hinaus, ließ aber, um anzudeuten, daß er die Komik der Sache begriffen habe, eine Schachtel Zigaretten folgen. Besiegte sind nicht stolz. Der Hinausgeworfene hob die Schachtel auf und erschien mit seiner Beute strahlend wieder bei uns. Nie ist uns Friedrich II. von Preußen sympathischer gewesen. Das Verhalten des Zensors erinnert an die schöne Bemerkung Chestertons: »Die Lords der alten Zeit fingen zwar, wenn sie betrunken waren, damit an, nach ihren Dienern mit Flaschen zu werfen, aber sie hörten wenigstens mit Goldstücken auf.«

Ein Verdienst war es, daß auch »der unselige Krieg« auf die Liste der unerlaubten Formulierungen gesetzt wurde. Es war ein typisches Tarnwort für Verbrechen, an denen niemand schuld sein wollte. Groteske Effekte entstanden des öfteren auch daraus, daß es zwar unsere Aufgabe war, die Verbindung unseres schlagwortumnebelten Ghettos mit all dem, was sich unterdessen in der Welt an kulturellen Ereignissen abgespielt hatte, wiederherzustellen, daß wir aber von dem, was in diesem lebendigen Dezennium geschaffen worden war, selbst nur wenig wußten. Unter solchen Paradoxien begann unsere Arbeit.

Das schönste Echo auf meine erste Sendung, die unter dem Titel »Streiflichter der Zeit« lief, war eine halbe Stunde nach ihrem Ende ein Telephonanruf. Penelope! Sie war gerade dabei, ein Kinderhemdchen zu bügeln, als plötzlich die Stimme des Verschollenen durch den Raum tönte. Ein Glücklicher Augenblick!

Die Gruppe 45, die aus dem British Forces Network den Nordwestdeutschen Rundfunk aufbaute, war eine höchst witzige Gesellschaft. Von den Engländern bekamen wir, die »Oldtimer«, den Spitznamen »Die Mayflower Crew«. Pilgerväter waren wir nicht. Aber die Fahrt über den Ozean von Verblendung, Verbrechen, Verzweiflung, die wir hinter uns hatten, war auf jeden Fall stürmisch gewesen. Ernst Schnabel, Schüler der Fürstenschule zu Meißen, war sogar realiter als Kapitän eines Minensuchbootes dreimal mit seinem Schiff untergegangen. Bruno E. Werner vom Kreuzgymnasium in Dresden hatte sich nur mit List und Glück vor der Gestapo retten können. Die letzten Monate vor dem Waffenstillstand hatte er im Untergrund leben müssen. Axel Eggebrecht hatte seine humanistische Bildung in der Hauptkadettenanstalt Berlin-Lichterfelde erworben. Er war Mitarbeiter von Tucholskys »Weltbühne« gewesen – ein Wunder, daß er überhaupt noch lebte! Da wir jahrelang beide Stammgäste des »Romanischen Cafés« an der Kaiser-Wilhelm-Gedächtniskirche gewesen waren, kannten wir einander von Ansehen. Seine Aufsätze in der »Weltbühne« hatte ich immer mit besonderem Vergnügen gelesen. Sie ließen an intellektueller Schärfe nichts zu wünschen übrig, aber auch nichts an Klarheit. Mir dienten seine polemischen Betrachtungen dazu, zu überprüfen, ob meine eher konservative Haltung seiner dialektischen Argumentation standhielt. Meistens war das der Fall. Aber ich habe viel von ihm gelernt. Und nun also gaben wir uns als Collaborateure die Hand. Spöttisch erzählte er, daß er im »Romanischen Café« immer mit Vergnügen den Mann beobachtet habe, der mit Malakkarohr, Handschuhen, Kreissäge und Monokel, die rote »Weltbühne« unterm Arm, sich auf der Terrasse an einen der kleinen Marmortische setzte und die gefährliche neue Nummer zu lesen begann.

Mit Peter v. Zahn zusammen waren wir fünf Sachsen. Wir nannten unseren Sender den niedersächsischen Rundfunk in obersächsischer Besetzung. Die Mayflower Crew bestand aus Schriftstellern und Journalisten, deren Rang sich erst allmählich erweisen sollte.

Jürgen Schüddekopf schuf das »Nachtprogramm«. Es war eine in die Zukunft weisende Sendung, die höchste literarische Ansprüche erfüllte. Schüddekopfs Idee, ein »Spätprogramm für Anspruchsvolle« zu senden, ist im Lauf der Jahre von den meisten deutschen Rundfunkanstalten in der Form des »Dritten Programms« übernommen worden. Von Ernst Schnabel erschien, nachdem er schon vorzügliche Essaybände veröffentlicht hatte, »Der sechste Gesang«. Es handelt sich um den sechsten Gesang der Odyssee. Der Autor unternahm es, Landung und Aufenthalt des Odysseus auf der Insel der Phaeaken in der Sicht unserer Zeit darzustellen. Mit sprachlicher Meisterschaft schildert er die zarte Geschichte der Liebe zwischen dem Helden von Troia und Prinzessin Nausikaa, der Tochter des Königs der Phaeaken. Jean Giono hat einen literarisch ähnlichen Versuch in seiner »Geburt der Odyssee« unternommen. Sein Buch war in Paris seinerzeit ein großer Erfolg. »Der sechste Gesang« hat in Deutschland die bewundernde Hochachtung aller Humanisten gefunden. Aber deren gab es nicht mehr allzuviele.

Als wir gerade Giono in diesem Zusammenhang hoch gerühmt und auf »die innere geistige Verwandtschaft der französischen mit der deutschen Literatur« hingewiesen hatten, erreichte uns die Nachricht, daß Giono, durch den ganzen Krieg hindurch seiner pazifistischen Überzeugung treu bleibend, die Résistance abgelehnt hatte. Er wurde darum der Collaboration beschuldigt und hatte eine mehrmonatige Haftstrafe verbüßt.

Bruno E. Werner hatte schon während des Krieges begonnen, »Die Galeere« zu schreiben. Wären auch nur Teile dieses Manuskripts, das es nur in einem Exemplar gab, bei einer zufälligen Haussuchung oder Leibesvisitation, etwas, womit man immer rechnen mußte, in die Hände der Staatspolizei gefallen, hätte der Autor das nicht überlebt.

In der Form eines Romans ist »Die Galeere« ein dokumentarisches Werk. Es wird das Schicksal eines freiheitlich gesinnten Intellektuellen, der unter der Tyrannei in Deutschland geblieben war, beschrieben. Das grandioseste Kapitel des Buches ist die Schilderung der Zerstörung Dresdens. Werner war nach Dresden gefahren, seine alte Mutter zu besuchen. Er kam an dem Abend an, mit dem die Nacht des Schreckens begann. Aus der Erinnerung heraus hat der Autor »sine ira« genau beschrieben, was sich von Stunde zu Stunde abspielte. Einem Ereignis gegenüber, von dem man nicht genau weiß, ob dabei zweihundert- oder dreihunderttausend Menschen ums Leben gekommen sind, ist jeder Versuch, ihm literarisch beikommen zu wollen, zum Scheitern verurteilt. Allein die Aufzeichnung der reinen Tatsächlichkeiten ist dem Thema adaequat. So, wie der Autor es geschrieben hat, ist es ein Stück großer deutscher Literatur geworden.

Werner und ich hatten uns schon 1917 in der Champagne kennengelernt. Er war Jahrgang 1896. An dem Tag, an dem wir uns zum ersten Mal sahen, war ihm gerade der Königlich Sächsische Albrechtsorden mit Schwertern verliehen worden. Bei dem kleinen Fest, das aus diesem Anlaß gefeiert wurde, hängte er in vorgeschrittener Stimmung die neue Dekoration seinem Dackel um den Hals. Beinahe ein halbes Jahrhundert hat es dann gedauert, bis er wieder einen Orden bekam. In den Zwanziger Jahren gründete er zusammen mit dem verdienten Leipziger Verleger Arndt Beyer »die neue linie«. Mit dieser gepflegten Monatszeitschrift gelang es ihm, Moderne Kunst in weiten Kreisen bekanntzumachen. Nach dem Zusammenbruch wurde Werner heftig angegriffen, weil einmal ein ausführlicher Aufsatz über die SS in seiner Zeitschrift erschienen war. Dieser Angriff ist ein charakteristisches Beispiel für das natürliche Unverständnis derer, die diese Zeit nur von außen kennen. Eine Sache verstanden sie nicht, eine andere wußten sie nicht. Sie verstanden nicht, den Aufsatz zu lesen. Er fließt über von jener Ironie, welche die Zensoren zu bemerken zu dumm, die Unterdrückten gewitzt genug waren, sie amüsiert zu verstehen. Was Werners kritische Gegner nicht wußten, war, daß die Veröffentlichung ein Arrangement mit der SS war, in dem er die Konzession eingehandelt hatte, in der nächsten Nummer einen Aufsatz über Moderne Kunst bringen zu können. Eine solche Aktion hatte, unter anderem, den Nutzen, die in allen Dingen der Kunst so unsicheren Funktionäre noch unsicherer zu machen. Das war wichtig und besonders leicht zu erreichen bei den kleinen Quälgeistern, mit denen die unglücklichen Künstler täglich zu tun hatten.

Nachdem Werner aus der Mayflower Crew ausgeschieden war, hat er sich als Chef des Feuilletons der von den Amerikanern in München herausgegebenen »Neuen Zeitung« Meriten erworben um die Wiederherstellung unserer Kenntnisse von der Literatur der übrigen Welt. Eine ganze Generation von jungen Intellektuellen, die im Ghetto des Nationalismus aufgewachsen war, hat seine Informationen gierig verschlungen. Werner gehört zu den Männern, die den Neuen Stil unserer geistigen Existenz entscheidend mitbestimmt haben.

In den Fünfziger Jahren hat er dann als Kulturattaché an unserer Botschaft in Washington gearbeitet. In dieser Zeit hat er den deutschen Expressionismus in den United States bekannt gemacht. Die Amerikaner dankten es ihm mit dem Ehrendoktor einer angesehenen Universität. Dieser Ehrung hat er sich nicht lange erfreuen dürfen. Schon 1964 ist er gestorben.

Gregor v. Rezzori, in Rumänien aufgewachsen, bereicherte unsere gemischte Gesellschaft mit der Farbigkeit des Balkan. Wie genau kannte er diesen köstlichen Erdteil, in dem, wenn man ihn durchwandert, alle drei Dörfer eine neue Kultur anfängt! Er brachte nicht nur das Pittoreske, sondern auch den Witz dieser Welt mit. Seine »Maghrebinischen Geschichten« erfreuten immer wieder die Herzen der Hörer, die allzu lange der Heiterkeit hatten entbehren müssen. Auch war er ein großer Jäger, so daß wir wenigstens einen unter uns hatten, der dieser uralten Leidenschaft des Menschen verfallen war. Wie es sich für einen Jäger gehört, stand das Geweih eines Sechzehnenders, den er in den Karpaten geschossen hatte, seinem Herzen näher als seine schönste Geschichte.

Heimlich machte er sich daran, einen Roman zu schreiben. Jeder von uns, der sich unterfing, ein solches Werk anzugehen, wahrte, auch seinen Freunden gegenüber, strenges Stillschweigen. Alle guten Schriftsteller werden, solange sie schreiben, von der schlafraubenden Sorge um das Gelingen geplagt. Aber natürlich waren wir, einer wie der andere, von großartigen Plänen erfüllt. Nur war eben die Freiheit so golden, daß sie uns keine Zeit ließ, die großartigen Pläne auszuführen. Auch hatten wir einen aufreibenden Beruf. Der Vorteil dieses Berufes war, daß er mit Besatzungskohle geheizt wurde. Zu Hause froren wir. So ging man immer gern ins Büro. Einmal kam der nette Captain, der mich ins BFN berufen hatte, unvermutet in unser Redaktionszimmer. Zwischen den Tischen, an denen wir gerade unseren »Streiflichtern der Zeit« den letzten Schliff gaben, saßen vier weibliche Wesen, die er noch nie gesehen hatte. Eines von ihnen strickte einen Strumpf. Erstaunt fragte er, was die Damen hier suchten. Lüddecke antwortete ihm freundlich: »Wärme, Herr Kapitän!« Der reizende Mann ging still wieder hinaus.

Es gab im Lande damals nur wenige Autoren, die sich einen Rückblick auf das, was sie in der jüngeren Vergangenheit geschrieben hatten, unbekümmert erlauben konnten. So kam es, daß die Verleger uns »umschwirrten wie Motten das Licht«. Sie boten uns, die wir alle miteinander noch keine großen Namen hatten, grandiose Vorschüsse an, die allerdings zu viele Nullen hatten, um reell zu sein.

Ein Leser kann sich nicht vorstellen, was ein Vorschuß für einen Schriftsteller, der erst in seinen Anfängen steht, bedeutet. Er ist dann immer erst einmal gerettet. Daß er, nachdem der Vorschuß verbraucht ist, dem Verleger auch noch ein Manuskript liefern soll, für das er nichts mehr bekommt, empfindet er durchaus als Zumutung. In dieser Lage neigt er dazu, Verleger für böse Menschen zu halten. Außer ihm kann das nur noch ein menschliches Wesen verstehen, die unglückliche Dame nämlich, die an jedem Ersten Haushaltsgeld von ihm haben will. Und dennoch – niemals wird sich feststellen lassen, wie viele Meisterwerke nie geschrieben worden wären, wenn es nicht in diesem schwierigen Business der Literatur den Vorschuß seit eh und je gegeben hätte.

Staatssekretär Bredow aus dem Preußischen Innenministerium, den man gut und gerne den »Vater des Rundfunks« nennen kann, hat diesen schillernden Sachverhalt auf eine endgültige Formel gebracht. Im berühmten Berliner Rundfunkprozeß von 1933, in dem die Machtergreifer die Mitarbeiter des Deutschlandfunks der Korruption überführen wollten, wurde der Staatssekretär von dem sehr wohlwollenden Präsidenten des Gerichts als Sachverständiger vernommen. Einige Mitarbeiter des Deutschlandsenders hatten es in der Kunst des Vorschusses tatsächlich bis auf sechsstellige Zahlen gebracht. Der Sachverständige, vom Präsidenten gebeten, sich darüber zu äußern, ob er die Beträge für übertrieben halte, gab das saekulare Gutachten ab: »Herr Präsident! Der Vorschuß ist ein integrierender Bestandteil der Literatur!«

Friedrich Bischoff, der erste Intendant des Südwestfunks, hatte Witz genug, nach diesem der Literatur so wohlgesinnten Mann die Straße, die in Baden-Baden zum Sender hinaufführt, »Staatssekretär-Bredow-Straße« zu nennen.

Grischas, unseres Maghrebiniers, Plan, einen Roman zu schreiben, erweckte erst in dem Moment den Verdacht, daß er, eine Art Streikbrecher, unsere frohe Faulheit überspielen würde, als wir durch eine Indiskretion erfuhren, er habe schon vor langer Zeit einmal einen Roman in der »Dame« veröffentlicht. Er selbst erinnerte sich dieser Jugendsünde nur ungern.

Nie werde ich den Abend vergessen, in dem er mir in einem kleinen Redaktionszimmer des Rundfunkhauses die ersten fünfzig Seiten vorlas. Beim ersten Satz schon wurde mir klar, was für eine ausgezeichnete Feder hier am Werke war.

Anfangs hausten wir alle beieinander in einem Seitengang des vielfach umgebauten und durch Anbauten erweiterten Hauses. Sein Kern war eine Millionärsvilla, die noch heute in dem Bau drinsteckt, aber von außen nicht mehr zu erkennen ist. In den Prunkräumen der Beletage saßen unsere Gentlemen. Der kleine Seitengang bekam vom Hausmeister, der aus St. Pauli stammte, den schönen Namen »Die Schnabeltwiete«. Von Zeit zu Zeit wurden wir bei der Lesung unterbrochen. Im großen Sendesaal feierten die Engländer ein kleines Fest, zu dem zwar nicht wir, aber doch wenigstens unsere Sekretärinnen eingeladen waren. Es gab sehr reizende Mädchen unter ihnen.

Axel Eggebrecht erblickte eines Tages plötzlich im Menschengewühl des Hauptbahnhofes, wo er sich eine Berliner Zeitung holen wollte, eine alte Freundin, von der er seit langer Zeit nichts mehr gehört hatte. Man erlebte damals immer wieder einmal die das Herz bewegende Freude, irgendwo unerwartet einen Menschen zu treffen, den man gekannt hatte und von dem man nicht wußte, ob er noch lebe. Axel und Irene begrüßen einander mit großem Hallo. Axel fragt das hübsche Mädchen, was es denn so treibe.

»Ach!« sagt sie. »Ich bin zweckentfremdet. Ich tippe!«

»Na«, meinte Axel, »das könntest Du ebensogut auch bei mir!«

Er engagierte sie. Man sollte es, aus der historischen Distanz, der Gruppe 45 nicht allzu streng anrechnen, daß sie ihre Mitarbeiterinnen auch unter dem Aspekt des Liebreizes auswählte.

Die schönste Geschichte eines freudigen Wiedersehens hat sich, wieder einmal, in Berlin abgespielt. Werner Finck steht an einer Autobushaltestelle auf dem Kurfürstendamm. Ein Radfahrer mit einem Sack frischer Zeitungen auf dem Rücken nähert sich der Haltestelle. Als er Werner Finck erblickt, tritt er auf die Bremse, hebt, während er langsam an ihm vorbeiradelt, die Hand und sagt: »Na, Werner? Unjebeucht?«

Während Grischa las, balancierte die vorzügliche kleine Dame Irene von Zeit zu Zeit zwei Gläser Wein über die enge Hintertreppe zu uns nach oben. Jedesmal fragte mich Grischa, ob er mit dem Lesen nicht lieber aufhören solle. Aber ich konnte von den Köstlichkeiten seines Stils nicht genug bekommen.

Der Roman schildert die Berliner Gesellschaft der Dreißiger Jahre, diese merkwürdige, immer schon etwas morbide Gesellschaft einer Weltstadt, in der die Parvenus der Macht Fuß zu fassen versuchten. Die Schärfe der Beobachtung, der leise Spott über die einen wie über die anderen, die Feinheit der Formulierungen, die Originalität der Vergleiche, der Witz der Metaphern, die Leichtigkeit der Diktion weckte unausweichlich die Erinnerung an Marcel Proust. Ein Stück Kammermusik der Satire war die Schilderung der offiziellen Hochzeitsnacht eines Paares, das schon lange eine affaire d'amour miteinander gehabt hatte – ein selten behandeltes Sujet!

Der Roman bekam bei seinem Erscheinen glänzende Kritiken. Aber der Verleger hatte ihn unter einem ziemlich unglücklichen Titel hinausgehen lassen. Als Sensation gedacht, bewirkte der Titel »Oedipus siegt bei Stalingrad« mehr Abwehr als Anreiz.

Jürgen Eggebrecht war der Lyriker der Mayflower Crew. Wenn er mit Axel Eggebrecht verwechselt wurde, blickte er ebenso streng wie Axel, wenn man diesem seiner Gedichte wegen Komplimente machte. Obwohl Jürgen ein sehr ordentlicher und übrigens gestrenger Redakteur war, geschah es des öfteren, daß er mitten in einer grimmigen Auseinandersetzung über ein Honorar unversehens in die Tasche griff, ein Papier herauszog und ein Poem vorlas, das er am Morgen gedichtet hatte. Die schönsten seiner Gedichte aus dieser Zeit hat er in dem Bändchen »Schwalbensturz« später zusammengefaßt. Er ist ein Meister des Verses und zudem ein Liebhaber des Konjunktivs. In einem seiner Gedichte kommen die beiden Zeilen vor

»Es regnete, als ob der Raum
erschölle von Gesang...«
Das Gedicht war in der »Frankfurter Allgemeinen Zeitung« erschienen.
Ein Leser schickte ihm das Telegramm »beglückwünsche sie zu konjunk-
tiv erschölle stop deutsche sprache beginnt komma sich zu erholen.«
Dieses Gedicht habe ich auswendig gelernt. Man kann einen Lyriker
durch nichts mehr erfreuen als damit, daß man gelegentlich in einer
Gesellschaft eines seiner Gedichte ganz beiläufig zitiert, so als ob es von
Goethe oder Eichendorff sei und man es halt eben kennen müsse. Für
Jürgen Eggebrecht hatte ich mir eine besonders schöne Gelegenheit aufgehoben, ihn zu überraschen. Ich hielt eine Lesung in München, bei der
Penelope und Jürgen anwesend waren. Ich hatte die doppelte Absicht,
den Freund zu erfreuen und die Zuhörer raten zu lassen, von wem das
Gedicht wohl sein könne. Während ich zitierte und dabei nach Egge-
brechts strahlendem Dichterauge suchte, war er verschwunden, und auch
der Stuhl neben ihm war leer. Penelope und Jürgen, die beide in- und
auswendig kannten, was der bekannte Plauderer da vorne voraussicht-
lich erzählen würde, waren in die Kantine gegangen, einen Wodka zu sich
zu nehmen. Das Publikum hat den Verfasser nicht erraten.

> Der Garten klein, doch schien er groß
> wie nichts auf dieser Welt.
> Ich saß auf meines Vaters Schoß.
> Die Wachtel schlug im Feld.
>
> Weiß noch, wie den Kastanienbaum
> vor uns die Nacht durchdrang.
> Es regnete, als ob der Raum
> erschölle von Gesang.
>
> So leicht verstand ich niemals mehr
> den Sinn der ganzen Welt.
> Mein Vater starb. 's ist lange her.
> Die Wachtel schlägt im Feld.

Die Bedingungen, unter denen wir lebten, hat Penelope mit einem kurzen
Satz erhellt. Wir hatten ein Zimmer zugewiesen bekommen. Es war ein
Glücklicher Augenblick. Das Fenster war mit Pappe vernagelt. In der
Mitte hatte es ein kleines Viereck, das aus einer Art Gelatine bestand, die
ein bißchen Licht durchließ. Das Rohr des Kanonenöfchens ging durch
das Pappfenster ins Freie. Von der Decke hing an einem Draht eine

Zwanzigwattlampe ohne Schirm herab. Das Mobiliar bestand aus Kisten. Zehn Scheite Holz lagen als Vorrat neben dem Öfchen. Draußen waren minus zehn Grad. In diesem Wigwam sind wir immer von Herzen guter Laune gewesen.

Eines Abends kehrte ich aus der Wärme der Besatzungskohle zu unseren Holzscheiten zurück. Ich brachte ein Pfund Kartoffeln mit, das ich gegen einige englische Zigaretten auf dem Schwarzen Markt eingehandelt hatte, dazu ein Brett, das erstaunlicherweise auf der Straße gelegen hatte, wahrscheinlich vor Minuten erst von einem Lastwagen heruntergefallen. Der Abend versprach, festlich zu werden. Aber ein Unglück war passiert. Als ich die Tür öffnete, stand Penelope traurig in einer Ecke des Zimmers. Ich fragte, was denn los sei. »Der Kleiderschrank ist gerissen, und zu einem Knoten reicht der Strick nicht mehr.«

Penelope wurde eines Abends von einem amerikanischen Offizier aus Berchtesgaden angerufen. Ihre Schwester sei an einer Blinddarmentzündung erkrankt und soeben ins Spital gebracht worden. Das Gespräch war kaum beendet, als das Telephon erneut klingelte. Am Apparat war eine scharfe Stimme. »Hier ist die englische Militärpolizei. Sie haben soeben mit einer amerikanischen Dienststelle telephoniert. Bleiben Sie zu Hause, bis wir kommen!« So etwas war immer unbehaglich. Man konnte nie wissen, was für Komplikationen sich daraus entwickeln würden. Wir riefen sofort unseren Captain an. Er war richtig erschrocken. Da er ganz in der Nähe wohnte, versprach er, sogleich herüberzukommen. Und nicht nur, daß er nach wenigen Minuten ins Zimmer trat, er brachte auch noch, außer einer Flasche Whisky, einen zweiten Offizier mit, der gerade bei ihm war.

Die Szene, als kurz darauf die englischen Militärpolizisten mit grimmigen Gesichtern unser komfortables Heim betraten, war unvergeßlich schön, und sie hat unseren englischen Freunden ebensoviel Spaß gemacht wie uns. Als die Polizisten, die ein verdächtiges weibliches Wesen zu einem strengen Verhör abzuholen offenbar entschlossen waren, einen Captain und einen Major bei uns vorfanden, wurden sie sogleich milde und zogen sich nach kurzer Zeit bescheiden zurück.

Meine Sendung »Streiflichter der Zeit« lief jeden Abend von achtzehn Uhr bis achtzehn Uhr zwanzig. Sie bestand aus fünf bis sechs kurzen Stücken von feuilletonistisch aufgemachten Nachrichten. Die Redaktion hatte kein Vorzimmer. Die alte Tradition der DAZ fortsetzend, stand die Tür für jedermann offen. Langsam sprach sich herum, daß da gelegentlich ein wenig Geld zu verdienen sei. So kamen Schriftsteller, die eine Vergangenheit, junge Leute, die eine Zukunft, Journalisten, die Sachkenntnis hatten.

Das Deutsch, in dem sie schrieben, mußte fast immer einer kräftigen Überarbeitung unterzogen werden. Die Mitarbeiter nannten das »P.B.s Fleischwolf«. Eines Tages erschien ein sehr nett aussehender junger Mann, der mir bescheiden ein Manuskript von wenigen Seiten überreichte. Es war eine besinnliche kleine Geschichte aus einem masurischen Dorf, für unsere aktuelle Tagessendung im Grunde nicht geeignet. Aber der Text war – o Wunder – in ausgezeichnetem Stil geschrieben. Ich nahm das Manuskript an, schon damit dieser offenbar begabte junge Mann wiederkäme. Als ich die Honoraranweisung ausschrieb und ihn nach seinem Namen fragte, sagte er leise »Siegfried Lenz«.

Eines Tages war der Großherzog Friedrich Franz IV. von Mecklenburg-Schwerin gestorben. Er hatte noch im Jahre 1903 durch einen Vertrag mit der schwedischen Regierung einen Tribut abgelöst, den die Hansestadt Wismar seit dem Westfälischen Frieden von 1648 Jahr für Jahr an die Schweden hatte entrichten müssen. Die mecklenburgischen Fürsten waren im Kaiserreich das einzige regierende Haus slawischer Herkunft. Sie waren ein altes Obotritengeschlecht.

Ich ging zu meinem Captain und erklärte ihm, daß wir nicht immer nur Re-education senden könnten. Das gehe den Hörern allmählich auf die Nerven. Ich sei entschlossen, einen Nekrolog mit Chopins Trauermarsch für den verstorbenen Großherzog zu bringen. Eine solche Sendung war natürlich des reaktionären Nationalismus verdächtig. Als Kompensation bot ich dem Captain an, anschließend an den Nekrolog mit einigen Takten aus der Internationale ein Stück aus einer Rede zu bringen, welche die Pasionaria, die berühmte spanische Kommunistin, gerade in Paris gehalten hatte. Der Captain sah mich mißtrauisch an, gab aber dann, amüsiert über den Kompromiß, seine Zustimmung.

Nachdem wir am Abend in der Sendung den Großherzog feierlich begraben hatten, bekamen wir von einem alten mecklenburgischen Obristen einen Brief: »Endlich mal was Positives!«

Zum British Forces Network gehörte ein Major, von Beruf Staatsanwalt, der die Aufgabe hatte, Deutsche auf ihre politische Vergangenheit hin zu überprüfen. Wir natürlich nannten ihn »den Politruk«. Er erfuhr es und lachte. Er war ein Schotte. Niemals hatte einer seiner politischen Examenskandidaten irgendwelche Sympathien für das dahingegangene Regime gehabt. Jeder Dritte war Widerstandskämpfer gewesen. Man kann sich vorstellen, wie das den armen Mann gelangweilt hat. Dabei war er ein Croupier des Glücks.

Vor ihm erschien eines Tages ein Herr von Anfang Dreißig. Er bewarb sich um eine Lizenz für die Herausgabe einer Tageszeitung. Anwärter auf eine für die Reeducation so wichtige Sache wurden natürlich besonders scharf geprüft. Unser Herr Staatsanwalt, auf äußerstes Raffinement gefaßt, wollte die Sache schnell über die Bühne bringen und fragte den Kandidaten: »Sind Sie unter der Diktatur verfolgt worden?« Der junge Herr dachte einen Augenblick nach. Dann antwortete er gelassen: »Verfolgt? Hm! Eigentlich nur von Frauen!« Damit war das Verhör zu Ende. Der Bewerber bekam seine Lizenz. Wenige Jahre später war er einer der führenden Zeitungsverleger der Bundesrepublik.

Unser schottischer Politruk, von Berufs wegen gehalten, im Mißtrauen nicht nachzulassen, verfiel auf die Idee, zu prüfen, ob nicht vielleicht doch die so sorgfältig gesiebten Mitarbeiter des BFN eine ganz besonders raffiniert getarnte Sorte von Systemanhängern seien und ob diese Burschen überhaupt das sendeten, was zensiert war. So fanden wir eines Abends beim Betreten unseres Senderaums einen englischen Sergeanten vor, der es sich, schon ehe wir hereinkamen, ganz bequem gemacht hatte. Am linken Bein trug er einen Gipsverband. Er war ein schweigsamer Mann. Doch gab er seinen Einstand damit, daß er seine Zigarettenschachtel herumreichte. Er war uns recht.

Die Sendung war noch »live«. Natürlich hatten wir viele englische Fachausdrücke übernommen. Und der Ausdruck »live« ist so unübersetzbar, daß er sich im ganzen deutschen Sendebereich eingebürgert hat. Raoul Wolfgang Schnell, unser erfahrener Regisseur, gab durch die Glasscheibe dem Sprecher im Aufnahmestudio jeweils mit der Hand das Zeichen, wann er anfangen solle. Für kleine Musikeinblendungen machte er sich auf der Grammophonplatte Kreidestriche. Natürlich gab es dabei immer einmal wieder eine Panne. Aber die Sendungen knisterten vor Spannung, und es war merkwürdig, daß die Spannung sich auf die Hörer übertrug. Der uns kontrollierende Sergeant hatte die Manuskripte auf seinem Gipsbein ausgebreitet. Von Zeit zu Zeit blätterte er ein wenig darin. Das war aber nicht typisch englische Gelassenheit. Nach drei Tagen stellten wir fest, daß er kein Wort Deutsch konnte. Der Hauptfeldwebel seiner Kompanie hatte, auf die Anforderung, einen Sergeanten für die Kontrolle der Sendungen zu stellen, ihn geschickt, weil er ihn mit seinem Gipsverband zu nichts anderem brauchen konnte.

Der Dschungel hat der Heiterkeit nicht entbehrt. Ich bin überzeugt, unsere Gentlemen denken an diese Zeit mit dem gleichen Vergnügen zurück wie die heute in alle Richtungen der Windrose verstreute Mayflower Crew. Ihre Leistungen sind vergessen, aber sie sind Historie. In ihren literarischen Schöpfungen konnte die Gruppe 45 nicht an die Vorkriegszeit anknüpfen, wie die Schriftsteller es noch 1918 mit Erfolg hatten tun können. Nach 1945 konnte man nur versuchen, aesthetische Formen der Zeit vor 1933 weiterzuentwickeln. Dieser Literatur war im aufkommenden Zeitalter der Anarchie des Humanismus eine Zukunft nicht beschieden. Sie war eine feine Spätblüte. Eines Tages wird man ihre Werke wiederentdecken.

X SILBERSTREIFEN

Ein Handstreich beendete die Dschungelzeit. Er dauerte nur Sekunden. Es waren die ersten Sekunden des 20. Juni 1948. Während die Mitternachtsglocken läuteten, wurde das umlaufende Geld ungültig. Der Mann, der es außer Kurs setzte, war, so erstaunlich das klingen mag, in keiner Weise befugt, einen Ukas zu unterzeichnen, von dem so einschneidende und so unübersehbare Folgen erwartet werden mußten. Er hatte nur die Position des Wirtschaftsdirektors eines Gebietes, das noch nicht einmal ein Staat war. Während des gleichen Geläutes, unter dem das alte Geld im Orkus der Vergangenheit versank, schuf der bescheidene Mann aus dem Nichts einige Milliarden neuen Geldes. Einmal mehr wurde der blinde Polyphem von Odysseus überlistet. Die List war ebenso einfach wie genial. Sie bestand darin, daß sie an einem Sonntag stattfand. Polyphem, der allmächtige Riese Bürokratie, war am Samstag ins Weekend gegangen. Odysseus verließ unbehelligt die dunkle Höhle der Inflation. Am Montag, im frischen Morgen des ersten Sommertages, kehrte die Macht, ein wenig verwirrt, zu ihrer Aufgabe zurück, das Gebiet, das noch kein Staat war, weiterzuregieren. Es stellte sich heraus, daß List mächtiger ist als Macht. Der Geniestreich vom Sonntag war über Nacht zu einer Tatsache geworden, die nicht mehr rückgängig gemacht werden konnte. Ludwig Erhard, der Vater der D-Mark, hatte sein kühnes Spiel gewonnen.

Denkt man heute an die Dschungelzeit zurück, gelingt es einem nicht mehr, sich zu erinnern, von was eigentlich man gelebt hat. Die Armut war mit der Menschenfreundlichkeit die glücklichste Verbindung eingegangen. Hunger und Heiterkeit, Kummer und Hoffnung hatten sich miteinander verbündet. Was den Rationen der Lebensmittelkarte zum Existenzminimum fehlte, lieferte der Schwarze Markt. Diamanten verwandelten sich in Butter, Silberbecher in Schweinebauch, Trauringe in Milch für Kinder. Hühner legten Goldene Eier. Arme Bauern wurden reich. Ihr Statussymbol war der Bechsteinflügel auf Perserteppich in der Scheune. »The glorious uncertainty of life« feierte Triumphe.

Die alte Familienbibel war einem frommen Sieger aus Massachusetts einige Stangen Zigaretten wert. Mein Urgroßvater, Oberhofprediger in Meiningen, hatte sie im Jahre 1810 erworben. Dreimal in seinem Leben las er sie vom Anfang bis zum Ende durch. Die Daten seiner Lektüre hatte er auf der Innenseite des ledernen Einbanddeckels sorgfältig eingetragen. Seine Frömmigkeit folgte dem Kurs, den Anno Domini 1620 die Pilgerväter mit der »Mayflower« gesegelt waren. Ob wohl in Massachusetts das Alte Buch noch einmal von Anfang bis zu Ende gelesen werden würde? Die »Camels« verwandelten sich in ein Bettchen und ein neues Kleidchen für Sylvia. Den würdigen Herrn Oberhofprediger mag in seiner ewigen Seligkeit, auch wenn sie dadurch nicht vermehrt werden konnte, das Behagen eines Lächelns überkommen haben, daß seine Frömmigkeit noch ein Jahrhundert, nachdem er das Zeitliche gesegnet hatte, sich als nützlich erwies für ein kleines irdisches Geschöpf, mit dem er so eng verwandt war.

Jeder Bürger bekam zunächst vierzig Mark Kopfgeld. Das war ein kleines Vermögen. Das Ereignis wurde als ein Wunder empfunden, und jedermann glaubte denn auch, daß nunmehr die Geldscheine wieder den Wert hatten, der ihnen aufgedruckt war. Die Deckung des neuen Geldes waren nicht Goldbarren in den Tresoren einer Festung. Es war der Silberstreifen der Hoffnung am Horizont der Zukunft.

Nicht überall in der Welt wurde das neue Geld so freundlich aufgenommen. An den Devisenbörsen des Auslandes wurde in den ersten Tagen der Hundertmarkschein für den Gegenwert von vierzig Mark in Devisen angeboten. Doch riskierten es nur wenige, auf diese Spekulation einzugehen. Kaum jemand glaubte, daß der Hundertmarkschein des Odysseus auch nur vierzig Mark wert sei. Die wenigen, die zu Odysseus Vertrauen hatten, machten ein glänzendes Geschäft.

Gleichgültig, wieviel einer besaß, jeder Bürger bekam denselben Betrag. Diese überwältigende demokratische Gleichheit dauerte freilich nicht einmal eine ganze Stunde. Als Penelope, die neuen Scheine im blanken Wildlederhandtäschchen, in Begleitung von Sylvia aus dem Amt heraustrat, war gerade Wochenmarkt. Die Bürgerin Sylvia wußte nicht, daß auch sie ein kleines Vermögen besaß. Sie war ein Maikind, gerade fünf Jahre und drei Wochen alt. Penelope dachte nach, was nun wohl als Wichtigstes und Dringendstes angeschafft werden mußte. Sylvia unterbrach die sorgenvollen Gedankengänge ihrer Mutter. In einer Marktbude boten ein Bauer und sein Weib Karotten feil. Sylvia wünschte sich ein Bund. Penelope kaufte es für drei Mark. Lächelnd sah sie zu, wie Sylvia die Gabe Gottes am Brunnen wusch und auf der Stelle verspeiste. Ein bulgarisches Sprichwort sagt: »Eine Mutter wird satt, wenn sie ihre Kinder essen sieht.« Danach besaßen Penelope und Sylvia zusammen noch siebenundsiebzig, der Bauer und sein Weib dagegen dreiundachtzig Mark. Aus diesem kleinen Unterschied erblühte in weiteren hunderttausend Stunden das deutsche Wirtschaftswunder. Die Menschenfreundlichkeit trennte sich von der Armut, die Heiterkeit vom Hunger, die Hoffnung vom Kummer. Das Wunder dauert an.

Der Nordwestdeutsche Rundfunk entwickelte sich zu einer mächtigen Institution. Im Anfang standen Hamburg und Köln noch unter einer Leitung. Später trennten sie sich. Der Generaldirektor des NWDR war Adolf Grimme. Er hat viel dazu beigetragen, daß der freiheitliche Stil, den die Gentlemen vom British Forces Network in Zusammenarbeit mit der Mayflower Crew geschaffen hatten, bis zum heutigen Tage erhalten geblieben ist. Die Rundfunksender wurden, als sie von den westlichen Alliierten an die Deutschen übergeben wurden, als Anstalten des öffentlichen Rechts konstituiert. Sie waren unabhängig vom Staat und unabhängig von den Parteien. Auch dazu hat Grimme beigetragen, den Beweis zu führen, wie vorzüglich sich diese Konstruktion dazu eignet, eine freie öffentliche Meinung, dieses wichtige Instrument der Demokratie, zu entwickeln und aufrechtzuerhalten.

Die Mayflower Crew bezog im Verlauf der Inflation neue Positionen. Einige ihrer Mitglieder übernahmen die Aufgaben der Gentlemen vom British Forces Network. Die anderen kehrten in die heißgeliebte Freiheit der Schriftstellerei zurück. Für die einen war der NWDR die gesicherte Existenz, für die anderen die Milchkuh der Freiheit. Die Gentlemen vom BFN zogen sich, einer nach dem anderen, still zurück.

Mister P., der Friedrich »den Großen« mit einer nachgeworfenen Schachtel Zigaretten honoriert hatte, wurde zur Britischen Botschaft in Moskau versetzt. Einiges von unseren reichen russischen Erfahrungen, für die er sich immer sehr interessiert hatte, mag ihm dort von Nutzen gewesen sein. Später übernahm er die arabischen Sendungen von »Radio Cyprus«. Kurz vor dem Ausbruch der Suezkrise von 1956, die Anthony Edens Karriere beendete, ließ man Mister P. auf Urlaub gehen. In drei Tagen zerstörten die militärischen Kommandostellen das feine Prestige, das er in drei Jahren bei seinen arabischen Hörern aufgebaut hatte. Wir begegneten einander kurz danach auf dem Markusplatz in Venedig. Er hatte gerade beschlossen, seinen Abschied zu nehmen und Theologie zu studieren. Allah akbar!

Heute ist der vortreffliche Mann Pastor in einem kleinen bezaubernden Dorf im Süden Englands. Wir tranken einen Espresso im Café »Florian«. Die Markuskirche vor Augen, stritten wir uns, ob es besser sei, zu siegen oder besiegt zu werden. Wir einigten uns darauf, daß das eine jener Fragen ist, die man immer erst fünfzig Jahre später beantworten kann.

Beim nachfolgenden Campari erfuhr ich von ihm, der sich offenbar schon längere Zeit mit Theologie befaßt hatte, daß die Markuskirche ihre große Heiligkeit einem Diebstahl verdanke. Im Jahre 828 wurde an der Stelle, an der heute das herrliche Denkmal byzantinischer Kunst sich erhebt, eine kleine Holzkirche errichtet. Sie war dazu bestimmt, die Gebeine des Apostels Markus aufzunehmen. Ein tüchtiger venezianischer Kaufmann hatte sie aus dem mohammedanischen Alexandreia gestohlen. Ich fragte Mister P., ob wohl der Himmel dem Dieb die Verletzung des Siebenten Gebotes verziehen habe. Was für ein guter Theologe er schon war, konnte ich seiner Antwort entnehmen. Er meinte: »Allah jedenfalls wird ihm vergeben haben!«

Mit seinem frommen Diebstahl stand der Venezianer nicht allein. Im gleichen Jahre 828, in dem St. Markus' Gebeine nach Venedig kamen, schrieb Einhard, der Freund und Biograph Karls des Großen, einen amüsanten, uns glücklicherweise erhalten gebliebenen Bericht über ein Unternehmen, bei dem Gebeine des heiligen Marcellinus und des heiligen Petrus in Rom geraubt und nach Deutschland übergeführt wurden. Mister P. wußte sogar, daß der heilige Marcellinus an der Wende vom 3. zum 4. Jahrhundert Bischof von Rom gewesen war und unter Diocletian das Martyrium erlitten hatte. Mönche stahlen einander Reliquien auch gegenseitig. Die Mönche von Benediktbeuern holten sich aus dem Kloster Schlehdorf die Gebeine des heiligen Tertulin, welche von den Schlehdorfern ihrerseits schon im 9. Jahrhundert aus Rom weggeschafft worden waren. Wer einmal, auf welche Weise auch immer, die Reliquie eines Heiligen in seinen Besitz gebracht hatte, glaubte fest daran, von da an unter dessen Schutz zu stehen. Das 9. Jahrhundert ist eben eine wahrhaft gläubige Zeit der Christenheit gewesen.

Der Captain, der meine Orden nicht mochte, liquidierte seine militärische Karriere und wurde ein großer Bankier. Noch immer bekomme ich alle paar Jahre von ihm einen reizenden Brief.

Einen Silberstreifen am Horizont meiner eigenen Zukunft konnte ich nicht entdecken. Da war nicht mehr zu sehen als eine graue Nebelwand. Eine Rückkehr in die Freiheit der Schriftstellerei war nicht gegeben, da ich Schriftsteller noch gar nicht gewesen war. Ein paar hundert Zeitungsartikel machen noch keinen Schriftsteller. Von Feuilletons kann man existieren, aber man kann nicht davon leben. Von gesicherter Existenz hatte ich keine große Meinung. Die unruhigen Zeiten in unserem Vaterland hatten alle Versuche immer wieder zum Scheitern gebracht. Auch die letzte meiner gesicherten Existenzen, meine Praxis am Wedding, konnte ich nicht wiederaufnehmen. Um genau fünf Meter hatte das Schicksal gegen mich entschieden.

Das Haus, in dem ich vor dem Kriege meinen Beruf ausgeübt hatte, war wie durch ein Wunder stehengeblieben. Einsam ragte es aus Ruinen empor. Der Eingang lag nur fünf Meter jenseits der Grenze des französischen Sektors. Niemand hätte mich gehindert, nach achttausend im Dienste des Hippokrates durch Rußland marschierten Kilometern auch die letzten fünf Meter noch zu durchschreiten. Aber das war mit dem Risiko verbunden, daß sie die ersten fünf Meter eines langen Marsches nach Sibirien werden konnten.

Die Sanitätseinheit, bei der ich Chirurg gewesen war, hatte die Aufgabe gehabt, das eroberte Sewastopol ärztlich zu versorgen. Die Russen hatten bei der Räumung der Festung etwa viertausend Verwundete in den Rebbergen südlich der Stadt zurücklassen müssen. Ich habe später berichtet, mit welchen Mitteln wir versuchten, die Aufgabe der Versorgung dieser unglücklichen Menschen zu bewältigen. Das war uns nur zum Teil gelungen. Von den viertausend Verwundeten starben uns ungefähr fünfhundert. Fünfhundert Tote im Rahmen einer militärärztlichen Versorgung sind von vorneherein eine zu große Zahl, als daß sie ohne weiteres hingenommen werden kann. Ich mußte damit rechnen, daß man von mir über unsere Maßnahmen Rechenschaft fordern werde. Es war, jedenfalls damals noch, unwahrscheinlich, daß in einem militärgerichtlichen Verfahren die Zahl der Geretteten ein Argument gewesen wäre. Sehr viel wahrscheinlicher war es, daß die fünfhundert Toten dem leitenden Arzt zur Last gelegt werden würden.

Der Kriegsgerichtsrat unserer Division, ein ausgezeichneter Mann, hatte, und das mit vollem Recht, ein so gutes moralisches und juristisches Gewissen, daß er nach dem Waffenstillstand in seiner Heimatstadt Pirna in Sachsen geblieben war. Er wurde wegen Todesurteilen, die von ihm über Deserteure verhängt worden waren, verhaftet und vor Gericht gestellt. In allen Armeen der Welt werden Desertionen im Krieg mit dem Tode bestraft. Einige Male war es ihm gelungen, mit Hilfe ärztlicher Gutachten, daß der Angeklagte unzurechnungsfähig sei, das Todesurteil abzuwenden. Auch versuchte er immer wieder, die Angeklagten vor dem Geständnis zu bewahren, daß sie tatsächlich hatten desertieren wollen. Solange nämlich einer das nicht zugab, sondern bei der Behauptung blieb, daß er immer habe zurückkehren wollen, konnte er nur wegen »unerlaubter Entfernung von der Truppe« verurteilt werden. Darauf stand nicht Todesstrafe. Diese unerlaubte Entfernung von der Truppe legte er, der lebenserfahrene Jurist, stets sehr großzügig aus. Da er selbst, als der amtierende Vorsitzende des Gerichts, den Angeklagten nicht vor dem gefährlichen Geständnis warnen konnte, bat er einmal mich, den er zur psychiatrischen Begutachtung zugezogen hatte, einem Deserteur den Ratschlag zu geben, die Absicht der Desertion unerschütterlich zu leugnen. Dabei hatte der Angeklagte drei Monate in Odessa im Untergrund verbracht und davon gelebt, gestohlene Waffen auf dem Schwarzen Markt an russische Partisanen zu verkaufen. Das wußten aber nur der Kriegsgerichtsrat und ich. Als ich Skrupel äußerte, einen solchen Fall vor Strafe zu bewahren, meinte der vortreffliche Mann, Leben zu retten sei doch jedes Arztes Pflicht, und das könne hier durch einen einfachen Ratschlag geschehen.

Meine Unterhaltung mit dem Angeklagten war ein Spiegel der allgemeinen moralischen Situation. Das schwierigste war zunächst, ihm beizubringen, daß er zu mir Vertrauen haben konnte. Aber die ärztliche Schweigepflicht ist ein so altes Tabu, daß es mir gelang, sein Vertrauen zu gewinnen. Er war ein reiner Überzeugungstäter; nur daß ihm eben keine anderen Mittel zur Verfügung gestanden hatten, gegen das Regime zu arbeiten, als die, deren er sich bedient hatte. Es gelang, den Mann vor dem Todesurteil zu bewahren. Freilich, ob wir ihn vor dem Tode bewahrt haben, ist zweifelhaft. Er wurde zu einer der berüchtigten Strafkompanien versetzt. Vielleicht ist er verwundet worden. Es gab damals Lagen, in denen ein abgeschossenes Bein ein reiner Glücksfall war.

Die Rettungsaktionen gelangen nicht immer. Und so war es eben doch zu einigen Todesurteilen gekommen. Obwohl gegen sie juristisch nichts einzuwenden war, wurde der Kriegsgerichtsrat zum Tode verurteilt und durch das Beil hingerichtet. Er war das Exempel, das man glaubte, unbedingt statuieren zu müssen.

Ehrenvoll muß auch noch des Gerichtsherrn gedacht werden, in unserem Fall des Divisionskommandeurs, eines bayerischen Generals. Aktionen, die in ihren Motiven so sehr dem Geist jener Zeit widersprachen, konnten nur gelingen, weil der Gerichtsherr sie schweigend hingehen ließ.

Beim Nachdenken über die Zukunft kam mir eine Entdeckung zu Hilfe, die ich machte, als ich wieder einmal in dem Alten Buche blätterte. Es war keine so fromme Lektüre wie die des lieben Urgroßvaters. Aber man stößt in dieser wunderbaren, »dieser erzenen Prosa« immer wieder auf Weisheiten. Daß die Bibel eine Heilige Schrift ist, steht nicht in Widerspruch dazu, daß Bruder Martins Deutsch nicht nur ein Born der Erquickung, sondern auch ein strenges Exercitium der Sprache ist.

Beim Lesen des 10. Kapitels des Buches Hiob wurde mir klar, daß eines Menschen Zeit länger währt als eines Mannes Jahre. Wenn man die Mitte des Lebens überschritten hat, ist man gerade gescheit genug, im Kalkül der eigenen Zukunft diese Nuance zu beachten. Das Ergebnis meiner Überlegungen war ein Entschluß. Die Freiheit liebte ich, und Schriftsteller kann man werden. Der Dichter kommt als solcher auf die Welt. Er schafft Leben. Die gestrenge Herrin seiner Schöpfungen ist sein Genie. Der Schriftsteller beschreibt das Leben. Sein Talent ist sein Diener. Talent freilich dient nur, wenn es zween Herren hat. Der eine von ihnen ist der, welchem es gegeben ist, der andere ist der Fleiß. Fleiß gilt gemeinhin als Tugend, aber das ist er nur bei Leuten, die von Natur faul sind. Sie allein kostet er moralische Anstrengung. Leute, die von Natur fleißig sind, haben Vergnügen am Schweiße ihres Angesichts. Sie merken auch nicht, daß schon der Hochmut, mit dem sie auf die Faulen herabblicken, ihre Gabe zu einem Laster macht. Im Alten Buche gar ist die Arbeit ein Fluch am Tor des Paradieses. Die Faulen blicken bewundernd zum Fleiße auf. Damit begnügen sie sich. Es liegt ihnen fern, die Tugend ihrer Bescheidenheit durch das Laster des Neides zu verderben.

Für einen freien Schriftsteller mit Talent ist es ein Vorteil, wenn er eine ungesicherte Existenz ist. Wäre er gesichert, edles Streben nach stilistischer Vollkommenheit würde ihn ewig daran hindern, ein Manuskript abzuschließen. Erst der drohende Einbruch bitterer Not wischt schließlich die Skrupel vom Schreibtisch. Die Frage, ob ein Schriftsteller Talent hat oder nicht, stellt kein Problem dar. Welcher Schriftsteller wäre je wohl auf die selbstmörderische Idee gekommen, keines zu haben! Er muß sich nur für fähig halten, zu erkennen, welches die Probleme sind, für die Schrift zu stellen sinnvoll ist. Das einzige, woran er nicht denken darf, ist genau das, woran er immer denken mußte, solange er tätig war. Das ist der Erfolg. Es gehört zum Wesen des Erfolges, daß er ein Element von Glück enthält. Glück kalkulieren zu wollen ist das sicherste Mittel, es zu vertreiben. Das überlassen die Faulpelze den Fleißpelzen.

Jahrzehnte lang hatte ich immer nur inmitten von Ereignissen gestanden. Nun trat ich an ihren Rand, um, statt weiterhin an ihnen teilzunehmen, sie zu studieren. Was lag näher, als zunächst einmal eine Wissenschaft zu betrachten, über die ich in den zwanzig Jahren der Ausübung des chirurgischen Handwerks eine Menge Erfahrungen gesammelt hatte.

Erfahrungen eignen sich für nichts so gut wie dazu, über sie zu schreiben. Im Leben haben sie nur einen bedingten Wert. Niemals wiederholt sich etwas ganz genau. Auch dann, wenn eine Situation eintritt, die man glaubt, vor zehn Jahren schon einmal erlebt zu haben, ist sie schon deswegen nicht die gleiche, weil man selbst zehn Jahre älter geworden ist. Hatte man damals eine Dummheit gemacht, wird man es nunmehr anders anstellen. Das Resultat der Anwendung von Erfahrung ist aber gewöhnlich nur eine neue, noch viel kompliziertere Dummheit. Man denke an die Liebe! Schon Heraklit hat gesagt: »Man steigt nicht zweimal in denselben Fluß.«

Es handelte sich also darum, ein Buch über die Medizin zu schreiben. Dazu bedarf es anderer Bücher. In dieser Sache gibt es merkwürdige Spielregeln. Wenn man aus drei Büchern abschreibt, ist man ein Plagiator. Wenn man aus hundert Büchern abschreibt, ist man ein gebildeter Autor. Natürlich empfiehlt es sich auch dann, unbekannte oder verschollene Schriftsteller zu benützen. Nur von Kant kann man immer ruhig abschreiben. Kein Kritiker hat ihn je gelesen.

Da man nicht von vorneherein weiß, aus welchen Büchern man abschreiben wird, braucht man eine Bibliothek. Die einzige im Deutschland der Trümmer brauchbare war die Universitätsbibliothek in Tübingen. Sie ist nie ausgelagert gewesen. Der Beweis ihrer Stabilität steht in Stein gehauen über ihrem Eingang. Das Königreich Württemberg war mit dem Kaiserreich dahingegangen. Die Weimarer Republik hatte nur fünfzehn Jahre bestanden. Das Reich des Tyrannen war zertrümmert. Über dem Eingang des Palastes der Gelehrsamkeit in Tübingen stehen, in köstlichen roten Sandstein gemeißelt, immer noch die schönen Worte »Königliche Universitätsbibliothek«.

Tübingen war in unserem Lande der zerstörten Städte eine Oase. Keine Bombe ist hier gefallen. Nur beim Einmarsch der Franzosen wurden ein paar Häuser am Stadtrand zerschossen. In einer Dachstube mit Blick auf einen großen schwäbischen Garten mit vielen Apfelbäumen legte ich ein leeres Blatt vor mich hin und begann nachzudenken. Ich wollte nicht unbedingt bis auf Hippokrates zurückgehen, aber doch wenigstens bis auf die Anfänge der modernen Medizin im 16. Jahrhundert. So begann das Manuskript mit Kaiser Karl V. Mit ihm und einem Engel hörte es dann aber merkwürdigerweise auch auf.

Als erstes machte ich die Entdeckung, daß man viele Jahre lang ein Handwerk ausüben kann, ohne über seine geistigen Grundlagen wirklich im Bilde zu sein. Der Arzt übernimmt bei seiner Approbation die Verpflichtung, jedem Kranken, der ihn in Anspruch nimmt, zu helfen. Tut er das getreulich, nennt man ihn einen Wohltäter der Menschheit. Darin steckt aber nicht nur ein therapeutisches, sondern auch ein moralisches Problem. Der Arzt stellt eine schwierige Differentialdiagnose. Er führt einen glänzenden chirurgischen Eingriff durch. Er opfert den Schlaf vieler Nächte, um seinen Fall durchzubekommen. Endlich hat er es geschafft. Sieht er sich dann den Menschen an, der aufgehört hat, sein Fall zu sein, muß er feststellen, daß er einem besonders widerwärtigen Individuum, einem Wucherer zum Beispiel, das Leben wiedergegeben hat. Wäre der Wucherer gestorben, seine Klienten wären gerettet gewesen, darunter einer vor dem Selbstmord. So wird der gerettete Patient aus seinen Wucherzinsen pünktlich das Honorar an den Chirurgen zahlen, an den Wohltäter der Menschheit, der mit seiner Wohltat die Existenz von ein paar Dutzend kleinen Leuten und das Dasein eines armen Mannes zerstört.

Die zweite erstaunliche Entdeckung betraf das Handwerkszeug. Das Handwerkszeug des Arztes sind die Mittel, die die medizinische Forschung ihm zur Verfügung stellt. Ungezählte Lobpreisungen wurden dem Fortschritt in dieser Sache seit mehr als hundert Jahren zuteil. Aber das Objekt der medizinischen Wissenschaft ist gar nicht der Mensch in der Vollständigkeit seiner Humanitas, sondern ein Modell, das die Wissenschaft sich geschaffen hat, um mit ihm experimentieren zu können. Die medizinische Wissenschaft hat nur vage Vorstellungen von der Rolle, welche die Krankheit im Dasein eines Menschen spielt. Sie hat keine Verwendung für die Möglichkeit, daß eine Krankheit einen Sünder reuiger werden läßt, einem Toren Erleuchtung bringt, einen Schurken läutert, einem biologisch schlecht funktionierenden Herzen die Funktion der Güte beibringt, deren das gesunde Herz nicht fähig war. Während seines Studiums erwirbt der angehende Arzt genaue und vorzüglich brauchbare Kenntnisse von dem Modell seiner Wissenschaft. Den lebenden Menschen lernt er erst in seiner Praxis kennen.

Daß die medizinische Forschung auf diese eigentümliche Weise von der Fülle des Lebens getrennt ist, hat einen sehr einfachen Grund. Die Biologie stellt sich die Aufgabe, das Geheimnis des Lebendigen zu erforschen, aber gleichzeitig beraubt sie sich der Möglichkeit, diese Aufgabe zu lösen, durch ihre eigene Definition. Sie gibt sich nicht damit ab, bei der Definition des Lebendigen die Philosophie zu bemühen. Sie definiert das Objekt ihrer Forschung chemisch-physikalisch, und dieses Objekt untersucht sie. Eine solche nur biologische Definition sagt aber nichts über das Wesen des Lebendigen aus. Das Lebendige ist, seinem Wesen nach, etwas, das jenseits von Physik und Chemie steht. Es wurzelt in metaphysischem Grunde. Die Illusion, daß das Lebendige sich je werde chemisch-physikalisch erklären lassen, hat seine Ursache in der Blindheit für das Wesen der Dinge überhaupt, wie sie aus der Art von Naturwissenschaft, welche das 19. Jahrhundert schuf, notwendig entstehen mußte. So weiß, zum Exempel, die Wissenschaft der Botanik nichts mit der Tatsache anzufangen, daß eine Rose schön ist, eine Eigenschaft, welche doch zum Wichtigsten dessen gehört, was ihr Wesen ausmacht. Über das Wesen von Dingen kann verbindliche Aussagen nur die Philosophie machen. Die moderne Physik hat die Grenze der physikalischen Möglichkeiten, die Schöpfung zu erklären, seit langem erkannt. Die Biologie nähert sich erst langsam dieser Grenze. Das ist kein Widerspruch zu der Tatsache, daß sie in unserem Jahrhundert so großartige Fortschritte gemacht hat. Sie beruhen darauf, daß die Biologen sich der Methoden der Chemie und der Physik bemächtigten. Eine Überfülle von Einsichten in den Mechanismus des Lebendigen wurde erarbeitet. Aber es waren nur Einsichten in seinen Mechanismus. Die Forscher merkten nicht, daß ihre faszinierenden Entdeckungen nichts zu der Erkenntnis beitrugen, was das Lebendige nun eigentlich seinem Wesen nach ist. Das Objekt ihrer physikalischen und chemischen Untersuchungen war eben, wie aus ihrer eigenen Definition hervorgeht, nicht das Phaenomen des Lebendigen selbst. Was sie untersuchen, sind nur materielle Bedingungsgrundlagen des Lebendigen. Was Leben ist, weiß die biologische Wissenschaft bis heute nicht. Und sie wird es wohl auch niemals wissen.

Allmählich merkte ich, in was für eine Teufelei ich mich eingelassen hatte, als ich die Herrschaft des Menschen über die Natur zum Thema des Nachdenkens machte. Angefangen hatte ich damit, meinem Leser auseinanderzusetzen, was eigentlich ein »Krankheitsbild« ist. Meine Betrachtungen endeten auf dem Atoll von Bikini, wo bei der ersten Explosion einer Atombombe nach dem Ende des Krieges im Bruchteil einer Sekunde eine Million der Geschöpfe Gottes im Meer zerrissen wurden. So konnte ich nicht umhin, das Krankheitsbild der Technik zu untersuchen. Die Technik beruht auf den Erkenntnissen, welche Physik und Chemie erarbeitet haben. Aber die Forscher kümmern sich nicht um die Folgen ihrer Entdeckungen. Sie überlassen unsere neue, aus ihren Forschungen hervorgegangene Umwelt ihrem Schicksal. Unbekümmert schreiten sie auf ihrem Weg ins Unbekannte weiter. Für das Problem der Verantwortung für das, was aus den Resultaten der Forschung entsteht, haben sie keine Antenne. Etwas humanistischer ausgedrückt heißt das, es fehlt ihnen die philosophische Einsicht in die metaphysischen Hintergründe ihres Tuns. Die Probleme der naturwissenschaftlichen Forschung beginnen langsam ins allgemeine Bewußtsein einzudringen. Sie zu lösen, reicht aber wahrscheinlich auch Philosophie, die alte Königin der Wissenschaften, nicht aus. Unter einer der köstlichsten Zeichnungen von Paul Klee steht »Ein Engel überreicht das Gewünschte«. Es scheint, daß es tatsächlich, die Naturwissenschaft zu erleuchten, mindestens eines Engels bedarf.

Nachdem ich an einem Junimorgen in der hellen Frühe hinter Kaiser Karl V. und den Engel einen Punkt gesetzt hatte, warf ich, erleichtert, die Feder durch das offene Fenster in den schwäbischen Apfelgarten, an dessen Bäumen die Früchte des Paradieses zu reifen begannen. Dann kehrte ich für einige Zeit nach Hamburg zurück.

In der Welt waren unterdessen viele Veränderungen vor sich gegangen. Der alte Völkerbund war als »Vereinte Nationen« zu neuem Leben erwacht. Von Heinrich Mann erschien die brillant geschriebene Bilanz unserer Epoche unter dem schlichten Titel »Ein Zeitalter wird besichtigt«. Sein Bruder Thomas veröffentlichte den »Doktor Faustus«, der heftige Diskussionen auch über die philosophische Problematik der modernen Medizin entfesselte.

Ernst Rowohlt, der großartige alte Mann, war auf den genialen Einfall gekommen, Romane, wenn man schon nicht genug Geld hatte, sie als Bücher zu drucken, im Format einer gewöhnlichen Tageszeitung auf dem gleichen billigen Papier herauszubringen. Seine ersten vier Editionen, die schon im Dezember 1946 herauskamen, waren Alain-Fournier »Der große Kamerad«, Joseph Conrad »Taifun«, Hemingway »In einem anderen Land« und Tucholsky »Schloß Gripsholm«. 1948 konnte man die Ro-Ro-Ro's – Rowohlts Rotations-Romane – für eine ganze oder gar für eine halbe Mark kaufen. Heute sind sie bibliophile Kostbarkeiten.

Theodor Plieviers »Stalingrad« war eines der frühesten literarischen Werke in deutscher Sprache über den Zweiten Weltkrieg. Die Russen hatten dem Autor die Archive geöffnet. Mit den wichtigsten Führern der Russen hatte er persönliche Kontakte aufnehmen können. Das Werk hat historischen Rang. Das unermeßliche Unglück der Kriegsgefangenen begann in das Bewußtsein auch derer einzudringen, die nicht unmittelbar davon betroffen waren.

Das Schicksal der Heimkehrer stellte Borchert in seinem Drama »Draußen vor der Tür« herzbewegend dar. Es war wie ein Zeichen des Himmels, daß der Dichter, von dessen Begabung noch so viel zu erwarten war, am Tage vor der Uraufführung starb.

Die Prozesse gegen die Männer, die den Zweiten Weltkrieg entfesselt hatten, gingen über die Bühne des Nürnberger Tribunals. Eugen Kogon erschreckte sogar die Unbelehrbaren durch seine Beschreibung des »SS-Staates«.

Der Computer wurde erfunden, der Marshallplan in Gang gesetzt. Indien erlangte seine Unabhängigkeit. Karl Barths »Dogmatik in Umrissen« versetzte die Theologen in Unruhe. Zum ersten Mal in ihrer Geschichte gastierte die Wiener Staatsoper in London. Bei einer Aufführung im Covent Garden Theatre stand Richard Tauber als Don Ottavio zum letzten Male auf der Bühne. Auf dem Mount Palomar wurde das größte Teleskop der Welt in Gebrauch genommen. Was dieses Instrument den Astronomen an Entdeckungen brachte, stürzte unser ganzes

Bild des Universums von Grund auf um. In der Wissenschaft der Astronomie ist es möglich, daß in wenigen Jahrzehnten das Alter der Erde von ein paar hunderttausend auf einige Milliarden Jahre anwächst. Wenige Zeit später konstruierte der in den USA wirkende deutsche Physiker Erwin W. Müller das Feld-Ionenmikroskop, das bei zehnmillionenfacher Vergrößerung einzelne Atome abbildet. Es ist des Nachdenkens wert, daß die Technik dem Menschen ein so phantastisch tiefes Eindringen sowohl in den Makrokosmos als auch in den Mikrokosmos fast zur gleichen Zeit ermöglichte.

Argentinien wurde faschistisch, Ungarn, die Tschechoslowakei und der ganze Balkan kommunistisch. Indonesien und Indochina begannen sich von ihren alten Kolonialherren zu befreien.

Es war die Zeit gekommen, in der die Deutschen anfingen, sich zu besinnen, was eigentlich in den zwölf Jahren der Tyrannei nun wirklich geschehen war. Daß der Tyrann geistesgestört gewesen war, hatte man allmählich begriffen. Aber erklärt war das, was sich ereignet hatte, damit nicht. Die Zehntausende von Helfern, die die Mordmaschinerie des Tyrannen in Gang setzten und in Gang gehalten hatten, waren jedenfalls nicht geistesgestört. Die Untersuchungen, welche Psychiater, Theologen und Soziologen über das Verhalten der Helfer durchführten, erbrachten keine überzeugende Klärung des Problems. Auch wenn man annimmt, daß sie der antisemitischen Haßpsychose verfallen waren, ist damit der Umfang der Mordhilfe nicht erklärt.

Es sind Millionen umgebracht worden, die nicht Juden waren. So erfuhr man nach dem Kriege, wovon tatsächlich nur wenige Menschen zur Zeit des Geschehens etwas wußten, daß in den Vernichtungslagern auch etwa eine Viertelmillion Zigeuner aus den besetzten Ländern Europas umgebracht worden sind.

Erbittert wurde immer von neuem die Frage diskutiert, wann man von den Verbrechen erfahren haben konnte. Erbittert war diese Diskussion, weil sie eng mit der Frage nach der Mitschuld verbunden ist. Die Behauptung, nichts gewußt zu haben, war die einfachste Methode, sich für das Geschehene nicht verantwortlich zu fühlen. Man kann doch, nicht wahr, nicht an etwas schuld sein, wovon man nichts weiß!

Sicherlich hat es in der Provinz auch am Ende des Krieges noch breite Bevölkerungsschichten gegeben, die von den Verbrechen nichts gewußt haben. Aber die Möglichkeit, davon zu erfahren, war sehr früh schon gegeben. Als meine Sanitätskompanie einen Tag nach der Eroberung Chersons im Sommer 1941 in die Stadt einrückte, trugen, zu unserem größten Erstaunen, alle jüdischen Einwohner der Stadt schon den gelben Stern. Der Oberrabbiner der Stadt hatte sich durch verlogene Versprechungen der SS täuschen lassen und die Liste der gläubigen Juden seiner Gemeinde preisgegeben. Ich wurde kurz darauf nach Odessa abkommandiert. Als ich wenige Wochen später über Cherson zu meiner Kompanie zurückkehrte, waren alle diese Menschen mit dem gelben Stern aus der Stadt verschwunden. Recherchen, die anzustellen keineswegs schwierig war, ergaben, daß die Unglücklichen nicht, wie die offizielle Version lautete, die auch der Oberrabbiner für Wahrheit gehalten hatte, in Sammellager gebracht worden waren, sondern daß SS-Kommandos sie an die von den Russen verlassenen Panzergräben vor der Stadt geführt hatten. Dort wurden sie erschossen und in den Gräben verscharrt. Diese Tatsachen waren im Heer weitgehend bekannt. Sie wurden aber von den meisten ignoriert. Das Verfahren, sich vor Einsicht zu schützen, war einfach genug. Man glaubte den Berichten nicht. Augenzeugen gab es nur wenige, und diese wenigen schwiegen.

Gelangten die Berichte über drei oder vier Mittelsmänner an maßgebende Stellen, wurden sie auch dort erst einmal nicht geglaubt. Das Übermaß ihrer Schrecklichkeit macht das verständlich. Die Berichte waren zunächst wirklich »unglaublich«. Aber die Behauptung, bis zum Ende des Krieges die Tatsächlichkeit der Schrecken nicht erfahren zu haben, kann man von Leuten, die damals gehobene Stellungen innehatten und damit Gelegenheit genug, sich zu informieren, ohne ernste Zweifel an der Zuverlässigkeit ihres Gedächtnisses nicht akzeptieren.

Ebenfalls wurde wirklich niemals geklärt das merkwürdige Phaenomen, daß die Zehntausende von Helfern und Helfershelfern kurz nach dem Krieg so gut wie verschwunden waren. Nur von den höheren Funktionären der SS wurde bekannt, daß sie schon während des Krieges große Kapitalien in Devisen sichergestellt und ihre Fluchtwege sorgfältig vorbereitet hatten.

Erst der mutige Film »Die Mörder sind unter uns« brachte es der Allgemeinheit zum Bewußtsein, daß die Verbrechen kaum gesühnt waren. Nur wenige der Mörder unter uns sind der gerechten Strafe zugeführt worden. Fast immer waren sie, vielfach unter falschem Namen, in die Maske eines biederen Bürgers geschlüpft. Einige von ihnen machten in der Politik und sogar in der Jurisprudenz große Karriere.

Für das deutsche Volk sind diese Ereignisse ein schweres seelisches Trauma. Sie werden es bleiben. Offenbar ist Mordlust ein in kaum vorstellbarer Weise verbreiteter Trieb des Menschen. Wird dem Mord ein Anstrich von Legalität gegeben, indem er befohlen wird, scheint es, wie bittere Erfahrung zeigt, nicht allzuschwer zu sein, immer genug Henker und Henkersknechte zu finden. Der andere Sohn Adams war eben Kain.

Verlorene Kriege sinken tief in das Bewußtsein eines Volkes hinab. Nur die Literatur vermag es, so ungeheures Geschehen aus der Verdrängung wieder heraufzuholen, indem sie versucht, das Erlebnis durch Darstellung zu bewältigen. »Im Westen nichts Neues« ist erst zehn Jahre nach dem Ersten Weltkrieg erschienen. Ludwig Renns »Krieg« lag zwar seit 1922 als Manuskript fertig vor, aber erst 1927 wurde es in der »Frankfurter Zeitung« in Fortsetzungen gedruckt. Der große Erfolg der Publikation bei den Lesern führte dazu, daß das Werk endlich auch als Buch erschien. Es erreichte eine Auflage von fast hunderttausend Exemplaren. Auch Remarque hat für sein Manuskript lange einen Verleger gesucht. Als das Buch erschien, wurde es ein Welterfolg.

In Deutschland hatte nach dem Zweiten Weltkrieg niemand die Möglichkeit, über den Krieg zu schreiben. Wer an Kämpfen beteiligt und tapfer gewesen war, hätte kaum der Frage ausweichen können, für was er tapfer gewesen war. Nicht einmal ausruhen auf seinen Lorbeeren konnte er sich. Es waren keine verteilt worden.

Im Jahre 1949 hatte die Universität Hamburg den spanischen Philosophen Ortega y Gasset eingeladen, bei der Feier zu Goethes zweihundertstem Geburtstag die Festrede zu halten. Seinem mit großer Spannung erwarteten Vortrag gab er den bezaubernden Titel »Um einen Goethe von innen bittend«.

Ortega y Gasset hat in Berlin, Leipzig und Marburg studiert. Sein erstes Buch »Die Aufgabe unserer Zeit« erschien 1928 bei Girsberger in Zürich. 1930 übernahm es Gustav Kilpper in die Deutsche Verlagsanstalt. Er, ein Verleger von Geblüt, hatte auf den ersten Blick den Rang Ortegas erkannt. Ein Jahr später brachte Kilpper den »Aufstand der Massen« heraus. Der Titel wurde zum geflügelten Wort. Das Buch war der Start zu Ortegas Weltruhm. Nach seinem mit rauschendem Beifall belohnten »Goethe von innen« äußerte er den Wunsch, sich mit einigen deutschen Intellektuellen zu unterhalten. Mir ist diese Unterhaltung unvergeßlich geblieben. Da saß der alte Löwe, und wir, ein halbes Dutzend Mitarbeiter des Funks, saßen als kläffende intellektuelle Meute um ihn herum – Axel Eggebrecht, Schüddekopf, Schnabel, Marek, Rezzori.

Seine erste Frage war ein Vorwurf. »Sie haben, meine Herren, einen Weltkrieg und eine furchtbare Niederlage erlebt. Das ist mehr, als anderen Literaten jemals geboten wurde. Es ist Ihre Pflicht, genau über Ihre Erfahrungen zu berichten. Warum geschieht das nicht?« Die Meute kläffte. »Ein wichtiges Problem bei der Betrachtung eines Weltkrieges bedeuten die moralischen Motive, die soviel Heroismus hervorgebracht haben, wie es für ein solches Ereignis charakteristisch ist. Wir haben allzu verschiedenartige Helden gehabt. Solche, die vor dem Feind gefallen, und solche, die desertiert sind. Wir haben Helden, die als Verräter gehenkt wurden. Es gibt zudem ihrer noch viele, von denen wir wenig oder gar nichts wissen. Wir sind uns noch nicht im klaren, wie man unter diesen Aspekten das Problem des Heroismus überhaupt angehen soll.«

Seine Antwort war verblüffend, aber sehr viel gescheiter, als wir alle damals begreifen konnten. Er sagte: »Nun gut! Dann müssen Sie eben Geduld haben!« Viel später erst verstanden wir, wie weise dieser Ratschlag war. Am Schluß der langen und faszinierenden Unterhaltung machte er eine Bemerkung, die wir alle auch nicht vergessen haben. »Bilden Sie sich nicht ein, daß Sie sich in einer besonderen Situation befinden, weil bei Ihnen mehr in Trümmern liegt als anderswo. Dadurch ist auch der Blick freier geworden!«

Wir haben lange über diese Unterredung mit dem großen Philosophen über unsere Probleme nachgedacht.

Schließlich kam Schnabel, der unterdessen Intendant geworden war, auf die Idee, einen Versuch zu starten mit dem Thema »Verdun und Stalingrad«. Als Matadore der Arena dieser Gegenüberstellung schlug er Marek und mich vor. Wir akzeptierten.

Von Marek wußten wir alle, daß er seit Jahren an einem großen Werk schrieb. Aber was das war, darüber schwieg er. Wir arbeiteten vierzehn Tage lang an unserem Projekt in Mareks recht hübsch möbliertem, ziemlich großem Zimmer, das einen Balkon nach dem Garten hinaus hatte. Wir nahmen die Sache ernst, aber wie halt Schriftsteller so sind, von Zeit zu Zeit schlugen wir einander auf die Schulter, entzückt von der Genialität unserer Einfälle. Zwischendurch bestellten wir bei einem Kolonialwarenhändler in der Nähe Brot, Wurst, Schinken, Ölsardinen und zuweilen eine Büchse Hummer, dazu jedesmal einen Kasten des guten Hamburger Bieres. Einmal zahlte er, einmal ich. Am letzten Tage stellte sich heraus, daß keiner von uns beiden noch genug Geld hatte, die Rechnung zu begleichen. Betrübt bedeuteten wir dem Boten, seine Köstlichkeiten wieder mitzunehmen. Das aber tat er nicht. Sein Chef habe ihn angewiesen, falls die Herren zufällig kein Geld mehr hätten, solle er die Sachen ruhig dalassen; die Herren hätten bei ihm Kredit. Als der Bote, für den wir aus den Resten unserer Silberstücke noch ein fürstliches Trinkgeld zusammengekratzt hatten, gegangen war, brach Marek in fröhlichen Jubel aus.

»Ich hab's geschafft! Ich hab's geschafft!«

»Was hast Du geschafft?«

»Na, Mann! Kredit beim Kolonialwarenhändler! Mehr kann man doch im Leben nicht erreichen!«

Wenige Monate später erschien sein geheimnisvolles Manuskript als Buch. Es hatte den Titel »Götter, Gräber und Gelehrte«.

Als wir mit der Abfassung unserer Sendung fertig waren, traten wir auf den Balkon hinaus, die Strecke zu besichtigen. Zwischen den Blumentöpfen standen zweihundertundvier leere Bierflaschen. Wir konnten uns nicht vorstellen, daß sich dieser eindrucksvolle Tatbestand nicht als Basis eines grandiosen literarischen Erfolges erweisen werde. Es kam aber anders.

Die Sendung wurde auf Band genommen. Sie war dreißig Minuten lang. Wir holten Schnabel, sich unser Meisterwerk anzuhören. Dreißig lange Minuten blickte er stumm vor sich hin. Dann erhob er sich, sah uns traurig an und sagte: »So einen verdammten Unsinn habe ich seit langem nicht mehr gehört!«

Marek und mir wurde in diesem Augenblick klar, wie weise der Ratschlag des alten Löwen Ortega gewesen war. Unsere Geduld hatte offenbar nicht lange genug gewährt. Aber das Thema Krieg ließ von da an keinen von uns mehr los.

Einige Monate später kam Schnabel zu mir. »P. B.! Sie erzählen doch immer Geschichten aus dem Krieg. Und Sie waren doch bei der Sanität. Da brauchen Sie doch nicht erst groß zu erklären, warum Sie so unerschütterlich den ganzen Krieg mitgemacht haben. Versuchen wir's doch mal mit einem kleinen Experiment. Zehn Sendungen von je fünfzehn Minuten, jedesmal eine Geschichte. Mal seh'n, was die Hörer sagen werden!«

So schrieb ich zehn Geschichten aus Rußland auf. Bei der Abfassung versuchte ich, so genau wie möglich die Realitäten der Umwelt des Soldaten im Krieg zu beschreiben. Die Sendereihe lief ab. Die Zuschriften der Hörer füllten Waschkörbe.

Der schönste der Hörerbriefe kam von einem Schäfer aus der Heide. Er steckte in einem billigen grünen Couvert und war auf kariertes Papier geschrieben in einer Schrift, der man ansah, daß der Absender keinen größeren Aufwand, Schrift zu stellen, trieb, als vielleicht dreimal im Jahr seinen Namen zu schreiben. Und das ist der Brief!

> Werter Herr!
> Ich habe die Sendung von dem Krieg gehört.
> Ich war Sanitätssoldat. Und genau so war es.
>
> Achtungsvoll
> X. Y.
> Schäfer

Den Namen konnten wir nicht entziffern.

Dieser Brief hat uns den Mut gegeben, das unerhörte Thema mit einer ausführlichen Darstellung anzugehen. Ich übernahm es, gewissermaßen im Auftrag der Freunde, diese Darstellung zu versuchen.

Der Königssee am Fuße des Watzmann war zu jener Zeit noch ein stiller Winkel unserer Erde. Die Kirche von St. Bartholomä auf der anderen Seite des Sees liegt einsam inmitten einer der schönsten Landschaften unseres Vaterlandes. Einmal im Jahr ist St. Bartholomä Ziel einer Wallfahrt. Sie geht auf ein Gelübde zurück, das die Dörfler diesseits und jenseits des Gebirges Anno Domini 1510 leisteten als Dank für das Ende einer Pestepidemie. Vier und ein halbes Jahrhundert lang sind die Pilger über das unwegsame Gebirge gezogen, allen Unbilden des Weges und des Wetters zum Trotz das Versprechen zu erfüllen, das die Väter gegeben hatten.

In dieser köstlichen Abgelegenheit hatte Penelope für die ungesicherte Existenz wiederum ein behagliches Wigwam eingerichtet. Sogar einen Schrank gab es da, einen Bauernschrank mit heiteren Bildern eines Salzburger Meisters aus dem Ende des 17. Jahrhunderts. Ich saß an dem schweren eichenen Schreibtisch, an dem Brahms seine Vierte Symphonie geschrieben hat. Das Haus hatte früher der Baronin Herzogenberg gehört, der Wiener Maecenatin, die Brahms einmal einen Sommer lang nach Königssee eingeladen hatte.

So abgelegen dieses Land der Bergbauern war, auch hierhin noch drang große Politik. Eines Tages rief mich ein guter Nachbar an, ein Herr v. Seebek. Er war ein wenig aufgeregt. »Morgen nachmittag kommt Lindbergh zu mir zu Besuch, ja, ja, Charles Lindbergh, der Ozeanflieger! Dazu wollte ich Sie einladen. Könnten Sie wohl einmal einen Augenblick herüberkommen?«

»Was will er denn von Ihnen?«

»Das weiß ich noch nicht. Irgend jemand muß mich ihm empfohlen haben.«

Wir überlegten, was wir tun könnten, den berühmten Mann würdig zu empfangen. Wir beschlossen, für die Zeit seines Besuches ein strenges Tabu über das Wort »Ozeanflug« zu verhängen. Der Gast erzählte herrliche Geschichten. Die schönste war die von einem Seminar bei Alexis Carrel auf der Insel Guernsey.

Lindbergh, der Last seines Weltruhms müde, hatte angefangen, sich wieder mit Biologie zu beschäftigen. Es war ein altes Steckenpferd von ihm. So ging er für einige Zeit als Assistent zu Alexis Carrel, der auf Guernsey ein kleines privates Laboratorium besaß. Carrel hatte schon 1912 den Nobelpreis bekommen für die Durchführung der ersten Transplantationen von Gefäßen. Sogar ganze Organe hat er im Tierversuch damals bereits übertragen.

Alljährlich hielt er auf seiner Insel ein Seminar ab, in das aufgenommen zu werden auch berühmte Biologen sich zur Ehre anrechneten. Ein chemisch-physiologisches Problem wurde besprochen. Ganz unten am Tisch saß Lindbergh. Er war damals noch keine dreißig Jahre alt. Carrel stellte eine schwierige Frage. Keine der Zelebritäten konnte sie beantworten. Als letzter wurde Assistent Lindbergh gefragt. Leichthin gab er die richtige Antwort. Carrel hob die Hand und sagte lächelnd: »Gentlemen! The world will still hear of this young man!« – Die Welt wird von diesem jungen Mann noch hören!

Eines Nachmittags, vierzehn Tage später, kamen wir aus Berchtesgaden nach Hause. Als wir den Garten betraten, stand vor der Terrasse ein ganz kleiner Morris, aus dem ein Paar lange Beine heraushingen. Der Mann im Wagen schlief. Als wir ihn mit einiger Mühe geweckt hatten, war es Lindbergh, der herauskletterte. Beim Kaffee, zu dem er uns eine große Büchse Bohnen mitgebracht hatte, kam ich endlich auch hinter das Motiv seiner Besuche bei meinem guten Nachbarn und mir.

Die westlichen Alliierten waren zu dem Entschluß gekommen, das militärische Potential der abgerüsteten Deutschen für den Kalten Krieg, der unterdessen zwischen den Vereinigten Staaten von Nordamerika und Rußland ausgebrochen war, zu mobilisieren. Man war sich nur noch nicht darüber klar, auf welche Weise das geschehen könne, ohne daß es zu einer neuen nationalistischen Reaktion in dem besiegten Lande käme. Als Möglichkeit wurde unter anderem erwogen, jedem Bataillon der französischen Armee eine deutsche Kompanie zuzuteilen. Damit hätte man die Kampfkraft gehabt, ohne daß es zu einer Machtzusammenballung deutschen Militärs gekommen wäre.

Colonel Lindbergh fragte mich, von dem er erfahren haben mochte, daß ich auf diesem Gebiet nicht ganz ohne Sachkenntnis sei, was ich zu diesem Plan meine. Im ersten Augenblick fiel mir vor Verblüffung überhaupt nichts ein. Dann, wie ich offen gestehe, tat ich etwas, was nicht vornehm ist – ich grinste.

»Dear Colonel! Bei diesem Aufbau würde im Ernstfall nach jedem Gefecht die deutsche Kompanie drei Helden und zwanzig Gefallene mehr haben als jede der anderen Kompanien dieses Bataillons.«

Selbstverständlich ergänzte ich diese Bemerkung damit, daß sie nicht gegen die Franzosen gerichtet sei. Das würde in jeder Armee der Welt so sein. Die Antwort des Colonels war ebenso wenig vornehm wie meine Reaktion auf seine Frage. Und so habe ich einmal in meinem Leben Weltruhm grinsen gesehen.

Es waren mehrere Besuche, die Lindbergh uns machte, um sich weitere Informationen zu beschaffen. Immer, wenn er wieder gegangen war, begann Sylvia, die Wohnung zu durchstöbern. Überall hatte der liebenswerte Mann unauffällig und geschickt vielerlei versteckt. Sie fand Büchsen mit Kaffee, Pakete von Schokolade, Zigaretten und einmal auch ein kleines goldenes Kettchen, das sie sich jubelnd um den Hals legte, eine Schönheit im Spiegel zu betrachten in einem Zeitpunkt, da sie noch gar nicht wußte, was Schönheit ist.

Einmal bei einem Besuch äußerte Lindbergh den Wunsch, seine Frau von Olaf Gulbransson zeichnen zu lassen. Ann Morrow-Lindbergh war eine reizende Frau, und gescheit war sie außerdem auch noch. Sie war mit ihrem Mann zusammen im Jahre 1931 über Alaska nach China und Japan geflogen. Darüber hatte sie einen Bericht veröffentlicht »North to the Orient«.

Lindbergh, dem ich erzählt hatte, daß ich mit Olaf Gulbransson befreundet sei, bat mich, bei dem Meister anzufragen, ob er bereit sei, seinen Wunsch zu erfüllen.

Wir fuhren zusammen hin. Lindbergh saß am Steuer des kleinen Morris. Mein guter Nachbar saß neben ihm. Mrs. Lindbergh und ich hatten uns in den Fond des Wagens hineingezwängt. Unterwegs erzählte ich ihr von dem ersten Besuch ihres Mannes bei Herrn v. Seebek. Dabei erfuhr sie natürlich auch die Sache mit dem Tabu, das wir über das Wort »Ozeanflug« verhängt hatten. Lindbergh trat auf die Bremse, drehte sich zu seiner Frau um und sagte: »Also jetzt wird es mir klar! Deshalb war es so gemütlich!«

Der Schererhof, das alte Bauernhaus, in dem Olaf wohnte, liegt am Hang vierhundert Meter über dem Tegernsee mit dem Blick auf eine wunderbare Bergkontur am Horizont der anderen Seite des Sees. Auf seinen Bildern taucht, von seinem feinen Stift gezeichnet, diese Linie immer wieder auf. In der Umgebung des Hauses gab es keine ebene Stelle, auf der man den Wagen hätte parken können ohne die Gefahr, daß er sich, wenn die Bremse nicht hielt, selbständig machen würde. Es gab da nur die schräge Auffahrt zu einer Scheune. Dort stellten wir den Wagen ab. Als wir ausgestiegen waren, sah Lindbergh sich um, ging zu einem ziemlich großen Feldstein, hob ihn auf und legte ihn hinter das rechte Hinterrad des Wagens. Dann sah er sich noch einmal um, schleppte einen zweiten, noch etwas größeren Stein herbei und legte ihn hinter das linke Hinterrad.

Als er sich aufgerichtet hatte, sah er mich, jeden Spott abzuwehren, streng an. Und dann sagte der Mann, der nach einer schlaflosen Nacht, in einem Korbsessel sitzend, mit seinem treibstoffüberladenen

Flugzeug »The Spirit of St. Louis« hundert Meter nach dem Start eine Hochspannungsleitung überquerend, in dreiunddreißig Stunden die sechstausend Kilometer von New York nach Paris geflogen war: »Keine vermeidbaren Risiken!«

Der Empfang auf dem für seine skandinavische Gastfreundschaft von jeher berühmten Schererhof war großartig. Wir begaben uns hinauf in den Weißen Saal. Olaf hatte, als er in den Zwanziger Jahren das Haus erwarb, den Heuboden der Scheune des alten Hofes zu einem festlichen Raum ausbauen lassen. Ausgestattet war er mit weißen Rokokomöbeln aus seiner Heimat. Norwegisches Rokoko, etwas sehr Seltenes, ist nicht höfisches, sondern bürgerliches Rokoko. Nur Dagny, die liebenswürdige Herrin des Hauses, die immer selbst diese empfindlichen Kostbarkeiten abstaubt, ist eine Prinzessin. Sie stammt von König Olaf dem Heiligen ab, der das Christentum in Norwegen einführte.

Olaf hatte einen rühmenswerten Rotweinkeller. Er besaß noch – rare Lagen und nur bei besonderen Gelegenheiten aus dem Keller geholt – einige Flaschen Burgunder, die der Kronprinz von Bayern ihm geschenkt hatte, als er mitten im Krieg vor dem Terror der Machthaber in Deutschland nach Italien flüchten mußte. Im Glas der Flaschenhälse prangte noch das Siegel des bayerischen Königshauses. Eine solche Flasche war schon geöffnet und dekantiert. Doch zur Begrüßung gab es zunächst einmal ein Glas Champagner. Lindberghs Vorfahren stammen aus Schweden, und noch immer sieht er eminent schwedisch aus. Gulbransson ist in Norwegen geboren. Als die Gläser der beiden Wikinger aneinanderklangen, begrüßte Olaf mit seiner tiefen Stimme den Gast aus der Neuen Welt mit den Worten »Endlich bist Du gekommen!«

Columbus, mit seiner Fahrt von Europa nach Amerika, entdeckte eine neue Welt. Er hat nicht die geringste Vorstellung davon gehabt, wie umstürzend seine Entdeckung die alte Welt verändern würde. Lindbergh, auf seinem Flug von Amerika nach Europa, schuf eine neue Welt. Auch er hat sich kein Bild davon machen können, was aus seiner kühnen Tat entstehen würde. Tatsachen schaffen unübersehbare Risiken. Buddhisten ziehen es vor, zu meditieren.

Ich kehrte zu meiner Arbeit zurück. Die Aufgabe, die mir gestellt war, ein Buch zu schreiben, dessen Thema der Krieg sein sollte, schien zunächst unlösbar. Einen einzigen Tag eines einzigen Soldaten im Felde genau zu beschreiben würde schon ein gewöhnlicher Schriftsteller hundert Seiten brauchen, Joyce wahrscheinlich tausend. Aber wenn man ein Buch zu schreiben anfängt, von dem man glaubt, daß man es schreiben könne, ist die Chance, daß daraus etwas halbwegs Gescheites wird, nur gering.

Schließlich wollte ich nicht mehr als nur berichten, was ich selbst gesehen und erlebt hatte. Während der ganzen Niederschrift hat mich ein Motiv begleitet, das mir erst bewußt wurde, als das Manuskript sich seinem Ende näherte. Es war eine Schuld, die ich abzutragen hatte. Mit dieser Erkenntnis schließt das Buch.

Was in den vier Jahren des Krieges in Rußland an Erlebnissen, Eindrücken und Bildern an mir vorübergezogen ist, habe ich aufgezeichnet allen denen zum Gedächtnis, die unter der unsichtbaren Flagge der Humanität ihr Leben dahingegeben haben um der Liebe zu ihrem Nächsten willen. Über die halbe Welt sind ihre Gräber verstreut. Der Kriegsgott entfesselt nicht nur die Daemonen. Er macht auch die Engel mobil. Die Daemonen lärmen. Die Engel verrichten still ihr Werk. Es ist keiner von uns ganz schuldig am Ausbruch der Barbarei. Es ist aber auch keiner von uns ganz unschuldig. Wir sollten nicht vergessen, daß die, welche ihr Leben für ihren Nächsten dahingegeben haben, uns unsere Schuld ein wenig leichter tragen lassen. Das Licht, das von ihren Gräbern leuchtet, wirft einen hellen Schein auf den Weg des Menschen in die Zukunft. Die unsichtbare Flagge, unter der sie gefallen sind, ist keine verlorene Flagge gewesen. So ist in ihrem Tod ein wenig Trost.

EPILOG

FUTURUM GLORIOSUM

Jahrzehnte waren vergangen, seit der Miles gloriosus auf dem leeren Kasernenhof zum Himmel aufgeschaut hatte. Doch lag noch immer eine lange Strecke vor ihm, ehe er in das biblische Alter eintreten durfte. Die Chinesen sind der Meinung, daß vor einem Manne, der sein siebzigstes Jahr erreicht, das Goldene Tor zum Chrysanthemengarten der Weisheit sich auftue. Nirgends freilich steht geschrieben, daß einer das Tor auch durchschreiten muß. Wie viele würdige Greise irren in ihren alten Tagen noch immer auf dem Distelfeld der Torheit umher. Das hat seinen Grund vor allem darin, daß Torheit durch Intelligenz gewöhnlich noch törichter wird. Der Weg zur Weisheit beginnt mit Klugheit. Der Klugheit tut sogar Intelligenz keinen Abbruch.

Bis zur Mitte des Jahrhunderts machte Weisheit es dem Menschen möglich, sein Alter heiter zu vollbringen. In Zukunft ist das nicht mehr sicher. Ein Umbruch hat sich vollzogen. Die Welt ist verwandelt. Die Ursachen der Verwandlung sind nicht eigentlich die Ereignisse selbst. Es ist vielmehr die Einsicht in ihre allmählich voraussehbar gewordenen Folgen.

Will man einmal die Vorstellungen von der Zukunft, wie die Gebildeten an der Wende vom 19. zum 20. Jahrhundert sie sich gemacht haben, mit den Sorgen und Befürchtungen von heute vergleichen, braucht man nur die Festreden zu lesen, die beim Anbruch des Saekulum gehalten wurden. Mögen die Redner, seien es nun Geisteswissenschaftler oder Naturwissenschaftler, noch so berühmt sein, keine dieser Reden löst mit ihren Prophezeiungen etwas anderes aus als ungläubiges Staunen über ihre Naivität. Die Welt sieht heute klarer.

An anarchischer Fülle lassen die Ereignisse der Zeit nichts zu wünschen übrig. 1950 begann der Koreakrieg, zwei Jahre später die Revolution in Aegypten. Es starben Bernard Shaw, André Gide, Chaim Weizmann. Weizmann war der erste Präsident des im Jahre 70 der christlichen Zeitrechnung zerstörten und nach fast zweitausend Jahren neu gegründeten Staates Israel. Die Vereinigten Staaten von Nordamerika zündeten auf einem Atoll in der Südsee, der friedlichsten Region des Planeten, die erste Wasserstoffatombombe. Im Jahre darauf starb Stalin. In der Einsamkeit Sibiriens schickten die Russen ihre erste Wasserstoffatombombe in die Atmosphäre. Jahrelang zogen radioaktive Wolken um den Erdball. Für die mögliche Zahl der Opfer eines Atombombenangriffs wurde eine neue Recheneinheit geschaffen, der Megatod, die Grundeinheit zur vereinfachten Bezeichnung von einer Million Leichen. Das strategische Spiel bekam den Namen Atompatt. Diese feinsinnige Ausdrucksweise bedeutet, daß es die Furcht voreinander ist, welche die beiden Atomriesen daran hindert, übereinander herzufallen.

Im Juni 1953 scheiterte in Ostdeutschland der Aufstand der Arbeiter. 1954 eroberte der Vietmin-General Giap die Dschungelfestung Dien-Bien-Phu. Die erst im Jahr 1862 mit der Besetzung Cochinchinas eingeleitete Herrschaft Frankreichs in Indochina endete in einer Katastrophe. Der Krieg in Algier begann. Nasser kam in Aegypten zur Macht.

Im gleichen Zeitraum baute Le Corbusier sein berühmtestes Bauwerk, die Kirche von Ronchamp. Arnold Schönberg starb. Matisse vollendete sein letztes großes Werk, die Wandmalereien und Glasfenster der Kapelle in Vence. Sartre schrieb sein Buch »Der Teufel und der liebe Gott«. Die Reihenfolge im Titel ist ein Symptom der Zeit. Zypern wurde unabhängig. Fidel Castro machte sich zum Herrn von Cuba. Die Chinesen eroberten Tibet. Der Dalai Lama flüchtete nach Indien. Kardinal Roncalli bestieg als Johannes XXIII. den päpstlichen Thron. Noch einmal saß auf dem Stuhle Petri ein Mann, den die ganze Welt geliebt und verehrt hat. Er begann das Werk der Versöhnung mit der Byzantinischen

Kirche, die seit dem Schisma von 1054 ihren eigenen Weg gegangen war.

Noch einmal leuchtete die Geschichtsmächtigkeit des Christentums in ihrem alten Glanze auf.

Arnold Toynbee schrieb seine Weltgeschichte. Einstein unternahm einen letzten Versuch, in seiner Allgemeinen Feldtheorie das Universum mit einer einzigen mathematischen Formel zu interpretieren.

Die zweite Hälfte der Fünfziger Jahre war nicht minder von Ereignissen erfüllt. Die Bundesrepublik Deutschland wurde souverän. Sie begann mit der Wiederaufrüstung. Perón, der Diktator Argentiniens, wurde gestürzt. Der Sudan, Marokko, Tunis und Ghana erlangten ihre Unabhängigkeit. Die Suezkrise, die mit einem Angriff auf Port Said von See her begann und mit einem Rückschlag endete, war eine letzte Aktion im Stil der Politik des alten Empire. Die Kolonialherrschaft der europaeischen Großmächte war zu Ende. Der Aufstand der Ungarn gegen den Bolschewismus wurde von der Roten Armee niedergeschlagen. »Sputnik« startete in den Weltraum. Ein Kanal zwischen Wolga und Don wurde gebaut. Die europaeische Literatur erwies erneut ihre Lebenskraft. Ihre Spannweite reichte von Becketts »Warten auf Godot« über Pasternaks »Doktor Schiwago« und Günter Grass' »Blechtrommel« bis zu Osbornes »Blick zurück im Zorn«. Thomas Mann, Bert Brecht, Gottfried Benn, Ortega y Gasset starben.

Ein bedeutendes und zugleich wenig beachtetes Ereignis des Jahrzehnts ist die Entdeckung des Neutrinos. Das Neutrino ist ein Elementarteilchen, dessen Existenz auf Grund mathematischer Überlegungen von Dirac seit Jahren vorausgesagt war. Seine Eigenschaften sind phantastisch und überschreiten jede Möglichkeit anschaulicher Vorstellung. Das Neutrino entsteht bei Kernumwandlungsprozessen. Es hat Lichtgeschwindigkeit. In jeder Sekunde wird jeder Quadratzentimeter der der Sonne zugekehrten Erdoberfläche von sechzig Milliarden Neutrinos getroffen. Durch den Erdball gehen sie hindurch, als ob er gar nicht vorhanden wäre. Das Merkwürdigste an diesem Elementarteilchen ist die Eigenschaft, daß es die Masse Null hat. So entsteht die Frage, ob das Neutrino im Rahmen der bisherigen physikalischen Definition der Materie überhaupt noch Materie ist. Die Frage ist nicht sinnlos. Mit einer Definition will die Physik von vornherein nicht mehr erreichen, als daß mit ihr alle bisher über das Objekt der Definition bekannten Eigenschaften erfaßt sind. Man muß sich nur darüber klar sein, daß eben Definitionen der Physik von den durch Experimente in Erfahrung gebrachten Kenntnissen abhängen.

Der »Dernier Cri« der physikalischen Forschung ist das Tachyon. Es ist ein neues Elementarteilchen, dessen Existenz bisher noch nicht experimentell nachgewiesen werden konnte, das aber, genau wie das Neutrino, auf der Basis mathematischer Überlegungen als existierend angenommen werden muß. Das Tachyon, vom griechischen tachys, schnell, hat eine Geschwindigkeit, die höher ist als die Lichtgeschwindigkeit. Sollte, was sehr wahrscheinlich ist, das Tachyon mit den vermuteten Eigenschaften existieren und nachgewiesen werden können, würde die gesamte Relativitätstheorie in ihrer jetzigen Form in Frage gestellt sein.

Dem Zeitgenossen mag es überflüssig oder sogar abwegig erscheinen, sich mit diesen letzten, der Anschauung nicht mehr zugänglichen Problemen der Physik zu beschäftigen, zumal nur noch ganz wenige Gelehrte diese Theorien mathematisch nachvollziehen, das heißt sich von ihrer Richtigkeit überzeugen können. Aber auch die Physiker sind Genossen der Zeit. Schon einmal hat sich ein Vorgang abgespielt, der ebenso unbeachtet begann wie die Entdeckung des Neutrinos und schließlich weltumstürzend endete. Im Jahre 1919 gelang es dem englischen Physiker Lord Rutherford, aus einzelnen Atomen einzelne Protonen herauszuschießen. Die erste Umwandlung der Atome eines Elementes in die eines anderen war vollzogen. Unscheinbar und unbeachtet fing die Sache an. Nach nur einem Menschenalter war die von Rutherfords Experiment angeregte und ausgehende Forschung mit ihren Fortschritten bis Hiroshima gelangt. Die modernsten Atombomben haben die zehntausendfache Wirkung der Bombe von Hiroshima mit ihrer Viertelmillion Toten.

Es ist in keiner Weise möglich zu behaupten, daß sich nicht ein ähnlicher Vorgang wie »Atomumwandlung im Forschungslaboratorium bis Wasserstoffbombe im Atompatt« wiederholen könne. Nur wird dieser Vorgang sich in einer höheren Größenordnung der Vernichtung abspielen. In einer ähnlichen Weise, wie das Atom einmal unsere Zukunft war und zu einem entscheidenden Element unserer Gegenwart wurde, ist heute das Neutrino unsere Zukunft. Das Wahrscheinlichste ist, daß sie mit dem Jüngsten Tage enden wird. An nichts kann man die Wandlung der Welt so klar ablesen wie an den Begriffen, deren sich die Wissenschaft bedient. Sogar die Physik nimmt an, daß das Universum einmal entstanden ist. Und entstanden sein kann es natürlich nur aus dem Nichts. Das Alte Buch enthält in seinem Ersten Kapitel eine Theorie der Schöpfung, die sie vollständig erklärt und noch dazu aus einer einzigen Ursache heraus. Wie die Physik die Forderung begründen will, daß diese Theorie nur anerkannt werden könne, wenn sie bewiesen sei, ist unerfindlich. Keine einzige ihrer eigenen Theorien über die Entstehung des Universums erfüllt diese Forderung. Auch Physik kommt ohne die Vorstellung, daß das

Universum irgendwann einmal entstanden ist, nicht aus. Sie nennt den Vorgang seiner Entstehung den »Urknall«. Die Theorie der Schöpfung in der Bibel ist, wissenschaftstheoretisch gesehen, der Theorie der Physik überlegen. Die Bibel gibt für die Schöpfung eine CAUSA an. Der Urknall entbehrt einer causalen Begründung. Für den Jüngsten Tag der Zivilisation, den wir ihrem unaufhaltsamen Fortschritt zu verdanken haben werden, gibt es noch keinen so schönen Begriff, wie es der Urknall für die Schöpfung ist. Das ist freilich kein Unglück. Am Jüngsten Tag wird man keine Verwendung für Begriffe mehr haben.

Was den Himmel anbelangt, ist die englische Sprache reicher als die deutsche. Für den Himmel haben die Engländer die Wörter »sky« und »heaven«. The sky ist der Himmel der Astronauten, the heaven der der Engel. Wie gut sich Theoretische Physik mit einer unvoreingenommenen Interpretation des Alten Buches vereinigen läßt, das zu zeigen muß noch einmal Einstein zitiert werden. Er hat sich bis zu seinem Ende nicht entschließen können, Konsequenzen aus der Planckschen Quantentheorie mit ihrem merkwürdigen statistischen Kalkül, das den Zufall in mathematische Formeln faßt, zu akzeptieren. Er lehnte sie ab mit der Feststellung: »Gott würfelt nicht!« Das ist gewiß kein wissenschaftlicher Einwand. Aber was für ein Argument aus diesem Munde!

Die Sechziger Jahre des Saekulum liegen noch nicht lange zurück, und jedermann glaubt, sie noch frisch in Erinnerung zu haben. Aber wie viel davon beginnt schon wieder in Vergessenheit hinabzusinken.

In Berlin wurde die Mauer gebaut. Die Cubakrise drohte, sich zu einem Dritten Weltkrieg auszuweiten. Kennedy, der der Krise Herr wurde, fiel ein Jahr nach seinem politischen Meisterstück einem Mord zum Opfer. Theodor Heuss, der verdiente Präsident, mit dem die Souveränität der Bundesrepublik Deutschland begonnen hatte, starb. Der Russe Gagarin war der erste Astronaut, der den Planeten Erde verließ und schwerelos durch den Raum schwebte. Die Vereinigten Staaten von Nordamerika griffen in den Krieg in Vietnam ein. Nehru starb. China zündete seine Atombombe. Die Technik der Computer begann, die Zivilisation unter ihre Kontrolle zu bringen. Zum ersten Mal landeten Menschen in einem Raumschiff auf dem Mond. Das Raumschiff trug den Namen Apollo 11. Noch immer war es ein griechischer Gott, dessen Charisma schwerelos die Weltraumfahrer begleitete.

Im alten weiten Rußland leuchtete ein Licht auf. Immer wieder ist es die Literatur, die die Schallmauer zwischen Sky und Heaven durchbricht. Solschenizyns Roman »Ein Tag im Leben des Iwan Denissowitsch«

ist ein Signal dafür, daß der Mensch so leicht nicht zu besiegen ist. In China lief in der zweiten Hälfte des Dezennium eine Kulturrevolution ab. Auch sie war ein Versuch, Zukunft zu retten. Israel führte seinen Sechstagekrieg gegen die Araber. Die Sowjets besetzten die Tschechoslowakei.

Igor Strawinski, Braque, T. S. Eliot, Aldous Huxley, Hindemith starben. Churchill starb. Eine Epoche ging zu Ende.

Betrachtet man diese grimmige Bilanz, kann man nicht umhin zu fragen, wie sie zustande kam. Ist man noch im Humanismus großgeworden, erscheint es einem als das nächstliegende, die Anfänge der Moderne in ihrer historischen Entwicklung zum Gegenstand der Betrachtung zu machen. Alte Überlieferungen gelten nicht mehr viel in dieser Welt. Aber Vergangenheit ist eine große Sache! Sogar Gorki, als er 1917 an der Kremlmauer vor den Kronstädter Matrosen sprach, die in ihrem revolutionären Zorn entschlossen waren, die verhaßte Zitadelle des Zarismus zu stürmen und zu zerstören, erhob warnend den Arm: »Genossen! Berührt nicht einen Stein! Alles ist Eure Geschichte, Euer Stolz!«

Die Kultur Europas ist aus Antike und Christentum entstanden. Die klassische Antike ist ein Grundbestandteil unserer Bildung, und wir dürfen uns glücklich schätzen, daß uns so viel von ihr erhalten geblieben ist. Das Christentum freilich ist nicht in der klassischen Antike herangewachsen, sondern es ist in den ihr folgenden Jahrhunderten aus der Klassik hervorgegangen, aus der mit Alexander dem Großen beginnenden Epoche des Hellenismus.

Das Schicksal war dem Miles gloriosus noch einmal geneigt. Es wurde ihm vergönnt, sich die frühen Stätten der Christenheit ansehen zu dürfen. Und danach durfte er auch noch den Hellenismus bis zu seinem Ursprung zurückverfolgen. Die Anlässe waren in beiden Fällen von bemerkenswerter Geringfügigkeit. Eines Tages, Anno 1952, fand in der Schnabeltwiete des Hamburger Funkhauses eine Unterhaltung über das Christentum statt. Irgendeiner hatte leichtfertig die Bemerkung fallen lassen, daß es doch eigentlich der Teppichhändler aus Damaskus gewesen sei, der in der Geschichte des frühen Christentums die theologisch bedeutsamste Rolle gespielt habe. Spöttisch machte einer von der Meute darauf aufmerksam, daß der Teppichhändler aus Damaskus ein Zeltmacher gewesen sei und auch gar nicht aus Damaskus stamme.

Wo er denn her sei?

Zu unser aller Verblüffung stellte sich heraus, daß außer dem Spötter keiner wußte, wo der Apostel Paulus herstammt. Er teilte mit, daß Saulus in Tarsos als Sohn eines Rabbiners und als Römischer Bürger zur Welt gekommen sei. Und nun stellte sich auch noch heraus, daß niemand wußte, wo Tarsos liegt. Unsere Ignoranz in einer so wichtigen Sache führte dazu, daß der Beschluß gefaßt wurde, einen Reporter in die Vergangenheit zu entsenden mit der Aufgabe, die frühen Stätten der Christenheit aufzusuchen. Adolf Grimme zauberte mit Hilfe der Gentlemen vom British Forces Network die erforderlichen Devisen herbei, die für einen gewöhnlichen Bürger damals noch unerreichbar waren.

Ein Anlaß, der noch weit geringfügiger war, hatte zur Folge, daß der Reporter der Vergangenheit ein Dezennium später auf den Spuren Alexanders des Großen bis in den Himalaya vordringen konnte. Der Anlaß war, bei einer Unterhaltung zwischen dem Verleger Willy Droemer und dem Reporter, die Frage, ob ein schönes, im täglichen Leben nur selten vorkommendes Wort mit c oder mit z zu schreiben sei. Der Reporter, der schon lange von dieser Reise träumte, hielt sich an den Duden. Aber W. D., bei dem in der Zwischenzeit ein prunkvoller Bildband über die Eroberungen des Kreuzes erschienen war, bestand darauf, daß das Wort mit c geschrieben werden müsse. Es leite sich ab von Maecenas, dem großen Wohltäter der Künstler Roms zur Zeit des Kaisers Augustus. W. D. bediente sich schon immer eigener Methoden, wenn er gerne einmal recht behalten wollte. Er griff nach seinem Scheckbuch, schrieb einige realistisch gut fundierte Nullen hinein, setzte eine 3 davor und überreichte dem Reporter der Vergangenheit den Scheck mit den Worten: »Wenn Sie für uns die Spuren Alexanders am Indus und im Himalaya aufspüren wollen – bitte! Aber nur unter der Bedingung, daß Sie von jetzt an Maecen mit c schreiben!«

Das Resultat der Beobachtungen und Einsichten, die die Reise erbrachte, hat W. D. dann auch noch drucken lassen. Es besteht im wesentlichen in der Feststellung, daß die meisten Hoffnungen auf die Zukunft in der Vergangenheit zu finden sind.

Der Mensch hat Eiszeiten überstanden. In der Sahara und in Mittelasien hat er, und das durchaus in schon geschichtlichen Zeiten, zusehen müssen, wie wunderbar fruchtbare Steppen sich in ungeheure Wüsten verwandelten. Er hat Vulkanausbrüche, ozeanische Springfluten, Inseluntergänge erlebt. Er hat Völkerwanderungen, Mongolenstürme, Hungersnöte, Pestepidemien, Weltkriege durchgestanden. Sollte er nicht imstande sein, seine eigenen, aus Forschung, Wissenschaft und Technik entstandenen Schöpfungen zu überleben?

Der Miles gloriosus ist geneigt zu glauben, daß es ein Futurum gloriosum geben kann, wenn der Mensch sich, wie schon einmal im 18. Jahrhundert, entschließt, seine Vernunft walten zu lassen. Er wird es tun müssen, oder er wird zugrunde gehen. Ob er das freilich ganz aus Eigenem zustande bringen wird, dessen kann man nicht so ganz sicher sein. Auch Vernunft hat eine CAUSA.

Ob wohl, wenn die Gefahr in steiler Kurve weiter ansteigt, noch einmal ein Engel das Gewünschte überreichen wird?

Knaur Ⓚ

Romane

Erich Kästner:

Humorvolles und Hintergründiges

Erich Kästner
Gesang zwischen den Stühlen
Illustriert von Erich Ohser

Kästner, Erich:
Gesang zwischen den Stühlen
Gedichte. Band 0677.
100 Seiten mit Zeichnungen von Erich Ohser.

Erich Kästner
Lärm im Spiegel

Kästner, Erich:
Lärm im Spiegel
Gedichte. Band 0638.
100 Seiten mit 11 Zeichnungen von Rudolf Grossmann.

Kästner, Erich:
Gesammelte Schriften für Erwachsene
Acht Bände in Kassette.
Band 0200. 2608 Seiten.

Erich Kästner
Ein Mann gibt Auskunft
Illustriert von Erich Ohser

Kästner, Erich:
Ein Mann gibt Auskunft
Gedichte. Band 0696.
100 Seiten mit Zeichnungen von Erich Ohser.

Erich Kästner
Herz auf Taille

Kästner, Erich:
Herz auf Taille
Gedichte. Band 0661.
112 Seiten mit Zeichnungen von Erich Ohser.

Knaur Ⓚ

Romane

Der meist- gelesene Autor Deutsch- lands:

**Simmel, Johannes Mario:
Alle Menschen werden Brüder.**
Roman. Band 0262.
608 Seiten.

**Simmel, Johannes Mario:
Bis zur bitteren Neige**
Roman. Band 0118.
576 Seiten.

**Simmel, Johannes Mario:
Der Stoff, aus dem die Träume sind**
Roman. Band 0437.
608 Seiten.

**Simmel, Johannes Mario:
Die Antwort kennt nur der Wind**
Roman. Band 0481.
512 Seiten.

**Simmel, Johannes Mario:
Es muß nicht immer Ka- viar sein**
Die tolldreisten Abenteuer und auserlesenen Kochre- zepte des Geheimagenten wider Willen Thomas Lie- ven. Roman. Band 0029.
560 Seiten.

**Simmel, Johannes Mario:
Gott schützt die Lieben- den**
Roman. Band 0234.
240 Seiten.

**Simmel, Johannes Mario:
Hurra — wir leben noch!**
Roman. Band 0728.
672 Seiten.

**Simmel, Johannes Mario:
Ich gestehe alles**
Roman. Band 0193.
304 Seiten.

**Simmel, Johannes Mario:
Lieb Vaterland magst ru- hig sein**
Roman. Band 0209.
608 Seiten.

**Simmel, Johannes Mario:
Liebe ist nur ein Wort**
Roman. Band 0145.
544 Seiten.

**Simmel, Johannes Mario:
Niemand ist eine Insel**
Roman. Band 0553.
624 Seiten.

**Simmel, Johannes Mario:
Zweiundzwanzig Zenti- meter Zärtlichkeit**
und andere Geschichten aus dreiunddreißig Jahren. Er- zählungen. Band 0819.
256 Seiten.

**Simmel, Johannes Mario:
Und Jimmy ging zum Re- genbogen**
Roman. Band 0397.
640 Seiten.

Knaur Hobby

Die schönsten Kartenspiele
Über 100 Variationen mit dem Skatblatt

Herausgegeben von Eugen Oker

Originalausgabe · Mit 100 Abbildungen · Knaur

TASCHENBUCH